出 版 说 明

1787 年 5 月，根据美国邦联国会的邀请，在乔治·华盛顿的主持下，在费城举行了全国代表会议。会议的原定目的是：修改执行已有八年之久的《邦联条例》。但是，经过了近三个月的秘密讨论以后，会议不仅否定了这个条例，而且重新制定了一部取而代之的新宪法。因此，这次会议就成了美国历史上著名的制宪会议。

新宪法在费城会议通过后，要由十三个州的代表会议分别批准，而且规定，有九个州的同意，即可生效。但是，在各州的批准过程中，对新宪法有两种截然相反的意见：一种拥护，一种反对。因此，就发生了美国历史上一场最激烈的论战。本书就是这次论战的产物。它是亚历山大·汉密尔顿、约翰·杰伊和詹姆斯·麦迪逊三人为争取批准新宪法在纽约报刊上共同以“普布利乌斯”(Publius)为笔名而发表的一系列的论文文集。

亚历山大·汉密尔顿(Alexander Hamilton)(1757—1804)，原为律师，以后曾任华盛顿总司令的军事秘书和革命军团长；参加过被称为制宪会议前驱的安那波利斯会议，是制宪会议成员；新政府成立后，任首任财政部长。本书半数论文由他写成，或者是在他参与下写成的。

约翰·杰伊(John Jay)(1745—1826)，律师兼外交家。主要从事外交活动，是1783年订立美国独立条约的签订人，也是1793年中立宣言的起草人；1794年，曾同英国签订解决和约签订后争端的"杰伊条约"。新政府成立，曾任临时国务卿，后任第一任司法部长，以及纽约州长等职。

詹姆斯·麦迪逊(James Madison)(1751—1836)，独立运动的主要人物之一。曾参加第一届大陆会议；在费城制宪会议中作用卓著，并且保存了最完整的会议辩论记录，有"宪法制定人"之称。新政府成立时，任众议院议员；在第一届国会期间，他在拟订关于宪法第一次十项修正案(即人权法案)时，担任重要角色；后来又任国务卿和第四届总统。

以上可以看出，本书三位作者都是美国建国初期起过不同作用的资产阶级历史人物。他们当时自称联邦党人，坚持拥护在新宪法中得到体现的、以代议制为基础的联邦共和国制度。因此，本书是全面为新宪法辩护的一部著作。它一方面反驳了反对派对新宪法的各种责难和抨击，另一方面也对新宪法和建立美利坚合众国政府所依据的基本原则作了分析与说明。它从不同方面说明了1781—1787年间邦联的缺点与存在的问题，强调建立联邦主义和国家主义相结合的这样一种联邦共和制的必要性和优越性；说明了联邦应有的权力、联邦机构的设置、联邦各部分之间，如国会、行政部门、司法部门之间的关系和权力划分的原则；以及联邦各机构首脑的职责及任免，等等。总之，本书的中心论点是阐明需要建立中央相对集权的强大的联邦政府，以保证政治上的统一，实现国内安定，促进经济繁荣，但也不过多地侵犯各州和个人的权利。这同邦联政府的权力不能集中的软弱情况相比，更能符合获得独立后

读经典·新时尚

THE FEDERALIST

A Commentary on The Constitution of The United States

Alexander Hamilton　John Jay　James Madison

联邦党人文集

亚历山大·汉密尔顿
〔美〕　约翰·杰伊　　著
詹姆斯·麦迪逊
程逢如　在汉　舒逊　译

商务印书馆
创于1897 The Commercial Press

THE FEDERALIST

A COMMENTARY ON

THE CONSTITUTION OF THE UNITED STATES

From The Orginal Text of

Alexander Hamilton

John Jay

James Madison

The Modern Library, New York

据纽约《现代文库》版本译出

的资产阶级当时的政治愿望。所以,本书对各州批准新宪法起了促进作用。一般认为,它是对一直沿用到今天的美利坚合众国宪法和联邦政府所依据的原则的精辟说明。美国最高法院曾把它作为宪法的来源加以引证。美国一般律师也有这种看法。曾任首席法官的马歇尔说:"其实质上的优点使它具有这种崇高的地位。"在资产阶级的政治学史上,尤其在代议制政体的理论方面,都被认为是一部重要著作。它对后来不少资本主义国家宪法的制定,也有相当影响。因此,对于我们了解,研究资本主义国家的政治制度、尤其是美国的政治制度,有重要的参考价值。

本书包括论文共八十五篇:第一篇发表于 1787 年 10 月 21 日,最后一篇发表于 1788 年 8 月 16 日。各篇论文均无标题,仅冠以"联邦党人第××篇"字样。1788 年,开始在美国出版由汉密尔顿编的两卷本,此后即大量在美国印行。1792 年,在巴黎出版法文译本;1840 年,在里约热内卢出版葡萄牙文译本;1864 年,在不来梅出版德译缩写本;1868 年,在布宜诺斯艾利斯出版西班牙文译本。现在这个中文译本是根据纽约《现代文库》的版本翻译的。目录及内容提要均系原书所有。

1979 年 11 月

目　　录

联邦党人文集

附　　录

联邦党人文集

为《独立日报》撰写

第一篇

（汉密尔顿）

致纽约州人民：

对目前邦联政府的无能有了无可置疑的经验以后，要请你们为美利坚合众国慎重考虑一部新的宪法。这个问题本身就能说明它的重要性；因为它的后果涉及联邦的生存、联邦各组成部分的安全与福利，以及一个在许多方面可以说是世界上最引人注意的帝国的命运。时常有人指出，似乎有下面的重要问题留待我国人民用他们的行为和范例来求得解决：人类社会是否真正能够通过深思熟虑和自由选择来建立一个良好的政府，还是他们永远注定要靠机遇和强力来决定他们的政治组织。如果这句话不无道理，那么我们也许可以理所当然地把我们所面临的紧要关头当做是应该作出这项决定的时刻；由此看来，假使我们选错自己将要扮演的角色，那就应当认为是全人类的不幸。

这个想法会在爱国心的动机之外又增加关怀人类的动机，以提高所有思虑周到的善良人士对这事件的关切心情。如果我们的选择取决于对我们真正利益的明智估计，而不受与公共利益无关的事实的迷惑和影响，那就万分幸运了。但这件事情与其说是可以认真预期，还不如说是只能热切希望而已。提供给我们审议的那个计划，要影响太多的私人利益，要改革太多的地方机构，因此在讨论中必然会涉及与计划的是非曲直无关的各种事物，并且激起对寻求真理不利的观点、情感和偏见。

在新宪法必然会碰到的最大障碍中，可以很容易地发现下列情况：每一州都有某一类的人，他们的明显利益在于反对一切变化，因为那些变化有可能减少他们在州政府中所任职位的权力、待遇和地位；另外还有一类人，他们出于不正常的野心，或者希望趁国家混乱的机会扩大自己的权力，或者认为，对他们来说在国家分为几个部分邦联政府的情况下，要比联合在一起有更多向上爬的机会。

然而，对于有这种性格的人，我并不打算详述我的意见。我清楚知道，不分青红皂白，随便将哪一路人的反对（仅仅因为他们所处地位会使他们可疑）都归结于利益或野心，不是实事求是的。天公地道，我们必须承认，即使那样的人也会为正当目的所驱使。毋庸置疑，对于已经表示或今后可能表示的反对，大多数的出发点即使不值得敬佩，至少也无可厚非，这是先入为主的嫉妒和恐惧所造成的正常的思想错误。使判断产生错误偏向的原因的确很多，并且也很有力量，以致我们往往可以看到聪明而善良的人们，在对待社会最重要的问题上既有站在正确的一边，也有站在错误的一边。这一情况如果处理得当，可以给那些在任何争论中非常自以为是的人提供一个遇事实行节制的教训。在这方面，还有一个值得注意的理由，是从以下考虑得来的：我们往往不能肯定，那些拥护真理的人在原理上受到的影响是否比他们的对立面更为纯洁。野心、贪婪、私仇、党派的对立，以及其他许多比这些更不值得称赞的动机，不仅容易对反对问题正确一面的人起作用，也容易对支持问题正确一面的人起作用。假使连这些实行节制的动机都不存在，那么再也没有比各种政党一向具有的不能容忍的精神更不明智了。因为在政治上，如同在宗教上一样，要想用火与剑迫使人们改宗，是同样荒谬的。两者的异端，很少能用迫害来消除。

然而，无论这些意见被认为是多么确凿有理，我们已有充分征兆可以预测，在这次讨论中，将会发生和以前讨论一切重大国家问题时相同的情况。愤怒和恶意的激情会像洪流似的奔放。从对立党派的行为判断，我们会得出这样的结论：他们会共同希望表明自己意见的正确性，而且用慷慨激昂的高声演说和尖酸刻薄的谩骂来增加皈依者的人数。明智而热情地支持政府的权能和效率，会被诬蔑为出于爱好专制权力，反对自由原则。对人民权利的威胁过于谨慎的防范——这通常是理智上的过错，而不是感情上的过错——却被说成只是托词和诡计，是牺牲公益沽名钓誉的陈腐钓饵。一方面，人们会忘记，妒忌通常伴随着爱情，自由的崇高热情容易受到狭隘的怀疑精神的影响。另一方面，人们同样会忘记，政府的力量是保障自由不可缺少的东西；要想正确而精明地判断，它们的利益是不可分的；危险的野心多半为热心于人民权利的漂亮外衣所掩盖，很少用热心拥护政府坚定而有效率的严峻面孔作掩护。历史会教导我们，前者比后者更加必然地导致专制道路；在推翻共和国特许权的那些人当中，大多数是以讨好人民开始发迹的，他们以蛊惑家开始，以专制者告终。

同胞们，在以上的论述中，我已注意到使你们对来自任何方面的用没有事实根据的印象来影响你们在极为迫切的福利问题上作出决定的一切企图，加以提防。毫无疑问，你们同时可以从我在以上论述的总的看法中发现，它们对新宪法并无敌意。是的，同胞们，我承认我对新宪法慎重考虑以后，明确认为你们接受它是有好处的。我相信，这是你们争取自由、尊严和幸福的最可靠的方法。我不必故作有所保留。当我已经决定以后，我不会用审慎的姿态来讨好你们。我向你们坦率承认我的信仰，而且直率地向你们申述这些信仰所根据的理由。我的意图是善良的，我不屑于含糊其辞，可是对这个题目我不想多作表白。我的动机必须保留在我自己的内心里。我的论点将对所有的人公开，并由所有的人来判断。至少这些论点是按照无损于真理本意的精神提出的。

我打算在一系列的论文中讨论下列令人感兴趣的问题：联邦对你们政治繁荣的裨益，目前的邦联不足以维持联邦，为了维持一个至少需要同所建议的政府同样坚强有力的政府；新宪法与共和政体真正原则的一致，新宪法与你们的州宪是相类似的，以及，通过新宪法对维持那种政府、对自由和财产的进一步保证。

在这次讨论过程中，我将要尽力给可能出现、并且可能引起你们注意的所有反对意见提出满意的答复。

也许有人认为，论证联邦的裨益是多余的，这个论点无疑地已为各州大部分人民铭记在心，可以设想，不致有人反对。但是事实上，我们已经听到在反对新宪法的私人圈子里的私下议论说：对任何一般性制度来说，十三个州的范围过于广阔，我们必须依靠把整体分为不同部分的独立邦联。[①] 这种说法很可能会逐渐传开，直到有足够的赞成者，同意公开承认为止。对于能够高瞻远瞩的人来说，再也没有比这一点更为明显了：要么接受新宪法，要么分裂联邦。因此首先分析联邦的裨益以及由于联邦分裂各州会暴露出来的必然弊病和可能的危险，是有用的。因此这点将成为我下一篇论文的题目。

普布利乌斯

① 如将他们的论点推出结论，则同样的意见已经发表在最近几期反对新宪法的刊物上。——普布利乌斯

为《独立日报》撰写

第二篇

（杰　伊）

致纽约州人民：

当美国人民想到现在要请他们决定一个结果必然成为引起他们注意的最重要的问题时，他们采取全面而严肃的主张显然是适宜的。

再没有比政府的必不可少这件事情更加明确了；同样不可否认，一个政府无论在什么时候组织和怎样组织起来，人民为了授予它必要的权力，就必须把某些天赋权利转让给它。因此，值得考虑的是，究竟哪种办法对美国人民更为有利：他们在一个联邦政府治下，对于总的目的说来，应当成为一个国家，还是分为几个独立的邦联，而把建议他们交给一个全国政府的同样权力授予每个邦联的首脑。

直到最近，有这样一种公认的、毫无异议的意见：美国人民的幸福，有赖于他们持续不断的牢固团结，而我们最优秀、最聪明的公民们的希望、愿望和努力，也是经常朝着这个目标的。但是现在出现了一些政治家，他们坚持认为这个意见是错误的，还认为我们不要在联合中寻求安全和幸福，而应该把各州分为不同的邦联或独立国，在这种体制内寻求这些东西。这种新说法无论怎样离奇，但仍有人拥护；有些人从前对此非常反对，现在却也加入赞成者的行列了。不论使这些先生们的思想和言论产生这种变化的论据或动机是什么，一般人民在没有确信这些新的政见是以真理和正确的政策为基础时，就去接受它们，那肯定是不明智的。

我常常感到欣慰的是，我认识到独立的美国不是由分散和彼此远隔的领土组成，而是一个连成一片、辽阔肥沃的国家，是西方自由子孙的一部分。上帝特别赐给它各种土壤和物产，并且用无数河流为它灌溉，使它的居民能安居乐业。连接一起的通航河流，围绕边界形成一种链条，就像把这个国家捆绑起来一样。而世上最著名的几条河流，距离适当，为居民们提供友好帮助互相来往和交换各种商品的便利通道。

我同样高兴的是，我经常注意到，上帝乐于把这个连成一片的国家赐予一个团结的人民——这个人民是同一祖先的后裔，语言相同，宗教信仰相同，隶属于政府的同样原则，风俗习惯非常相似；他们用自己共同的计划、军队和努力，在一次长期的流血战争中并肩作战，光荣地建立了全体的自由和独立。

这个国家和这种人民似乎是互相形成的，这似乎是上帝的计划，就是说，对于被最坚韧的纽带联合在一起的同胞来说，这份非常合适和方便的遗产，决不应当分裂为许多互不交往、互相嫉妒和互不相容的独立国。

迄今，在各个阶层和各个派别的人们当中，仍然流传着同样的意见。总的说来，我们是一个和谐如一的人民，每个公民到处享有同样的国民权利、特权并且受到保护。作为一个国家，我们创造过和平，也打过仗；作为一个国家，我们消灭了共同的敌人；作为一个国家，我们同外国结成联盟，签订条约、合同和公约。

对于联合的价值和幸福所产生的强烈意识，很早就诱使人民去建立一个联邦政府来保持这种联合，并使之永远存在下去。他们建立这种政府差不多是在政治上刚刚存在的时候；不，是在居民们正被烈火燃烧的时候，是在许多同胞正在流血的时候，是战争和破坏正在进行、无暇在为自由人民组织明智而正常的政府以前必须进行冷静地探索和成熟地思考的时候。在如此不祥的时候组成的政府，在实践上发现许多缺陷不足以符合原定的目的，这是不足为怪的。

我们智慧的人民发觉这些缺陷，深感惋惜。由于对联合和自由依然有同样的爱好，所以他们认为立即会有威胁前者的危险，在遥远的时候就会威胁后者。由于相信只有在一个比较明智地组成的全国政府中才能为二者找到充分保证，所以他们一致同意召开最近的费城制宪会议，来考虑这个重要问题。

会议担负了这项艰巨的任务，参加的成员，都是取得人民信任的人物，很多人是在考验人们的意志和感情的时刻以爱国精神、品德和智慧而出名的。他们在平静的和平时期，头脑里不思考其他问题，几个月来，逐日进行连续不断地、冷静地协商。他们除了对国家的热爱，没有受到任何权力的威胁或任何感情的影响，最后把他们共同努力和全体一致同意而产生的方案提供给人民，并向人民推荐。

由于事实如此，所以要承认这个方案只是**推荐**，不是强加于人。然而也要记住，这既不是要**盲目**批准，也不是要**盲目**否定。而是要进行认真而坦率的考虑,这是这个问题的重要性的需要,而且应当得到这样的考虑。但是,对这个问题能够得到这样的考虑和研究(如本文所指出的),与其说可以期待,不如说只能期望而已。前一次情况的经验告诉我们,对这种希望不能过于乐观。人们还没有忘记,由于充分理解到迫切的危险,美国人民才组成了著名的1774年的大陆会议。这个机构把一些措施介绍给选民,事实证明了他们的智慧。然而不久,报纸、小册子和各种周刊就群起反对这些措施,这种情况我们记忆犹新。不仅许多专为个人利益打算的政府官员,而且还有其他一些人或者出于对结果的错误估计,或者由于迷恋过去的不正当影响,或者由于其野心的目的不符合公共利益,他们都在不屈不挠地作出努力,说服人民反对这个爱国会议的建议。的确,有许多人受骗上当,但绝大多数人通情达理,而且作出了明智的决定;他们回想起自己这种做法是很高兴的。

他们考虑到,大陆会议是由许多明智和有经验的人组成的。这些人来自全国四面八方,带来了各种有用的情况,而且互相进行了交换。在他们一起研究和讨论本国的真正利益的那段时间内,他们必然会得到有关这个问题的非常准确的知识。他们每人非常关心公众的自由和幸福,因此他们的爱好和责任同样会使他们经过深思熟虑以后,只推荐那些自己真正认为慎重而可取的措施。

这些和诸如此类的考虑,当时促使人民非常信任大陆会议的判断和诚实。尽管有人使用各种策略和手腕来阻止他们接受会议的建议。他们还是接受了。如果一般人民有理由信任参加大陆会议的人(其中完全经过考验或一般知名的人寥寥无几),那么他们现在有更多的理由来尊重这次制宪会议的判断和建议,因为大家知道，那次大陆会议的一些最著名的成员也是这次制宪会议的成员；他们经过了考验，并以自己的爱国精神和才干得到公认；他们的政治知识已臻成熟，他们把累积的知识和经验带到了这次会上。

值得注意的是，不仅是第一届大陆会议，而且以后的各届国会，以及最近的制宪会议，都和人民共同认为，美国的繁荣取决于自己的联合。保持全国的联合并使之永存，就是人民召开这次会议的伟大目的，也是会议建议人民接受这个草案的重大目的。因此，有些人在这个特别时期企图贬低联合的重要性，难道有什么正当理由和善意的目的吗？为什么有人提出三四个邦联要比一个好呢？我相信，在这个问题上人民的考虑一向是正确的，他们对联合事业普遍一致的向往，是有重大理由作为根据的，我将在以后的一些论文中对这些理由加以发挥和说明。那些主张用几个不同的邦联代替制宪会议草案的人，似乎清楚地预料到，否决这个草案会使联合继续处于极大的危险状态。事情必然如此，所以我真诚地希望，正如每个善良的公民清楚预料的那样，联合一旦瓦解，美国将有理由引用诗人的名言高呼："再见吧！永远再见吧！我的伟大的一切。"

普布利乌斯

为《独立日报》撰写

第　三　篇

（杰　伊）

致纽约州人民：

任何国家的人民（如果说像美国人一样聪明而见多识广），很少会接受而且多年来不断坚持一种与自己的利益有关的错误意见，这已不是什么新的看法了。考虑到这一点，自然会使人们尊重美国人民长期以来一致持有的高见：那就是不断牢固地团结在一个被授予足够权力来达到所有一般性和全国性目的的联邦政府下面，是非常重要的。

我愈是细心考虑和研究产生这种意见的种种理由，我就愈是相信这些理由是中肯而毋庸争论的。

在一个明智而自由的人民认为必须注意的许多事物当中，为自己提供安全看来是首要的事情。人民的安全无疑是同各种情况和需要考虑的事实有关，因而给予那些希望正确而全面地说明它的人以很大的自由。

目前我只打算把安全问题作为同确保和平与安定有关的东西来研究，既要保证防御外国军队和势力的威胁，也要保证防御由于国内原因而出现的同样威胁。因为前者首先出现，所以应该首先予以讨论。为此让我们着手考察一下人民的如下意见是否正确：在一个有效率的全国政府领导下，一个和谐的联邦能为他们提供可以想象的对付外来的战争的最好保证。

世上业已发生或将要发生的战争次数，会经常同引起战争的或真或假的原因的数量和重要性成正比例。如果这种说法是正确的，那么研究一下联合的美国可能提出的关于战争的理由正当是否同不联合的美国同样多，就成为有益的事了。因为假如结果是联合的美国提供的理由也许最少，那么结论就是联合在这方面最能使人民与其他国家保持和平状态。

战争的正当起因，多半由于违犯条约，或直接侵犯。美国至少已经和六个国家签订了条约，除普鲁士以外，这几个国家都是海军国，因此都能对我们进行骚扰和伤害。美国和葡萄牙、西班牙以及英国也有广泛的贸易关系，关于后两国，还要注意其周围情况。

美国对所有这些强国遵守国际法，对于美国的和平是有重大意义的。我觉得很明显，一个全国政府，要比十三个分散的州或三四个不同的邦联能够更完善、更正确地做到这一点。

因为一个有效的全国政府一旦成立，国内最优秀人物不仅会同意为它服务，而且也会普遍得到任命，从事政府的管理工作；因为虽然城镇或乡村或其他互相勾结的势力，可能把某些人安插在州议会的众议院或参议院，法院或行政部门，然而要介绍人们进全国政府的机关，就需要在才能和其他资格方面有更广泛的声誉，——特别是由于全国政府将有最广阔的选择范围，永远不会体验到缺乏合适人选的情形，而在某些州里这种情形却并非罕见。因此其结果是，全国政府的管理、政治计划和司法决定，都会比各州更明智、更系统、更适当，从而使其他国家更为满意，对我们自己也就更加安全。

因为在全国政府下面，条约和条约条款以及国际法经常会用一种意义去解释，并且用同样方式去执行，而在十三州或在三四个邦联里，对于同样条款和问题的判断往往不会一致；原因一方面是各独立政府所指定的法院和法官不同，另一方面是不同的地方法律和集团，可能对这些判断产生影响。制宪会议把这些问题交给一个由全国政府所指定、并且只对这个政府负责的法院来审理和裁判，其智慧是不能过于赞扬的。

因为当时的得失展望，往往会诱使一两个州的执政党越出诚实和公正的轨道；但是这些诱惑并未达到其他各州，因而对全国政府影响很小或毫无影响，所以诱惑就不会产生效果，诚实和公正也得以保全。同大不列颠签订和约的情况，大大增加了这个论断的分量。

因为即使一个州的执政党要想拒绝这些诱惑，然而，由于这些诱惑可能、而且常常是由该州的特殊情况引起的，而且可能影响许多居民；所以执政党即使愿意也不能经常阻止不公正事情的策划，或者惩罚侵略者。然而不受这些局部情况影响的全国政府，既不会受到引诱自己犯错误，也不缺乏权力或意图去阻止或惩罚别人犯错误。

所以，无论有计划的还是偶然的违反条约和国际法都会提供正当的战争理由；这些理由，在一个全国政府领导下，比在几个地位较低的政府领导下，可以少担忧一些，在这一方面，前者最有利于人民的安全。

至于由直接的非法侵犯所造成的那些正当的战争理由，我觉得同样明显的是，一个良好的全国政府在对付这类侵犯的危险方面，能比任何其他方面提供更多的保证。

因为这种侵犯往往起因于一部分而不是全部的情感用事和私心，起因于一两个州而不是整个联邦的情感用事和自私之心。迄今为止，还没有一次印第安人战争是由于目前软弱无能的邦联政府的侵犯引起的；但是却有几个实例表明，印第安人战争是由于个别州的不当行为引起的，这些州不能或不愿意制止或惩罚犯罪行为，从而造成了对许多无辜居民的屠杀。

西班牙和英国的领土，同某些州接壤，而不同另一些州接壤，这就自然把争执的原因更直接地局限于接界的居民了。假若有的话，一定是接界各州被一时愤怒和短时间内感觉到的表面利益或损害所冲动，很可能用直接的侵犯挑起同这些国家的战争。再没有东西像一个全国政府那样有效地排除这种危险了，它的智慧和审慎决不会被直接有利害关系的人们的激情所削弱。

全国政府不仅提不出什么正当的战争理由，而且有更多的权力进行调停与和解。全国政府比较稳健而冷静，在这方面和在其他各方面一样，要比得罪对方的州更能深谋远虑地行动。各州的自尊心，和人们的自尊心一样，自然会使他们认为自己的一切行动都是正当的，并且反对承认、改正他们的错误与过失。全国政府在这种情况下就不会受到自尊心的影响，但是会慎重而公平地考虑和决定最适宜于使他们摆脱威胁他们的困难的方法和手段。

此外，大家知道，一个团结的强国提出的道歉、解释和赔偿，往往被认为满意而接受,如果是由一个无足轻重或弱小的州或邦联提出的话,就会被认为不满意而加以拒绝。

1685 年,热那亚州得罪了路易十四之后,曾竭力去抚慰他。路易十四要他们派遣首席执政官,由四名参议员陪同到法国向他请罪,接受他的条件。他们为了和平,不得不屈从这种要求。难道路易十四能在任何时候向西班牙、大不列颠或任何其他强国提出这种要求或得到这种屈辱性的表示吗?

普布利乌斯

为《独立日报》撰写

第 四 篇

(杰 伊)

致纽约州人民:

我在前面一篇论文中提到几个理由,说明为什么联合最能使人民得到安全,不让他们遭到由于向其他国家提出正当作战理由而引起的威胁。那些理由还说明,一个全国政府提出这种作战理由的可能性比州政府或拟议的小邦联,不仅更少,而且更容易求得和解。

但是美国人民对外来力量威胁的防御,不仅取决于他们尽量不向其他国家提出正当的作战理由,而且取决于他们使自己处于或继续处于一种不致引起敌意或侮辱的境地;因为无须说,作战理由有正当的,也有虚构的。

事实如此,不管这是人性的多大耻辱,一般国家每当预料到战争有利可图时,总是要制造战争的。不,专制君主往往在他们的国家无利可图时,制造战争,为的只是私人打算和目的,例如渴望军事上的荣誉,报复私仇,野心,或者为了履行能加强或帮助自己家族或同党的私人盟约。这些动机以及其他各种各样只有首脑人物才会受到影响的动机,往往使他进行不符合人民的愿望和利益的非正义战争。但是,除了这些在君主专制国家里比较普遍而且值得我们好好注意的战争动机以外,另外还有一些动机不但影响君主,也影响国家;其中有些动机在分析时会发现是起因于我们的有关状况和环境。

我们和英、法两国是渔业上的竞争者,尽管他们竭力设法用奖励本国渔业而对外国鱼类征税的办法来进行阻挠,我们还是能够以低于他们的价格将鱼类供应他们的市场。

我们和英法以及其他大多数欧洲国家是航海业和运输业的竞争者。如果我们认为其中有任何国家会乐于看到我们这两个行业繁荣昌盛,那就想错了,因为我们的运输业的发展不可能不在某种程度上使他们的运输业削弱。他们的利益,尤其是他们的政策,将会限制而不是促进我们的这个行业。

在对中国和印度的贸易中,我们妨碍了不止一个国家,因为这种贸易能使我们分享他们以前在某种意义上独占的利益,并且为自己提供过去往往向他们购买的商品。

我们用自己的船只扩大本国商业,决不会使在本大陆或本大陆附近拥有领土的任何国家感到高兴,因为我们的产品价廉物美,加上地处近邻,以及我国商人和航海者的胆识和灵巧,会使我们获得比那些领土所提供的更多的利益,这就超出了有关国家元首的愿望和政策范围。

一方面西班牙认为对我们封锁密西西比河是适当的;另一方面大不列颠却把我们赶出圣劳伦斯河,两国都不允许位于他们与我们中间的河流成为互相来往和贸易的手段。

根据这些理由和诸如此类的理由(在符合慎重精神的条件下,

还可更详细地陈述)，很容易看出其他各国的人民和内阁可能逐渐感到嫉妒和不安，我们不能希望他们对我们在团结和海陆两方面的势力和影响的发展熟视无睹，处之泰然。

美国人民知道，战争的动机可能起因于这些情况，也可能起因于目前还不很明显的其他情况。他们还知道，当这种动机起作用的时机到来时，不愁没有进行掩饰和辩解的托辞。因此，美国人民明智地认为，联合和一个有效的全国政府是必要的，它可以使他们处于和保持在一种不致**引起**战争，而有助于制止和阻碍战争的**状态**。这种状态存在于尽可能好的防御状态之中，而且必然依赖于政府、军队和国家的资源。

由于全体的安全就是全体的利益，所以没有政府就不能提供安全，不论是一个政府，还是一个以上的政府，还是许多政府。让我们来研究一下议论中的问题：一个有效的政府在权能上是否不比任何其他数目的政府更加高强。

一个政府能够集中和利用在联邦任何地方发现的最优秀人物的才能和经验，它能按照全国一致的政策原则行事。它能使各部分和各部门互相协调，对它们进行保护，并使它们都能得到深谋远虑和谨慎从事的好处。签订条约时，它会照顾到整体利益和同整体利益有关的局部的特殊利益。它能把全国的资源和力量用于任何部分的防御，这要比州政府或分散的邦联政府能够做得更容易、更迅速，因为后者缺乏协调和一致的制度。它能使民兵统一训练计划，并且由于把民兵军官放在从属于总统的适当位置，它好像会使他们统一成一个军队，这要比分为十三个或三四个各自独立的军队更有效力。

如果英格兰的国民军服从英格兰政府，苏格兰的国民军服从苏格兰政府，威尔士的国民军服从威尔士政府，那么大不列颠的国民军会变成什么样子呢？假如敌人入侵，这三个政府（假如它们完全一致），使用各自的全部兵力对敌作战，能否像一个大不列颠政府那样有效呢？

大不列颠海军，我们闻名已久，如果我们明智的话，终有一天美国海军也会引人注意。如果一个全国性政府不是这样管理大不列颠的航海事业，使之成为海员的培养所——如果一个全国性政府不把国家的全部财力和物力用来组织海军，那么英国海军的威风决不会被人赞美。假定英格兰拥有自己的海运和舰队，假定苏格兰拥有自己的海运和舰队，假定威尔士拥有自己海运和舰队，假定爱尔兰拥有自己的海运和舰队，假定不列颠帝国这四个组成部分由四个独立政府统辖，那么不难看出，不用多久它们都会变得比较无足轻重了。

把这些事例应用于我们自己的情况。假定让美国分为十三个，如果你喜欢的话，或者分为三四个独立政府，这些政府还能建立和维持什么样的陆军，他们究竟想要有什么样的海军呢？如果一个政府遭到攻击，其他政府会赶去援助，为保卫该政府而流血、花钱吗？难道不会发生如下的危险：其他政府由于花言巧语的阿谀奉承而保持中立，或者被过于爱好和平所引诱而拒绝拿自己的安宁去冒险，而且拒绝为邻人提供防御，也许它们妒忌邻人，乐于看到邻人的重要地位被削弱呢！虽然这种行为未必明智，然而仍然是合乎自然的。希腊各邦和其他各国的历史，充满着这类事例，以前时常发生的事情，在类似情况下，并非不可能重新发生。

即使它们愿意帮助被侵略的州或邦联，那么援助的人力和款项怎么提供，何时提供，又是按什么比例提供呢？这支联合军队由谁统率呢，统帅又将听命于哪个政府呢？和约条款由谁决定，万一发生争执，由谁仲裁，并且迫使它们默认呢？这种困难和不便是同这样的情况分不开的。而一个政府则会照顾到全面的和共同的利益，把全国的力量和资源结合起来，加以管理，它就会摆脱这些困难，从而为人民的安全做更多的事情。

但是无论我们的情况如何，无论是牢固地团结在一个全国政府下面，还是分为几个邦联，外国对情况的认识和看法必然和实际丝毫不差，并且将对我们采取相应的态度。如果他们看到：我们的全国政府能力高强，管理良好；我们的商业管理深谋远虑；我们的民兵组织适当，训练优良；我们的资源和财政管理细致周到；我们的信用已重新建立；我们的人民自由，满足而且团结；那么他们就更加愿意培养同我们的友谊，而不想激怒我们。另一方面，如果他们发现我们或者缺乏一个有效率的政府（各州做对或做错，全由统治者做主），或者分为三四个独立的、也许不够和睦的共和国或邦联，一个亲英、另一个亲法，再一个亲西班牙，也许三个国家彼此相互拆台，那么美国的形象在他们的眼中将显得多么卑贱，多么可怜！她怎么不该不仅被他们轻视，而且还遭到他们迫害呢。不用多久，这种付出重大代价的经验就会告诉我们，当一个民族或一个家庭处于这样分裂的状态时，必然是对自己不利的。

普布利乌斯

为《独立日报》撰写

第五篇

（杰 伊）

致纽约州人民：

安妮女王在1706年7月1日致苏格兰议会的信里，对英格兰和苏格兰当时合并的重要意义，曾有论述，这是值得我们注意的。我现在从中摘录一两段公之于众："全面而完善的合并，将是持久和平的牢固基础。它将保护你们的宗教、自由和财产；消除你们之间的仇恨，以及我们两国之间的嫉妒和分歧。它必然会增进你们的力量、财富和贸易；通过合并，整个岛屿友好地联合在一起，免于利益不同的一切忧虑，能够抵抗一切敌人。""我们最真诚地奉劝你们对这个重大事件采取冷静的、全体一致的态度，使合并达到令人满意的结果，因为合并是取得我们目前和未来幸福、使我们的和你们的敌人计划落空的唯一有效办法，因此敌人必然会想尽方法阻止或拖延这个合并。"

前一篇论文已经指出，本国的衰弱和分裂，会招致外国的威胁；没有任何东西比我们内部的团结、强大和有效的政府更能保护我们免遭威胁了。这个问题内容丰富，不容易探讨清楚。

大不列颠的历史，一般说来是我们最熟悉的一部历史，它给予我们许多有益的教训。我们可以通过他们的经验得到教益，而不必付出他们所付的代价。这样一个岛国的人民应该是一个国家，虽然这对常识说来似乎是显而易见的事情，然而我们发现，他们长久以来分为三个国家，而且这三个国家几乎经常发生争吵和战争。虽然他们的实际利益同大陆国家的利益是真正一致的，然而由于那些国家的策略、政策和惯例，使他们之间的互相嫉妒一直处于加剧状态。多年来，他们彼此造成的不便和麻烦，远超过了彼此的互相帮助。

假如美国人民分为三四个国家，难道不会发生同样的事情吗？难道同样的嫉妒不会发生，不会以同样方式存在吗？代替它们“友好联合”和“利益”一致的是，猜忌和嫉妒很快会使信任和友爱销声匿迹。它们的政策和所追求的唯一目的，将是每个邦联的局部利益，而不是整个美国的整体利益。因此，和其他大多数互相接壤的国家一样，它们不是经常卷入领土争夺和战争，就是经常生活于唯恐发生领土争夺和战争的状态之中。

最自信地主张有三四个邦联的人，也不能合理地推测它们在力量上会长期保持完全均等的地位，即使最初有可能使它们做到这一点；但是，即使这是可行的，那么人们又有什么办法继续保持这种均等状态呢？撇开那些能使一部分的权力增长而阻碍另一部分权力发展的局部条件不谈，我们必须想到一个政府在政策高超和善于管理方面，产生的效果可能比其他政府突出，因而破坏了它们之间在力量和重要性方面的相对均等状态。因为不能想象，这些邦联中的每一个成员在许多年内都能始终如一地遵守同样的健全政策，深谋远虑，居高望远。

不论何时，也不论由于何种原因，可能而且会发生这样的情况：这些国家或邦联中的任何一员，在政治重要性方面大大超过其邻国时，它的邻国就会对它采取猜忌和恐惧的态度。这两种感情都会使它的邻国支持，即使不是促进，任何能够降低其地位的行动，而且也会约束它们采取旨在增进、甚至保持其繁荣的各种措施。该国不需要很多时间就能够发现这些不友善的态度。它很快就会开始不仅对邻国失去信任，而且对它们怀有同样的恶感。怀疑自然会产生不信任，再没有什么东西比惹人憎恨的嫉妒和不正派的诋毁——不论是明显表示的或暗示的——会使诚意和善良的行为更快地改变了。

北方一般说是力量强大的地区，当地许多条件可能造成这样的情况：人们建议的邦联中最北面的一个，不要很长时间，无疑会比任何其他邦联更为强大。这个情形一经出现，**北方蜂房**立刻就会在美国的更南部激发起它以前在欧洲南部曾经激发起来的那些思想感情。这似乎也不是轻率的猜测：大群小蜜蜂往往受到引诱，到它们丰饶而又优美的邻国，在更加繁茂的田野和更为温暖的气候中去采蜜。

凡是仔细考虑诸如此类的分裂和邦联历史的人们，会发现许多理由来理解计划中的那些邦联决不是邻人，而是相互接壤的国家；它们既不会彼此相爱，也不会彼此信任，相反，它们会成为不和、嫉妒和互相侵害的牺牲品；简言之，它们会使我们真正处于某些国家毫无疑问希望看到我们所处的那种境地：就是说**彼此只能成为劲敌**。

由于这些理由，那些先生们似乎是大错特错了。他们认为在这些邦联之间可以成立攻守同盟，这类同盟又能使意志、武力和资源联合起来，这对它们保持防御外敌的强大防务是必不可少的。

大不列颠和西班牙从前所划分的那些独立国，在什么时候曾经结成这样的同盟，把它们的兵力联合起来抵抗外来敌人呢？拟议中的邦联将是一些各不相同的国家。每个国家会用与众不同的条约管理对外贸易，还因为它们的物产和商品不同，适合于不同的市场，所以这类条约本质上也不会相同。不同的贸易业务，必然会产生不同的行业，和不同的外国当然会有不同程度的政治依附和联系。因此，有可能发生这样的情况：同南部邦联作战的外国，却是北部邦联最希望同它保持和平与友谊的国家。所以，这样一个同他们的直接利益相反的同盟，就不易建立，即使建立，也不会诚心诚意地去遵守和履行。

不，这是非常可能的，在美国，如同在欧洲一样，相邻国家被相反的利益和不友善的情感所驱使，往往发现各有各的立场。考虑到我们远离欧洲，这些邦联对相互威胁的担忧，甚于对来自远方国家威胁的担忧，就是更加自然的事情了。因此，它们当中的每个邦联更希望依靠外国联盟的帮助来防御其他邦联，而不是相互结盟，防御外国的威胁。我们不要忘记，把外国海军接入我们的港口，把外国军队迎进我国，要比劝说他们或迫使他们离开不知容易多少。罗马人以同盟者资格曾经征服过多少地方，他们又以同样资格给他们借口进行保护的政府带进了什么样的改革呢。

那么让正直的人士去判断吧：把美国分为几个独立国，是否有助于我们反对来自外国的战争和不合理的干涉呢？

普布利乌斯

为《独立日报》撰写

第 六 篇

（汉密尔顿）

致纽约州人民：

本报最近的三篇论文中，已经详述了我们在不联合的情况下将会招致外国武力和诡计的种种威胁。我现在继续论述另外的一些也许更加惊人的威胁，这些威胁多半来自各州之间的纠纷，来自国内的派别斗争和动乱。凡此种种已在某些实例中略加讨论，但是还值得更详细、更全面地加以研究。

只有沉迷于乌托邦式幻想的人，才会真正对下列看法产生怀疑：假如这些州完全分裂，或者只联合为几个局部的邦联，那么它们所分成的各部分，彼此会经常发生激烈的斗争。假如把缺乏这类斗争的动机作为反对斗争存在的理由，那就是忘记人是野心勃勃、存心报仇而且贪得无厌。指望几个相邻的独立而未联合的国家一直和睦共处，那就是无视人类事变的必然过程，蔑视数世纪来积累的经验。

国与国之间敌对的原因不胜枚举。其中有些原因对社会集体会产生普遍的、几乎是持久的作用。属于这一类的是爱好权力或渴望出人头地并且获得统治权——妒忌权力或渴望平等和安全。

另外一些原因，虽然在自己的范围内能起同样作用。但是影响就比较有限了。商业国家在贸易上的对抗和竞争，就是这类原因。还有一些原因，数量上并不少于上述两种的任何一种，它们完全起源于私人情感，起源于各团体领导人物的喜好、仇恨、利益、希望和恐惧。这种人，不论是皇帝的宠儿或是人民喜爱的人，在许多情况下滥用对他们的信任；他们擅自以某些公众动机为口实，毫无顾忌地为个人利益或满足个人欲望而牺牲国家的安定。

大名鼎鼎的希腊政治家伯里克理斯，依从一个妓女[1]的愤怒要求，不惜牺牲自己同胞的大量鲜血和财富，攻打沙姆宁城，攻克以后又把该城毁灭。就是这个人，因为对另一个希腊国家米加伦兴人[2]的私怨，或者为了逃避菲狄亚斯雕像偷窃案的同谋犯嫌疑[3]，或者为了摆脱对他提出的滥用国家基金收买人心的控诉[4]，或者由于这一切原因的总合，发动了一场著名的悲惨战争——希腊史上有名的伯罗奔尼撒战争，这场战争经过种种变化、中断和恢复以后，以雅典国家的毁灭而告终。

那野心勃勃的红衣主教，亨利八世的首相，虚荣心重，一心想戴罗马教皇的三重皇冠，希望依靠皇帝查理五世的力量获得那个光辉灿烂的东西。为了得到这位大胆而有权势的皇帝的宠爱、并使他感到兴趣，他把英国投入对法战争，这种做法违反了最普通的

① 阿斯帕西亚，参看普鲁塔克：《伯里克理斯传》。——普布利乌斯

② 同上。

③ 同上。

④ 参看普鲁塔克：《伯里克理斯传》。菲狄亚斯为了修饰密的华雕像，被猜疑在伯里克理斯的默许下偷窃了若干公家黄金。——普布利乌斯

策略原则，并且拿他自己统辖的王国和整个欧洲的安全和独立来作孤注一掷。因为，假使世上曾经有过一个君主，他有希望实现世界君主政体的计划，那么这个君主就是查理五世，华赛一度是他搞阴谋的工具，同时又是受骗者。

一个女人[①]性情顽固，另一个女人[②]爱闹别扭，再一个女人[③]结党图谋，这些对欧洲大部分地区的当代政策、变乱和安定所起的影响，已是人们经常详细论述的题目，众所周知。

由于个人打算的行动而造成的重大的全国性事件，就其范围来说，国内外都有，过多列举这种事例也是不必要的浪费时间。只要对事例来源略知一二的人，就能想起各种实例；而对人性有一定了解的人，也不会一直需要这种事例来形成他们对个人所起作用的事实和范围的看法。然而，把最近在我们中间发生的一件事作为有助于说明这个一般原则的参考，也许是适当的。谢司如果不是**一个绝望的债务人**，马萨诸塞州是否会进入一场内战，是大可怀疑的。

尽管这方面的经验一致得到证明，但是仍然有些空想家或搞阴谋的人，一直准备鼓吹一种自相矛盾的论点，说各州虽然彼此分开，互不联系，彼此仍能保持永久和平。他们说，共和国的特征就是爱好和平；商业精神有一种趋势，它能使人们举止温和，而且能消灭常常引起战争的激情。像我们这样的商业共和国，绝不会互

① 曼泰侬夫人。——普布利乌斯
② 马勃龙公爵夫人。——普布利乌斯
③ 庞派杜夫人。——普布利乌斯

相进行毁灭性的竞争来消耗自己。它们会由相互利益来支配，会养成一种和睦友爱的精神。

我们可以问一问这些政治设计人：难道不是所有国家的真正利益培育了同样的慈善为怀的和合乎哲理的精神吗？假使这是他们真正的利益，他们事实上追求过吗？相反，不是常常发现，一时的愤怒和直接的利益，对人们行为的控制，比对政策、效用或正义的全面或长远的考虑，更为有力，更为专横吗？在实践中，共和国是否比君主国更不爱好战争呢？前者和后者难道不都是人们管理的吗？厌恶、偏爱、竞争，以及获取不义之物的愿望，不是对国家和对皇帝同样发生影响吗？人民议会不是常常受到愤怒、怨恨、嫉妒、贪婪和其他不正当的强烈倾向的驱使吗？议会的决定往往由少数被信任的人所左右，当然也就容易沾染这些人的情感和见解，这难道不是众所周知的事吗？到现在为止，商业除了改变战争的目的以外，还做了些什么呢？爱好财富同爱好权力或荣誉不都是一种凌驾一切和冒险的激情吗？自从商业成为各国的普遍制度以来，起因于贸易动机的战争，不是和以前由于对领土或统治权的贪婪而引起的战争同样频繁吗？商业精神在许多情况下不是给予这两种欲望以新的刺激吗？让人类判断最不易产生错误的指南——经验，来回答这些问题吧！

斯巴达、雅典、罗马、迦太基都是共和国；其中雅典和迦太基两国是商业性质的国家。然而它们进行战争的次数，不论是进攻战或防御战，都不亚于它们同时代的邻近君主国。斯巴达不比一个管理良好的军营好多少；而罗马对于残杀和征服是从不满足的。

迦太基虽然是一个商业共和国，在那场以其自身灭亡而结束的战争中，却是侵略者。汉尼拔[1]在斯奇庇奥在迦太基领土上把他打败，并且征服那个国家以前，曾率领军队直捣意大利心脏，兵临罗马城下。

后来，威尼斯不止一次地在争取功名的战争中出了名，成了意大利其他各国的目标，直到教皇朱理二世设法结成那个庞大的联盟[2]，使这不可一世共和国的力量和威风受到致命的打击。

荷兰各领地，在债务和赋税不堪负担以前，在欧洲的历次战争中，总是担任主要的和特殊的角色。它们为了取得海上霸权，曾经同英国进行过多次激烈的斗争，同时也是属于路易十四最顽强的不共戴天的敌人之列。

在大不列颠政府中，人民的代表组成全国立法机关的一部分。多少年来商业是该国的主要职业。然而，很少有国家在战争次数方面超过该国；而且它所进行的战争，在许多场合下是由人民引起的。

如果我可以这样说，那么民间战争和皇家战争几乎是同样的频繁。国人的呼声以及他们代表的要求，在许多场合下违反了君主的本意，有时违反国家的真正利益，把君主拖入战争或者使他们继续进行战争。在敌对的奥地利皇室和波旁皇室之间为争夺优势而进行的，使欧洲长期烽火连天的著名斗争中，大家都知道，英国人憎恶法国人，他们支持所喜爱的领袖[3]的野心，或者毋宁说是他

① 汉尼拔是迦太基的名将（公元前247—前183）。——译者

② 凯姆勃兰联盟，包括罗马皇帝、法国国王、阿拉贡国王以及意大利的大部分王子和城邦。——普布利乌斯

③ 马勃龙公爵。——普布利乌斯

的贪婪，把战争扩大到正确政策所规定的范围以外，而且在相当长的时间内违反了朝廷的本见。

最后提及的这两个国家的战争，多半是由于商业方面的原因——不是在某个交通部门，就是在贸易和航海的总的利益方面排挤别国的愿望以及被别国所排挤的恐惧。①

从对其他各国——它们的情况和我们国家的情况很相似——对所发生的事件所作的这个概述来看，我们有什么理由相信诱使我们期望目前邦联成员在分裂的情况下仍能和睦友爱的幻想呢？那些利用消除社会上各种缺点、弱点和邪恶事件的诺言，使我们得到宽慰的毫无根据的谬论和夸张之词，我们不是已经见得够多了吗？现在难道不是应该从黄金时代的欺人迷梦中醒来的时候吗？我们和地球上其他居民一样，离开具有完善的智慧和道德的幸福王国还很遥远，把这一前提当作指导我们政治行为的实际准则，难道还不是时候吗？

让我国的尊严和信用已经下降到的那个不景气的极端，让那些由于政府管理松懈和不善而到处感到不便，让北卡罗来纳州的

① 经汉密尔顿和麦迪逊校订，并为J.C.汉密尔顿先生采用的上述原文中，在这一点上还要加上以下几句话："有时甚至还有未经别国同意而分享他们的商业的更加罪恶的欲望。大不列颠和西班牙之间最后三次战争，起因于英国商人企图同西班牙本土从事非法贸易。他们这方面的这种不正当的做法，使西班牙人对英国人采取严厉态度，这也是不公正的，因为西班牙人超越了合理报复的范围，可以给他们加上不人道和残酷的罪名。许多在西班牙海岸边被捕的英国人，被送到波托西矿场去开矿。由于仇恨情绪的发展，无罪者不久以后与有罪的人无区别地受到处罚。商人的怨言在全国各地燃起了猛烈的火焰，不久以后就在下议院里爆发了，然后又从下院传到内阁。颁发了'报复证'，接着发生了战争，那场战争的结果是，推翻了二十年前抱着获得最有利的成果的乐观期望而结成的一切联盟。"

局部暴乱，让宾夕法尼亚州最近发生的带有威胁性的动乱，以及马萨诸塞州真正的暴动和叛乱去说明问题吧！

有些人竭力缓和我们对各州一旦不能联合时的不和与敌对所感到的忧虑，他们的教义与人类一般常识相去很远，所以人类对社会发展的长期观察，就成了政治上的原理。这就是：周围或接近的国家是天然的敌人。一位聪明的作者，就这个问题表示意见说："邻国自然而然地彼此为敌，除非它们的共同弱点迫使它们组成一个联邦共和国，它们的宪法防止友邻之间发生分歧，消除那种使各国以牺牲邻国来抬高自己的隐藏的嫉妒之心。"[①]这一段话，在指出了祸患的同时，也提出了补救办法。

普布利乌斯

① 参见马勃兰神父著：《谈判的原则》。——普布利乌斯

为《独立日报》撰写

第七篇

（汉密尔顿）

致纽约州人民：

有时候人们好像很得意地问道：各州如果不联合，会有什么动机能使彼此作战呢？这个问题可以用以下说法来做充分回答：这些动机就是在不同时候使世界各国血流成河的那些同样的动机。但是对我们说来，不幸的是，这个问题可以有比较特殊的答案。在我们直接想到的范围内，有种种不和的原因，即使在联邦宪法的约束下，我们也有足够的经验去判断，如果去掉这些约束我们能够想象得到的那种趋势。

领土争端无论何时都被认为是国与国之间发生敌对的最常见的原因之一。造成大地荒芜的绝大部分战争，大概都是由于这个原因。这个原因将在我们中间发挥充分威力。在我们合众国境内，还有广阔的未定领土。有几个州之间仍有不一致的、尚未解决的领土要求，而联邦的瓦解，就会给各州之间提出同样要求打下基础。大家知道，以前它们曾经就革命时未经分封、俗称王室领地的土地权进行过认真而热烈的讨论。那些属于殖民地政府的各州，要求把那些土地作为它们的财产。其他各州则争辩说，王国政府的这种权利应移交给联邦；特别是关于西部的全部领土，这部分土地或者是真正的领地，或者由于印第安领主的屈服，均由英王管辖，直到签订和约时才放弃。据说，这无论如何是邦联通过同外国签订条约而得到的收获。国会的谨慎政策，是通过说服那几个州，要它们为了整体利益对合众国让步，从而平息这种争端。迄今为止，已经做到了这样一步：在联邦继续存在的情况下，为和睦结束这场争论提供了明确的前景。然而邦联如果分裂，这场争论就会重新发生，而且还会在同一问题上造成其他争论。现在，即使不是由于任何以前的权利，至少也是由于让与，西部很大一部分空旷土地已成为联邦的公共财产了。如果联邦不再存在，那么让与土地的各州，就会根据联邦妥协的原则，在让与的目的不再存在时，很容易要求归还已让与的土地。其他各州也必然运用代表权利，坚持一定比例。他们的论据将是：一旦让与就不能收回；对邦联共同努力所获得的土地的分享始终是公平的。如果跟预料相反，所有各州都承认每一个州都可以分享公股的一份，就仍然会有尚待克服的困难，那就是关于分配的适当规定。为此，各州会制定出不同的原则。由于这些原则会影响各方的相互矛盾的利益，所以也不容易获得和平的调整。

因此，我们看出，西部领土的广阔地区，就是提出敌对要求的广大场所，没有任何仲裁人或共同裁判在争执各方之间进行调停。从过去推论未来，我们有充分理由担忧，有时会诉诸武力来仲裁他们的争执。康涅狄格州和宾夕法尼亚州关于怀俄明土地的争执情况告诫我们，对这种争执切勿抱有容易和解的乐观期望。邦联条款强迫双方将问题提交联邦法庭裁决。法庭判决宾夕法尼亚州胜诉。但是康涅狄格州对此判决表示强烈不满，而且也没有表示完全屈从，一直到通过谈判和协商，获得它认为和自己所受损失相等的东西为止。这里所谈的丝毫没有非难该州行为的意思。它必然深信自己是受了这项判决的伤害；而各州，如同个人一样，往往非常勉强地接受对它们不利的裁决。

凡是有机会看到关于本州和弗蒙特地区发生争执的进展情况报告内容的人，都可以证明我们遭到的各州的反对，其中包括同这种争论有关的州，也包括同这种争论无关的各州。他们还能证明，如果这个州打算用武力维护自己的权利，邦联的和平可能遭受威胁。在反对者当中有两个主要动机：一是对我们将来的力量感到妒忌；另一个是邻近各州内某些有势力人物的利益，他们在该地区的现有政府下获得了土地让与证书。即使那些要求同我们相反的几个州，对肢解本州似乎比确认自己的要求更加热心。这几个州就是新罕布什尔、马萨诸塞和康涅狄格。新泽西州和罗得岛，一直对弗蒙特州的独立表示非常热心；马里兰州由于和加拿大发生来往而感到惊恐，在此以前，该州非常同意同样的主张。这些州虽小，但是却用不友好的眼光看待我们日益强大的前景。回顾这些事件，我们可以找出如果各州最后不幸分裂，会使它们发生纠纷的一些原因。

商业上的竞争是造成纠纷的另一重要原因。处境较差的州，渴望摆脱不利的地位，并且分享比较幸运的邻州的利益。每个州，或独立的邦联，都会实行一系列独特的商业政策。这样就会造成差别、特惠和排外，从而引起不满。从我国成立的最初时期开始，我们就习惯于在权利平等的基础上进行交往，有这种习惯要比自然摆脱这种习惯更能加深不满的理由。我们准备把那些实际上是独立国家图谋特殊利益的正当行为称为损害。美国商业方面所特有的进取精神,曾不失时机地表明自己没有改变。这种不受约束的精神,根本不可能尊重某些州竭力使自己的公民获取专有利益而制定的通商条例。一方面要违犯这些条例,另一方面要努力防止和抵制这种违犯行为,这就会自然引起暴行,暴行又引起报复和战争。

某些州借助于通商条例,有机会使其他州从属于自己,这会使处于屈从地位的各州不能忍受。纽约、康涅狄格和新泽西三个州的相互处境,可以提供这种范例。纽约州由于税收需要,必须征收进口税。大部分进口税,必须由其他两州的居民以我们进口商品的消费者身份来负担。纽约州既不愿意也不可能放弃这种利益。纽约州公民不会同意为了顾全邻州公民而应当豁免他们所付的关税。即使没有这种障碍,在我们自己市场上对顾客作出辨别,也是行不通的。难道康涅狄格和新泽西两州甘愿被纽约州为其独占利益而长期对它们征税吗?难道应当允许我们长期停留在宁静而不受干扰的大都市的享受中吗?从这种大都市所得到的利益对邻州来说难道不是非常可恨,而且在他们看来也是非常暴虐的么?难道我们能够保持这个地位一方面去对付康涅狄格州的无法推卸的压力,另一方面又去对付新泽西州的合作压力么?这些问题,只有最大胆的人才会作出肯定的回答。

联邦公债将是各州或各邦联之间发生冲突的另一原因。先是分担,然后逐步偿清,同样都会产生不愉快和仇恨。怎么可能达成一条大家均感满意的分摊原则呢?简直没有一项建议在实际上完全没有异议的。这些异议往往会被利益相反的各方加以夸大。关于偿还公债的一般原则,各州也有不同意见。有些州,或者是对国债的重要性印象不深,或者因为它们的公民对这个问题的关心不怎么迫切,所以使人感觉到,它们对于按任何比例支付内债即使不是极为反感,也是漠不关心。这些情况会加大分配公债的困难。另外一些州,它们的许多公民团体都是公家的债权人,债务数量超过该州在国债总数中所占的比例,这些州就会为制定某些公平合理和切实有效的规定而努力。前者的拖延会引起后者的不满。同时,真正的意见分歧和人为的耽误,会拖延决定规定的时间。利害相关的各州公民会大叫大嚷,外国就会强迫我们满足他们的正当要求,各州的和平会遇到外国侵略和内部争论的双重危险。

假如商定规定的有关困难得到克服,国债已分摊完毕,那么仍有很大余地可以设想,已经通过的规定在试行时会发现某些州的负担比另一些州重。负担重的那些州,自然要设法减轻负担。其他各州当然无意修改规定,因为修改结果会增加它们自己的负担。对于叫苦的各州来说,它们的拒绝借口过于貌似有理,因而无法拒付自己的份额。这种借口必然会由于贪婪而加以利用;这些州不服从规定会成为激烈讨论和争吵的理由。即使所采用的规定在实践中证明原则上是公平的,某些州由于其他种种原因仍然会拖欠支付。这些原因有:确实缺乏财源,财政管理失当,政府管理工作的偶然紊乱;此外,人们在渡过危机以后,总是不愿意再为此而出钱,并且会影响迫切需要的供给。不论由于什么原因而拖欠,总会引起怨言、互相责备和争吵。也许没有任何事情比以下情况更能扰乱一些国家的安定了:几个国家约定为着某一个共同目的共同作出贡献，而这一目的却不能对各国产生平等和一致的利益。因为这是一条平凡而确实的真理：没有任何事情比付钱更容易使人们意见不合了。

违背私人契约的法律，因为等于侵犯了其公民蒙受损失的那些州的权利，从而可以认为引起敌对的另一原因。我们以前看到过各州玷辱自己法律的许多实例，所以我们无权期望，今后如果不用任何其他限制进行约束，各州会用比较开明和公平的精神统帅立法工作。我们看到过由于罗得岛立法机关穷凶极恶的作为而引起的康涅狄格州的报复措施。因此，我们可以合理地推论：在其他条件下发生类似情况时，真枪实弹的战争，而不是文字上论战，将会惩罚这类万恶的违背道义义务和社会正义的作为。

不同的州或邦联和不同的外国结成互不相容的联盟的可能性，以及这一情况对整个和平的影响，在前面几篇论文中已有充分的阐述。从根据这些论文对这方面的问题所表示的见解，可以得出结论说：美国如果完全不联合，或者仅用简单的攻守同盟软弱无力地联合在一起，那么就会由于这种不调和的同盟的活动，逐渐被卷入欧洲的政治和战争的一切有害纠纷中去，而且由于它所分成的各部分之间的破坏性争斗，它可能变成各部分敌对国家的阴谋诡计的牺牲品。分而治之必然是怀恨或害怕我们的每个国家的箴言。[①]

普布利乌斯

① 为了让这类论文的全部论点尽速同读者见面，我们打算每周发表四次。星期二在《纽约邮报》发表，星期四在《广告日报》发表。——普布利乌斯

原载1787年11月20日，星期二，《纽约邮报》

第 八 篇

（汉密尔顿）

致纽约州人民：

因此，让我们把以下情况假定为既成事实，再来简要分析这种情况所能造成的某些后果：各州如果不联合，或者这种联合是在一般性联合的废墟上偶然形成的，它们将受到战争与和平、相互友好与相互仇视交替发生的情况的支配，这些都是一切未联合在一个政府下面的友邻国家命中注定的东西。

各州之间在各自存在的初期进行战争，所带来的灾难，要比在那些早已通行正规军事建制的国家里通常造成的灾难严重得多。欧洲大陆上经常保持的训练有素的军队，虽然对自由和节约是有害的，但在以下两方面却有极大好处：其一是，使突然征服成为不可能，其二是，能防止有常规军以前经常作为战争进展标志的土地迅速荒芜的现象发生。建筑防御工事曾经有助于达到同样目的。欧洲各国的国境周围，都有一连串能相互阻挠入侵的防御工事。为了进入敌国，就得为攻陷两三个边防要塞耗费多次战役。每一步都有同样的障碍，来消耗侵略者的兵力，拖延它的进展。从前，入侵军队侵入邻国心脏的速度几乎同该国得到其入侵者逼近的消息同样迅速；但是现在，一支较小的训练有素的防御部队，依靠阵地的帮助，就能阻挡并且最后挫败一支强大得多的部队的冒险企图。地球上那个地区的战争史，已不再是一部国家被征服和国家被灭亡的历史，而是城市的争夺史，是起不了决定作用的战役史，是退却比取胜更为有利的历史，是费力大而收获少的战争历史。

我国的情况完全相反。对军事工程的妒忌，会把这些任务尽可能长久地搁置起来。由于没有防御工事，一个州的边境对另一州是完全开放的，所以便于入侵。人口众多的州，能轻而易举地侵略人口较少的邻州，易于征服，但同样也难于防守。因此，战争将是到处乱打的战争，而且具有掠夺性质。非正规军会进行抢劫和蹂躏。个人灾难会成为表示我们战绩特征的各种事件的主要图景。

这一图景并非过分渲染，虽然我承认，它不会一直成为恰当的图景。不受外来威胁，是治国最有力的指导者。即使对自由的热爱，过一个时期以后，也会服从于它的指挥。伴随战争发生的生命与财产的强烈破坏，以及连续不断的危险状态所带来的不断的努力和惊恐，迫使最爱慕自由的国家为了安宁和安全而采取有破坏自身民权和政治权利倾向的制度。为了更加安全，它们最后宁可冒比较不自由的危险。

这里提到的制度，主要是常备军以及军事机构的相应附属物。据说新宪法中并不禁止常备军；因此可以推论说，在新宪法下面是可以有常备军存在的。[①] 然而，常备军的存在，从它的提法来看，

① 这个反对意见将在适当的场合下加以充分考察，并且会表明：在这一问题上可能采取的唯一自然预防办法，已经采取了；这个预防办法要比美国以前制定的任何宪法中可以找到的好得多，大多数宪法根本不注意这个问题。——普布利乌斯

至多是可疑的和不肯定的。[1] 但是可以这样回答：常备军的产生，必然是邦联解体的结果。经常的战争和不断的恐惧，要求一种同样不断的准备状态，这就必然会引起常备军的产生。比较弱小的州或邦联，首先依靠常备军来使自己同比较强大的邻人平起平坐。它们会设法用比较正规而有效的防御制度，用训练有素的军队，用防御工事，来弥补人口和资源的劣势。它们同时还需要加强政府的行政权，这样做的时候，它们的宪法会逐渐趋向君主政体。战争有一种牺牲立法权力增加行政权力的性质。

上述种种办法，不久就会使利用它们的那些州或邦联取得超越其邻人的优势。小州，或自然力量薄弱的州，在坚强有力的政府下面，有训练有素的军队的帮助，往往能战胜没有这些长处的大州，或自然力量更雄厚的各州。而较重要的州或邦联，无论出于自尊或安全，都不会长期屈从于这种使人遭受耻辱和偶然产生的优势。它们会迅速采用和那些行之有效的方法相同的方法，以便恢复已经失去的优越地位。这样，我们在很短的时间内就能看到在我国各地建立起同样的、已经成为旧世界灾难的专制机器。这至少是事物的自然过程；而我们的推论愈符合这个标准，就愈可能正确。

这些推论并非从宪法中想象的，或者从推测的缺点中得出的含糊推论。宪法的全部权力掌握在人民或人民代表手中；但是，这些推论是从人类事务的自然和必然的发展中得出的具体结论。

---

① 在修改过的原文中，是这样说的："这个论断，从它的提法形式来看，充其量不过是可疑的和不肯定的。"

也许有人为了反对这点而问道：为什么常备军并未从时常烦扰古希腊一些共和国的争斗中产生呢？对这问题可以作出不同的、但是同样令人满意的回答。目前人民勤勉的习惯——一心一意追求利润，热衷于改进农业和商业——同古希腊一些共和国人民的真实情况，即全国皆兵的情况，是不一致的。由于金银和工艺品增多而大量增加的税收，以及现代的产物财政学与各国的习惯一起发生作用，使战争制度发生彻底的改革，并使不同于公民团体的训练有素的军队成为经常敌对的分不开的伴侣。

此外，由于处境关系很少受到内部侵略的国家的军事建制，同经常受到内部侵略、并且经常为此担忧的国家的军事建制，有很大不同。前一种国家的统治者，即使这样想的话，也不可能有充分的借口维持人数众多的军队，而后一种国家却必须维持那么多的军队。在前一种情况下，这些军队受命为内部防御而采取行动的情况，即便不是完全没有，至少也是罕见的。人民没有遭受军事性专政的危险。法律也没有为顾全军事需要而习惯于松弛状况。民治国家依然生气勃勃，既不腐败，也不同其他国家的原则或倾向相混淆。军队规模之小，使社会的自然力量就能胜过它。公民不习惯于指望军事力量进行保护，也不甘受其压迫，对军队既不爱也不怕。他们把军队看作是必然的灾祸，怀着妒忌的心理予以默认，并且准备反抗那种他们认为可能损害自己权利的势力。在这种情况下，军队往往帮助行政长官镇压小规模的派别活动，或偶然发生的暴动或叛乱，但是不能侵犯大规模的人民团体的联合力量。

在最后论述的那种国家里，所发生的情形完全相反。永久存在的危险，迫使政府经常准备抵御；它为了刻不容缓的防御需要，必须有足够的军队。对军队服役的不断需要,提高了军人的重要性,相应地就降低了公民的地位,军政就高于民政了。居民的土地往往成为战场,他们的权利不可避免地经常遭到侵犯,从而削弱了他们的权利观念,逐渐使人民不仅把军人看作自己的保护人,而且看作自己的长上。从这种倾向过渡到把自己当作主人,既不是遥远的事,也并不困难;但很难说服有这种想法的人勇敢或有效地抵抗由军事力量支持的篡夺行为。

大不列颠王国属于第一种。岛国的地位和强大的海军,很可以防御外国可能的侵犯,因而没有必要在国内建立人数众多的陆军了。一支充足的兵力在民兵有时间集合和编成一体以前,能迎头击败来自海上的突然入侵,被认为是全部的必需了。国家政策既没有要求,舆论也不会容忍国内编制上有大量的军队。长期以来,列入内战结果的其他种种原因,几乎没有起作用的余地。这一特别幸运的情况,在很大程度上有助于保持该国至今还享有的自由,尽管还普遍存在贪污和舞弊。假如相反,大不列颠位于大陆上,而且由于这种情况,不得不(它必然会如此)使其国内的军事建制与欧洲其他列强的军事建制共同扩张起来,那么大不列颠在今天多半会同这些列强一样成为个人专权的牺牲品。这个岛国的人民有可能——虽然并不容易——由于其他原因而遭受奴役;但是不可能被其国内通常维持的少数军队的威力所奴役。

假使我们十分明智,把联邦维持下去,我们就可以长期享受和一个岛国情况相同的利益。欧洲离我们很远。我们附近的欧洲殖民地,看来仍然会因力量悬殊而不可能给予我们任何危险的骚扰。在这种情况下,就不需要庞大的军事结构来保障我们的安全了。

如果我们四分五裂，而各个组成部分或者保持分裂状态，或者结成两三个邦联——这是非常可能的，那么，我们在很短时间内就会处于欧洲大陆列强的围困之中，我们的自由就会成为用以反对彼此野心和嫉妒的自卫手段的牺牲品。

这种看法并非肤浅或毫无价值，而是稳健而有分量。无论哪个党派的每一个谨慎而诚实的人，都值得予以严肃而慎重的考虑。如果这样的人严肃认真地想一想，冷静地思索一下这个有趣的看法的重要性；如果他们反复考虑这种看法的各方面，并研究其一切后果，他们就会毫不踌躇地放弃其对宪法的无关重要的反对，因为否决宪法基本上会使联邦结束。某些反对联邦的人的胡思乱想中掠过的空虚幻想，很快就会让位给各种更具体、真实和难以克服的危险了。

普布利乌斯

为《独立日报》撰写

第九篇

（汉密尔顿）

致纽约州人民：

一个牢固的联邦，对于各州的和平与自由是非常重要的，因为它是分裂和叛乱的障碍。在阅读希腊和意大利一些小共和国的历史时，对于一直使它们不安的骚动，以及使它们永远摇摆于暴政和无政府状态这两个极端之间连续不断的革命，没有恐怖和厌恶的感觉是不可能的。如果它们显示出偶然的平静，那只不过是接着而来的狂风暴雨的暂时对照。假如时常出现幸福的间歇，我们看到时还是有惋惜之感，因为想到我们眼前的愉快景色不久就会被暴乱和激烈党争的巨浪所淹没。假如在幽暗中有时放射出瞬息的光芒，当这些转瞬即逝的光彩使我们眼花缭乱时，同时也使我们悲叹，政府的弊病会使这些光辉的才能和崇高的天赋走上邪路，黯然失色，而这些产生它们的幸福土壤已经得到应有的歌颂。

专制政治的拥护者，从玷污那些共和国历史的动乱中提出论据，不仅反对共和政体的各种形式，而且反对公民自由的原则。他们污蔑一切自由政府都是与社会秩序不协调的，并且对自由政府的赞助和拥护者表示幸灾乐祸。对人类来说，幸运的是，在自由的基础上建立起来、多年来欣欣向荣的巨大组织，用少数光荣的事例就驳倒了他们的悲观诡辩。我相信，美国将是另外一些同样壮丽的大厦的广泛而坚固的基础，这些大厦将是他们的错误的同样永久的纪念物。

但是也不容否认，他们所描绘的共和政体的形式，也只是他们采用的原件的副本。如果发现这对于设计一种更完善的结构是行不通的，那么开明的自由的赞助者由于无法辩护，只得被迫放弃那种政府的奋斗目标。然而，政治学和其他大多数学科一样，已经大有进步。各种原理的效果，现在可以了解得清清楚楚，但对老年人说来，不是全不了解，就是一知半解。把权力均匀地分配到不同部门；采用立法上的平衡和约束；设立由法官组成的法院，法官在忠实履行职责的条件下才能任职；人民自己选举代表参加议会——凡此种种，完全是崭新的发现，或者是在现代趋向完善方面取得的主要进步。这些都是手段，而且是有力的手段，通过这些手段，共和政体的优点得以保留，缺点可以减少或避免。不管某些人觉得多么新奇，我敢冒昧地在有助于改善民治政府制度的各种情况以外，再提出当作反对新宪法根据的一个原则。我说的是扩大这些制度的运行范围，或者是一个州的各个方面，或者是几个小州结成一个大的邦联。后者同考虑中的事情直接有关。然而，对这一原则应用于一个州的情况加以考察，将是有益的，这一点要在其他地方予以注意。

邦联在镇压内乱，保卫各州内部的平静以及在增加各州的对外力量和安全等方面的用处，实际上并不是一种新见解。它已在不同的国家和时代得到实践，并且取得了最受称赞的政论家的承认。反对已经提出的方案，不厌其烦地引证和传播孟德斯鸠关于实行共和政体版图必须狭小的论述。但是他们似乎并不知道这个伟大人物在其作品的另一部分里所表示的意见，也未想到他们那么轻率同意的原则所产生的后果。

当孟德斯鸠提出共和国范围要小时，他心目中的标准比这些州中差不多每一个州的范围都要小得多。无论弗吉尼亚、马萨诸塞、宾夕法尼亚、纽约、北卡罗来纳或佐治亚，决不能同他所论述的典型和他在论述中应用的条件相比拟。因此，如果我们把他在这一点上的意见当作真理的标准，我们就不得不作出以下抉择：要么立刻投入君主政体的怀抱，要么把我们自己分裂成许多互相嫉妒、互相冲突和动乱的小州，成为不断冲突的不幸温床和普遍怜悯或藐视的可耻对象。某些站在这个问题的对立面的作者，似乎知道这进退两难的情况，他们甚至敢于暗示把较大的州分开是一桩令人想望的事情。这种糊涂政策，这种自暴自弃的权宜之计，通过微不足道的职位的增多，可能符合某些没有才能把自己的影响扩大到私人阴谋的狭小圈子以外的人的观点，但是决不可能增进美国人民的伟大或幸福。

如前所述，我们将在另一场合研究这个原则，所以在这里谈谈以下一点就够了：根据那位被随时强调引证的作者的意思，就是下命令减少许多联邦成员的面积，但不妨碍它们全都包括在一个联邦政府之中。这才是我们现在的讨论所关心的真正问题。

就孟德斯鸠反对一般性的各邦联合的建议而论，他明确地把联邦共和国当作扩大民众政府范围、并使君主政体和共和政体的利益调和一致的手段。

他说[①]:“假如人类没有创造出一种政体,它既具有共和政体的内在优点,又具有君主政体的对外力量,那么很可能,人类早已被迫永远生活在一人统治的政体之下了。我说的政体就是联邦共和国。

“这种政府形式是一种协约。依据这种协约,几个小邦联合起来,打算建立一个更大的国家,并且同意作这个国家的成员。所以联邦共和国就是几个社会联合而产生的新社会,这个社会还可以因其他新成员的加入而扩大,直到他们的力量能够为这个联合体提供保障的程度为止。

“这种共和政体能够抵抗外来力量,可以自己维持下去而内部不致腐化。这种社会的形式能够防止一切麻烦。

“如果一个成员企图篡夺最高权力,他不可能在所有的联合起来的各邦中具有同样的权力和威信。如果他对一个邦影响太大,就会使其他各邦惊惶不安。如果他征服了一部分,那些仍旧保持自由的部分,就可能利用被他篡夺的力量以外的力量来反对他,并且在他篡夺成功以前把他打败。

“如果在联邦的某个邦里发生民众叛乱,其他各邦就能把它镇压下去。如果某一部分发生弊端,其他仍然健全的部分就能予以纠正。一个邦可能有一部分被破坏,而另一部分可能幸免;联邦可以解散,各邦则保留自己的主权。

“联邦既由小共和国组成,它便享有各共和国的内部幸福,至于对外情况,由于联合,它具有大君主国的一切优点。”

---

① 《论法的精神》,第1卷,第9章,第1节。——普布利乌斯

我认为大量引用这些有趣的段落是合适的,因为它们包括了赞成联邦的主要论据的通俗易懂的摘要,并且一定会有效地消除误用这部作品的其他部分而有意造成的错误印象。同时,它们与本文更直接的目的有着密切的联系,这就是说明联邦有镇压国内分裂和叛乱的趋势。

在联邦和各州的合并之间有一种与其说确切毋宁说细微的差别。前者的主要特征据说是限制其成员的集体权力的权威,而不限制组成联邦的个别成员的权威。争论者说:国民议会应该同内政的任何事情没有关系。参政权在各成员之间完全平等,也已经坚持下来,作为邦联政府的主要特征。这些见解基本上是武断的;既没有原则也没有前例予以支持。的确发生过这样的事情:这种政府通常的活动方式,是注意到差别是它们本质上所固有的;但是在大多数政府的实践上却有大量的例外,从而证明,就事例所涉及的范围来说,在这个问题上没有绝对的准则。在这次研究的过程中,将会清楚地表明,当争论的原则已经普及时,它就成了政府中无法矫正的混乱和愚蠢无能的原因了。

联邦共和国的定义,看来就是"一些社会的集合体"或者是两者或更多的邦联合为一个国家。联邦权力的范围、变化和对象,都是需要慎重对待的问题。只要其成员的独立组织不撤销,只要这种组织为了局部目的和机构上的需要而存在,虽然它会完全服从联邦的总的权力,但在事实上和理论上,它仍然是几个邦的联合或者是一个邦联。新提出的宪法,非但没有表示要撤销各州政府,而且要使州政府成为国家主权的构成部分,准许它们在参议院有直接代表,而且让它们拥有某些独有的、非常重要的主权。就这一措词的合理含义而论，这同联邦政府的思想是完全符合的。

在包括二十三个城邦或共和国的吕西亚同盟里，最大的城邦在全盟大会中有三个表决权，中等城邦有两个表决权，最小城邦有一个表决权。全盟大会有权任命各城邦的法官和行政长官。这的确是干涉它们内政的一种最巧妙的手段，因为如果有什么看来是擅自独占地方职权的事情发生，那就是任命它们自己的官员。然而孟德斯鸠在论及这种联合时说："如果要我提供一个极好的联邦共和国的典型，那么这个典型就是吕西亚同盟。"于是我们看出，所坚持的那些差别，并不属于这位开明的民法家的考虑范围。我们从而可以得出结论说：它们是一种错误理论的新奇推论。

普布利乌斯

原载 1787 年 11 月 23 日，星期五，《纽约邮报》

第 十 篇

（麦迪逊）

致纽约州人民：

在一个组织良好的联邦能够保证的许多利益中，再也没有比制止和控制狂热分裂的趋势值得更正确地加以发挥了。平民政府的赞助者，从未感到对平民政府的性质和命运的担忧会有他仔细考虑其危险弊病的倾向时那样严重。因此，他对于能恰当地矫正这种弊病而不违反他所遵循的原则的任何计划，不会不给予应有的评价。不安定，不公正和带进国民会议里的混乱状态，事实上是使平民政府处处腐败的不治之症；而这些情况始终是自由的敌人赖以进行最为华而不实的雄辩的特别喜爱和效果最好的题目。美国宪法对古今民主典型所作的宝贵改进，并不值得过多地赞颂，但如果硬说宪法像人们所期望的那样有效地排除了这方面的危险，那也是不公正的偏颇。到处可以听到我们最关心而善良的公民以及拥护公众信用和私人信用、公众自由和个人自由的人们抱怨说：我们的政府太不稳定，在敌对党派的冲突中不顾公益，决定措施过于频繁，不是根据公正的准则和小党派的权利，而是根据有利害关系的占压倒多数的超级势力。无论我们多么热切希望这些抱怨毫无根据，但是已知事实的证据，不容我们否认，这些抱怨在某种程度上是正确的。的确，在认真检查我们的情况时会发现，我们遭受的某些痛苦，曾被错误地归咎于政府的工作；但同时也会发现，其他原因也不能单独说明我们许多最大的不幸，特别是不能说明普遍的、日益增长的对公共义务的不信任和对私人权利的忧虑，从大陆的一端到另一端，均有这种反应。这一切即使不完全是，也主要是党争精神用来败坏我们公共管理的那种不稳定和不公正的影响。

我理解，党争就是一些公民，不论是全体公民中的多数或少数，团结在一起，被某种共同情感或利益所驱使，反对其他公民的权利，或者反对社会的永久的和集体利益。

消除党争危害有两种方法：一种是消除其原因，另一种是控制其影响。

消除党争原因还有两种方法：一种是消除其存在所必不可少的自由；另一种是给予每个公民同样的主张、同样的热情和同样的利益。

关于第一种纠正方法，再没有什么比这样一种说法更确切了：它比这种弊病本身更坏。自由于党争，如同空气于火，是一种离开它就会立刻窒息的养料。但是因为自由会助长党争而废除政治生活不可缺少的自由，这同因为空气给火以破坏力而希望消灭动物生命必不可少的空气是同样的愚蠢。

第二种办法是做不到的，如同第一种办法是愚蠢的一样。只要人类的理智继续发生错误，而且人们可以自由运用理智，就会形成不同意见。只要人们的理智和自爱之间存在联系，他们的意见和情感就会相互影响，前者就会成为后者依附的目标。人的才能是多种多样的，因而就有财产权的产生，这种多样性对于达到利益一致来说，不亚于一种无法排除的障碍。保护这些才能，是政府的首要目的。由于保护了获取财产的各种不同才能，立刻就会产生不同程度的和各种各样的财产占有情况；而由于这一切对各财产所有人的感情和见解的影响，从而使社会划分成不同利益集团和党派。

党争的潜在原因，就这样深植于人性之中；我们看到这些原因到处根据人类社会的不同情况造成不同程度的行动。热心于有关宗教和政体的不同意见，以及其他许多理论和实践上的见解，依附于各种野心勃勃、争权夺利的领袖或依附于其财产使人们感觉兴趣的人，相继把人们分为各种党派，煽动他们彼此仇恨，使他们更有意于触怒和压迫对方，而无意为公益而合作。人类互相仇恨的倾向是如此强烈，以致在没有充分机会表现出来时，最琐碎、最怪诞的差别就足以激起他们不友善的情感和最强烈的冲突。但是造成党争的最普遍而持久的原因，是财产分配的不同和不平等。有产者和无产者在社会上总会形成不同的利益集团。债权人和债务人也有同样的区别。土地占有者集团、制造业集团、商人集团、金融业集团和许多较小的集团，在文明国家里必然会形成，从而使他们划分为不同的阶级，受到不同情感和见解的支配。管理这各种各样、又互不相容的利益集团，是现代立法的主要任务，并且把党派精神和党争带入政府的必要的和日常的活动中去。

没有一个人被准许审理他自己的案件，因为他的利益肯定会使他的判断发生偏差，而且也可能败坏他的正直为人。由于同样理由，不，由于更充分的理由，人的团体不宜于同时既做法官又做当事人。然而许多最重要的立法案件，难道不是那么多的司法判决，不过不是同个别人的权利有关，而是同庞大的公民团体的权利有关吗？而各种不同的立法者，还不是他们所决定的法案的辩护者和当事人吗？曾经有人提过一条有关私人债务的法律吗？这是债权人和债务人各为一方的问题。法官应当在他们之间掌握平衡。然而政党本身是，而且必然是法官；人数最多的党派，或者换句话说，最有力量的党派当然会占优势。本国工业是否需要以及在何种程度上通过限制外国工业而得到鼓励？这是土地占有者阶级和制造业阶级会采取不同决定的问题，可能两者都不会专门关心正义和公益问题。对各种财产征税的分配，是一条看来需要极其公平的法令，然而恐怕没有一条法令能为居于统治地位的党派提供更大的机会和诱惑来践踏正义的准则了。它们每使处于劣势的派别多负担一个先令，就给他们自己的腰包里节省一个先令。

开明的政治家能够调整这些不一致的利益，使之有利于公共福利，这种说法是徒劳的。开明政治家不会经常执掌大权。在许多情况下，如果不作间接和长远的考虑，根本也不能作出这样的调整，而那种长远的考虑也很难胜过一个党派不顾另一党派的权力或全体人民的福利而争取眼前利益的打算。

我们的结论是，党争的**原因**不能排除，只有用控制其**结果**的方法才能求得解决。

如果党争所包括的人不是多数，可用共和政体的原则来求得解决，这就是使多数人用正规投票的方法来击败其阴险的企图。党争能妨碍行政管理，能震撼社会，但不能在宪法的形式下进行，并掩饰其激烈的情况。另一方面，当党争包括大多数人在内时，民众政府的机构能使他们把公益和其他公民的权利当作占统治地位的感情或利益而作出牺牲。因此,我们所要探究的重大题目就是,保护公益和私人权利免遭这种党争的威胁,同时保持民众政府的精神和形式。让我补充说,这是使这种形式的政府摆脱长期受到的耻辱最为迫切需要的东西,从而能使这种政府为人们尊重和采用。

用什么方法才能达到这个目的呢?显然只能用两个方法当中的一个。要么必须防止大多数人同时存在同样的情感或利益,要么必须使具有同样情感或利益的大多数人由于他们的人数和当地情况不能同心协力实现损害他人的阴谋。如果冲动和机会巧合,我们深知,无论道德或宗教的动机都不能作为适当控制的依据。在个别人的不义和暴力行为上,找不到道德和宗教的动机,而随着人数的增多,它们的效果就相应地减少,也就是说,按照效果需要的程度而变化。

这样来看问题,可以得出结论说:一种纯粹的民主政体——这里我指的是由少数公民亲自组织和管理政府的社会——不能制止派别斗争的危害。几乎在每一种情况下,整体中的大多数人会感到有共同的情感或利益。联络和结合是政府形式本身的产物;没有任何东西可以阻止牺牲弱小党派或可憎的个人的动机。因此,这种民主政体就成了动乱和争论的图景,同个人安全或财产权是不相容的,往往由于暴亡而夭折。赞成这种政府的理论政治家错误地认为,如果使人类在政治权利上完全平等,同时他们就能在财产、意见和情感上完全平等。

共和政体,我是指采用代议制的政体而言,情形就不同了,它能保证我们正在寻求的矫正工作。让我们来研究一下它和纯粹的民主政体的差别，我们就能理解矫正的性质以及它必然会从联邦得到的功效。

民主政体和共和政体的两大区别是：第一，后者的政府委托给由其余公民选举出来的少数公民；第二，后者所能管辖的公民人数较多，国土范围也较大。

第一个区别的结果，一方面是通过某个选定的公民团体，使公众意见得到提炼和扩大，因为公民的智慧最能辨别国家的真正利益，而他们的爱国心和对正义的热爱似乎不会为暂时的或局部的考虑而牺牲国家。在这样的限制下，很可能发生下述情形：由人民代表发出的公众呼声，要比人民自己为此集会，和亲自提出意见更能符合公共利益。另一方面，结果也可以适得其反。捣乱成性的人、本位主义者或别有用心的人，可能用阴谋、贿赂以及其他方法首先取得参政权，然后背叛人民的利益。结果产生这样一个问题：对于选举公共福利的适当保护人来说，是小共和国好呢还是大共和国好；从以下两个明显的理由可以清楚地决定是后者较好。

首先，应该指出，共和国无论多小，为了防止少数人的结党图谋，代表必须达到一定数目；同时，共和国无论多大，为了防止人数过多的混乱，代表必须限于一定数目。因此，在这两种情况下，代表人数并不同两个共和国的选民人数成比例，在小共和国所占的比例就大一些。结果是，如果大共和国里的合适人选的比例并不小于小共和国，那么前者将有较大的选择机会，从而就有较大可能作适当的选择。

其次，由于选举每一个代表的公民人数，大共和国要比小共和国多，所以不足取的候选人就更难于成功地采用在选举中常常采用的不道德手腕；同时由于人民的选举比较自由，选票也就更能集中于德高望重的人的身上。

必须承认，在这种情况下，如同在其他许多情况下一样，折中看来，两者都有麻烦之处。如果把选举人的数目增加得太多，会使代表很不熟悉他们当地的一切情况和次要利益；如果把选举人数减得太多，会使代表不适当地关注这一切，而很少了解和追求重大的全国性目标。在这方面，联邦宪法使两者恰当地结合起来，把重大的集体利益托付给全国的和地方的特别是州的立法机关。

另一个区别是，共和政府能比民主政府管辖更为众多的公民和更为辽阔的国土；主要就是这种情况，使前者的派别联合没有后者那么可怕。社会愈小，组成不同党派和利益集团的可能性就愈少；不同的党派和利益集团愈少，发现同一党派占有多数的情况就愈多；而组成多数的人数愈少，他们所处的范围就愈小，他们就更容易结合起来，执行他们的压迫人民的计划。把范围扩大，就可包罗种类更多的党派和利益集团；全体中的多数有侵犯其他公民权利的共同动机可能性也就少了；换句话说，即使存在这样一种共同动机，所有具有同感的人也比较难于显示自己的力量，并且彼此一致地采取行动。除了其他障碍以外，可以指出，即使意识到不正当的或卑鄙的目的，相互交往也往往由于需要赞同的人数相应地不信任而受到阻挠。

因此，很清楚，共和政体在控制党争影响方面优于民主政体之处，同样也是大共和国胜于小共和国之处，也就是联邦优于组成联邦的各州之处。优点不是在于能选拔见解高明、道德高尚，因此使他们能超出局部偏见和不公正的计划的代表吗？不能否认，联邦的代表最可能具有这些必要的才能。优点是否在于党派的种类较多，能更好地防止一个党派在数量上超过其他党派而且压迫它们呢？同样，在联邦内组成的种类更多的党派，加强了这方面的保证。总之，优点不是在于给不讲正义和图谋私利的多数人以更大的障碍，反对他们协调一致，完成其秘而不宣的愿望吗？这里又是联邦的辽阔广大提供了最明显的便利。

党派领袖的势力，可能在他们各自的州里燃起烽火，但是不能使它蔓延到其他各州。一个教派可能变为邦联某一部分的政治派别；但是散布在邦联四面八方的各种教派，必然会保护全国议会不受来自那里的任何威胁。对纸币、对取消债务、对平均分配财产、或者对任何其他不适当的或邪恶的目的的渴望，比较容易传遍联邦的某一成员，而不容易传遍整个联邦；正如这样的弊病更可能传遍某一个县或地区，而不容易传遍全州一样。

因此，我们发现，在联邦的范围和适当结构里，共和政体能够医治共和政府最易发生的弊病，根据我们赞成共和政体，并以此自豪的程度，我们应该以相应的热情拥护联邦党人的精神，并支持他们的人格。

普布利乌斯

为《独立日报》撰写

第十一篇

（汉密尔顿）

致纽约州人民：

联邦的重要性，从商业方面来看，是很少持有异议的论点之一，而且在实际上得到对这个问题有所了解的人的最普遍的同意。无论同外国交往或相互来往，这个论点都是适用的。

有种种迹象使我们可以作出这样的推测：美国商业特征所表现的冒险精神，已经使欧洲的几个海上强国感到不安了。它们似乎对我们在运输业方面造成的太多干扰感到忧虑，而运输业却是它们航海业的支柱和它们的海军力量的基础。几个在美洲有殖民地的国家，担忧地期待着我国可能发生的变化。它们预见到，自己在美洲的领地由于邻近美国而可能遭受威胁的危险；美国有建立一支强大海军所必需的一切，而且拥有一切手段。这种想法自然会表示需要鼓励我们分裂并且尽可能阻止我们独立地从事积极的贸易的政策。这样就能符合以下三项目的：阻止我们干扰他们的航海事业，独占我们的贸易利益，剪掉我们的翅膀，使我们无法飞到危险的高度。如果不是谨慎阻止我详细说明，不难根据事实把这项政策的制定追溯到内阁部长们的身上。

如果我们继续联合在一起，我们就能抵制一种在各方面对我们的繁荣非常不利的政策。我们可以利用全国各州同时实行的限制性条例，迫使各国为取得我国市场的特权而互相竞争。凡是能够理解下面两点的人，决不会认为这个主张是幻想：其一是，三百万人（并且还在迅速增长，大部分地方专务农业，而且由于地区条件，看来会继续务农）的市场对任何工业国的重要性；其二是，这样一个国家用本国船只直接运输和用别国船只间接运送其产物往返美国，对于该国的贸易和航海业是有极大区别的。例如，假定我们美国有一个政府，能把大不列颠（我们目前同它没有通商条约）赶出我们所有的港口；这个措施对它的政策可能起什么作用呢？难道它不能使我们为在该国领土上取得最有价值和最广泛的商业优惠而进行最有成功希望的谈判吗？当这些问题在其他场合提出时，得到的答复貌似有理，但并不可靠或令人满意。有人说，我们这方面的禁令，不会使大不列颠的制度产生变化，因为它能通过荷兰人同我们进行贸易，荷兰人将是英国供应我们市场所需商品的直接顾客和付款人。但是大不列颠的航海业在这种贸易中难道不会因丧失自运货物的重要利益而遭到很大的损失吗？难道其主要利益不会被荷兰人从中截取，作为他们的代理人和冒险的补偿么？难道只是运输机会会有相当大的减少吗？由于增加我们市场上的英国商品价格，并将这一部分有趣的大不列颠商业转让给别人经营，那么这种迂回曲折的交往不是助长了其他国家的竞争吗？

慎重考虑这些问题所涉及的事情，可以证实如下信念：这一情况对大不列颠的真正不利，加上国内大多数人偏爱对美国的贸易，再加上西印度群岛的不断要求，就会使她目前的制度松弛，并且使我们享有西印度群岛以及其他各地市场上的特权,我们的贸易因此可以取得最实际的利益。这一论点来自大不列颠政府,不可能设想在我们的市场上没有同样的免税,因此可能对其他各国的管理发生相应的影响,它们不想看到自己完全被排挤在我们的贸易之外。

影响欧洲各国在这方面对我们的态度的另一个方法,来自建立一支联邦海军。毫无疑问,只要联邦在一个有效率的政府下面继续存在下去,不要很久,我们就有能力建立一支海军,这支海军即使不能同海上强国的海军竞争,至少在放到敌对双方中任何一方的天平上时也有相当的分量。这在有关西印度群岛的战斗中尤其如此。舰队中的几艘军舰,及时地派去增援某一方,往往足以决定一次战役的命运,该战役的结果可以造成极其重大的影响。从这方面看,我们的地位是举足轻重的。如果在这种考虑以外,我们还考虑到从本国运出的物品在西印度群岛作战时的用处,可以很容易地看出非常有利的形势能使我们在争取商业特权的谈判中居于优势。不仅要确定我们的友谊代价,而且还要确定我们的中立代价。我们只要坚定地依靠联邦,不久就可以指望成为欧洲各国在美洲的仲裁者,并且能够依据我们的利益来左右欧洲各国在美洲的竞争的胜负。

如果与此良好情况相反,我们将发现各地方的对抗会使它们互相牵制,并且会破坏大自然在我们这个地区为我们提供的一切迷人的有利条件。我们的商业处于一种微不足道的情况,会成为互相作战国家粗暴干涉的牺牲品;它们什么也不怕我们,一遇机会就会毫无顾忌地或毫无怜悯地掠夺我们的财产以供应他们的需要。中立的权利只有在有足够的力量进行保卫时才会受到尊重。

一个衰弱而卑下的国家，连中立的权利都会丧失殆尽。

在一个生气勃勃的全国政府下面，国家的自然力量和资源都导向共同的利益，能够挫败欧洲各国因妒忌而联合起来阻止我们发展的图谋。这种情况由于指出了这种联合不可能成功，因而还能消除联合的动机。于是活跃的贸易，大规模的航海事业和蓬勃发展的海军，将是精神上和物质上的必然产物。对于小政客们企图控制或改变不可抗拒和无法改变的自然进程的小小伎俩，我们可以置之不顾。

但是在不联合的情况下，这些结合可能存在，并且能够成功地起作用。海运国家有力量利用我们各方面的无能，来规定我们政治上存在的条件。由于他们都有意运输我们的货物，更希望阻止我们运输他们的货物，所以他们多半会联合起来用实际上造成破坏的方式来扰乱我们的航海事业，而且限制我们只能从事依赖外国船只的进出口贸易。于是我们只好满足于我们商品的第一个价格，眼看我们的贸易利润被夺走，我们的敌人和迫害者因而发财致富。表明美国商人和航海家天禀的那种举世无双的进取心本身就是国家财富的取之不尽的来源。这种进取心会受到压制和丧失，贫困和耻辱就会在一个利用智慧就能受到全世界羡慕和妒忌的国度里蔓延出来。

对美国的贸易来说，一些非常重要的权利，也就是联邦的权利——我指的是渔业，西部湖泊的航运和密西西比河的航运。邦联的瓦解，会产生有关这些权利将来存在的一些棘手问题，比较强大的伙伴的自身利益必然会使这些问题的解决对我们不利。西班牙对密西西比河的处理，无须加以说明。法国和大不列颠在渔业上同我们有关系，他们认为渔业对他们的航海业是非常重要的。他们当然不会长期地对经验已经证明为我们在这一有价值的贸易部门中占有的明显优势漠不关心，而且由于这种优势我们就能够在他们自己的市场上低价出售商品。他们打算把这样危险的竞争者从名单上除去，难道还有比这更加合乎自然的事情吗？

不应该把这方面的贸易看作局部利益。一切航海的州都可以在不同程度上参加而且是有利可图的；在扩大商业资本的情况下也会这样做的。这种贸易作为海员的培养所，现在已经是，或者到了各州的航海原则更加相似的时候，就会成为普遍的手段了。对于建立海军来说，这是必不可少的。

对于建立海军这一伟大的全国目标来说，联邦将在各方面作出贡献。每一个组织的生长和发展都是同集中用于创立并维持该组织的资财数量成比例的。建立合众国的海军这一目标，由于它能利用全国的资源，要比任何一个州建立海军或部分邦联建立海军能更快地达到，因为后二者只能利用部分的资源。的确，联邦美国的各部分，对于这个重要组织各有其特殊的有利条件。更靠南部的几个州，生产较多的柏油、沥青、松脂精这几种海军必需品。这些州生产的建造军舰用的木材，质地也比较坚固耐久。组成海军的军舰，如果主要用南部木材来建造，其耐久性的差别，无论从海军力量或国家节约的角度来看，都是非常重要的。南部和中部的某些州产铁较多，质量也较好。大部分海员必须从人口密集的北部去招募。对外贸易或海上贸易需要海军保护，正如这种贸易能助长海军的繁荣一样，无须特别阐明。

各州之间毫无限制的来往，通过各自产品的交换，能促进各自贸易的发展,交换的产品不仅相互要供应国内的需要,而且还要出口到国外市场上去。各地商业的血脉将得到补充,并且从各地商品的自由流通中得到更多的力量和动力。由于各州产品的不同,商业企业的范围将要广大得多。当某一州的主要产品因歉收或毫无收获而失败时,它可以求助另一州的主要产品来接济。出口商品的多样性,和其价值的多样性一样,能够促进对外贸易活动。由于商业上的竞争和市场的波动,用特定价值的大量物品进行对外贸易,要比用同样价值的少量物品进行贸易的条件好得多。特殊商品在某些时期可能需要很多,可是在其他时期却没有销路。但是,如果商品种类繁多,不至于发生在同一个时间完全处于滞销状态,因此商人的买卖就不大可能遇到任何大的障碍或停滞。投机商人会立刻体会到这些论点的说服力,而且也会承认合众国商业的总盈余有希望比不联合或部分联合的十三州的商业总盈余搞得更多。

也许有人对这个问题会作出这样的回答,不论各州是否联合,各州之间仍然会有密切的来往,这种来往能达到同样目的。但是由于许许多多的原因,这种来往会受到束缚、阻碍和限制。这几篇论文曾对这些原因作过详细说明。商业利益的一致,和政治利益的一致一样,只能通过统一的政府才能达到。

这个问题还可以从另外几个鲜明而生动的观点来加以研究。但是这些观点会把我们远远引到未来的领域,而且会牵涉到一些不适于在报刊上讨论的问题。我简单地说:我们的地位要求我们,我们的利益也促使我们要在美国事务的制度上力争上游。全世界可以在政治上和地理上划分为四部分,各部分都有独特的利益。

对其他三部分来说，不幸的是，欧洲借助于自己的军队和谈判，借助于武力和欺骗，已在不同程度上对其他三部分施展统治。非洲、亚洲和美洲相继感到欧洲的统治。欧洲长期保持的优势，诱使它想自诩为全世界的主人，而且认为其余的人类都是为它的利益而创造的。作为渊博的哲学家而受人称赞的人，曾直截了当地把一种天然的优越性归于自己的居民，而且郑重声明：一切动物，包括人类在内，在美洲是会退化的，就是狗，只要在我们的空气中呼吸一会儿，也就不会叫了[①]。事实是长期支持欧洲人这种妄自尊大的借口的。维护人类的荣誉，教育那个傲慢的弟兄谦虚一点，就是我们的事情了。联邦会使我们做到这一点。不联合会给它的胜利增加新的牺牲品。但愿美国人不屑于做大欧洲的工具！但愿十三州结成一个牢不可破的联邦，同心协力建立起伟大的美国制度，不受大西洋彼岸的一切势力或影响的支配，并且还能提出新旧世界交往的条件！

普布利乌斯

① 参见《美国哲学研究》。——普布利乌斯

原载 1787 年 11 月 27 日，星期二，《纽约邮报》

第十二篇

（汉密尔顿）

致纽约州人民：

联邦对各州商业繁荣的效果业已详述，我们现在要研究的题目是联邦对增加岁入的裨益。

目前，所有的开明政治家都看出并承认，商业的繁荣是国家财富的最有效和最丰富的来源，因而成为他们政治上关注的主要对象。由于报酬手段的增多和促进人们贪婪和冒险的心爱物品——贵重金属的采用和流通，商业繁荣有助于活跃和刺激工业系统，使之更加活跃和兴旺地运行。孜孜谋利的商人，劳苦的农民，勤勉的技工和积极活动的工厂主——各阶层的人都日益高兴地热切期待着对他们辛苦工作的这种令人愉快的酬报。农业和商业之间的那个时常引起争论的问题，根据无可置疑的经验已经得到解决，从而制止了两者之间一度存在的对抗；使双方的同情者均感满意的是：这种解决证明，双方的利益是密切融合并且交织在一起的。在不同的国家里都可以看到，土地价格随着商业繁荣而提高的情形。怎么不会是这样呢？为大地产品取得更加畅通的出路，对土地的开发提供新的刺激，这难道不是增加一个州的货币数量的最有效的手段么？——总之，各种形式的劳动和工业的忠实仆役，难道不使源源不绝地生产他们加工的绝大部分物品的大地增值吗？令人惊奇的是，如此简单的真理也会有人反对。这是大量证据中的一个，它证明：不恰当的妒忌，或过于抽象的概念和过于细致的推理，是多么容易使人背离合乎情理而又令人信服的最平常的真理。

一个国家的纳税能力，必须经常在很大程度上同该国的货币流通额和货币流通速度成比例。既然商业有助于达到这两个目的，它一定使纳税更加便利，并且促进国库的必要收入。德国皇帝的世袭领地包括面积广大、人口稠密的肥沃的可耕地，而且大部分位于气候温暖的富饶地带。在这些领地的某些地方，还能发现欧洲最好的金矿和银矿。然而，由于对商业力量缺乏鼓励，皇帝的岁入微不足道。他有好几次为了保存自己的重要利益不得不向别国借债，而且无法依靠自己的财力来维持一次长期的或持续的战争。

但是不只是从问题的这一方面来看，成立联邦将有利于税收。从另外几个观点来看，成立联邦的影响会显得更加直接更有决定性作用。从我国的情况、从人民的习惯、从我们在这一点上已有的经验来看，很明显，用征收直接税的办法来筹集巨款是行不通的。增加征税法收不到效果；试图用新方法征税，也是徒劳，公众的期望同样落空，各州的财库依然空虚。民主政府所固有的民主管理制度，再加上由于贸易萧条零落而出现的资金缺乏，使迄今为止的每一次大规模征税尝试均遭失败，终于使各种立法机关认识到，作这种尝试是愚蠢的。

凡是熟悉其他各国发生的情况的人，没有人会对这种情况感到惊讶。在大不列颠那样富裕的国家里，向超级富豪征收直接税，一定比在美国更容易接受，并且由于政府的力量强大，也比在美国切实可行；然而国家岁入的绝大部分却来源于间接税、关税和消费税。进口商品的关税构成后一种税收的很大一部分。

在美国，显然我们在一个长时期内必须主要依靠这几种税作为岁入的财源。在美国的大多数地方，必须把消费税限制于狭小的范围内。人民的天性难以容忍消费税法那种寻根究底和专横强制的精神。另一方面，如果用不受欢迎的方式对农民的房屋和田产征税，农民不会慨然解囊，而会斤斤计较。而且动产又是很不稳定和不易看见的一种资财，除用无法觉察的消费税以外，别无他法可以采用。

如果这些说法有点根据，那么最有利于增加和扩大这个宝贵财源的事态，必须最好地适合我们的政治利益。毋庸置疑，这种事态必须以成立整个联邦为基础。正因为成立有利于商业，所以同样也有助于增加来自商业的税收。正因为成立联邦能使税收规则更为简化和有效，所以同样也能达到税率相同而税收增多并且使政府有权增加税率而不影响商业等目的。

各州的有关状况，各州间相互交叉的河流和冲刷海岸的河湾的数目，各方面交通的便利，语言和风俗的类似，相互交往的习惯——凡此种种都会使各州间的非法贸易成为没有什么困难的事情，并且保证经常逃避彼此的通商条令。由于互相嫉妒，各州或各邦联就需要用降低税率的办法来避免那种贸易的诱惑。我们各州政府的性质，在长时期内不允许采用欧洲各国用以防范从水陆两方面进入各国的严密预防办法；即使在那些国家里，这些办法也不足以遏制贪婪的冒险计谋。

在法国，经常雇佣一批巡逻队(他们是这样称呼的)，以维护财政法令，不让走私商钻空子。纳卡先生估计这些巡逻队的人数在两万以上。这表明：在有内陆来往的地方，要防止那种贸易是非常困难的，而且明确地认为，如果美国各州不联合，各州的相互关系就像法国与其邻国的关系一样，美国的税收就会遇到种种不便。巡逻队必须具备的那种专横的和令人烦恼的权力，在一个自由国家里是不能容忍的。

如果相反，各州之上只有一个政府，那么，就我们商业的主要部分而言，就只有**大西洋沿岸这一边**需要守卫了。直接从外国驶来、载有贵重货物的商船，很少敢于冒着复杂和严重的危险，试图在进入港口以前卸货。他们不得不提防沿岸的危险，以及到达最后目的地前后被发觉的危险。普通程度的警戒，就能够防止任何严重违犯税收权利的情况。在我们的港口适当地驻扎几艘武装船只，就能够以少量开支有效地维护法律。政府既然对防止各地犯法行为同样关心，那么各州将对政府的措施将采取合作态度，这样会产生一种强大趋势来使这些措施行之有效。在这方面，我们应当通过联邦来保持大自然提供我们的一种便利，这种便利会因各州不联合而丧失。合众国远离欧洲，同愿意和我们有大量对外贸易联系的所有其他地方也有相当距离。从他们那里到我们这里的路程，要像法国和大不列颠或其他邻近国家海岸之间的来往那样，在数小时内或一夜之间走完，是办不到的。这可以很好地防御同外国直接走私，但是通过一个州来对另一个州进行迂回走私，是容易的而且也安全。从国外直接进口，利用内陆交通的更多便利，通过邻州根据时间和机会，小宗地间接进口，这两者之间的差别，对于每个有辨别能力的人来说，一定是一目了然的。

因此，很明显，一个全国政府能够以极少费用进一步扩大进口税，这同各州单独地、或局部邦联所能做到的，简直不能相提并论。至今，我认为，我可以有把握地说，这种关税在任何一州都没有超过百分之三的平均数。在法国，这种关税估计大约为百分之十五，在大不列颠则超过这个比例。[①] 在我国，将这种税款至少增加到目前总数的三倍，看来是没有问题的。根据联邦的规定，单是烧酒一项，就可以提供相当多的税收。根据本州的进口比率输入合众国的酒类总额估计为四百万加仑；每加仑以一先令计算，就能提供二十万英镑的税收。这种商品是负担得起这个税率的；如果这种税率会减少烧酒的消费量，那么这种结果将同样有利于农业、经济、道德和社会健康。也许，再没有一种东西会像烧酒那样为国家造成这样大的浪费了。

如果我们不能充分利用所讨论的财源，后果将会如何呢？一个国家没有税收是不能长期存在的。如果没有这个重要的支柱，它就一定会丧失独立，降到一个省份的地位。没有一个政府会选择这条绝路。因此，无论如何税收是非有不可的。在我国，如果税收的主要部分不是来自商业，它就必然会大大加重土地的负担。前面已经指出，消费税就其真正意义来说，太不得人心，所以不能大量利用这种征税方式。的确，在那些完全从事农业的州里，适合征收消费税的物品也不够多，不可能用此种方式得到大量收入。动产（前面已经讲过），由于难于查究，除了征收消费税以外，是不

① 如果我没有记错，这种关税达到百分之二十。——普布利乌斯

能用任何其他方法大量征收的。在人口众多的城市里,也许还能对动产进行估计,从而给个人造成苦恼,但对国家并没有很大的好处。不过在这些领域以外,动产在很大程度上一定会逃过征税人员的眼和手。然而,由于国家的需要总得以这种或那种方式得到满足,其他财源的缺乏必定会把公共负担的主要重量加在土地所有人的身上。另一方面,由于政府的需要永远得不到充分供给,除非所有财源都对政府的需要开放,在这样困难情况下的社会财政,是不能同政府的威望或安全相适应的。因此,我们不会得到国库充足的安慰,并以此补偿从事土地开发的那个可贵的公民阶层的苦恼。而公私双方同遭不幸;对导致不联合的那些建议的迷恋,将共同感到悔恨。

普布利乌斯

为《独立日报》撰写

第十三篇

（汉密尔顿）

致纽约州人民：

作为税收问题的继续，我们可以适当地考虑节约问题。从一件事上节约下来的金钱，可以有益地应用到另一件事上，而人民的荷包里就可少掏出这么多的钱。如果各州联合于一个政府下面，那么全国只要负担一份公务人员的薪金；如果各州分为几个邦联，就需要负担许多份不同的公务员薪金，而且其中的每一份，就主要部门而论，范围与全国政府所需要的同样广大。把各州分为十三个各不相关的独立国，是一个过于奢想的计划，而且充满危险，不会有许多人拥护。那些考虑肢解这个国家的人们的意见，一般倾向于组成三个邦联——一个包括北部四州，另一个包括中部四州，第三个包括南部五州。组成更多邦联的可能性是很小的。按照这样的分配，每个邦联所包括的领土面积就大于大不列颠。没有一个见多识广的人会认为，这样一个邦联的事务，可以由一个在组织机构方面没有制宪会议提出的那么广泛的政府来适当地进行管理。当一个州的面积达到一定大小时，它对政府能力和管理方式的需要，和一个大得多的州是一样的。这种意见不可能精确地予以证明，因为没有一个尺度可以用来衡量管理一定人数的政府必需的统治权的分量。但是当我们想到大不列颠岛，面积大小同每个设想的邦联差不多，大约包括八百万人，当我们考虑到，把这么庞大的一个社会上的热情引向公益事业需要多少权力时，我们就没有理由怀疑，同样一份权力在人数多得多的社会里执行同样的任务是绰绰有余的。统治权，如果组织适当、运用适当，就能够把它的力量发挥到很大的限度；而且通过对其从属机构的适当安排，在某种意义上能在一个大国的各个部分得到扩大。

假定可能由各州划分成的每个邦联需要一个没有人们提议的那样庞大的政府，那么这一假定可以用另一假定来充实。这一假定比用三个邦联代替一个总的联邦的可能性更大。如果我们结合各州的习惯和偏见，专心注意地理上和商业上的考虑，就可以使我们得出如下结论：在分裂的情况下，各州会非常自然地联合在两个政府下面。东部四州，由于形成全国同情和全国性密切联系的那些原因，一定会联合起来。纽约州由于它所处的地位，决不会愚蠢到用反对得不到支持的软弱侧面来对抗那个邦联的压力。另外还有其他明显的理由会促使它加入那个邦联。新泽西州作为反对这个仍然比较强大的邦联边界是太小了，这个州加入这个邦联似乎也没有什么障碍。甚至宾夕法尼亚州也有加入北部联盟的强烈动机。以自己的航运业为基础进行积极的对外贸易，是它的真正政策，而且是符合其公民的意见和性格的。地位更靠南部的各州，由于情况不同，也许对鼓励航海不感多大兴趣。他们也许喜欢这样的制度：一切国家都可无限制地成为他们商品的运送者和购买者。宾夕法尼亚州也许不想在一种与自己的政策相反的联系中破坏自己的利益。既然该州必然要成为边疆，它会认为最安全的是使自己无掩蔽的一面与其朝着力量较大的北部邦联，不如朝着力量较弱的南部邦联。这样会使它有最好的机会避免成为美国的佛兰德。无论宾夕法尼亚州的决定如何，如果北部邦联包括新泽西州在内，该州的南面不像会有一个以上的邦联。

十三个州要比一半、三分之一或任何小于十三个数目的州能更好地维持一个全国政府，再也没有比这更清楚的事了。这个意见在排除对现有计划的反对方面一定有很大的影响，这个计划是以消费原则为基础的。这种反对意见，如果我们仔细加以研究，在各方面都是站不住脚的。

如果除了考虑到好几份公务员薪金以外，我们还要考虑为了警卫各邦联间的内陆交通，防止非法贸易而必须雇用的人数，这些人由于税收的需要，迟早会产生的。如果我们还考虑到由各州划分而成的各国之间的猜忌和冲突所不可避免地产生的军事机构，我们将会清楚地发现，分裂对于经济的危害，不亚于对于各部分的安定、商业、税收和自由的危害。

普布利乌斯

原载 1787 年 11 月 30 日，星期五，《纽约邮报》

第十四篇

（麦迪逊）

致纽约州人民：

我们已经知道联邦的必要性，因为它是防御外来危险的堡垒，是我们的和平保卫者，是我们的商业和其他公益的保护者；只有联邦才能代替破坏旧世界自由的军事机构，才能适当地医治党争的弊病，这种弊病证明对其他民主政府是致命的，而且在我们自己的政府中也已显出严重征候。在我们探究的这个部门之内，还有一个反对意见需要注意，这种反对意见是由于联邦的范围太大而产生的。就这个问题表示一些意见是比较合适的，因为我们看到，新宪法的反对者为了利用想象中的困难来弥补他们努力寻找而又无法找到的牢靠的反对理由，就利用了对于共和政府在实践方面的流行偏见。

把共和政府只限于一个狭小区域的错误看法，在以前几篇论文中已经予以阐明和驳斥。我只在这里说明，这种错误看法的产生和传布，似乎主要由于把共和政体和民主政体混淆起来，并且把根据后者的性质得出的推论应用于前者。两种政体的真正区别已在前面论及。在民主政体下，人民会合在一起，亲自管理政府；在共和政府下，他们通过代表和代理人组织和管理政府。所以，民主政体将限于一个小小的地区，共和政体能扩展到一个大的地区。

除了这种偶然产生的错误以外，还有一些名作家的伎俩，他们的作品在形成现代政见的标准方面有很大分量。作为君主专制政体或君主立宪政体的人民，他们竭力设法夸大这些政体的优点或掩饰其弊病，把它们同共和政体的弊病和缺点进行比较，并举出古代希腊和现代意大利的骚乱的民主政体作为后者的标本。由于名称的混淆，很容易把只能应用于民主政体的评论转用于共和政体；其中就有这样的评论：共和政体只能在生活于小范围国土上的少数居民中建立起来。

这样的谬误很少为人们察觉，因为古代大多数民众政府属于民主政体的类型；即使在代议制的创始地现代欧洲，也看不到一个完全民主、同时完全建立在这一原则基础上的政府实例。如果欧洲有在政府中发现这种伟大的机械动力的功劳，那么通过能把这个最大的政治团体的意志集中起来的简单机构，并且把它的力量引向公益所需要的任何目标，那么，美国就有权要求这样的功劳：它把这种发现变成了范围广大的纯粹共和政体的基础。可叹的是，任何公民都希望剥夺美国的另外的功劳，也就是在建立目前正在考虑的广泛制度方面发挥其充分效用的那种功劳。

由于民主政体的自然范围是从中心点到达这样的距离：它正好使最远的公民能因公务需要而经常集合，包括的人数不超过能参加那些公务活动的人数；所以，共和政体的自然范围，就是从中心点到达刚好使代表能因管理公务需要而集合的距离。能够说合众国的范围超过了这个距离吗？大西洋沿岸是美国最长的一边，十三年来，各州代表几乎不断地集合，距离最远的各州议员并没有由于比国会附近各州的议员中断出席会议的时间更长而有什么过失，凡是有这些想法的人，是不会这样说的。

让我们根据联邦的实际面积，对这有趣的问题作一比较恰当的估计。和约确定的疆域是：东到大西洋，南达纬度三十一度，西至密西西比河，北是一条不规则的界线，有些地方超过四十五度，其他地方低到四十二度，伊利湖南岸就在这个纬度的下面。计算从三十一度到四十五度的距离，总共九百七十三英里；计算从三十一度到四十二度的距离，共有七百六十四英里半。取平均数作为距离，共有八百六十八又四分之三英里。从大西洋到密西西比河的平均距离，大概不超过七百五十英里。把这个范围与欧洲几个国家进行比较，看来可以证明我们的制度是可以适应这个范围的。我们的领域并不比德国大很多，在德国有一个代表整个帝国的国会是经常集会的。它也不比最近被肢解以前的波兰大很多，那里的最高权力掌握在国会手里。且不说法国和西班牙，我们发现，大不列颠面积可能小一些，可是这个岛国北端的代表到达国会的行程，和美国最遥远部分的代表到达国会所需要的行程同样遥远。

这样来看问题也许是受人称赞的，但还有一些意见会放在更加令人满意的位置上。

首先，必须记住，全国政府并未赋予制定和执行法律的全权。它的职权仅限于某些固定的同共和国所有成员有关、而任何个别条款却又不能达到的对象。下属政府能够管理那些可以分别予以考虑的其他事物，并将保持其应有的权力和活动。如果制宪会议的方案提议撤销各州政府，那么方案的反对者就有反对的理由，虽然不难指出，如果各州政府被撤销，全国政府就不得不根据自卫原则恢复它们固有的权限。

其次要说明的是：联邦宪法的直接目的是保证最初十三个州的联合，我们知道这是做得到的；此外，再增加由十三州内部产生、或十三州附近的其他各州，也是同样做得到的，这一点毋庸置疑。至于对我国西北边境上那些零碎领土所需要的安排，必须留给进一步的探索和经验能使那些更适合于这种工作的人去进行。

第三点要说明的是：新的改进将便利整个联邦的相互交往。各处的道路会缩短并且保持更好的状态；旅客的招待设施将会增多和改善；东部的内河航运将在十三个州的整个范围内全部、或几乎是全部开放。西部地区和大西洋沿岸地区之间以及这两个地区内部的交通，借助于大自然恩赐我国的纵横交错的许多水道，将愈来愈便利，用人工连接这些水道并把它完成是没有什么困难的。

第四点更加重要的理由是：差不多每个州都有一面是边境，因此，对自己安全的关注会诱使它为了全面防御而作出某些牺牲。所以离联邦中心最远、平时分享联邦利益可能最少的各州，同时将是外国的紧邻，在某些特殊情况下，最需要联邦的兵力和资源。对于佐治亚州或西部或东北边境诸州来说，派代表参加政府可能是不方便的；但是它们单独和入侵敌人作战，甚至单独支付防备邻国的不断威胁的全部费用就更感麻烦了。所以，如果它们从联邦取得的利益在某些方面比较近各州少，在其他方面却能取得更大的利益，这样就保持了适当的平衡。

同胞们，我把这些意见提交你们，深信常常表示你们的决定特点的良知，会承认这些意见的应有重要性和意义的；我还深信，困难无论怎样可怕，困难赖以产生的谬误无论怎样风靡一时，你们决不会让困难把你们驱入阴暗可怕的境地，这正是赞成不联合的人们要把你们引入的那种境地。切勿听信那种不合情理的说法，它告诉你们：被许多感情的联系结合在一起的美国人民，再不能像一个家庭的成员那样生活在一起；再不能继续互相保护他们的共同幸福；再不能作为一个可尊敬的和繁荣昌盛的伟大国家的同胞了。切勿听信这样的说法，它无礼地告诉你们：推荐给你们采纳的那种政体，在政治领域里是一种新奇的东西；它在最狂热的设计者的理论中没有地位；它轻率地尝试不可能完成的事情。不，同胞们，别听这种胡言乱语。别让这种语言带来的毒素毒害你们的心灵。美国公民的血管里流通着同源的血液，他们在保卫神圣权利时鲜血又流在一起，这就使他们的联合神圣不可侵犯，那种把他们变成外人、敌人或仇人的主张，会使人们不寒而栗。如果要回避新奇事物，那么请相信我，所有最惊人的新奇事物、所有最不切实际的计划、所有最轻率的尝试，都是为了保持我们的自由和增进我们的幸福而给我们带来分裂。为什么扩大的共和国的尝试会遭到反对，仅仅因为它包含有新东西么？当美国人民对以前的和其他国家的意见加以适当考虑的同时，却不让对古人、惯例或名声的盲目崇拜压倒自己良知的建议，压倒对自己处境的认识和自己的经验教训，这难道不是他们的光荣吗？美国舞台上出现了许多有利于私人权利和公众幸福的新变革，子孙后代会因这些变革、全世界也会有所借鉴而感激这种大胆精神。如果革命领袖不采取前所未见的重要步骤，也不建立一个并无先例的政府，合众国人民可能至今还是被错误指导的议会的悲惨牺牲品，最好的情况也不过是在某些破坏他人自由的政体的压迫之下从事艰辛的劳动。这是美国的幸福，我们相信，这也是全人类的幸福，美国人民在追求一种新的和更为崇高的事业。他们完成了一次人类社会史上无可比拟的革命。他们建立了地球上尚无范例的政府组织。他们设计了一个伟大的邦联，他们的后继者有义务改进它，并使它永存下去。如果他们的工作有不完善的地方，那么我们会因他们的缺点太少而感到惊奇。如果他们在于联邦的结构上犯了最大的错误，是由于这是最难完成的工作；你们的制宪会议的决议为这项工作提供了新的形式，而你们现在要讨论和决定的正是那个决议。

普布利乌斯

为《独立日报》撰写

第十五篇

（汉密尔顿）

致纽约州人民：

同胞们，在前几篇文章里，我力求用清楚而令人信服的说明向你们提出联邦对你们的政治安全和幸福的重要意义。我曾向你们说明：如果你们让联结美国人民的神圣纽带被野心或贪婪、妒忌或谬论切断或解开，你们就会面临错综复杂的危险。在以后的共同探讨中，我们宣扬的真理将从以前未曾注意的事实和论据中得到进一步的证实。如果你们要走的道路在某些地方使你们觉得乏味或厌烦，你们就要想到，你们正在寻求能引起自由人民注意的一个最重要问题的知识，你们必须通过的原野本身是辽阔广大的，而诡辩法在路上设置的迷宫又不必要地增加了旅程的困难。我的目的是，尽可能用简单扼要的方式清除你们前进道路上的障碍，而不使速度影响效果。

在实行我为讨论这个问题所拟定的计划时，需要考察的下一个论点是“目前的邦联政府不足以维持联邦”。也许有人要问：何必要用推论或证明来说明一个根本无人辩驳或怀疑、各阶级的人一致同意、实质上为新宪法的反对者和赞成者一致承认的论点呢？

必须老实承认，不管他们在其他各方面看法多么不同，一般说来在如下的意见上至少是一致的：就是说我们的国家制度存在着实质性的缺陷，必须设法使我们摆脱迫在眉睫的混乱状态。支持这个意见的种种事实，已不再是猜测的了。这些事实一般人民都已感觉到，而且终于迫使那些对使我们陷入困境的错误政策应负主要责任的人勉强承认，我们联邦政府的计划中的确存在着那些缺陷，它们早已为联邦的明智的赞助者所指出，并且深表遗憾。

其实，我们可以正确地说，现在几乎达到国家蒙受耻辱的最后阶段了。凡是能伤害一个独立国家的尊严或降低其品格的事情，我们差不多都经历过了。在人们中间难道还存在由于我们受到各种约束而必须履行的高尚保证吗？这些保证经常遭到恬不知耻的破坏。在保持我们的政治存在的危急存亡之际，我们不是向外国人和本国公民借过债吗？对于偿清这些债务依然未作任何适当的或令人满意的准备。某个国家不是占领着我们宝贵的领土和重要的要塞，而这些按照明确的规定不是早就应该交出了么？这些地方依旧被保留，既有损于我们的利益，同样有损于我们的主权。我们能够表示愤慨或者打退这种侵略吗？我们既无军队，又无钱财，也无政府。① 我们能够庄严地提出抗议吗？首先必须洗刷同一条约使我们的信用蒙受的污损。根据自然条件和条约我们有资格参加密西西比河的自由航行吗？西班牙把我们排除在这种航行之外。在发生公共危险的时候，公共的荣誉不是不可缺少的应变能力么？我们似乎认为它的动因无望和不可挽回而放弃了。商业对

① “我指的是联邦政府”。——普布利乌斯

国家财富难道不重要吗？我们的商业已衰败到了极点。外国列强心目中的威望，不是能够防备外国的侵略吗？我们的政府低能，甚至禁止他们同我们进行谈判。我们的驻外大使，只是模拟的主权的装饰品。土地价格暴跌不是国家穷困的征象吗？我国大部分熟地的价格大大低于用市场上荒地数量来说明的价格，而且只能用缺少私人的和公共的信用来充分说明，这个情况在各个阶层中间流行，非常惊人，并且有一种降低各种财产价格的直接趋势。私人信用不是工业的朋友和保护人吗？有关借贷的最有用的那种信用，被缩小在最小的范围内，这主要是认为货币的不可靠甚于货币的缺少。为了把这些既不会给予我们欢乐，也不会给我们教益的详情细节减缩一下，总的说来，我们可以这样提出问题：凡是能降临像我们这样特别享有优越自然条件的社会的全国性混乱、贫穷和无意义的征象，还有什么没有成为我们普遍不幸的悲惨事实呢？

这就是那些原理和议论把我们引入的忧郁境地，现在它们又要制止我们接受新提出的宪法；它们并不满足于把我们导向悬崖的边缘，似乎决定把我们投入那种在下面等待着我们的深渊。同胞们，在这里由于应该影响一个进步民族的每种动机所迫，让我们为我们的安全、平静、尊严和名誉坚持我们的立场吧！让我们最后把那长期以来引诱我们脱离幸福和繁荣道路的具有致命魔力的事物摧毁吧！

前面业已指出，种种难以歪曲的事实的确使人们对我们国家制度中存在着实质性缺点这一抽象命题产生了一致同意的看法；但是联邦措施的宿敌方面所作让步的效用，却被他们对矫正方法的坚决反对所破坏，他们反对能给予一个成功机会的唯一原则。

他们在承认合众国政府无能的同时，却反对授予政府补充此种能力所需的各种权力。他们似乎依然指望相互矛盾和互不相容的事情；指望加强联邦的权力而不减少州的权力；指望联邦享有统治权，而各个成员又享有完全的独立。总之，他们似乎仍然盲目崇拜主权内的主权这种政治上的怪物。这就必须充分指出邦联政府的主要缺点，以便证明我们所经历的祸患并非来自局部的或细小的缺点，而是来自这个建筑物结构上的基本错误，除了改变建筑物的首要原则和更换栋梁以外，是无法修理的。

目前邦联政府结构上的主要弊病，在于立法原则是以各州或各州政府的共同的或集体的权能为单位，而不是以它们包含的各个个人为单位。虽然这一原则并没有贯穿到授予联邦的全部权力之中，然而它却渗透到并且支配着那些决定其他权力的效率的权力之中了。除了按比例分配的规则，合众国还有一种征调人员和征收款项的并不明确的处置权；但是各州却无权通过约束美国公民个人的规定实现以上目的。这种情况的结果是，虽然在理论上他们的有关这些问题的决定在宪法上是使联邦成员受约束的法律，但在实际上只不过是各州随意遵守或不遵守的一种劝告罢了。

这是人类思想不合情理的一个突出的实例，在我们从经验中得到有关此问题的所有告诫以后，仍然会发现有人反对新宪法，因为它脱离了一项原则，而该原则却是旧宪法的致命伤，本身显然是与政府的观念不相容的；简言之，该原则如果终于要执行的话，必然要用粗暴的武力来代替温和的政令。

独立国之间为了某些特定的目的而订立同盟或联盟的主张，决不是不合理的或行不通的，同这些目的有关的时间、地点、情况和数量等方面的一切详情细节均由盟约予以明确规定，什么事情也不留待未来酌定，盟约的履行要看双方的诚意。所有文明国家之间都有这种盟约，它们遭受战争与和平的经常变迁，订约国家既有遵守的也有不遵守的，要视其利益或情感而定。本世纪初，此种盟约在欧洲风行一时，当时的政治家一厢情愿地希望从盟约中得到好处，结果并未实现。为了要建立世界那一部分的力量平衡与和平，用尽了一切谈判方法，成立了三国联盟和四国联盟。但是这些联盟总是刚一订立就被破坏，这就给予人类一种有益而苦恼的教训：那些除了诚意的义务以外别无其他制裁手段、而且使和平与正义的一般考虑与任何直接利益或情感冲动相对立的盟约是多么的不可靠啊。

如果使我国的某些州处于同样的相互关系，并且放弃一种普遍的随意监督计划，那么此方案的确是有害的，会使我们遭到第一个题目下面所列举的一切祸患；但它至少会有不是自相矛盾而又切实可行的优点。放弃对邦联政府的一切看法，就会使我们组成一个简单的攻守同盟；就会使我们处于敌友关系交替变化的境地。因为由外国的阴谋滋养而成的相互嫉妒和对抗要求我们这样做。

但是，如果我们不愿处于这种可怕的境地，如果我们仍然坚持全国政府的计划，或者同样坚持由立法机关指导的监督权，我们就必须决定把那些构成同盟和政府之间主要区别的成分加入我们的计划；我们必须使联邦的权威达到政府的唯一真正对象——公民个人的身上。

政府意味着有权制定法律。对法律观念来说，主要是必须附有制裁手段；换言之，不守法要处以刑罚或惩罚。如果不守法而不受处罚,貌似法律的决议或命令事实上只不过是劝告或建议而已。这种处罚,无论是什么样的处罚,只能用两种方法来处理:由法院和司法人员处理,或者由军事力量来处理;行政上的强制,或者武力上的强制。第一种方法显然只能应用于个人;后一种方法必然要用来对付政治团体、社团或各州。显然没有一种司法程序能够作为强迫遵守法律的最后手段。对渎职者可以宣判,但这类判决只能用武力来执行。当总的权力限于组成这种权力的社团的集体机构时,每次违反法律必然造成战争状态;武力强制执行必然会成为人民遵守法律的唯一工具。这种事态当然不配具有政府的名义,任何慎重的人也不会把自己的幸福托付给它。

过去曾经有人告诉我们说,不至于会发生各州违犯联邦当局规章的情形;公益感会主宰成员的行为,并使它们完全依从联邦宪法的一切要求。目前,当我们将要从智慧和经验的至理名言当中得到更多教训时,这种言辞同我们现在从同一个地方听到的大部分的说法一样,都将被认为荒诞不经。这种说法总是暴露了全然不知驱使人类行为的真正动力,并且违背了建立民权的原来动机。究竟为什么要组织政府呢?因为如果没有约束,人的情感就不会听从理智和正义的指挥。是否已经发现人的团体的作为比个人更加正直或更加无私的呢?人类行为的正确观察家已经作出与此相反的结论,而且此种结论是有明显的理由作根据的。就名誉而论,当恶行的臭名由许多人分担时,其影响要比单独落在一人身上要小一些。党争精神容易玷污人们的所有团体的思想,往往会促使组成团体的个人行为不当而且过度,而他们以私人身份对此是会感到羞愧的。

除此以外,在统治权的本质中有一种对控制的急躁感,因而使那些受权行使统治权的人用一种邪恶的眼光来看待一切外来的约束或指挥其行动的企图。由于这种精神,在每个根据共同利益的原则由若干较小统治权组成的政治团体中,在从属的轨道里会发现有一种离心趋势,由于这种趋势的作用,每个团体一直在力求脱离共同的中心。这种趋势是不难说明的。它起因于对权力的爱好。被约束的或被削减的权力,几乎经常是用以约束或削减那种权力的对手和仇敌。这个简单的道理将教育我们,作出这样期望的理由是多么的不充分:受托管理邦联某些成员的事务的人,将随时准备非常乐意、毫无偏见地关怀公共福利,执行总权力机构的决议或命令。由于人类的天性,往往产生与此相反的结果。

因此,如果邦联的措施没有一定的行政机关的干预就不能执行,那么执行这些措施的前景是很渺茫的。各个成员州的统治者无论有无宪法上的权利这样去做,都会亲自着手判断这些措施是否适当。他们会考虑,已经提出的或要求的事情是否符合他们的直接利益或目的;会考虑接受这些东西的暂时便利或不便。他们会以偏私和怀疑的精神对这一切进行研究,既不了解对于作出正确判断必不可少的国家情况和政治理由,而又强烈偏爱局部事物,因而不会不导致错误的决定。在组成邦联的每个成员州里,同样的过程必然会得到重复,于是整个议事机构拟订的计划的执行,往往由于各部分的不正确的和偏私的意见的判断而变幻无常。凡是熟悉人民立法机关程序的人,都亲自目睹在没有外界条件的压力下,要使他们在重要问题上作出一致的决定往往是多么的困难。他们很容易设想,在不同地点、时间和印象下要引导若干这样的会议,渴望它在同样的意见和目的上进行合作，一定是多么的不可能。

至于说到我们的情况，按照邦联政府的条件，对于完全执行联邦的每个重要措施，必须有十三个独立主权的意见一致。事情果然不出所料。联邦的措施并未执行；各州的懈怠情况逐渐达于极端，终于阻止了全国政府全部车轮的运转，使它们可怕地停顿下来。国会当时几乎没有维持政府形式的手段，直到各州能有时间同意一个更具体的东西来代替目前有名无实的联邦政府。事情并非一下子就达到了这种绝望的极端，前面详述的那些原因，最初只是使各州在服从联邦的要求上出现了程度上不平等和不相称的情况。做得较差的那些州，给予服从的或很少不尽职责的那些州以作为口实的榜样和利己的诱惑。为什么我们要比同我们一起进行政治航行的那些州做得更多呢？为什么我们要同意负担超过正当份额的公共负担呢？这类话是人类的自私心所不能抵制的，即使高瞻远瞩的人也不能立即予以驳斥。每个州听从了关于眼前利益或便利的劝导，相继收回自己的支持，直到脆弱而动摇的建筑物似乎就要倒在我们头上，使我们在其废墟下面压得粉身碎骨。

普布利乌斯

原载 1787 年 12 月 4 日，星期二，《纽约邮报》

第 十 六 篇

（汉密尔顿）

致纽约州人民：

以各州或社会团体作为政治单位的立法原则的趋向，如我们在实验中所作的示范那样，同样已由我们有所论述的所有其他邦联政府遭遇的事实所证实，而且是同它在那些政体中的流行程度完全相称的。为了证明这一事实，就值得特别详细地加以研究。我只在这里讲一讲下面一点就满足了：在历史留给我们的所有的古代邦联中，吕西亚同盟和亚该亚同盟，就其遗迹而言，似乎最不受那种错误原则的束缚，因而最值得，而且也慨然获得了政论家的赞美。

这个罕见的原则，可以正确而强调地称之为无政府状态的根源。人们已发现，联邦成员的失职是其自身的自然和必然的产物；每当发生失职情况，宪法上唯一的纠正办法就是武力，而使用武力的直接结果就是内战。

有待探讨的是，那么可厌的一部政府机器运用到我们这里时，能在多大程度上符合它的目的。如果全国政府没有一支可以经常利用的庞大的军队，就根本不能使用武力，或者说，一旦使用武力，就等于邦联各部分之间进行一场有关违背盟约的战争，而最可能占优势的是最强大的集团，无论该集团是否由赞成或反对总的权力的成员组成的。很少会发生对失职的纠正只限于一个成员的情况，如果有一个以上的成员失职，同样的处境会使它们为了共同防御而联合起来。除了这种同情的动机以外，如果一个强大而有势力的州恰巧是侵略的成员，它通常对邻近各州会有足够的威信把它们当中的某些州争取为志同道合的伙伴。对威胁共同自由的冠冕堂皇的论点是容易制造出来的，对当事者的缺点进行貌似有理的申辩也不难编造，以引起恐惧，激起愤怒，甚至赢得了那些并未受到失职指责的各州的好感。这种情况很可能发生，因为比较大的成员州有时由于其领导人物野心勃勃的预谋而可能失职，其目的在于摆脱对扩大其个人权力计划的一切外来约束。为要更有效地达到此项结果，他们很可能事先笼络邻近各州的领导人物。如果国内找不到伙伴，就得求助于国外列强，而它们很少不愿意鼓励联邦的不和，因为它们对邦联的牢固团结非常恐惧。一旦战争发动，就无法节制人们的激情。受伤的自尊心和激情的煽动，容易使联邦用武力对付的各州为报仇雪耻和避免可耻的屈辱而走向极端。第一次的这类战争，其结局可能是联邦的瓦解。

这可以认为是邦联的突然死亡。如果联邦制度不能迅速以比较稳妥的方式进行革新，那么它的比较自然的死亡看来就是我们即将经历的事情。考虑到本国的风尚，服从的各州不可能经常以参加反对不服从的各州的战争来支持联邦的权威。它们往往会采用使失职各州和自己处于同等地位这种比较和缓的办法；使失职成员仿效自己的榜样。于是全体成员的过失就成为全体成员的保障了。我们过去的经验充分显示了这种精神的作用。确定何时宜于使用武力，实际上会有一种不可克服的困难。在时常成为失职原因的分担款项的条文中，往往无法决定究竟是由于不愿分担还是由于不能分担。不能分担的托词往往会随时使用。这种情况一定会弄得自己臭名远扬，谬论被察觉，而且充分肯定使用强制的紧急手段是正当的。很容易看出，单只这个问题每逢发生时，就会为在全国会议的大多数中推行不公的和压制的派别观点，开辟了广阔的领域。

各州不应该赞成这样一部宪法：它只能借助于一支庞大的、待命而动的军队来执行政府的一般要求或命令，这一点看来是不费气力就可以得到证明的。这就是那些希望否认将行动权力扩及个人的人们所关注的明显抉择。这样一种计划，如果终于得到实行，立即就会蜕化为军事专政，但是人们将会发现，这种计划在各方面都是行不通的。联邦的财源不足以维持一支能使比较大的各州恪尽职责的相当庞大的军队，而且首先也不可能为建立这样一支军队提供资金。凡是考虑到目前某些州各自人口稠密和力量庞大的情况，并展望它们的未来哪怕是半个世纪以后的情形的人，立刻就会认为旨在用法律管理它们的集体行动，并且用高压手段对同一集体强制执行的任何计划都是无用的梦幻而加以摒弃。此类计划，与古代神话中英雄和神人驯服怪兽的故事同样荒唐无稽。

即使在那些由比我们许多县还小的成员组成的邦联里，由军事高压手段支持的独立自主的各州的立法原则也从未生效。除了对付弱小成员以外，很少打算使用这种原则；而且在大多数情况下，强迫那些倔强的和不服从的成员的企图，已经成了进行流血战争的信号，在这种战争中，邦联的一半成员会举起反对另一半成员的旗帜。

对聪明人来说，这些意见产生的结果显然是：总而言之，如果可能建立一个能够管理公共事务并保持全国安宁的联邦政府，就其负责关心的对象而言，它所根据的原则一定和新宪法的反对者的主张背道而驰。这个政府必须将其作用传给公民个人。它一定不需要中间的立法机关,但是必须有权使用普通行政长官的权力去执行自己的决议。国家权力的尊严必须通过司法机关来表示。联邦政府和各州政府一样,自己必须能直接说明每个个人的希望和恐惧,并吸引对人心最有影响的情感来支持自己。简言之,它必须据有州政府所有的一切手段,并有权采用州政府所行使的一切方法,以执行委托给它的权力。

这种理论也许会有人反对说:如果任何一个州不满联邦的权限,它在任何时候就能阻碍联邦法律的执行,由于相反计划受到非难,而需要把问题同样引向使用武力的结局。

只要我们能抓住仅仅不服从与直接的和积极的反抗这二者之间的基本区别,这种貌似有理的反对意见就会立刻消失了。如果实施联邦的议案必须有州议会的参与,那么州议会只要不采取行动,或者行动时瞻前顾后,这个议案就会失败。这种失职可以用装模作样而不具体的条款来掩饰,以便不会表现出来,当然也不会引起人民对宪法的安全感到惊慌。州的领导人物甚至还会以暂时的便利、豁免或方便为理由,自夸这种不正当的侵犯行为是自己的功劳呢!

但是,假使全国政府的法律的执行,不需要州议会的干预,假使这种法律能直接在公民身上生效,州政府要是不公开粗暴地行使不合宪法的权力,就无法阻止其进展。懈怠或逃避都不能适应这个目的。州政府只得采取行动,并且按照这样的方式行动,以致使人无法怀疑它们侵犯了国家权利。这种性质的试验,在有一定能力进行自卫的宪法面前以及有足够觉悟、能辨别合法行使权力和非法篡权的人民面前,经常是危险的。这种试验的成功,不仅需要议会中有个多数派,而且还需要司法机关和人民团体的合作。如果法官不参与议会的阴谋,他们会宣判这多数的决议违反国家最高法律,违反宪法和无效。如果人民没有受到州议员精神的感染,他们作为宪法的自然保护人,会加重天平上国家这一边的砝码,使之在这种争执中取得决定性优势。这种尝试不能常常轻率或鲁莽地进行,因为这种进行很少不使发起人遭到危险,除非是在残暴地行使联邦权威的情况下。

如果反对全国政府的是难以驾驭的个人或妨害治安者的扰乱行为,那么就可以采用州政府经常用来对付此种祸害的方法加以压服。地方长官,等于国家的司法部长,不管他来源如何,无疑会随时准备像保卫地方法规一样来保卫国家法规免遭个人肆无忌惮的侵犯。至于那些有时扰乱社会秩序的局部暴动和叛乱,或者由于微不足道的派别的阴谋,或者由于并不影响社会整体的突然或偶然的不满情绪,全国政府对于这种变乱能够用比任何一个成员州都更为广泛的对策加以镇压。至于在某些紧要关头在全国或全国大部分地区爆发的那些不共戴天的宿怨,或者是由于政府所造成的重大不满,或者由于某种强烈的普遍发作蔓延,这类宿怨并不属于任何正常的估计范围。当这些事态发生时,通常相当于发生革命和国家的瓦解。没有一种政府能经常避免或控制它们。希望防止人们所不能预测或预防的大事是徒劳的,而反对一个不能履行它不可能履行的事情的政府是毫无用处的。

普布利乌斯

为《独立日报》撰写

第十七篇

（汉密尔顿）

致纽约州人民：

另一种异议与我在前一篇论文中已经论述并作了答复的异议性质不同，也许同样会被用来反对美国个别公民的立法原则。可能说：它会使联邦政府过于强大，使它能吸收那些可能被认为为了局部目的而适于留给各州的剩余权力。即使容许任何懂道理的人所需要的那种对权力爱好的最大自由，我承认我也难以发现委任管理全国政府的人有什么原因要剥夺各州的那些权限。我觉得一个州内部治安的管理对野心的引诱力是极其微小的。商业、金融、谈判和战争，对于受那种情感支配的人来说，似乎已包含一切有诱惑力的目标，而达到那些目标所必需的一切权力，首先就应该交付给全国家的得到委托的人。审判同一个州的公民之间的私事，监督农业以及其他同样性质的事务，简言之，凡是宜于由地方立法机关考虑的那些事情，决不能成为全国司法权渴望关注的事情。因此联邦会议中不可能存在篡夺与它们有关的权力的倾向，因为行使那些权力的企图既困难又无效；而且由此而据有那些权力，对于全国政府的尊严、重要性和名声来说，也毫无作用。

为了辩论起见,承认仅是对统治的放肆和渴望就足以产生那种倾向。但是仍然可以肯定,国家代表的选举团体的理智,或者说几个州的人民的理智仍会控制这种贪得无厌的欲望。州政府侵犯国家权力总是比全国政府侵犯州的权力容易得多。证明这个问题,关键在于州政府——如果它们正直而谨慎地管理其事务的话——通常对人民具有较大程度的影响。这一情况同时也教导我们:所有联邦制度中都有一种固有的弱点;因而给予它们符合自由原则的一切力量,在它们的组织内也不会花费过多力气的。

州政府在影响方面所具有的优势,一部分是由于全国政府的结构松弛,而主要是由于州政府所注意的对象的性质。

众所周知的事实是:人性的情感通常随着对象的距离或散漫情况而减弱。根据这个原则,一个人对家庭的依附胜于对邻居的依附,对邻居的依附胜于对整个社会的依附。各州人民对他们的地方政府往往比对联邦政府怀有更强烈的偏袒,除非这一原则的力量为后者的大为优越的管理所破坏。

人心的这个强烈倾向,会在各州管理的对象上得到有力的帮助。

各种比较微小的利益,必须由地方政府管理,这些利益会形成许多影响的溪流,流经社会的每个部分;然而如果不涉及过于冗长乏味的细节来补偿它可能提供的教诲,这些利益是不能予以详细论述的。

有一种特殊的便利属于州政府的职权范围,单是这种便利就足以把这个问题清楚而满意地加以阐明——我指的是对刑事和民事案件审判的一般管理。这在所有一切当中是民众服从和依附的最有力、最普遍和最有吸引力的根源。正是这一点,作为生命和财产的直接可见的保护人,由于其利益和恐怖经常在众目睽睽之下进行,并管理一切个人利益和个人感觉最敏锐最关心的日常事件,所以比在任何其他情况下更有助于使人们得到热爱、尊重和崇敬政府的印象。社会的这个伟大的接合剂，不受其他原因的影响，几乎完全通过各州政府的渠道自行扩散，它将保证州政府对各自的公民有一种非常明确的绝对统治权，使它们经常能与联邦的权力完全保持平衡，并且往往是联邦权力的危险的争夺者。

另一方面，全国政府的作用很少直接被公民群众所注意，来自这种作用的利益，主要将为理论家们所发觉而且得到他们的重视。关于比较一般性的利益，是不易为人民深切地感觉的，同样，也不易引起一种习惯的义务感和积极的依附感。

有关于这个题目的论述，已被我们所熟悉的一切联邦制度的经验以及同它们略有类似之处的一切其他制度的经验所证明。

虽然古代的封建制度严格说来并非邦联，但它们却有点那种联合的性质。有一个共同的领袖、酋长或元首，他的权力达于全国；若干分得大片土地的诸侯或封臣，以及许多下等诸侯或家臣，他们根据对封臣的忠顺或服从的条件占有和耕种这片土地。每个主要诸侯在他自己的领地之内就是一种君主。这个情况所产生的结果就是继续不断地反抗君主的权力，大的贵族或主要领主之间经常发生战争。国家首脑的权力一般过于弱小，不足以维持公共和平，也不足以保护人民免受直属领主的压迫。欧洲事务的这段时期，历史学家着重称之为封建无政府时期。

当一个君主是精力旺盛、好战成性、能力高强的人时，他会取得个人的威信和势力，而这在当时是符合比较正规的权威的目的。但一般说来，贵族的权力总是超过君主的权力；在很多情况下，君主的统治权完全被剥夺，而较大的封地就成为独立的侯国或国家。在君主最后胜过诸侯的例子中，其成功的原因主要在于那些诸侯对其下属暴虐无道。贵族等于君主的敌人和老百姓的压迫者，因而为两者所畏惧和憎恶，一直到共同的危险和利益使两者联合起来，对贵族的权力形成致命的打击。如果贵族行事仁厚、公正，维持家臣和仆从的忠诚，那么他们和君主之间的竞争的结果几乎总会对他们有利，而且会削弱或颠覆王权。

这并不是一个仅仅根据推论或臆测而得出的论断。在可以引证的实例中，苏格兰可以作为一个令人信服的例子。很早就引入该国的氏族精神，使贵族通过亲戚般的联系把自己及其从臣团结在一起，使得贵族统治经常胜过君主的权力，直到与英国合并以后才制服了它那种强悍的不服管辖的精神，并把它纳入从属法规之内，那些法规是比较合理和比较有力的民政制度以前在英国制定的。

邦联中各个政府可以恰当地与封建贵族相比拟；根据上述理由，它们具有一种对自己有利的优点，所以它们一般会得到人民的信任和善意，有了如此重要的支持，它们就能有效地反对全国政府的一切侵犯。如果它们不能抵制全国政府合法而必要的权力，那就好了。类似之处就在于两者都在争夺权力，以及大部分社会力量集中于某些贮藏的场所，这些力量在某种情况下由个别人处置，而在另一种情况下，则由政治团体处置。

对同过去邦联政府有关的事件的简要回顾，将进一步说明这个重要的原理；对这个原理不加注意是造成我们政治错误的重大原因，并且把我们的关切导致错误的方面。这篇回顾将成为以后几篇论文的主题。

普布利乌斯

为《独立日报》撰写

第十八篇

（汉密尔顿、麦迪逊）

致纽约州人民：

在古代的许多邦联中，最大的是在安菲替温尼会议之下组成的希腊共和国联盟，从这个著名组织留传下来的最好的记录看来，它同目前美国诸州的邦联很有类似之处，而且很有启发性。

各成员保持独立的和主权国的性质，在联邦议会中有同等的投票权。这个议会有全权提议和决定它认为对希腊公共福利必要的任何事项；宣战和进行战争；作为各成员之间一切争执的最后裁决者；向挑衅的一方课以罚款；利用邦联的全部力量反对不服从的成员；接收新成员。安菲替温尼会议保护宗教，保护属于特尔斐寺院的大量资财，它们有权在此处判决居民和求神问卜者之间的争端。作为进一步提高联邦权力的功效的规定，他们宣誓要互相防护和保卫各联合的城邦，惩罚违背誓言的人，并向窃取神殿圣物者实行报复。

在理论上和在名义上，这种权力机构似乎足以满足所有一般性的目的了。在若干具体例子中，这些权力甚至超过邦联条款中列举的权力。安菲替温尼会议支配着当时的迷信，那是维持当时政府的主要手段之一;它们有一种公然宣称的权威,可以对不服从的城邦实施高压政治,并且发誓要在必要时行使这一权威。

然而,实践与理论有着很大的差别。那些权力就像目前国会的权力一样,完全由各城邦以政治资格任命的代表来管理,并且以同样的资格行使。于是邦联逐渐削弱,发生混乱,最后灭亡。比较强大的成员不但不是处于敬畏和从属地位,而是以次对其他所有成员施行苛政。我们从德摩斯提尼[①]那里得知,雅典统治希腊达七十三年。拉栖第梦人随后统治希腊二十九年。其后,留克特拉战役以后,轮到了忒拜人统治希腊。

根据普鲁塔克所述,往往发生这样的事:最强大的城邦的代表,威胁和收买弱小城邦的代表;判决总是有利于最强大的一方。

即使在同波斯和马其顿进行危险的防御战争中,各成员也从不齐心协力,它们或多或少总有几个受到共同敌人的永久欺骗或雇用。对外作战的间隙中,充满了国内的变动、动乱和屠杀。

对薛西斯[②]的战争结束以后,似乎是拉栖第梦人要求若干城邦退出邦联,因为它们的行为不忠实。雅典人发现,根据这一措施,拉栖第梦人失去的党羽比他们自己要少,从而会使前者成为公众审议的主宰,于是便竭力反对并且击败这一企图。这段历史同时证明了联合的无能,证明了最强大成员的野心和嫉妒,以及其他成员的从属和低下的地位。比较小的成员虽然根据自己制度的理论有权以同样的尊严围绕着共同中心运行,但在实际上它们早已

① 希腊雄辩家(公元前384—前322)。——译者

② 波斯王(公元前519—前465)。——译者

成了主要恒星的卫星。

密洛特神父说，如果希腊人的智慧能与他们的勇敢比拟的话，他们就会从必须更紧密地联合起来的经验中得到教训，并且会利用战胜波斯军队以后的和平进行这样的改革。代替这种明显政策的是，雅典和斯巴达由于他们获得的胜利和荣誉而扬扬得意，起初成了竞争者，后来又变成仇敌并且互相危害对方，其危害情况远比他们从薛西斯那里受到的危害严重。他们相互嫉妒、相互恐惧、相互仇恨、相互危害，结果进行了著名的伯罗奔尼撒战争；这场战争结果是挑起战争的雅典人的崩溃和被奴役。

作为一个软弱的政府，在不进行战争时常常由于内部不和而动摇，而这些不和必然引起外来的新祸患。佛西斯人犁翻了属于阿波罗寺院的一些圣地，安菲替温尼会议根据当时的迷信，向违犯圣规的人课以罚金。佛西斯人受到雅典和斯巴达的唆使，拒绝服从这个法令。忒拜人和其他城邦一起约定维护安菲替温尼会议的威信，为被亵渎的神灵报仇。由于忒拜等城邦比较软弱，而求助于马其顿的腓力，他在私下为这次斗争火上加油。腓力欣然抓住这个机会来实行他久已打算反对希腊自由的计划。他利用阴谋和贿赂把一些城邦的著名领袖拉到自己一伙的一边；借助于他们的势力和投票，他加入了安菲替温尼会议；又通过计谋和武力成了邦联的主人。

这就是这个有趣的组织所根据的荒谬原则所造成的结果。有一位希腊命运的公正评论者说，如果希腊是由一个比较严密的邦联联合起来，并且坚持团结，那么它就不至于受到马其顿的束缚；并且可能成为罗马推行大规模计划的障碍。

所谓亚该亚同盟，是另一个能为我们提供宝贵教训的希腊共和国的团体。

这里所说的同盟，要比前面一个例子密切得多，其组织也要高明得多。因而虽然不能避免同样的灾祸，但决不等于祸有应得。

组成这个同盟的城邦，保留它们的地方管辖权，任用各自的官员，享有充分的平等。各城邦派议员参加的元老院，有全权决定战争与和平，派遣和接待大使，订约和结盟，任命元首或所谓行政长官，这位元首指挥城邦的军队，通过十个议员的提议和赞同，不仅在元老院休会期间管理政府，而且在开会时还要担负审议各项问题的重任。根据最初的宪法，要有两名行政长官共同管理；但在试验后只用一名。

各城邦似乎全都采用同样的法律和习惯，同样的度量衡和同样的货币。但这个结果与联邦会议的权力有多大关系却不得而知。只能说在一定方式下各城邦被迫接受同样的法律和习惯。当菲罗彼蒙[①]使拉栖第梦加入同盟时，取消了来客古士的制度和法律，而采纳了亚该亚的制度和法律。拉栖第梦原是安菲替温尼联邦的成员，这个邦联容许它充分行使自己的行政管理和法律。单是这个情况就能证明两种制度在本质上有着重大区别。

非常遗憾，这个奇妙的政治组织只留下这些不完全的记载。如果能查明其内部组织和正常活动情况，也许它能比我们所熟悉的任何类似的实验更能说明联邦政府的有关知识。

凡是注意到亚该亚事务的历史家们，似乎都看到了一种重要

---

① 菲罗彼蒙(公元前 253—前 183)，希腊战略家兼政治活动家，曾多次大胜斯巴达。——译者

事实，那就是，无论在阿剌托斯改革同盟以后，或者在马其顿玩弄计谋解散同盟以前，其行政管理要比单独行使一切统治特权的任何城邦温和而公正得多，人民的暴力行为和叛乱活动也少得多。马勃雷神父在评论希腊时说：在其他各地都是如此动荡不定的民众政府，在亚该亚共和国的成员中并未引起骚乱，因为在那里这种政府受到了邦联的总权威和法律的制约。

然而，我们不能过于急促地作出结论说：党争在某种程度上并未搞乱个别城邦；更不能说在总的制度中应有的服从和融洽占有统治地位。在共和国的变迁和命运中充分表现出相反的情况。

当安菲替温尼联邦存在时，只包括次要城邦的亚该亚同盟，在希腊舞台上是微不足道的。当前者成为马其顿的牺牲品时，腓力和亚历山大的政策却使后者得到宽恕。然而，在这两个君主的继承人的治下，采用了一种不同的政策。在亚该亚人中间实施分裂政策。每个城邦受到引诱，只为自己打算；同盟解散了，某些城邦处于马其顿驻军的暴政之下。其他城邦则处于在本国混乱中出现的篡权者的治下。耻辱和压迫不久就激起他们对自由的热爱。少数城邦重新联合。其他城邦在找到机会杀死他们的暴君时，仿效了他们的榜样。同盟很快就包括了几乎整个伯罗奔尼撒半岛。马其顿看出这个同盟的进展，然而由于内部纠纷的阻挠，无法制止。整个希腊感染了这种热情，似乎准备联合为一个邦联，可是当时斯巴达和雅典对亚该亚日益增长的荣誉产生嫉妒和猜忌，从而给这个计划泼了致命的冷水。对马其顿权力的恐惧，诱使同盟企求与埃及和叙利亚国王结盟，他们作为亚历山大的继承人，就是马其顿王的对手。这个政策被斯巴达王克利奥墨尼所破坏，他被野心所驱,要在未受挑衅的情况下对其邻人亚该亚人发动进攻。斯巴达是马其顿的敌人,有足够势力来破坏埃及和叙利亚国王对同盟所作的保证。这使亚该亚人陷入进退两难的境地:要么向克利奥墨尼屈服,要么求助于以前的压迫者马其顿。最后采纳了后一种办法。希腊人的争夺往往给予有势力的邻人以干涉他们事务的好机会。一支马其顿军队很快出现了。克利奥墨尼人被打败了。亚该亚人不久就体验到(这是时常发生的事情),一个战胜的、强大的盟国,只不过是主子的别名罢了。亚该亚人的奴颜婢膝所能从马其顿那儿得到的只是容许他们行使自己的法律。当时马其顿王腓力实行苛政,不久就在希腊人中间引起新的联合。亚该亚虽然由于内部纠纷和它的成员之一迈锡尼的叛变而削弱,但仍与挨陀利亚人和雅典人联合起来,树起反抗的旗帜。亚该亚人虽然得到这样的支持,还是发现不能胜任这一事业,于是再次采用求助于外国军队援助的危险办法。被请求的罗马人热切地接受请求。腓力被征服了;马其顿失败了。同盟接着就发生新的危机。各成员之间发生了纠纷。这些都是罗马人促成的。卡里克拉提斯和其他著名领袖,成为诱骗自己同胞的雇佣工具。为了更有效地助长不和与混乱,罗马人已经宣布整个希腊完全自由①,那些相信罗马人的人对此深感惊奇。罗马人怀着同样阴险的企图,挑拨各成员脱离同盟,利用它们的自尊心,声称同盟侵犯了它们的主权。通过这些计谋,这个同盟——希腊的最后希望,古代自由的最后希望——土崩瓦解;并且引起了如此愚蠢的行为和精神涣散的状态,以致罗马军队

① 这只不过是联邦各成员独立的另一个比较冠冕堂皇的名称。——普布利乌斯

轻而易举地完成了通过他们的计谋所搞起的破坏。亚该亚同盟分裂了,亚该亚人被套上了枷锁,至今仍在枷锁中呻吟。

我认为概述一下这部分重要的历史并非多余。一是因为它给予我们的教训不止一个,二是因为作为亚该亚政体概要的一种补充,它着重说明,联邦政体的趋势,与其说是走向首脑的专政,不如说是走向各成员之间的无政府状态。

普布利乌斯

为《独立日报》撰写

第十九篇

（汉密尔顿、麦迪逊）

致纽约州人民：

我在前一篇论文中引用的古代邦联的实例，并未用尽有关这个问题的实验教训的原始资料。目前某些现存的制度建立在同样原则的基础上，是特别值得注意的。首先就是日耳曼国家。

公元初，日耳曼被七个不同的国家占领，没有共同的领袖。其中之一法兰克人，在征服高鲁人之后建立了以法兰克命名的国家。九世纪，好战的君主查理曼率领常胜军队东征西讨，日耳曼成了其广大领土的一部分。在其儿子治下的帝国发生瓦解时，这一部分建成了一个独立自主的王国。查理曼及其后裔无论在名义上或实际上都具有皇权的尊严。但是主要诸侯的封地是世袭的，他们组成了查理曼并未废除的国会，逐渐摆脱了束缚，进而取得主权和独立。皇权的力量不足以约束这样强大的扈从，或保持帝国的统一和平静。各诸侯和各州郡之间进行着最猛烈的战争，带来了各种灾难。皇权不能维持公共秩序，逐渐衰退，一直到它几乎在无政府状态中趋于消灭。造成了从士瓦比亚最后一个皇帝之死到奥地利系统第一个皇帝即位之间的长时期的皇权中断状态。在十一世纪，皇帝掌有全权；在十五世纪，他们的权力不过是象征性的装饰品而已。

这个封建制度本身具有邦联的许多重要特征，而构成日耳曼帝国的联邦制度就是从这个制度中发展起来的。它的权力属于代表邦联成员的议会，属于作为行政长官的皇帝，可以否决议会的法令，而且也属于皇家会议和枢密院会议，这两个司法机关在有关帝国的争执或其成员之间发生的争执中，有最高审判权。

议会掌有下列权力：帝国的立法，宣战与媾和，结盟，决定征兵和征税的定额，建筑防御工事，规定货币，接收新成员，使不服从的成员服从王国的禁令，借此剥夺其自主权和领地的占有权。邦联各成员严禁加入不利于帝国的盟约，严禁未经皇帝或议会同意在相互通商中征收市场税和关税；严禁改变币值，侵犯他人权利，帮助或窝藏扰乱治安的人。对于任何违犯上述禁令的人，要下令予以禁止。议会议员作为议员而言，随时应由皇帝和议会审判；作为个人，则由枢密院会议和皇家会议审判。

皇帝的特权很多，其中最重要的是：向议会提出建议的特权，否决议会决议、任命大使、授予高贵头衔和称号、补充空缺的有选举皇帝权力的诸侯名额，创办大学，授予对帝国的州、郡无害的特权，等等；还有接收和使用国库岁入，以及全面关心公众安全的特权。有时候选帝侯为他组成一个议会。他以皇帝身份在帝国内没有领地，也没有支持自己的收入。但是他以其他资格得到的收入和领地，使他成为欧洲最有权势的君主之一。

从上述邦联代表和首脑的法定权力来看，自然会推论出它必然成为这类制度的一般特性的一个例外。没有会远离实际的事情。它所依据的基本原则是，帝国是君主的集体，议会是君主的代表，法律求助于君主，使帝国成为一具没有神经的躯壳，不能管理自己的成员，不能对付外来危险，内部经常动乱不定。

日耳曼的历史就是一部皇帝与诸侯和城邦之间的战争史，诸侯与城邦之间的战争史；强者横行，弱者受压的历史，外国侵犯和外国玩弄阴谋诡计的历史；对人力的征调和财富的征收置之不理或部分服从的历史；企图实行完全无效或伴随杀戮和破坏，包括无辜犯罪的强制征募的历史；也是一部普遍的无能、混乱和苦难的历史。

在十六世纪，由于帝国的一部分站在皇帝一边，皇帝也同其他诸侯和城邦作战。在一次战役中，皇帝本人败走，几乎成了萨克逊选侯的俘虏。前普鲁士国王不止一次地与帝国的统治者为敌，而且往往胜过他。各成员之间的论战和战争是如此普遍，以致日耳曼的史书全是血淋淋的描写。在签订威斯特法利亚和约以前，一次三十年战争把日耳曼打得凋零荒芜。在那次战争中，帝国的一半站在皇帝一边，另一半站在敌对的瑞典一边。最后在外国的操纵下进行谈判，由外国参加的和约条款，成了日耳曼宪法的一个主要部分。

如果在危急关头这个国家由于自卫而需要更加团结时，它的情况就益发悲惨了。军事准备之前要讨论，由于嫉妒、傲慢、互不相容的意见以及主权机构的相互冲突的借口，引起了多次枯燥乏味的讨论，以致议会尚未作出安排，敌兵已经到达战场，在联邦军队作好准备，迎战以前，敌人已经退回冬营去了。

在和平时期认为必不可少的一小部分国家军队，维持得很差，薪给低下，有地区偏见，而且是由不正规的和不平均的国库税收来维持的。

在这些独立主体之间不可能维持秩序和主持公道，于是就产生这样的实验：把帝国分为九个或十个集团或地区，给它们指定一个核心组织，责成它们对失职或不服从的成员实施军法制裁。这种实验只更充分地表明这种政体的主要弊病。每个集团都是这个政治怪物的缺陷的缩影。它们不是不能执行其任务，就是利用内战中的劫掠和屠杀去执行。有时，所有集团都不履行职责，从而增加了他们已经开始矫正的弊病。

我们可以从托亚纳斯提供的例子来对这种军事高压办法作出某些判断。在士瓦比亚集团的一个自由皇城唐纳华绥里，圣克劳哀神父享有给他保留的某些豁免权。在某些公共场合行使这些特权时，该城居民就对他采用暴行。结果是帝国向该城下了禁令，巴伐利亚公爵虽然是另一集团的执政官，却被指派去执行这一禁令。不久他率领万人大军来到该城，并趁此机会照他开始时的秘密打算恢复一项早已过时的权利，借口是该地是人们从其祖先的领土肢解出去的[①]，他以自己的名义占领了该城，解除了居民的武装，对他们加以惩罚，并且把这个城市并入他的领地。

也许有人会问：是什么东西如此长久地使这部失灵的机器没有完全变得支离破碎呢？明显的答案是：大多数成员很弱，它们不愿意听任外国强国的摆布；大多数主要成员同它们周围所有的强国比较起来也很软弱；皇帝从其分散的世袭领土上得到的庞大的

① 普贝尔：《德国新闻摘录及历史年表》中说他的借口是以赔偿他那次远征的费用。——普布利乌斯

势力；他有兴趣保持一种与其家族的尊严相联系、并使他成为欧洲第一个君主的制度。以上种种原因维持着一个脆弱的和不稳定的联盟；而主权本质中所有的那种令人讨厌的性质随着时间不断加强，阻止任何以适当巩固为基础的改革。也不能设想，如果这个困难能够克服，邻近强国会容忍发生一场能使帝国得到它有资格得到的力量和卓越地位的革命。国外早就认为这个政体由于事变而发生的变化同它们利害相关，并且多次流露出，他们的政策就是使这种政体的混乱和衰弱状态永远存在下去。

如果没有比较直接的例子，以波兰作为地方自治的政府来加以注意，也许并非不适当的。关于这种制度所造成的灾难，不可能提出任何更为惊人的证明了。由于既不能自治又不能自卫，波兰早就听任其强大邻国的摆布了，它的强邻最近对它的"恩典"却是减轻自己的三分之一人口和领土的负担！

瑞士各州的联合，并不相当于一个邦联，虽然有时把它作为这种制度的稳定性的例子而加以引证。

各州没有共同的国库；即使在战争中也没有共同的军队；没有共同的货币；没有共同的法院；也没有主权国的任何其他共同的特征。

各州是由下列原因联合在一起的：特殊的地理位置，各州本身弱小；对强大邻国的恐惧（以前曾受某一强大邻国的统治）；人民的风俗习惯简单而相同，很少引起争执；共同关心自己的属地，他们为镇压暴动和叛乱需要互助，这种互助有明确规定、而且是经常需要和经常提供的；以及调解各州之间纷争所需要的某些经常的和永久性的规定。这种规定是：不合的双方各从中立州选出四名法官，他们如果意见不一致，就再选一名仲裁人。这个法庭，在保证公正的誓言下，宣告最后的判决，这种判决各州必须履行。这个规定的有效程度，可以从它们在1683年与萨伏依公国的维克多·亚马杜斯签订的条约的一个条款看出。在该条款中，仲裁人有义务在各州发生争执时作为居间人进行调停，需要时，可对不服从的一方采用武力。

就瑞士各州的特点与合众国各州的特点可以进行比较来说，就可以证实我打算确立的原则。这种联盟在寻常情况下无论有什么样的效力，在发生能考验其力量的争端时，就失效了。在宗教问题上的争执，曾有三种引起激烈的流血斗争的实例，事实上可以说分裂了这个联盟。从那时起，信仰新教的各州和信仰旧教的各州都有自己的议会，一切最重要的事情都在那议会里进行调停，因而使共同的议会除了关心共同的输出入税收以外，很少有其他事情可做。

这种分裂还有一个值得注意的结果，也就是产生了同外国结成的对立的联盟：一个是以新教徒联盟为首的伯尔尼与乌得勒支联盟的联盟；另一个是以旧教徒联盟为首的卢塞恩与法国的联盟。

普布利乌斯

原载 1787 年 12 月 11 日，星期二，《纽约邮报》

第二十篇

（汉密尔顿、麦迪逊）

致纽约州人民：

尼德兰联盟是若干共和国或者更恰当地说若干贵族的联盟，其结构非常值得注意，也能证实从我们前面的回顾中所得出的一切教训。

联盟由七个同等的主权州组成，每一个州或省则由若干平等的独立城市组成。在一切重要问题上，不仅各省而且各城市都必须意见一致。

联盟的主权由国会代表。国会通常包括由各省委派的代表五十名左右，其中有些是终身任职，有些任职期限为六年、三年和一年不等，有两个州的代表可根据自愿原则继续任职。

国会有权签订条约和结盟，宣战与媾和，募集陆军和装备舰队，决定各省分担的税额和要求捐献。然而这一切情况需要他们的选民一致赞同和批准。他们有权任命和接受大使，履行业已订立的条约和盟约，准备对进出口商品征收关税，管理国家财源，保留一部分财源属于各省的权利，全权治理附属领土。各省未经一致同意，不得与外国订约，不得征收不利于他省的进口税，或向其他各省居民征收高于向本省居民征收的关税。一个国务会议，一个主计院和五个海事团，帮助和加强联盟的管理。

联盟的执政官是各省最高长官，他现在是世袭的君主。他在共和国的主要影响和势力来自这个独立的头衔，来自他的巨大的世袭产业，来自他与欧洲某些主要统治者的家庭联系，尤其是可能来自他既是数省的执政官也是联盟的执政官；以省执政官的身份，他有权根据某些规定任命城市长官，执行省的命令，高兴时就主持省的法庭，并且有完全的赦免权。

然而，作为联盟的执事，他还有相当大的特权。

在政治身份上，他有权在其他方法宣告失败时解决各省之间的争端，参加国会的审议工作和国会的特别会议，召见外国大使，向外国宫廷派驻专门代表。

在陆军身份上，他统率联盟军队，准备警备部队，全面管理军事事务，任命从上校到少尉的各级军官，并且安排设防城市的政府和官职。

在海军身份上，他是海军总司令，管理和指挥海军以及和海军有关的一切事务，亲自或由代表主持海军部，任命海军少将和其他军官，设立军事会议，会议的决定必须经他批准才能执行。

他的年金，不包括私人收入，共计三十万弗洛林。他所指挥的常备军大约四万人。

这就是羊皮纸文件上记载的著名的旧荷兰联邦的性质。实践在其特征上打下了什么印记呢？政府的无能，各省的不和，外国的影响和侮辱，平时的存在朝不保夕，战时则遭受异常灾祸。

格劳秀斯[①]早已说过，使他的同胞不因自己政体的缺点而遭到毁灭的，只能是对奥地利皇族的仇恨。

另一位相当有名的作家说：乌得勒支同盟给予全国会一种看来足以维持和睦的权力，然而各省的嫉妒使实践和理论非常不符。

另一位作家说：这个机构要求每一省缴纳一定的税款，但是这个条款过去从来没有、将来也许永远不会得到执行，因为没有什么商业的内地各省，是付不出同样数量的税款的。

在纳税问题上，实际是放弃了宪法条款。拖延的威胁迫使同意的省不用等待其他各省，就付出它们的税额，然后用派代表（这是常有的）或其他方法从其他省取得偿付。荷兰省的巨大财富和势力，使它能达到这两项目的。

不止一次发生过这样的事情：差额最后不得不用武力去征收。在一个成员的力量超过其余成员的力量，而其余某些成员又因太小而不能策划抵抗的联盟里，这是切实可行的，虽然是可怕的。但是在这样一种联盟里是完全行不通的：它的某些成员的力量和资源相同，同样都能单独进行有力的和不屈不挠的防御。

威廉·坦普尔是一位外交部长，他说："外交部长们就是通过对各省和城市的影响来避开尚须考虑的问题。"1726 年，汉诺佛条约通过这些方法被拖延了整整一年。同样性质的例子很多，并且众所周知。

在紧急关头，国会往往被迫越过宪法范围。1688 年，他们冒着生命危险缔结了一个条约。他们的独立借以得到最后和正式承

① 格劳秀斯（1583—1645），荷兰法学家。——译者

认的1648年的威斯特伐利亚条约，是未经谢兰的同意而签订的。即使最近与大不列颠签订的和约，也背离了宪法上的一致同意的原则。一种软弱无力的政体，必然以解散而告终，不是因为缺乏适当权力，就是因为为了全民安全而篡夺必需的权力。篡夺一旦开始，是适可而止还是发展到危险的极端，要看当时的情况而定。专制往往产生于一个有缺陷的政体根据紧迫情况而要求的僭越权力，很少由于充分行使最大的宪法权力。

虽然各省最高长官制造成种种灾难，但可以设想：如果没有他在各省的影响，联盟中出现的混乱状态，早就使联盟瓦解了。马勃雷神父说："如果各省内部没有一个能够推动它们并统一它们思想的原动力。那么在这样一个政府下，联盟决不可能存在。这种原动力就是各省最高长官。"威廉·坦普尔曾经说过："在各省最高长官空缺时，荷兰以其诱使其他各省处于一种从属地位的财富和权威，补充了这个职位。"

这些并不是控制混乱和瓦解趋向的唯一情况。周围的列强使联盟在某种程度上成为绝对需要，但同时他们的阴谋又使共和国宪法上的缺点变本加厉，从而使共和国在某种程度上经常由它们摆布。

真正的爱国者长久以来就为这些缺点的致命趋向感到悲哀，他们曾为此特殊目的召开了特别会议，进行四次正式试验以求改进。他们那种值得称赞的热诚，多次发现不可能把全民会议统一起来，改革现行宪法中已知的和公认的致命缺点。同胞们，让我们想一想历史的这个悲惨的教训吧！我们为他们的有害见解和自私激情对人类造成的灾难而痛哭时，让我们为了自己的政治幸福而进行的融洽一致的协商而高声感谢上帝吧！

这个计划还设想建立一种联邦当局管理的普通税，也因为有人反对而失败了。

这不幸的人民现在看来正在遭受普遍动乱、各州之间的纠纷和外国的武力的真正侵略，他们的命运处于危机之中。各国都在注视着这幕可怕的情景。人道主义所唤起的第一个愿望，就是这个严重的考验会使他们的政体发生这样的变革：建立它们的联合，并使这种联合成为太平、自由和幸福的根源。其次，我们相信，能在其中享受本国即将获得的这些幸福的避难所，会收容他们，并且为他们遭到的灾祸给予安慰。

我把联盟的前例作了如此冗长的论述，但并不因此向读者致歉。经验是真理的判断，在答复是毫不含糊的地方，必然是明确而神圣的。在目前情况下，它明确指出的重要真理是：一种统治者的统治权，一种统辖政府的政府，一项为团体而不是为个人的立法，因为在理论上是一个谬误，所以在实践上也是破坏了国家行政法的秩序和目的，用**暴力**代替**法律**，或者用破坏性的**武力高压**代替温和而有益的**行政制约**。

普布利乌斯

为《独立日报》撰写

第二十一篇

（汉密尔顿）

致纽约州人民：

在最近三篇论文中已经概括地回顾了描述其他邦联政府的特征和命运的主要情况和事实，现在我要继续论述我们的现有制度已经使我们失望的那些最重要的缺点。为了给适当的改正作出一种可靠而令人满意的判断，我们绝对需要熟悉这种弊病的程度和恶劣性质。

目前邦联政府第二个最明显的缺点，就是它的法律完全缺乏支持。现在组成的合众国没有权力通过罚金、停止或剥夺权利或以任何其他合法方式来强制人民服从决议或惩罚违犯决议的人。没有明确授予他们对不尽职责的成员使用武力；如果说基于各州间的社会公约的性质，这种权利应当划归联邦首脑，那也一定是不顾邦联条款第二条的有关部分进行推论和解释。这一条说："各州得保留国会未曾明确授合众国的各项权力、权限和权利。"毫无疑问，假定这种权利不存在是极其荒谬的，但是我们处于进退两难的境地，要么接受那个看来荒谬的假定，要么把这个条款推翻或者搪塞过去。这个条款是新宪法的反对者近来一再颂扬的题目，新宪法正因为没有这种条款，曾经受到许多貌似有理的责备和严厉的批评。如果我们不愿削减这条被称赞的条款的力量，我们就不得不得出结论说，合众国提供了一个特殊的政府标本，这个政府连执行法律的宪法权力的影子都没有。从已经援引的例子中可以看出，美国邦联在这方面不同于任何类似的其他制度，并且在政治界展示出一种前所未有的新现象。

各州政府缺乏相互保证，是联邦计划中另一个重大缺点，在组成联邦的条款中，并未申明这类保证。假如从效用考虑，暗示应有一种不言而喻的保证，要比从同样的考虑暗示应有一种不言而喻的强制权力会更加昭著地背离上述的条款。缺乏保证，后果虽然可能使联邦遭到危险，但是并不像联邦的法律缺乏宪法支持那样会直接侵犯联邦的存在。

如果没有保证，来自联邦的、能抵制那些有时威胁州宪法存在的内部危险的帮助，也一定不存在了。篡夺权力的情形会在每个州里抬头，摧残人民的自由，而全国政府除了悔恨交集地眼看其侵害以外，在法律上什么事也不能做。成功的派别能在秩序和法律的废墟上建立苛政，而联邦在宪法上却不能为政府的同情者和支持者提供任何帮助。马萨诸塞州勉强摆脱的动乱局势，证明这类危险并非推论出来的。假如政治煽动者有一个凯撒或克伦威尔来领导，那么，谁能决定最近动乱的结局呢？谁能预测，在马萨诸塞州建立起来的暴政，对新罕布什尔、罗得岛、康涅狄格或纽约等州的自由会产生什么影响呢？

对州的重要性的过于自豪，启发某些人反对联邦政府中的保证原则，认为它含有一种对其成员的内部事务的多余干涉。这类顾忌会使我们失去可望从联合中得到的一种主要益处，它只能来自对条款本身性质的误解。它并不能阻碍大多数人民用合法而和平的方式来改革各州宪法。这项权利是始终不会消失的。保证只能对暴力造成的变化起作用。对于预防这类灾祸，不能规定过多的限制。社会的平安和政府的稳定，完全决定于对这个问题所采取的预防办法的效力。在政府的全部权力掌握在人民手中的地方，一个州发生局部或偶然骚动时，采用暴力纠正法的口实也就少了。在民主政体或代议政体中，对于管理不善的自然纠正办法就是变动人事。国家当局的保证，不但能对付社会上党争和民变的动乱和暴行，同样也能对付统治者的篡权行为。

用定额规定各州向国库捐献的数量的原则，是邦联政府另一个主要错误。前面已经指出，各州厌恶为应付国家急需而作出足够的贡献，而且在为此所做的试验中，已充分表现了出来。现在我完全是用各州平等的看法来谈这个问题的。凡是习惯于设想产生和构成国家财富的情况的人，必然感到满意的是，没有可以确定其等级的共同准则或标准。无论土地的价值或人数（这些已先后被提出作为各州贡献的准则），都不能认为是适当的标本。如果我们把尼德兰联盟的财富和俄国或日耳曼，甚至法兰西的财富进行比较，如果我们同时把尼德兰的狭小地区的土地总值和总人口同上述三个国家中任何一国的广大地区的土地价值和总人口比较一下，我们立刻就会发现，这两个对象的大小与那些国家的相对财富是不可同日而语的。如果把美国某些州作同样的比较，就会得出同样的结果。让我们把弗吉尼亚与北卡罗来纳、宾夕法尼亚与康涅狄格、马里兰与新泽西进行比较，就可以确信，这些州各自的纳税能力，同它们的土地面积的比例或其人口总数的比例没有类似之处。用这个方法对同一州内各县进行比较，也同样可以说明这种情况。如果我们用土地总值或总人口作为标准,那么凡是熟悉纽约州的人,没有人怀疑:金县的流动财富比蒙哥马利县的流动财富看来要大得多。

各国的财富决定于各式各样的原因。位置、土壤、气候、物产性质、政府性质、公民的天资、他们掌握知识的程度、商业、技术和工业等方面的状况——这些情况以及其他许多过于复杂、微小或过于偶然、以致无法逐一详述的情况,在各国相对富饶方面造成难以想象的差别。结果很明显,不可能有衡量国家财富的共同标准,当然也就没有决定各州纳税能力的一般的或固定的准则了。因此,用诸如此类的准则来规定邦联成员纳税额的企图,必然会造成明显的不平等和极大的压抑。

如果能够想出任何方法来强迫各州依从联邦的要求,那么,在美国,这种不平等本身就足以造成联邦的最后的灭亡。受难各州,不会长期同意在这样的原则上保持联合:它把公共负担用非常不公的办法进行分配,并且打算使某些州的公民变得贫穷,受到压迫,而其他各州公民则几乎感觉不到他们需要承担的一小部分负担。但这是与定额和征收原则分不开的一种弊病。

除非授权全国政府用自己的方法筹措收入,没有任何方法可以避开这个麻烦。进口税、国产税,总之一切消费品的关税,好比一种液体,到时候总会与付税的财力相平衡的。每个公民的纳税额,在一定程度上可以自便,而且可视其资力加以规定。富人可以浪费,穷人能够节约;只要适当选择适于征税的商品,就经常可以避免个人受到压迫。如果在某些州里发生对某些商品征税不公平的现象,这些现象多半会被其他州里对其他商品征税的同样不公平现象所抵消。在时间和事物的进程中,平衡,就它能在如此复杂的问题上的实现情况而论,将会在各地建立起来。或者说,如果不公平现象仍旧存在,那么这些现象在程度上既不会如此严重,在作用上如此一致,也不会在外观上如此可厌,就像在任何可以以想象的范围内由于指标而必然产生的那种可厌的外观一样。

消费品税的明显优点,在于本身具有防止过度的性质。它们规定自己的限度;不破坏扩大税收的目的,就不能超越这个限度。当这种限度应用于这个目的时,下面这句话是既恰当又俏皮:“在政治算术中,二加二并不经常等于四。”如果关税太高,它们就会使消费减少,征不到税,于是纳入国库的成果还不如把税收限于适当范围内的时候多。这样就能完全防止用这种税收对公民进行任何具体的压迫,这本身也是对征税权力的一种自然限制。

征收这种税通常是用间接税的名义,在长时期内必然会成为本国筹措收入的主要部分。那种直接税,主要是房地产税,可以采用分摊的规则。无论是土地的价值或人数都可以作为标准。一个国家的农业情况和人口的密度,彼此是互相关联的。通常为达到既定目的,人数由于简单而准确,往往被优先采用。在每个国家,估计地价是一项非常困难的任务。在一个尚未完全安定、正在不断改进的国家里,这种困难几乎会增加到无法进行的程度。正确估价的费用,在一切情况下是一个不可轻视的障碍。在事情的本质方面可以发现,在对政府的任意决定权没有限制的税收部门里,建立一种同这一目的并不矛盾的固定税则,所带来的麻烦要比全部保留这种权力少得多。

普布利乌斯

原载 1787 年 12 月 14 日，星期五，《纽约邮报》

第二十二篇

（汉密尔顿）

致纽约州人民：

目前联邦制度的缺点除了已经列举的以外，还有其他一些并非不重要的缺点，那些缺点凑合起来使这个制度完全不适宜管理联邦的事务。

缺乏管理商业的权力，是所有党派都承认的一个缺点。这种权力的效用，在我们探讨的第一个题目中，已经探讨过了。由于这个原因，以及对这个问题意见一致，所以就没有什么必要在这里加以补充了。根据最肤浅的看法，显然不存在同贸易或金融的利益有关、而且更强烈要求联邦管理的事物。缺乏这种管理，已经成为同外国订立有利条约的障碍，并且造成了各州之间的相互不满。凡是熟悉我们政治联盟的性质的国家，没有一个会不明智到同合众国签订条约的程度，因为他们通过条约就要让与对他们说来多少有点重要的特权。他们知道，联邦方面承担的义务可以在任何时候被其成员违犯；他们从经验中发现，他们可以在我们的市场上享受他们渴望的每种特权，除了暗示给予暂时方便以外，无须给我们任何回报。因此，下面这种情形没有什么值得奇怪的：詹金森先生在向下议院提出一项管理两国暂时来往的议案，他在进行说明前先发表声明说，以前议案中的类似条款，是符合大不列颠商业的每项目的的，因此，在发现美国政府是否更加言行一致以前，还是坚持原案比较稳妥。①

有些州竭力设法利用各种禁例、限制和排斥来影响英国在这方面的做法，然而由于缺乏总的权威和各州内部意见不同而造成的缺乏同心协力，迄今已使诸如此类的每次尝试都遭失败，今后只要采取一致措施的障碍继续存在，这类试验还会继续失败。

某些州的干涉性的、不友善的、与联邦精神相反的规定，在不同情况下曾给其他各州提供表示愤怒和抱怨的正当理由。值得担心的是，这种性质的事例，如果不用国家的管理加以制止，可能会增加和扩大，直到它们成为不和和冲突的重要原因，其严重性不亚于邦联各部分之间进行往来的有害障碍。"日耳曼帝国②的商业，不断受到一些诸侯和城邦对通过他们领土的商品征收多种关税的束缚，由于这种做法，日耳曼如此幸运形成的名水大川几乎完全无用。"虽然我国人民的天性，从不容许把这种描写完全应用到我们身上，然而我们可以有理由地预期，由于各州的规章逐渐互相抵触，每一州的公民最后对其他各州公民的看法和对待，不会比对外国人和外国侨民好多少。

招募军队的权力，用邦联条款最明显的解释来说，只是向各州征募一定人数的权力。在最近的战争中发现，这种做法对一种有

① 这是我尽量回忆的他在介绍最后议案时说话的大意。——普布利乌斯

② 参见《百科全书》中"帝国"条目。——普布利乌斯

力的和经济的防御制度有很多妨碍。它引起制造拍卖人口的各州进行竞争。为了提供向他们要求的人数,他们互相竞争,直至补助金多到受不了的程度。进一步提高补助金的希望,诱使那些打算服役的人拖延应召日期,无意长期服役。因此,在我们出现问题的紧要关头,征兵又慢又少,应征人数少,费用却很多,军队人员不断变动,从而破坏军队纪律,使公众安全经常受到军队可能溃散的极大危险。因此在某些情况下,实行了强制的征兵方法,除了渴望自由以外,什么东西也不能使人民容忍这种办法。

这种征募部队的方法,同平均分配负担相比,对于节省和花费的气力来说,并没有更不利之处。邻近战争地点的各州,受自卫动机的影响,竭力提供它们的兵士名额,甚至超过自己的能力范围;而远离战争危险的各州,多半在行动上消极怠慢,同别人的积极努力恰成对比。在这种情况下,这种不平等的直接压力不同于贡献金钱的压力,是不能用最后偿清的希望来缓和的。没有支付他们那一份钱款的各州,至少要负拖欠的责任;但是在人力供应方面却没有拖欠的账目。然而,当我们考虑到拖欠最多的州能够偿付他们欠款的希望是多么渺茫时,我们没有更多的理由对于缺乏这种希望感到惋惜。定额和摊派制度无论应用于人或钱财,从各方面看来都是联邦的一种愚蠢制度,也是一种对各成员不平等和不公正的制度。

各州的平等投票权,是邦联政府另一个特殊情况。每种按比例的主张,每种公平代表制的规定,都在谴责这样的原则:它使罗得岛的权力大小与马萨诸塞、康纳狄格或纽约等州完全相等。使特拉华在国事审议上同宾夕法尼亚、弗吉尼亚或北卡罗来纳有同等发言权。平等投票权的运用违反了共和政体的基本准则，该原则的要求是，多数的意见应该占优势。诡辩者可能这样回答：主权平等，各州投票构成的多数，就是联邦美国的多数。但是这种逻辑上的花招，永远驳不倒合乎正义和常识的明确见解。可能会发生这样的情况：州的多数却是美国人民的少数[①]；而三分之二的美国人民不会长期甘愿按照人为的区分和推论的花招，使自己的利益听任三分之一的人口处理和摆布。较大的州不久就会嫌恶从较小的州接受法律的主张，默认丧失他们在政治地位上应有的重要性，不仅会对权力的热爱麻木不仁，甚至会牺牲对平等的渴望。期望前者既不明智，要求后者也不公正。小一些的州考虑到自己的安全和福利多么特殊地依赖于联合时，就应该毫不犹豫地放弃一种权利，这种权利如果不放弃，会成为长期联合的致命伤。

可能有人反对说：最重要的决议不是由七个州，必须有九个州，或者总数的三分之二的同意；由此可以推论说：九个州经常会包括联邦中的多数。但这并不排除面积和人口很不相同的各州有同等投票权是不适当的，就事实而论，这个论断也不正确，因为我们能够举出其总人数还少于人民多数的九个州的名字[②]，而在宪法上这九个州是有可能投一致票的。此外，有些相当重要的问题是可以由微弱的多数决定的；还有一些使人怀疑的事情，如果被解释为有七个州投票就完全够了就会使投票的作用扩大到最重要的

① 新罕布什尔、罗得岛、新泽西、特拉华、佐治亚、南卡罗来纳和马里兰在全部州中占多数，但它们并不包括三分之一的美国人口。——普布利乌斯

② 前述的七个州再加上纽约和康涅狄格两州，仍然少于多数。——普布利乌斯

事业上。此外,值得注意的是,州的数目可能增加,投票比例却没有相应增加的规定。

但是这还不是问题的全貌。初看起来像是补救的办法,实际上却是有害的东西。使少数有权否决多数(在需要超过多数才作决定的情况下,往往如此),其趋势就是使多数人的意见服从少数人的意见。由于少数几个州不出席,国会往往处于波兰议会的情况,那里只要有一票就足以停止其一切行动。联邦的六十分之一,大约相当于特拉华和罗得岛,就曾多次反对完全禁止它进行活动。这就是实践效果与理论上预期的效果完全相反的一种高深理论。在公众团体中必须意见一致或近乎一致,这是以对安全有帮助为前提的。但是其真正作用却是妨害管理,破坏政府的能力,并且用随意处理、反复无常、无关紧要的计谋、社会骚乱、腐败的结党营私,等等,来代替值得尊重的多数人的正常审议和决定。在一个国家的紧急关头中,通常是需要采取行动的,其政府的好坏和强弱是极其重要的。公众事务必须以这种或那种方式继续进行。如果顽固的少数在用最好的方法处理公众事务方面能够控制多数,那么多数人为了能做出一点事情,就必须依从少数人的意见;于是少数人的意见就能统治多数人的意见,而且给全国的行动定下了调子。因此就有令人厌恶的拖延,不断的磋商和密谋;有关公益的卑鄙的妥协。然而在这样的制度下,能够有这种妥协还是幸运的,因为在某些场合下事情并不允许妥协,于是政府的措施必然会有害地搁置起来,或者注定失败,往往由于不能同时获得必要的票数而处于停滞状态。局势往往处于不振状态,有时则近乎混乱。

不难发现,这样一个原则给国内外提供派别斗争和舞弊的机会，比允许由多数人意见做决定的原则还要多，虽然曾经有过与此相反的推测。错误来自在某些紧要关头阻碍政府前进的可能出现的危害未予应有的注意。当宪法要求多数人赞同执行某种国家法令时，我们容易满足于一切平安无事，因为似乎不至于做出任何不适当的事来。但是我们忘记了，通过阻碍必须要做的权力和使事情保持在某些时候偶然处于不利状况的权力，可能阻碍多少好事，又可能产生多少坏事。

例如，假定我们同某一外国联合，同另一外国进行战争。假定我们的情况需要求和，可是我们盟国的利益或野心使它要把战争继续下去，认为我们有理由单独妥协。在这样的情况下，我们的这个盟友显然会发现，利用贿赂和诡计束缚政府媾和的手脚，需要三分之二的多数票达到这个目的要比简单多数容易得多。在前一种情况下，他不得不贿赂少数人，在后一种情况下，不得不贿赂更多的人。根据同样原则，对于同我们的交战的外国来说，扰乱我们的议会，阻挠我们的努力，是非常容易的事情。从商业上看，我们可能受到同样的不便。一个与我们订有贸易条约的国家，能够更容易地阻止我们同它在贸易上的竞争者建立联系，尽管这样的联系对我们是非常有利的。

不应该把这类弊病看作虚构的东西。在共和国的许多优点中也有缺点，其中之一是很容易为外国舞弊提供门路。一个世袭君主，虽然常常要为其野心牺牲其人民，但他本人对于自己政府和国家的对外荣誉却非常关注，以致某个外国不容易给他相当于他因背叛祖国而蒙受损失的相应物品。虽然其他各种事例很多，但是世人目睹这种形式的皇帝卖国的例子却寥寥无几。

在共和国里，一部分人由于同胞的选举从社会群众当中上升到有权有势的地位；他们会由于背叛自己的职责而得到报酬，这种报酬除了那些受到高尚道德的激励和支配的人们以外，看来超过了他们在共同股份中的那部分利益，压倒了他们应尽的职责。因此历史给我们提供了在共和国政府中盛行的有关外国舞弊的令人痛心的许多事例。这种情况对古代国家的灭亡起了多大作用，前面已经详述。众所周知，乌得勒支联盟的代表在不同场合下被邻近王国的密使所收买。切斯特菲尔德伯爵（如果我没有记错）在写给朝廷的一封信里说：他在一次重要谈判中要想取得成功，必须取决于他为一位代表弄到陆军少校的任命。在瑞典，各党派被英法两国交替收买，使用的方式是如此卑鄙无耻，以致引起国内的普遍厌恶，这是欧洲最受限制的君主没有经过动乱、暴行和反抗在一天之内变成最专制和不受监督的君主之一的主要原因。

有一种使邦联政府的缺点处于登峰造极的情况尚待论述，这就是缺乏司法权。法律如果没有法院来详细说明和解释其真正意义和作用，就是一纸空文。合众国的条约，如果要有任何力量的话，就必须认为是国家法律的一部分。条约的真正意义，就其对个人而言，必须像所有其他法律一样，由司法上的判决来加以确定。为了在这些判决中取得一致，它们最后必须提交**最高法院**。这个法院应该隶属于签订条约的同一个政权。这两个要素是不可缺少的。如果每个州里有一个最后审判法庭，同一问题上的不同的最后判决就会和法院的数目一样多。人们的意见就会产生没完没了的分歧。我们时常看到，不仅是法院不同，而且同一法院的法官意见也不一致。为了避免许多独立法院的相互矛盾的决定必然造成的混乱，所有国家都发现必须设立一个有全面监督权的最高法院，它有权最后决定和宣布有关民法的一致规则。

在政府结构非常复杂，以致全国的法律与地方法律有彼此抵触危险的地方，这点尤其必要。在这种情况下，如果特别法庭有最后审判权，那么除了由于意见不同可能造成的矛盾以外，地方观点和偏见，以及地方规章的干扰，都是非常值得担忧的。每逢发生这样的干扰，就会有理由理解，采用的往往是地方法律的条款，而不是全国法律的条款，因为执政的人们，对于他们借以任职的权力特别尊重，再也没有比这更加合乎自然的事情了。根据目前宪法签订的合众国条约，容易于被十三个不同的立法机关以及根据它们的权力办事的同样多的最后审判法庭所违背。于是整个联邦的信用、名誉与和平，不断由联邦成员的偏见、情感和利益所支配。对这样一个政府难道外国有可能尊重或信任它吗？美国人民有可能会长期同意把他们的荣誉、幸福和安全寄托在如此靠不住的基础上吗？

在对邦联政府作出的这个评论中，我只限于指出它的最具体缺点；不去详述另外一些缺点，由于这些缺点，打算授予邦联政府的大部分权力多半没有实现。此时，对于能够放弃先入之见的深思熟虑的人们来说，显而易见的是，这个制度是如此错误百出和不健全，以致不能加以修改，而必须完全改变它的主要特征和性质。

国会组织本身，完全不适于行施委托给联邦的权力。单是一个议会，也许可以适当地保存以前授予联邦首脑的那些薄弱的或者说被束缚的权力；但是把这种权力和那些连新宪法的比较有节制的反对者都承认应该归于合众国的附加权力都托付给议会，就会不符合有效政府的所有原则了。如果那个计划不被采纳，如果联邦的必要性能够战胜旨在分裂联邦抬高自己的野心家的目的，我们可能会计划把附加权力给予国会，如同现在的设置那样。不是这部机器由于内在结构薄弱而分崩离析，即使我们作出不明智的努力去维持它；就是由于需要所迫不断增加它的力量和功能，我们最后将在一个单一的机构里积累起一切最重要的特权，从而给我们的后代留下人类糊里糊涂地创立的一种极为可憎的政体。这样，我们事实上就会建立起新宪法的反对者渴望防止或假装渴望防止的那种虐政。

目前的联盟制度从未经过人民批准，这一点对它现存缺点影响匪浅。由于它所依靠的基础仅仅是几个议会的同意，所以它经常遇到关于它的权力的合法性的复杂问题，在某些情况下还产生立法撤销权的重大原则问题。由于这个制度要由州的法律批准，所以有人争辩说同一权力可以撤销联邦的法律。不管坚持契约当事人的有权撤销契约这种说法是一种多么大的异端，但这原则本身也有不少的拥护者。这类性质的问题的可能产生，证明必须把我们的全国政府的基础奠立得比只由委托权力机关批准奠立的基础要更加牢固。美利坚帝国的建筑物应该奠立在人民的同意的牢固基础上。国家权力的河流应该直接来自一切合法权力的洁净的原始的泉源。

普布利乌斯

原载1787年12月18日，星期二，《纽约邮报》

第二十三篇

（汉密尔顿）

致纽约州市民：

为了维持联邦，需要一部宪法，它至少要和已经提出的这部宪法同样充满活力，这是我们现在所要研究的论点。

这个研究自然要分为三个部分——联邦政府规定的目的，达到这些目的所需要的权力，这种权力应对何人起作用。权力的分配和组织特别要求我们在以后的题目中予以注意。

联邦要达到的主要目的是：其成员的共同防务；维持公安，既要对付国内动乱，又要抵抗外国的进攻；管理国际贸易和州际贸易；管理我国同外国的政治交往和商业往来。

共同防御的必要权力是：建立陆军；建立和装备舰队；制定管理海陆军的规则；指挥海陆军作战；为海陆军提供给养。这些权力应该不受限制，因为**不可能预测或规定国家发生紧急情况的范围和变化，以及符合需要的方法的相应范围和变化**。威胁国家安全的情况很多，因此对保卫安全的权力从宪法上加以束缚，都是不明智的。这种权力必须同这些情况的一切可能结合同样久远，而且应由主持共同防务的同一会议来管理。

对于正确而无偏见的人来说，这是一个无须证明的真理；论证或推论会使它黯然失色，但不能使它更明白。它是以简单而普遍的公理作为根据的：手段必须与目的相称，期望通过自己的作用达到任何目的的人，应该具有用以达到目的的手段。

是否应该有一个受托负责共同防务的联邦政府，是一个首先值得公开讨论的问题；但是作出肯定的决定时，就应该赋予该政府完成自己职责所需的一切权力。除非能够表明影响公共安全的那些情况可以缩小到一定的限度，除非与此相反的态度能够得到公平合理的争辩，那就必须承认，必然的后果是，对于为社会的防御和保护而规定的权力，在对其效能来说是必不可少的任何问题上——也就是对于国家军队的建立、指挥或维持来说是必不可少的任何问题上——是不能加以限制的。

目前的邦联政府已经证明是有缺点的，但这个原则似乎为它的创始者所完全认识，虽然他们并未为实行这一原则制定适当的或充分的规定。国会有无限权力征募人力和款项，管理海陆军，指挥海陆军作战。因为它们的要求在宪法上须要各州遵守，各州事实上有极严肃的义务提供对他们要求的供应物品，意图显然在于，合众国应当有权支配它认为是“公共防务和公共福利”所需要的任何资源。可以设想，各州对真正利益的辨别力和对诚意指挥的关注，会被发现是它们为了及时履行职责而对联邦首脑的充分保证。

然而，实验证明此种期望根据不足而且是一种幻想。在前一个题目下所作的论述，我认为足以使不存偏见而有判断力的人们相信，绝对需要彻底改变这个制度的最初的一些原则。如果我们真正要给予联邦以能力和持久性，就必须放弃把各州作为集体而对它们制定法律的空洞计划；我们必须把联邦政府的法律扩大到个别美国公民身上；我们必须放弃定额和摊派的荒谬计划，因为它同样是行不通的和不公平的。从这一切得到的结果是，联邦应该赋予全权征募军队，建立和装备舰队，用其他政府实际采用的一般方式为建立和维持海陆军筹措所需要的款项。

如果我国的情况要求一个复杂而不是简单的、一个联合而不是单一的政府，尚待调整的主要论点是尽可能区别属于不同权力范围或权力部门的对象，给予每个对象以完成其受托任务的最大权力。联邦应当成为公共安全的保护人吗？为此目的的舰队、军队和税收是必不可少的吗？联邦政府必须有权通过与此有关的所有法律，制定与此有关的所有规则。在商业方面，以及其权限所及的其他问题上，情况必然是同样的。同州公民之间法律的执行，是否应属地方政府的适当部门呢？这些地方政府必须具有与此有关的一切权力，以及与分配给他们特别审理和指导的其他问题有关的权力。在每种情况下，不授予同目的相称的一定程度的权力，就会破坏最明显的谨慎和稳妥的规则，并且毫无远见地把国家的重大利益交给不能有力而成功地进行管理的人。

有谁能像受任保卫公共安全的机构那样为公共防务作出适当准备吗？这个机构作为消息中心会最了解可能发生的危险的范围和紧急程度，作为整体的代表会感到对保全每一部分是休戚相关的；它由于分配给它的任务所包含的责任感，会最敏锐地感觉到作出适当努力的必要；它由于其权力遍及各州，能够单独使那些用以保卫共同安全的计划和措施协调一致。把全面防务移归联邦政府负责，而把作防务准备的有效权力留给州政府，这岂不是明显的矛盾吗？缺乏合作岂不是这样一种制度的必然结果吗？衰弱、混乱、不适当的分配负担和战争灾难，不必要的和不能忍受的增加开支，难道不会成为这个制度的不可避免的自然产物吗？在刚刚完成的革命过程中，我们不是有过关于这个制度的结果的明确经验吗？

作为正直的真理探究者，我们对这个问题可能采取的每种看法，都会使我们信服，拒绝授予联邦政府对交给它管理的一切对象的无限权力是既不明智而且危险的。人民的确应该极为留神注意，政府要按这样的方式建立起来，使它能够可靠地接受必要的权力。如果曾经提出的或可能提供给我们考虑的任何计划，经过心平气和的研究，发现不符合这种说法时，就应该加以拒绝。倘若一个政府的结构使它不宜赋予自由人民所**应该授予任何政府**的一切权力，这个政府就会是**国民利益**的不安全的和不适当的储藏所。在适于托付**这些国民利益**的地方，同时也应给予相应的权力。这是对这个问题所作的一切正确推论的真正结果。反对制宪会议所宣布的计划的人们，他们只能表明，拟议的政府的内部结构使它不值得给予人民的信任。他们不应误入有关权力范围的煽动性论辩和无端指责的歧途。对于联邦政府的**对象**来说，或者换句话说，对于管理我们**国民利益**来说，这些**权力**范围并不太大，而且也不能想出任何令人满意的论据来表明这些权力由于过分庞大而值得指责。如果事情确实像另一方面的某些作家所暗示的那样，困难起因于事情的本质，国家的幅员不容许我们建立一个能可靠地授予这样充分权力的政府，这就会证明我们应当缩小我们的看法，采用权宜的、在比较可行的范围内运转的、分散的邦联。因为倘若把最重要的国民利益的管理交付给一个政府，而又不敢把适当而有效地管理所需要的权力交付给它,就必然是永远荒谬的。让我们不要试图调和矛盾,而断然采用一种合理的抉择吧!

然而,我相信,一个总的制度行不通是无法证明的。如果任何事情的影响还未超出这种趋向,那我就大错特错了,我自诩,这些论文中所作的论述,已足以把相反论点充分阐明,至少对尚未发生又无经验的事情恐怕也只能说到此种程度了。总之,这点必然很明显:由国家的幅员带来的困难,是赞成一个坚强政府的最有力的论据,因为任何其他政府决不能维持这样大的联邦。如果我们接受反对采用新宪法的那些人的原则作为我们的政治信条,我们必然会证实令人沮丧的说教,它预言:在目前邦联的全部范围内采用一种全国性的制度是行不通的。

普布利乌斯

为《独立日报》撰写

第二十四篇

（汉密尔顿）

致纽约州人民：

对于打算授予联邦政府有关建立和指挥国家部队的权力来说，我只遇到一个具体的反对意见，如果我理解正确的话，就是对和平时期常备军的存在未作适当的规定。现在我要尽力指出，这个反对意见的依据是不充分的而且是不牢固的。

这个反对意见的确是以最含糊而笼统的方式提出的，它只用大胆的断言来支持，没有论证的形式，甚至也没有理论上的依据；它同其他自由国家的实践相矛盾，也同目前大多数州宪法中所表示的美国的一般认识相矛盾。现在回想起正在考虑的反对意见的关键，在于假设必须在建立军事建制的条文方面限制国家的立法权力，这种说法看来是适当的。这一原则除了在我们一两个州宪法中能够看到外，是闻所未闻的，并且遭到了其他各州的反对。

如果有一个不熟悉我们政治的人，没有事先审阅制宪会议公布的计划，现在就来阅读我们的报纸，他自然会得出下面两个结论之一：要么计划中包括一项肯定的指令——平时必须维持常备军；要么它授予最高行政首脑征募军队的全权，而不受立法部门的任何形式的控制。

如果他后来仔细审阅了计划本身,他会惊奇地发现,两者都与事实不符。征募军队的全权在立法机关手里,而不在最高行政首脑手里;这个立法机关是一个民众团体,由人民定期选举的代表组成;他发现,并没有他所想象的那种赞成常规军的规定,相反,关于这个问题倒是有一个对立法机关的职权进行重要限制的条文,这个条文禁止对支持陆军的拨款期限超过两年以上;这种预防办法,经过进一步考察,看来是反对没有明显需要而维持军队的一种重大的和真正的保证。

我所假定的这个人在初次的推测感到失望以后,可能会更进一步地进行推测。他自然会对自己说,所有这些热烈感人的雄辩,不可能没有一些貌似有理的借口。一定是如此珍惜自己自由的本国人民,在他们以前业已制定的所有的宪法范例中,对这一点都加上了最明确、最严厉的预防办法,在新计划中省略了这一点,造成了人们的忧虑和争吵。

如果在这种印象之下,他继续查阅几部州宪,他会大失所望地发现其中只有两部[①]包括禁止平时设置常备军的规定,其他十一部不是对此问题只字不提,就是用明确的措辞承认立法机关有权

① 关于此事的论述,取自印行的州宪汇编。宾夕法尼亚和北卡罗来纳两州的宪法有如下禁令:"由于常备军在平时危及自由,所以不应设置。"其实,这与其说是禁令,毋宁说是告诫。新罕布什尔,马萨诸塞,特拉华和马里兰在各自的民权条例中有这种含义的条款:"常备军危及自由,如未经立法机关同意不得征募或设置",这是对立法机关的权力的正式承认。纽约州没有民权条例,其宪法对此问题只字未提。除前述者以外,其他各州宪法上没有附加民权条例,而那些州宪也同样只字未提。然而我听说有一两个州有民权条例,但未纳入这个州宪汇编,但这一两个州也承认立法机关在这方面的权力。

普布利乌斯

允许常备军存在。

然而，他仍旧会相信，就这个题目所提出的呼吁必然有可信的依据。当任何消息来源未经探索之时，他决不会想到，这只不过是对公众的轻信的一种试验，不是出于有意的欺骗，就是热情过甚，超出真诚的界限。他可能会想起，他似乎会在各州间的原始盟约中找到他所寻求的预防措施。他最后想从这里解开这个谜。毫无疑问，他会对自己说，目前的邦联政府必然包括反对平时军事编制的最明确的规定，而在这人心所向的一点上背离这个"模式"，已经造成了看来会对这些政治战士们产生影响的不满。

如果他现在仔细了解邦联条款，他不仅会更加惊奇，而且还会对意想不到的发现感到极端愤怒，因为这些条款并不包括他所寻求的禁令，虽然小心翼翼地限制了州的立法机关在这方面的权力，但是对合众国的权力并没有任何限制。如果他碰巧是一个敏感或热情的人，他现在就不能不认为这些吵闹是阴险而无原则地反对一个计划的诡计，而这个计划至少应该得到所有真诚爱国者的公正而无偏见的审查！他会说，这些条款的制定人怎么会受到引诱，对该计划的这一点横加指责，而在这一点上，新计划同政府以不同形式宣布的美国的公众意见是一致的，并且还对任何条款增加一种前所未有的新的有力的保护呢？假如相反，他碰巧是一个沉着而冷静的人，他就会惋惜人性的脆弱，悲叹在同千百万人的幸福有关的事情上，问题的是非曲直会被不符合公正决定的权宜之计搞乱。即使这样的人也忍不住要说，这种行为很像有意使人民走上歧途，方法是引起他们的激情，而不是用提供他们理解的论据去说服他们。

但是这个反对意见得到的支持（即使包括我们以前的惯例在内）

无论怎样微不足道，把它的真正优点予以更仔细的考察也许是有益的。根据仔细考察，会觉得立法机关对平时军事编制的决定权是不宜加以限制的，并且如果由于社会需要而加以限制，也未必得到遵守。

虽然合众国与欧洲远隔重洋，但是有种种考虑要求我们不要有过于信任或过于安全之感。在我们这一边是属于大不列颠管辖的日益扩大的殖民地，它一直远远地伸展到我们的后面。另一边与大不列颠殖民地接壤的是属于西班牙管辖的殖民地和产业。这个情况以及靠近属于这两个强国的西印度群岛，使他们在美洲领地问题上以及和我们的关系上形成一种共同的利益。我们西部边境的野蛮部族，应该认为是我们的天然敌人，是他们的天然盟友，因为野蛮部族最怕我们，对他们则满怀希望。航海技术的进步，就交通便利而言，使相距遥远的国家在很大程度上变成近邻。大不列颠和西班牙是欧洲主要的海军强国。这两个国家之间未来的意见一致，不能认为是不可能的事情。亲族的不断疏远，日益减弱了法国和西班牙之间家族盟约的力量。政治家们历来就有充足理由认为血缘在政治关系上是薄弱而不可靠的联系。这些情况综合起来告诫我们，在考虑自己时，不要过于自信毫无危险的威胁。

革命以前，实现和平以后，经常需要在我们西部边境维持少量驻军。即使只是为了对付印第安人的破坏和抢劫，也没有人怀疑这些驻军依然是不可缺少的。这些驻军或者必须从民兵中临时派遣，或者由政府支付军饷的常备军团担任。前者是行不通的，即使行得通，也是有害的。民兵即使服从也不会长期离开自己的工作岗位和家庭去履行和平时期最不愉快的职责。如果说服或强迫他们这样做，由于经常性的轮流服役而增加的开支，劳动力的损失和个人职业的破坏，会给这个计划造成的决定性的障碍。这对政府是一种负担，有损无益，对平民也同样具有破坏性。后者来自由政府支付军饷的常备军团，相当于和平时期的常备军；当然是一支很小的军队，尽管很小仍然是实在的军队。这就是这个问题的概观，它向我们指出，在宪法上禁止这种设置是不适当的，而且必须把这个问题交给立法机关慎重处理。

随着我们力量的增强，大不列颠和西班牙两国很可能，不，可以说肯定会扩大在我们邻近地区的军事建制。如果我们不愿在毫无防备的状态下遭到他们的侮辱和侵略，我们会认为按着可能侵犯我们西部开拓区的兵力的某种比例来增加我们的边境驻军是有利的。那里现在或将来会有特殊的哨兵警戒区，据有这些警戒区就可以控制大片领土，并且有利于将来侵犯其他地区。再者，有些警戒区将是与印第安人从事贸易的要冲。谁能认为让这些警戒区处于两个强大邻国随时都能占据的地位是明智的吗？这种做法就是放弃谨慎和策略的一切普通准则了。

如果我们要想成为一个商业民族，或者要保持大西洋这边的安全，我们必须尽快地为有一支海军而努力。因此就必须有造船厂和兵工厂，为了保卫这些工厂，就要有防御工事，也许还要有守备部队。当一个国家在海洋方面变得非常强大，以致能用舰队来保卫自己的造船厂时，这就不必要为此目的而设置守备部队了。但是在海军建制处于幼弱状态的情况下，适中的守备部队多半会是抵抗入侵者破坏兵工厂和造船厂，有时破坏舰队的不可缺少的保证。

普布利乌斯

原载1787年12月21日，星期五，《纽约邮报》

第二十五篇

（汉密尔顿）

致纽约州人民：

也许有人主张，前一篇论文里列举的事物，应该由各州政府在联邦的指导下作出规定。但是这在实际上颠倒了我们政治联合的根本原则，因为它会在实践上把共同防御的责任从联邦首脑转到个别成员身上。这个计划对某些州是一种压迫，对所有的州都是一种威胁，对于邦联也是有害的。

与我们毗连的大不列颠、西班牙和印第安人的领土，不只是同某几个州接壤，而是从缅因到佐治亚把整个联邦包围起来了。因此，威胁尽管程度不同，然而是共同的，防御威胁的方法同样也应该是共同商讨和共同资助的对象。某些州由于位置关系会更直接地遇到威胁，纽约州就属于这一类。依据分别准备的计划，纽约州应该承担其直接安全和邻州的间接防御或最后防御所需要的军事建制的全部重担。这个办法对纽约州既不公平，对其他各州也不安全。这样一种制度有各种各样的麻烦。命定支持必要建制的各州，既不能够也不愿意在此后一段时期内承担能够胜任的负担。于是整个的安全就要受到局部地区的吝啬、缺乏远见和无能的支配。如果这部分的财力物力变得更丰富、更广大，其准备也会相应地扩大，其他各州看到联邦的全部军事力量掌握在两三个可能是最强大的成员手中时，很快就会感到恐慌。它们都想要有某种平衡，口实是容易编造出来的。在这种情况下，由于互相嫉妒而助长的军事组织，很容易扩大到超出自然的或适当的范围，而且由于各成员自行安排的缘故，这种军事组织会成为剥夺或破坏国家权力的手段。

前面已经提供理由可以作出这样的推测：州政府会很自然地倾向于与联邦政府对抗，其根本原因在于对权力的爱好；在联邦首脑与其某个成员的任何斗争中，人民最容易同他们的地方政府联合在一起。如果，除了这极为有利的条件以外，各成员的野心受到各自独立拥有的军事力量的激发，那么就会给予他们非常强烈的引诱和极大的便利来谋取、以致最后推翻联邦的法定权力。另一方面，在这种情况下，人民自由就没有全国军事力量掌握在全国政府手中安全。就军队可以被认为是权力的危险武器而论，最好掌握在最易猜忌的人们手中，而不要掌握在不易猜忌的人们手中。因为这是多年经验所证实的一个真理，当损害人民权利的手段由人民最不怀疑的人掌握时，人民往往处于最大的危险之中。

目前邦联政府的组织者，充分理解各州分别掌握军事力量对联邦的威胁，他们曾明文规定，各州未经国会同意不得拥有军舰或军队。实际上，联邦政府的存在和各州分掌军队的争论，不亚于供应联邦国库和定额与摊派制度的争论。

除了已经注意的事实以外，还有其他一些事实也同样能够明显地说明限制国家立法机关的决定权是不适宜的。前述反对意见的目的在于阻止平时设立常备军，虽然我们从未得知禁令打算扩大到什么范围——是否在平静时期既禁止征募军队也禁止**维持军队**。如果限于后者，就没有什么明确的意义，对预定的目的也是无益的。军队一旦征募，什么叫做违犯宪法的“维持军队”呢？需要多少时间确定是否违犯宪法呢？一星期，一个月，还是一年呢？或者能否说，只要造成征募军队的危险继续存在，军队就可以继续维持呢？这就是承认，**平时**可以维持军队，以便对付威胁性的或迫在眉睫的危险，这就立刻违背了禁令的字面意义，并且引起一种广泛的解释。由谁来判断危险是否继续存在呢？毫无疑问，当然要提请全国政府来判断，于是事情会有这样的结果：全国政府为了对付令人担忧的危险，可以首先征募军队，然后可以维持军队，只要他们认为社会的和平或安全存在任何危险。很容易看出，像这样灵活的处置，为逃避条款的约束提供了充分的余地。

这种条款在想象上的应用，只能以最高行政负责人和立法机关之间在某种篡权计划上有可能（或至少可能）结合这一设想为基础。如果在任何时候发生这样的情形，捏造危险即将到来的口实是多么的容易！在西班牙或大不列颠煽动下的印第安人的敌对行动随时可能爆发。甚至可以对某个外国进行挑衅，造成想望的状态，然后及时让步，重新进行安抚。如果我们能合乎情理地设想这样一种结合已经形成，而且这个计划有成功的充分希望，那么无论用什么理由或什么借口，一旦把军队征募起来，就可以用来执行这个计划。

如果为了事先预防这个结果而决定禁止平时**征募**军队，合众国就会出现世界上还未见到的最特殊的现象：一个国家在它实际上受到侵犯以前，不能根据宪法进行防御的准备。由于正式宣战的虚礼近来已经废而不用，必须等待敌人在我国领土内出现，政府才有正当理由开始为保卫国家而征兵。我们在能够准备还击以前，一定会接受打击。凡是国家用以预测遥远的危险、应付即将来临的暴风雨的一切政策，都必须避而不用，因为它违反一个自由政府的真正准则。我们只好听任外国侵略者支配我们的财产和自由，我们的软弱招致他们攫取毫无防备的牺牲品，因为我们害怕：自己选出的统治者根据我们的意愿由于滥用保卫自由的必要手段而可能危及自由。

这里我期望有人告诉我说，我国的民兵是自由的天然屏障，任何时候都能胜任国家的防御工作。这种说教实质上要使我们丧失独立。它会使合众国付出数百万元可以节省下来的开支。根据我们自己的经验，阻止我们相信这种说教的事实就在眼前，不允许我们受这类建议的欺骗。同纪律严明的正规军稳健地作战，只能由同样的军队来进行才能获胜。节省的考虑，不亚于对安定与力量的考虑，肯定了这个意见。美国民兵在最近的战争过程中，由于他们在许多场合下表现的勇敢，已经为他们的名誉树立了不朽的纪念碑。但是就连他们中间最勇敢的也深知祖国的自由不可能单靠他们的努力来建立，无论这种努力是如何伟大而有价值。战争和其他许多事情一样，是一门要用努力、坚毅、时间和实践来获得和完善的学问。

一切极端的政策，因为违反人类事务的自然和经验的进程，往往招致失败。宾夕法尼亚此时可以为这种说法提供一种真实的范例。该州的权利法案宣称，常备军危及自由，在平时不必维持。然而宾夕法尼亚在非常和平的时期，由于其一两个县的局部骚乱而决定组织一支军队，只要还存在威胁公共安全的现象，这支军队多半会继续维持下去。马萨诸塞州的行为，在同一问题上也提供了教训，虽然范围不同。该州（没有像邦联条款要求的那样，等到国会批准）为了平息内部叛乱被迫组织军队，而且至今仍然维持一个付给军饷的军团，以防反叛精神死灰复燃。马萨诸塞州的州宪并不禁止这个措施，但这个例子仍可用来教导我们，在我国政府下面可能发生的情况，和在其他国家的政府下面一样，有时会使一支和平时期的军队成为社会安全必不可少的东西。因此不宜在这方面控制立法机关的决定权。这个例子还教导我们，在应用到合众国的情况下，一个软弱政府的权利，似乎连其本身成员也很少尊重。此外，这个例子还教导我们，文件上的条款同公众需要的斗争是多么地不相称。

拉栖第梦国的基本准则是同一个人不能担任两次海军总司令的职务。伯罗奔尼撒同盟在一次海战中大败于雅典以后，请求以前成功地担任过那海军司令职务的吕山德指挥联合舰队。拉栖第梦人为了满足盟国的愿望，然而在形式上墨守古制，采用一种不足取的诡计，在海军副司令的名义下，将海军总司令的实权授予吕山德。这个例子是从许多事例中挑选出来的，这些事例都可以用来证实已由国内的事例说明了的事实，那就是，各国对于本质上与社会需要相反的规章和准则却很少予以注意。明智的政治家对于用不能遵守的限制来束缚政府是会慎重从事的，因为他们知道，每次违犯基本法律，虽然迫于需要，总要损害在统治者心目中必须维持的对一国宪法的神圣尊崇，并且为其他违法行为开创先例，虽然那时同样需要的口实或者根本不存在，或者并不那么迫切和明显。

普布利乌斯

为《独立日报》撰写

第二十六篇

（汉密尔顿）

致纽约州人民：

在人民革命中，要在人们的思想上划清权力和特权的界线，并使政府的能力与私人权利的保护结合起来，几乎是一件不能指望的事情。这微妙而重要方面的不足，是我们遭到麻烦的重大原因。如果我们在未来的制度改革中不谨防重蹈覆辙，就可能从一个空想的计划到另一个空想的计划，从一个改变尝试到另一个改变的尝试，而决不能作出任何具体的改善。

限制立法机关在提供国防手段方面的权力，是一种起源于对自由的热情比开明的见解更加强烈的高论。然而我们看到，它至今尚未广泛流行；甚至在此种论调初次出现的我国，只有宾夕法尼亚和北卡罗来纳两州在某种程度上赞成，其他各州拒绝给以最低限度的支持。它们明智地断定，信任必须寄托于某一方面，这样做的必然性就包含在委托权的每一行动之中；与其不适当地限制立法机关的权威使政府为难并危及公共安全，不如去冒滥用信任的危险。反对新宪法的人，在这方面反对的是美国的普遍决议。他们非但不接受经验教训和恰当地纠正我们以前所走的极端，似乎想把我们引入更危险、更过火的其他极端。似乎以为政府的调子太高或太强硬，他们的说教是想诱使我们利用在其他场合受到谴责或予以回避的权宜办法去压低它、缓和它。可以这样肯定而不会招致谩骂的罪名：如果他们教诲的原则在各方面能够成为普遍的信条，这些原则就会使本国人民完全不适于任何种类的政府。但是不必担心这类危险。美国公民有很强的辨别力，不会赞成无政府状态。如果经验并未使公众思想形成一种深刻而严肃的信念——即政府的更大的能力对社会的幸福和繁荣是必不可少的，那我就大错特错了。

在这里，把旨在取消平时军事建制的思想根源和发展简要地说明一下，也许不是不适当的。虽然在善于推测的人们看来，这种思想可能来自对这种制度的性质和趋向的仔细考虑，而且又为历史上其他国家发生的事件所证实，然而作为一种全国性的情感来说，就必须追溯到合众国一般居民起源的那个国家所给予我们的思想习惯。

英国在诺尔曼人征服以后的很长一段时间里，王朝的权力几乎是无限的。最初是贵族，后来是人民赞成自由，逐渐侵犯了帝王的特权，直到将其最庞大的权利的绝大部分消灭为止。但是直到1688年的革命使奥伦治亲王登上了大不列颠王位时，英国的自由才得到完全的胜利。作为未经限制的作战权力的附带权力——国王的一项公认的特权，查理二世利用自己的权力在和平时期维持了五千名正规军的组织。詹姆斯二世将此数增加到三万，用皇室年俸支付军饷。革命时为了废除这样危险的权力，当时制定的权利法案中有这样一条规定："和平时期在国内征募或维持常备军，如未经议会同意就是违法。”

在英国，当自由的倾向达到极点时，除了禁止只用行政长官的权力来征募或维持常备军以外，无人认为有防止常备军危险的必要。实现那次著名革命的爱国者，非常稳健而见多识广，所以并不想对立法决定权加以任何限制。他们知道，一定数目的警卫队和守备部队是必要的，对国家的紧急状态不能规定明确的范围，在政府的某个部分必须有以防万一的权力；当他们把这种权力的行使交给立法机关判断时，他们就达到了同社会安全一致的那种谨慎的终点了。

根据同一来源，美国人民可以说得到了和平时期的常备军危及自由的传统印象。革命的环境在同保护公众权利有关的每一点上鼓舞了公众的感情，在某些情况下，还把我们的热情提高到超过国家应有温度的程度。两个州在军事建制条款方面限制立法机关权力的企图，就属于这些情况。教导我们妒忌世袭君主权力的那些原则，被过分地推广到人民议会的人民代表身上。即使在未曾采纳这种错误做法的某些州里，我们发现那些不必要的声明说：未经立法机关同意，在和平时期不宜设置常备军。我认为这种声明之所以不必要，是因为把同样条款列入英国权利法案的理由，对于任何州宪是不适用的。根据那些宪法征募军队的权力，除了完全属于立法机关以外，不能有其他解释。在只有立法机关有权征募军队的情况下，声明未经该部门的同意不准进行此事，即使不是荒谬的，至少也是多余的。因而，在某些州宪中，其中包括被欧美公正称颂为在我国建立的最好政体之一的纽约州宪中，对这个问题只字不提。

值得注意的是，即使在似乎是一般禁止和平时期军事建制的那两个州里，使用的语调与其说是禁止的语气，不如说是告诫的口吻。没有说和平时期不准维持常备军，而是说不应维持常备军。这种含糊的措辞，似乎是妒忌和信任发生冲突的结果，一方面无论如何想要废除这种建制，另一方面却认为绝对废除这种建制是不明智的、不安全的。

能否怀疑，每当认为公共事务的情况需要违背这一条例时，立法机关会把它解释为只是一种告诫，并且使它服从这个州的需要或假设的需要吗？让上述的关于宾夕法尼亚的事实去判断吧！那么可以这样问：如果这个条例在有被置之不顾的倾向时即完全失效，它又有什么用处呢？

让我们研究一下，提到的这个条例和新宪法中限制军事拨款的期限不得超过两年的条例，在效果上有无类似之处。前者期望过奢，不能产生任何结果；后者避开轻率的极端，并且同因国家的紧急情况而作的适当规定完全一致，会起一种有益的和有力的作用。

根据这个条例，合众国的立法机关有义务每两年至少讨论一次维持常备军是否适当，在这一点上作出新的决定，并且在他们的选民面前通过正式表决，宣布他们对这个问题的意见。即使他们十分不慎重，愿意这样不适当的信任行政部门，他们也不能随意把维持军队的固定经费交给它。由于党派情绪在不同程度上必然会影响一切政治团体，毫无疑问，国家立法机关中有人非常愿意对这些措施提出责难，并且责备大多数人的意见。维持军事力量的条例，将经常成为争辩的好题目。这个问题每次提出，反对党就会吸引公众对此问题的注意。如果多数人真想越过适当的限度，社会就会得到危险的警告，并且会有机会采取对付危险的措施。除了国家立法机关中的党派以外，每逢讨论时，各州立法机关往往不仅警觉地，而且以怀疑和妒忌的态度保护公民的权利，防止联邦政府的侵犯。它们经常会注意国家统治者的行为，如果发生任何不妥当的事情，随时会向人民敲起警钟，这不仅是他们的不满的呼声，而且，如果需要的话，还是他们不满的权力。

推翻一个伟大社会的自由的计谋，需要时间成熟才能执行。一支庞大到能够严重威胁这些自由的军队，只有逐渐增大才能形成；这就不仅需要立法机关和行政部门的暂时结合，而且需要长时期地不断共谋。这样一种结合究竟有可能存在吗？这个结合是否可能保持下去，并且通过不断变化在两年一度的选举中自然会在两院中产生的一种代议制机构里一直传下去呢？可否这样推测：当每个人刚一进入国家参议院或众议院时，就会开始背叛自己的选民和自己的祖国吗？能否假定：没有一个人会敏锐得能发觉如此万恶的阴谋，或者十分勇敢、诚实，会把阴谋的危险性通知自己的选民么？如果这些推测是合理的话，一切被授予的权力就应该立刻废除。人民为了能够亲自管理自己的事情，应该决心收回以前亲手交出的一切权力，并且把自己分到同县的数目一样多的州里去。

即使能够合理地作出这类假定，要把这种阴谋隐瞒一定时期，仍然是办不到的。在完全和平时期要如此大规模地扩充军队，就等于暴露这个阴谋。一个国家处于这样的情况下，能有什么借口作如此大规模地扩充军队呢？人民不可能长期受骗，一旦发觉以后，阴谋和阴谋的策划者很快就会失败。

据说，把支持军队的拨款期限为两年的规定是不会产生效果的，因为行政部门一旦拥有一支大到足以威胁人民使之服从的军队，就会在这支军队中找到资金，足以使它不需要根据立法机关的法案提供的军需品。但是问题又来了，它用什么口实能在和平时期拥有这样庞大的军队呢？如果我们假定，这支军队是由于内部叛乱或对外战争而建立的，那么它就成为反对者的原则以外的一种情况了，因为所反对者是针对和平时期维持军队的权力而言的。很少有人会这样不现实地认真争辩说：不得征募军队去镇压叛乱或抵抗侵略；如果在此种情况下，社会的防御必须有一支人数多到足以威胁社会自由的军队，这就是一种既无法预防又无法补救的祸患。任何形式的政体都不能预防这种祸患；如果同盟或联盟为了共同防御需要组织一支军队，它甚至可能由一个简单的攻守同盟所造成。

但是在联合状态下要比在不联合状态下遭到这个祸患的机会少得多；不，可以肯定地说，在联合状态下完全不可能遭到这种祸患。很难想象，整个联邦会受到如此可怕的威胁，以致需要一支足以使我们的自由遭到危险的庞大的军队，特别是如果考虑到可从民兵取得帮助，民兵应该经常被看作一种宝贵而有力的帮助者。但是在不联合的情况下（如其他地方已经详述的那样），这个推测的反面，不仅会是可能的，而且几乎是不可避免的。

普布利乌斯

原载 1787 年 12 月 25 日，星期二，《纽约邮报》

第二十七篇

（汉密尔顿）

致纽约州人民：

曾经有人用不同方式劝告说：制宪会议提出的这种宪法，如果没有军事力量帮助执行它的法律，就不能起作用。然而，这像那一方面提出的其他大部分事情一样，仅仅以一般的断言为根据，并没有精确地或明白地提出断言所依据的任何理由作为支持。就我所能领会的反对者的潜在意义来说，它似乎起源于一个假定：人民不愿意在任何内部性质的事情中行使联邦权力。且不谈内部和外部的区别的不明确或含糊之处，让我们来了解一下假定人民不愿意的根据是什么。除非我们同时假定全国政府的权力的管理不如州政府，似乎就没有余地可以假定人民会有厌恶、不满或反对了。我相信他们对一个政府的信任和服从，通常是同它的管理的优劣成正比的，这可以当作一般的准则。必须承认，这个准则也有例外，但是这些例外完全决定于偶然的原因，所以不能认为它们与宪法的真正优缺点有任何关系，只能用一般性的原则和原理来判断。

在这些论文中曾经提出各种理由来指出全国政府会比地方政府管理得更好的可能性。主要理由是：选举范围的扩大，会给人民更大的选择自由；通过州的立法机关——它们是人们选举的机构，全国参议院议员由它们选任——有理由可以期望这一部门的组成通常会经过深思熟虑；这些情况保证使全国会议具有比较丰富的知识，了解更为广泛的情况，不那么容易沾染党争精神，更容易摆脱那些偶然的感情冲动或一时的偏见和偏向的影响。这些情况在比较小的社会里往往会损害公众商议问题，造成对社会上的一部分人的不公和压迫，搞出一些虽然能满足一时的爱好或欲望但最后会以普遍痛苦、不满和厌恶而告终的计划。当我们更深刻地分析行将建立的大厦的内部结构时，还会有一些有相当说服力的理由来证实上述可能性。这里只要说明下面一点就够了：在没有充分理由来证实联邦政府将按人民讨厌或鄙视的方式进行管理时，不可能有合理的根据来假定联邦政府的法律会比某些成员州的法律遭到人民更大的反对，或者需要任何其他方法来强制实施。

不受惩罚的希望，是叛乱的强大诱因；对惩罚的恐惧，同样是叛乱的强大阻碍。联邦政府如果拥有相当程度的权力，能求助于整个邦联的集体财力物力，难道不会比只能调动本州的财力物力的一个州更能抑制前一种看法、鼓励后一种看法吗？一个州内进行捣乱的派别，很容易认为自己能够同该州政府的赞助者进行竞争，但是不会糊涂到认为自己是联邦联合力量的对手。如果这个意见是正确的话，不正规的个人联合对抗邦联权力的危险，比对抗联邦某一成员的权力要小一些。

这里我要贸然指出：对某些人说来，这也许是新鲜的，但却不能因而认为不怎么公正；国家权力的执行越是混合在政府的日常实践中，公民越是习惯于在日常的政治生活中接触到这种权力；他们对这种权力越是经常耳濡目染，这种权力就越加深入地进入那些感人心弦、动人情感的事物中，因而获得社会的尊重和爱慕的可能性也就越大。人在很大程度上是一种习惯的动物。凡是难得打动一个人情感的事情，通常对他的思想影响很小。一直远离人民、又为人民看不到的政府，难以指望引起人民的情感。结论是：联邦的权力和公民对它的感情，会由于它扩大到所谓内心关注的事物而加强，而不会因而削弱，而且随着对它的作用的熟悉和理解，借助武力的机会也就少了。权力越是通过人类情感自然流露的那些渠运转道，借助于暴力和可怕的强制方法的需要就越少。

总之，有一件事是明显无疑的：像拟议中的这种政府，避免必须使用武力的希望要比其大多数反对者所主张的那种联盟大得多。那种联盟的权力只能按照各州的政治资格或集体资格对它们起作用。已经表明：在这样的联盟里除了武力以外不可能有法律制裁；各成员的经常失职是政府结构的自然产物；这种失职现象正如它们经常发生的那样，如果要从根本上纠正，只能使用战争和暴力。

制宪会议提出的计划，通过把联邦首脑的权力扩大到一些州的个别公民身上，将政府在执行自己的法律时能够利用各州的一般行政长官。不难看出，一般认为这种做法有助于消除法律来源的一切差别，并且给联邦政府提供各州政府享有的同样便利，它的权力得到应有的服从。此外，联邦政府能对舆论产生影响，这种影响起因于它有权号召整个联邦的财力物力对它帮助和支持这一重要考虑。这里特别值得注意的是，邦联的法律，就其所及的上述合法对象而论，会成为国家的最高法律；各州所有的立法、行政和司法官员，由于神圣誓言的约束均须遵守。于是各州的立法机关、法院和行政长官均将参加全国政府在其正常而合乎宪法的权力范围内的工作，并协助政府执行法律[1]。凡是深思熟虑探究这个情况的后果的人，会看出只要联邦的权力是以一般应有的慎重态度来行使，就有充分的理由可以预测联邦的法律能够得到正常而和平的执行。如果我们断然假设相反的情形，就可以从这种假设中得出任何中意的推论，因为即使以前的或现在设立的良好政府，由于滥用权力，也会激起并造成人民中肆无忌惮的过火行为，是确实可能的事情。即使反对新宪法的人认为，国家的统治者会对公益的动机或应尽职责漠不关心，我还是要问他们，这样的行为怎么能够促进对野心的爱好或侵犯的意图呢？

普布利乌斯

① 用来说明这会使州政府灭亡的诡辩，将在适当场合下予以充分揭露。——普布利乌斯

为《独立日报》撰写

第二十八篇

（汉密尔顿）

致纽约州人民：

有时可能发生一些情况，使全国政府必须采用武力，这是不能否认的。我们自己的经验，也证实了其他各国所提供的教训：这类意外事件有时会在一切社会里产生，无论这些社会是怎样组成的；暴动和叛乱不幸是同国家分不开的弊病，就像肿瘤和斑疹是同人体分不开的疾病一样；总是单纯用法律的力量进行统治的思想（我们听说这是共和政体唯一容许的原则），除了存在于那些自命聪明、不屑汲取经验教训的政治学者的幻想之中以外，是根本不存在的。

如果在任何时候在全国政府下面发生这种意外事件，除了武力以外别无其他纠正办法。使用的方法必须与弊病的范围相称。如果是一个州的一小部分发生小小的动乱，其他地区的民兵就足以把它平息；一般估计，这些民兵是随时可以执行任务的。一次叛乱，无论由于什么直接原因，最后总会使整个政府遭到威胁。未遭难的公民，即使不是关心联邦的权利，也会因关心公共治安而反对那些暴乱分子。如果全国政府在实践中证明有利于人民的繁荣和幸福，那么相信人民不愿支持政府是不合理的。

假如相反，叛乱扩大到一个州的每一个地方，或者一个州的主要部分，那么使用另一种力量也许是不可避免的了。看来，马萨诸塞州认为必须征募军队来平息州内的骚乱；宾夕法尼亚州只是由于担忧其一部分公民中的动乱，也认为采用同一方法是适当的。假定纽约州想重新建立起已经失去的对弗蒙特居民的管辖权，单是利用民兵的力量就能使这样一种企图有希望获得成功吗？该州难道不会为实行其计划而被迫征募和维持一支比较正规的兵力吗？如果必须承认，在这种性质特殊的情况下，需要借助于一支与民兵不同的兵力对州政府本身来说是适当的，那么为什么反对全国政府在同样困境中会有同样需要的可能性存在呢？抽象表示拥护联邦的那些人，竟然极力主张把十分适合于他们为之争论的计划作为反对新宪法的理由，这岂不令人奇怪么？谁会不喜欢这种可能性而喜欢成为小共和国的不断灾难、不断动乱和频繁的革命呢？

让我们从另一方面来进行研究。假设不是一个总的体系，而是组成两个、三个或甚至四个邦联，难道这些邦联中任何一个的活动不会遇到同样的困难么？每一个邦联难道不会遭到同样的灾难么？而当这些灾难发生时，难道不会被迫采用在全国政府中遭到反对的同样的权宜办法来维持其权力么？在这个假设下，难道民兵会比在全面联合的情况下更加愿意或者更加能够支持联邦的权力吗？凡是正直而明智的人经过相当考虑后一定会承认：反对的原则对两种情况是同样适用的；无论我们所有的州只有一个政府也好，或者一部分州组成几个不同的政府也好，甚至各州完全分开也好,[1]有时可能需要利用由各种民兵组成的兵力来维持社会治安,保持法律的正当权威,防止法律遭到等于叛乱和暴动的暴力侵犯。

撇开在这个问题上的所有其他推论不谈,只说拟议中的政府的全部权力是在人民的代表手中,就足以回答那些要求更加强制地规定反对和平时期军事建制的人们了。这是在文明社会中可以得到的保障人民权利和特权的主要的、毕竟是唯一的有效办法。[2]

如果人民代表背叛他们的选民,那么除了行使原有的自卫权以外,别无他法可循。这种自卫权对于一切实际存在的政体来说是非常重要的,用它来反对国家统治者的篡夺行为,其成功的前景,要比反对个别州的统治者的篡夺行为美妙得多。在一个州里,如果被授予最高权力的人成为篡夺者,州以下的各区、分区或行政区,由于没有各自的政府,不能采用正规的防御措施。公民只能在混乱中仓促地拿起武器,行动不一致,不成体系,也没有资源,只有勇气和绝望。披着合法权威外衣的篡夺者,往往能在反抗方兴未艾之时就把它扑灭。领土面积越小,人民拟定正规的或系统的反抗计划就越困难,挫败他们初期的努力就更加容易。他们准备和行动的情报,能够比较迅速地被人得到;篡夺者所拥有的军事力量也能比较快地开往反抗开始的地方。在这种情况下,必须有特殊情况的巧合,才能保证民众反抗的成功。

---

① 修改后的文本为:“或者即使有与州的数目同样多的互不关联的政府也好。”——普布利乌斯

② 其全部功效以后再加研究。——普布利乌斯

篡夺的障碍和进行反抗的便利，随着国家面积的扩大而增加，倘若公民知道他们的权利并且打算保卫这些权利的话。在一个大型社会里，人民的自然力量与政府的人为力量比较起来，要比小型社会里的自然力量大，当然也就更有能力与政府建立暴政的企图进行斗争了。但是在一种邦联里，可以毫不夸张地说，人民完全是自己命运的主人。权力几乎总是互相敌对的，全国政府随时准备阻止州政府的篡夺，州政府对全国政府也有同样的布置。人民倒向哪一方面，必然会使哪一方占优势。如果人民的权利遭到一方的侵犯，他们就能利用另一方作为补救的手段。他们如果希望联合能为自己保持一种永远不会估价过高的利益，那将是多么明智啊！

把这种看法当作我们政治制度的原则也许是可靠的。在一切可能发生的偶然事件中，州政府将提供完全的保证防止全国政府侵犯公众自由，与一般人民相比，人们选举的机构更易识破在各种借口掩饰下的篡夺计划。立法机关有比较有效的情报手段，能在一定的距离内发觉危险；由于拥有一切政权机构和人民的信任，它们就能够立即采用 个能把社会上一切力量联合起来的正规的反抗计划。它们很容易在各州之间互通消息，并且把它们的共同力量联合起来保卫共同的自由。

国家的辽阔广大，是另一个保证。我们已经体验到它对外国进攻的用处。这一点对于防止野心勃勃的统治者在国民会议中的冒险，完全有同样的效果。如果联邦军队能够平息一个州的反抗，远处各州就会用自己的有生力量进行新的武装反抗。于是必须放弃在一地的所得，以便镇压其他各州的反抗。把征服的地方交给它自己时,该地的力量就能恢复,就能重新进行反抗。

我们应当想到,军事力量的大小无论如何是由国家的资力所决定的。在很长时期内,不可能维持一支庞大的军队。随着维持庞大军队的手段的增多,社会人口和自然力量也会相应地增加。当人民处于通过他们的州政府用独立国家的一切迅速、规则和系统来采取自卫措施的状态时,联邦政府到什么时候才能征募和维持一支能够对一个大国的大部分人民建立专制政治的军队呢?这个忧虑可以看作一种社会制度的弊病,它是不能用论证和推论的方法来矫正的。

普布利乌斯

原载1788年1月10日，星期四，《每日广告报》

第二十九篇[①]

（汉密尔顿）

致纽约州人民：

管理民兵以及在发生叛乱和入侵时指挥民兵作战的权力，是负责管理共同防务和保卫邦联内部和平的必然职责。

民兵在组织上和纪律上的统一，在动员他们为公共防务服役时会产生最良好的效果，这一点不需要军事学上的技能就能看得出来。这能使他们在阵地上和战场上执行任务时互相谅解，协调一致——一支军队在作战时这是一项特别重要的有利条件；还能使他们在军事技能上很快达到熟练程度，这对他们的作用来说是非常重要的。只有把民兵的管埋交给全国政权来指导，才能做到所希望的统一。因此，制宪会议的计划提出授权联邦“规定民兵的组织、装备和训练，并且规定当作合众国部队使用的那部分民兵的管理办法，但任命军官和按照国会的规定训练民兵的权力，则由各州保留。”

① 本文最初在报纸上发表时是第三十五篇，因此放在这里同年月顺序是不符合的。然而，在1788年的第一版中，却把它作为第二十九篇印出，就它论述的问题而言，这个位置是适当的；因此这里仍然按照第一版的次序排列。

在用来反对制宪会议计划的各种理由中，再没有比攻击这种特殊规定的理由更出乎意料或更站不住脚了。如果管理良好的民兵是一个自由国家的最自然的屏障，它就当然应该由作为国家安全的保护者的那个机构来管理和支配。如果常备军危及自由，负责保卫国家的机构对民兵的有效权力，应当尽可能除去这种不良制度的诱因和口实。如果联邦政府在需要军事力量支援地方行政长官的紧急情况下取得民兵的帮助，就能更好地排除另一种兵力的使用。如果它不能利用前者，就不得不借助于后者。使军队成为毫无需要，是一种比一千道书面禁令更加可靠的防止军队存在的方法。

为了对召集民兵执行联邦法律的权力表示憎恨，曾有人说，新宪法里没有任何条款规定可以出动地方武装来帮助地方长官执行其职务；因此推论说，军队是其唯一的助手。已经发表的那些反对意见，显然是东拉西扯，有时甚至来自同一个来源，因而很难对倡议人的诚意表示称赞或者作出适当的评论。就是这些人一会儿对我们说，联邦政府的权力会是专制而无限的，一会儿又告诉我们，联邦政府连动用地方武装的权力都没有。幸而后者缺乏事实就和前者说得过分是一样的。联邦政府有权通过一切必要而适当的法令来执行其公开宣布的权利，自然就有权要求公民对受权执行这些法令的官员进行帮助，怀疑这一点是荒谬的；对于有权制定必要的和适当的法令，就必然有权改变承继法和地产转让法或在有关的案件中取消由陪审团进行审讯。如果深信不疑，同样是荒谬的。因此很明显，推测缺乏要求地方武装帮助的权力是全无依据的，从而得出的结论是：把这推测应用到联邦政府对民兵的权力上是不正直和不合逻辑的。能用什么理由推论:只是因为在必需时有权动用民兵就意味着要把它作为权力的唯一工具呢?对于有理智的人作出这样推论的动机,我们将如何看待呢?我们将如何防止仁慈和判断之间的矛盾呢?

由于对共和政体猜忌精神的奇妙推理,甚至还教训我们担心在联邦政府掌握下的民兵本身也有危险。说什么由热情的青年所组成的特别团队,可能有助于专权思想。全国政府可能采用什么计划来管理民兵,是不能预测的。但我的意见与那些把特别团队当作危险而加以反对的人大不相同;如果宪法得到批准,如果要我把自己在民兵编制问题上的意见提交由本州选出的联邦议会议员,我会向他提出大意如下的说法:

"训练合众国全部民兵的计划,如果能够付诸实行,是有损无益的。要在军事行动方面相当熟练,是一件需要时间和训练的事情,不是一朝一夕、甚至一个星期所能做到的。迫使大批自由民和其他阶级的大批公民为了军事训练和机动演习而武装起来,并且必须尽可能进行多次演习,以便达到取得训练良好的民兵资格这种完善程度,这对人民会是一种真正的痛苦,并且是一种严重的共同麻烦和损失。这样会使国家的生产劳动逐年减少,按目前人数计算,总数不会比各州民政机构的全部支出少多少。试图去做一件会使劳动和工业大量缩减到如此可观程度的事情,是不明智的。这种试验即使进行的话,也不会成功,因为人民不会长期忍受下去。就一般人民来说,让他们适当地武装和装备起来,并且为了了解这一点不应受到忽视,一年必须召集他们一两次,他们的目的再也没有比这更合理了。

“但是，虽然全国的训练计划，必须由于无益或行不通而放弃，然而最重要的问题在于要尽快地采用一个关于民兵的适当编制的精密计划。政府应当特别注意组织一个大小合适的精选队，所依据的原则是使他们在需要时真正适于服役。由于规定了这样计划，就可能有一个优秀的、训练良好的民兵团队，在国家需要进行防御时，随时可以参战。这不仅会减少军事编制的需要，而且如果情况随时迫使政府组织一支决不会危及人民自由的或大或小的军队的，同时，有一大批在训练和使用武器方面相差不多的公民，他们随时准备保卫自身的和同胞们的权利。在我看来这是代替常备军的唯一办法；如果有常备军存在，这也是防备它的最安全的办法。”

我就是这样与新宪法的反对者在同一个问题上作出了不同的推论，正是根据他们认为充满危险和毁灭的缘由，我却推出安全的结论。但国家立法机关对这一点会作出怎样的推论，是他们和我都不能预测的事情。

在民兵危及自由的意见中，有一种如此强词夺理和夸大的东西，以致我们不知道应该认真对待还是一笑置之；不知道应该把它当作只是像雄辩家的似是而非的议论技巧试验，和以任何代价灌输偏见的狡猾手段，还是把它当作政治狂热的严重产物。如果我们不相信自己的儿子、兄弟、邻人和同胞，以常识而言，我们的恐惧要到什么地步才能结束呢？从那些每天与其他同胞打成一片、并且与他们有同样的感觉、情感、习惯和利益的人们的身上能看到什么危险的预兆吗？联邦有权制定民兵规则，并在必要时命令民兵服役，而各州则有全权任命军官，这怎能因此推论出产生恐惧的合理理由呢？即使真的有可能对联邦政府下面的一切民兵组织任意猜忌，那么军官由各州任命这个事实本身就应该立刻把这种猜忌打消。毫无疑问，这个事实经常会使他们对民兵产生压倒的影响。

在阅读许多反对宪法的出版物时，人们很容易想到自己是在研读某些写得很糟糕的传奇故事，展现在头脑中的不是愉快的自然形象，只不过是可怕的畸形怪物——

"蛇发女怪，九头蛇和可怕的吐火兽"

把它所描写的一切东西的色彩和形状全都加以歪曲和丑化，把它所讲到的每种东西都变为怪物。

在已经出现的有关动员民兵服役权的夸大而不真实的言论中，可以看到这类实例。新罕布什尔的民兵要开往佐治亚，佐治亚的民兵要开往新罕布什尔，纽约的民兵要开往肯塔基，肯塔基的民兵要开往香普兰湖。不仅如此，而且欠法国人和荷兰人的外债要用民兵来偿还，而不是用法国金币或欧洲通用金币来偿还。一会儿是要有一支庞大的军队来破坏人民的自由；一会儿又是弗吉尼亚的民兵要离乡背井到五六百英里以外去镇压马萨诸塞的共和主义者的反抗；马萨诸塞的民兵要送到同样遥远的地方去制服弗吉尼亚人的贵族式的倔强傲慢态度。难道这样叫嚷的人们认为，他们的权术或口才能把任何妄想或荒唐的东西当作颠扑不破的真理强加给美国人民吗？

如果有一支军队可以用作暴政的手段，那么民兵还有什么用处呢？如果没有军队，被动员为加紧奴役一部分同胞而开始一次无望远征的怨愤的民兵，只有把他们的矛头指向那些决定这样愚蠢和恶劣的计划的专制者，在他们想象的权力堡垒里把他们打倒，而且把他们当作遭受凌辱和被激怒的人民进行正当复仇的范例，除此以外还有什么出路吗？难道这就是篡夺者大胆用来统治一个人口众多的文明国家的办法吗？难道他们在开始时会激起人们对打算进行篡夺的工具表示厌恶吗？难道他们经常通过粗暴而令人厌恶的行使权力来开始自己的事业么？而这种行使权力，除了引起对他们的普遍仇恨和诅咒外，达不到任何目的。诸如此类的推测，难道不是有识别能力的爱国者对有辨别能力的人民提出的严肃认真的训诫吗？难道这是煽动者或狂热分子的煽动性的胡言乱语吗？即使我们假定，国家的统治者受到最无法控制的野心的驱使，也不能相信他们会用这种荒谬的方法来完成自己的计划。

在发生叛变或敌人入侵的时候，邻州的民兵开到另一州去抵抗共同的敌人或者保卫共和国防止出现内讧或叛乱的暴力行为，将是合乎自然的和适当的事情。关于第一个目的，以及在最近的战争中，情况往往就是这样。这种相互支援，的确是我们政治上联合的主要目的。如果将提供支援的权力置于联邦的指导之下，那么在危险的临近已经把自卫的刺激加给责任感和同情心的非常微弱的冲动以前，就不会发生对邻人的危险因循苟且、漠不关心的危险的态度。

普布利乌斯

原载1787年12月28日，星期五，《纽约邮报》

第三十篇

（汉密尔顿）

致纽约州人民：

前面已经讲过，联邦政府应当拥有维持国家军队的权力；其中曾建议包括征募军队的费用、建造和装备舰队的费用，以及各种有关军事装置和作战的其他一切费用。但是联邦在税收方面的权限必须包括的目标不仅限于这些。这种权限必须包括准备维持国家文官薪俸的费用，准备偿还已经由契约规定或可能由契约规定的国债，以及通常要求国库支付的所有事情。结论是，在政府的结构中必须含有以这种或那种方式征税的全面权力。

货币被恰当地看作国家的重大要素，是维持国家的生命和行动，并使它能够执行其最主要职能的东西。因此，在社会资源容许的范围内，有足够的权力获得经常而充分的货币供应，被认为是每种政体所不可缺少的要素。由于这方面的缺乏，以下两种弊端必然会产生一种：不是人民必然遭到不断掠夺，作为代替供应公众需要的比较适当的办法，就是政府必然陷入致命的萎缩状态，并且在短时期内灭亡。

在奥托曼或土耳其帝国，君主虽然在其他各方面是其臣民的生命财产的绝对主宰，但是却无权征收新税。结果，他容许巴夏[①]或各省地方长官毫不容情地掠夺人民，然后又从巴夏身上榨取他所需要的款项，来满足他自己和国家的急需。在美国，由于同样的原因，联邦政府逐渐陷入衰退状态，几乎接近灭亡。谁能怀疑这两国人民的幸福会由管理得当的主管当局通过准备公众需要的收入而得到增进呢？

目前的邦联政府这样软弱，却打算把供应联邦资金需要的无限权力授予合众国。但是由于邦联政府按照错误的原则行事，所以它所采用的做法使它的打算完全不能实现。按照盟约中的条款（如前所述），国会有权确定和要求他们认为是合众国行政部门所需要的任何金额；而他们的要求如果符合分配的规则，在宪法的各种意义上均是各州应负的义务。各州无权询问要求是否适当，他们除了设计提供所需金额的方式方法以外，并无其他决定权。但是，尽管情况确实如此，尽管设想这样一种权利会违背邦联条款，尽管很少会或永远不会公然要求这种权利，但是实际上，这种权利却经常在行使，而且只要邦联政府的税收仍旧依赖于成员的居间作用，这种情况将会继续下去。这一制度的后果如何，即使是对我们的公务最不熟悉的人都知道，在这些论文中的不同部分里也有过详细的说明。正是这一点主要促使我们处于一种有充分理由要我们含垢忍辱、让敌人耀武扬威的情况。

除了改变产生这种情况的制度——改变荒谬的和欺骗的定额和摊派制度——以外，能有什么办法来纠正这种情况呢？除了允许全国政府在地方政府的各种妥善规定的规章制度的许可下，通

① 巴夏是土耳其文武高官的尊称。——译者

过正常的征税法来筹措收入以外，还能想出别的代替办法来代替这种金融上的妄想吗？足智多谋的人可以用花言巧语就任何题目进行雄辩，但是没有任何人类的智谋可以指出任何其他权宜办法，来使我们摆脱由于国库空虚而自然造成的麻烦和困难。

新宪法的比较聪明的反对者，承认这个推论的说服力，但是他们又提出所谓对内和对外征税的区别来对这种承认加以限制。他们把前者保留给州政府，把后者解释为商业进口税或进口商品关税，表示愿意把它让给联邦首脑。然而，这种区别会破坏合理的和健全的政策准则，这一准则规定每种权力应该与其对象相称；这种区别仍旧会使全国政府处于一种对州政府进行保护的地位，这与一切讲究效力或效能的主张是不一致的。谁能自称只是商业进口税就等于联邦现在和将来的急需的款项总额？考虑到目前的外债和内债，根据一个对公共正义和公共信誉的重要性具有一般印象的人所赞成的任何偿还计划，再加上各方面认为必要的法规，我们丝毫不能合乎情理地自以为，单是这个来源，按照大为改善的税率，就能满足目前的需要。联邦的未来需要是无法估计或限制的；根据不止一次地谈到的原则，当这种需要出现时，满足这种需要的权力也应当不加限制。在事情的正常发展中，一个国家在其存在的每个阶段的需要，至少与其财源不相上下，我认为这可以看作人类历史所证实的一种见解。

如果说不足部分可以通过对各州征收来补足，这一方面是承认这个制度不能依靠，另一方面是超过一定限度地一切事情不得不依靠它。凡是留心注意经验所揭示的或者在这些论文中所论及的关于此种制度的弊病和缺点的人，对于把国民利益或多或少地委托给此种制度去管理，必然会感到无法遏止的厌恶。每当实行此种制度时，其不可避免的趋势必然是削弱联邦，并且在联邦首脑及其成员之间，以及各成员相互之间播下不和与争执的种子。能否期望用这个方式补充不足部分，会比以前用同样方式供给联邦的全部需要更好一些呢？应该想到，如果对各州的要求少一些，它们满足需要的手段也相应地减少了。如果将已经提到的为区别而进行争论的那些人的意见当作真理的根据加以采纳，就会使人得出结论说，在国家事务的节约措施中有一个明显的分界点，在这一点上应该停下来说：迄今，供给政府需要会促进公众幸福目的的实现，超过这个界限的一切都不值得我们注意或关心。一个只得到一半供给的、经常贫穷的政府，怎能实现其制度的目的，怎能提供安全保障，增进繁荣或维持国家的名声？这样的政府怎么能够拥有能力或保持稳定，享有尊严或信用，得到国内信任或国外的尊敬呢？它的管理除了连续不断地采用姑息的、无能的而且可耻的权宜办法以外，还能有别的办法吗？它怎能不会为了一时需要而经常牺牲自己的事业呢？它怎能承担或执行任何广泛的或扩大的公益计划呢？

让我们看看这个情况在我们可能参加的第一次战争中会产生什么结果。为了辩论起见，我们假定，来自进口税的岁入，是符合供应公债和联邦平时机构的需要的。在这种情况下战争爆发了。在这样一种紧急状态下，政府可能采取什么措施呢？经验教导说，依靠摊派是靠不住的，政府本身的权力不能保有新的财源，而且又为国家危险的考虑所催逼，难道政府不会被迫设法把已经拨出的经费从原来的对象转到国防上去么？怎能避免这样一个步骤是不容易看出来的。如果采取这个步骤的话，显然会证明公众信用就在它成为共同安全必不可少的时刻遭到了破坏。认为在这样一个危急存亡之际可以不要信用，真是糊涂到了极点。在现代战争体系下，最富裕的国家也不得不求助于大宗借款。像我们这样不富裕的国家，必然会更加强烈地感到有这种需要了。但是有谁会把钱借给这样一个政府，它在借款以前的行为表明，它的付款措施是靠不住的呢？可能获得的借款必然数量有限而且条件苛刻。这种借款所依据的原则和高利贷者通常借款给破产的或诈骗的债务人时所依据的原则是一样的——出手吝啬，利息极高。

也许可以这样想，由于国家财源贫乏，尽管全国政府拥有无限制的征税权，但是在假定的情况下会有必要把规定的经费转作他用。但是有两点理由可以用来缓和对于这个问题的一切忧虑：其一是，我们确信社会的全部资源将为联邦的利益而发生作用；其二是，无论有多少不足，都能毫无困难地用借款来补充。

全国政府通过自己的权威，根据新的纳税对象建立新财源的权力，能使它按照需要去借款。这样，外国人和美国公民都能对政府的契约合理地表示信任。但是要信赖一个本身在履行契约时必须依赖其他十三个州政府的政府，一旦情况了解清楚，就会需要一种在人类金钱交往中并非经常遇到而且与常见的贪婪的尖锐看法不怎么调和的轻信了。

这类意见，对于希望看到在美国实现诗歌中或神话中那种升平景象的人们来说，可能是无足轻重的；但是对于相信我们可能经历其他各国命中注定的变迁和灾祸的共同命运的人来说，这些意见必然是值得重视的。这样的人必然以痛苦的关切心情注视着自己国家的真实情况，必然反对野心或报复轻而易举地使它蒙受的那些祸害。

普布利乌斯

原载1788年1月1日，星期二，《纽约邮报》

第三十一篇

（汉密尔顿）

致纽约州人民：

在各种讨论中，都有一定的基本真理或首要原理，它们必然作为以后一切推论的根据。这些真理含有一种内在的证据，它能先于一切思考或组合得到人们的赞同。在产生并非这种结果的地方，必然是由于知觉器官的某些缺点或失常，或者由于某些强烈的兴趣、情感或偏见的影响。几何学原理就具有这种性质："整体大于部分，等于同一事物的东西彼此相等，两条直线不能围成一个平面，凡是直角彼此都相等。"伦理学和政治学的其他原理也具有同样的性质：例如没有原因就不能有结果，手段应当与目的相称，每种权力应当与其对象相称，注定要影响一种自身不能进行限制的目的的权力，也应不受限制。后两门学科中还有其他的真理，如果它们不能自称属于公理之列，仍然是公理的直接推理，本身又是如此明了，而且如此符合常识的自然而淳朴的支配，以致它们以几乎同样不可抗拒的力量和信念唤起健全而无偏见的人们的同意。

几何学研究的对象是那些完全脱离激动人心的强烈情感的那些研究，所以人类不仅很容易接受比较简单的科学定理，甚至还有那些深奥的反论，那些反论虽然能够证明，但是同自然概念是矛盾的，这些概念没有哲学的帮助，会引导人们在思想上接受这种学科。物体的无限可分性，或者换句话说，有限物的无限可分性，甚至扩大到最小的原子，是几何学家同意的一个论点，虽然这对常识来说和那些遭到不信宗教的人们所不断攻击的任何宗教玄义同样难以理解。

但是在伦理学和政治学方面，人是很不容易处理的。在某种程度上，这样的情况是合理而有益的。慎重和调查研究是防止错误和欺骗的必要防护品。但是过于难弄，就可能变质为顽固、倔强或虚伪。虽然不能要求伦理和政治知识的原理一般具有和数学原理同样程度的确实性，但是它们在这方面的可信，要比人们在个别情况下的行为显示的信心高得多。含糊之处往往在于说理者的情感和偏见，而不在于题目本身。在很多情况下，人们的理解不公正。但是他们由于屈服于某些顽强的偏见，而在言辞上进行纠缠，在细微的区别上混淆不清。

怎么可能发生这样的事（如果我们承认反对者是真心反对）：像表明联邦政府需要有全面征税权那样明确的主张，会在善于辨别的人们中间遇到什么反对者？虽然这些主张已经在别处予以充分说明，但是这里扼要重述一下，作为研究可能对它们提出的反对意见的导言，也许不是不适当的。这些主张大体如下：

一个政府应该拥有全面完成交给它管理的事情和全面执行它应负责任所需要的各种权力，除了关心公益和人民的意见以外，不受其他控制。

由于主管国防和维护公众安全防止国内外的暴力行为的责任

包括对不可能规定范围的灾难和危险的准备，所以作此准备的权力除了国家的迫切需要和社会对策以外，不应有其他限制。

由于税收是用以获得应付国家迫切需要的手段的主要方法，所以充分获得税收的权力，必须包括在为迫切需要作准备的权力之中。

由于理论和实践同时证明，获得税收的权力在对各州集体行使时是无效的，所以联邦政府必须授予用寻常方法征税的无限权力。

如果经验并未证明相反的情况，自然会得出这样结论：全国政府有全权征税是适当的，确实可以以这些主张为根据，不需要借助于任何其他论证或说明。但是事实上我们发现，新宪法的反对者，迄今没有默认其正确或真实，似乎在竭力反对计划中的这一部分。因此，把他们用以表示反对的论点分析一下，也许是符合要求的。

最经常利用的反对论点大体可以归纳如下："不能因为联邦的迫切需要无法加以限制，就认为其征税权不应受到限制。税收对地方政府的用途和对联邦政府的用途都是同样需要的；对人民幸福来说，前者至少和后者是同样的重要。因此，州政府应当有能力支配供给自己需要的手段，就像全国政府拥有关于供应联邦需要的同样权力一样。但是后者的无限征税权可能，而且到时候很可能剥夺前者提供自身需要的手段，会使他们完全听从国家立法机关的摆布。由于联邦的法律将要成为国家的最高法律，又由于它将要有权通过为执行建议授予它的那种权力所必需的一切法律，全国政府随时可以借口与其本身目的有抵触而撤销为了州内目的而征的税收。为了使国家税收生效，也许主张这样做是必要的。

这样一来,所有的税收财源将逐渐成为联邦独占的东西,把州政府完全排除在外。”

这种论辩方式有时似乎转到全国政府有篡夺行为这个假定上,有时又似乎只是想从全国政府按宪法行使职权方面作出推论。只有后一种见解才能被承认有点公正之处。在我们开始推测联邦政府有篡夺行为时,我们就陷入了一个深不可测的深渊,完全使我们变得不可理喻。想象可以海阔天空,直到它在魔法城堡的迷宫中张皇失措,不知该转向何方才能脱离如此鲁莽闯入的混乱状态。无论对联邦权力可能有些什么限制或约束,连续不断的可能危险是容易想象得到的。而由于过分的猜疑和胆怯,我们会使自己处于一种绝对怀疑和优柔寡断的状态。我在这里把大体上已在另一篇论文中说过的话重复一遍:凡是以篡夺的危险为根据的一切论述,应该着眼于政府的组织和结构,而不是政府权力的性质或范围。各州政府通过原来的州宪被赋予完全的主权。我们对付来自那方面的篡夺的保证在哪里呢?无疑在于州政府的组织形式和管理州政府的人员对人民的应有依靠。如果计划中的联邦政府结构,经过公平考察,被认为能在适当范围内提供同样的保证,那么为篡夺而产生的忧虑,都应当打消。

切勿忘记,州政府侵犯联邦权利的倾向,和联邦侵犯州政府权利的倾向是同样可能发生的。在这样的一种斗争中,哪一方可能占优势,必然取决于斗争双方能够用以取得成功的手段。由于在共和国里力量经常在人民一边,由于有些重要理由使人们相信州政府通常对人民具有最大的影响,所以自然的结论是:这种斗争最容易对联邦不利而结束;而且各成员侵犯联邦的可能性,要比联邦侵犯成员的可能性还要大。但是很明显，诸如此类的一切推测是极其含糊、极不正确的，最安全的办法是完全把它们丢开，把我们的注意力完全集中在宪法所勾画的权力的性质和范围上。此外，一切事情必须由人民的智慧和坚定来决定。由于人民亲手掌握天平，可以期望他们经常留心保持全国政府和州政府之间合乎宪法的平衡。在这个显然可靠的基础上，不难消除反对合众国有无限征税权的意见。

普布利乌斯

原载1788年1月3日，星期四，《每日广告报》

第三十二篇

（汉密尔顿）

致纽约州人民：

虽然我认为，由于联邦有权在征税方面控制州政府而使它们感到担忧的真正危险并不存在，因为我相信，人民的舆论、触怒州政府的极端危险，以及确信地方政府为了局部目的的用途和需要，将会完全防止滥用这种权力。然而我愿意在这里完全承认要求各州具有为供应自身需要而筹措收入的独立自主权的论证是公正的。在作这个让步时，我肯定（只有进出口关税除外），各州在制宪会议计划下，将在绝对的意义上保留这种权力；全国政府若有任何剥夺它们行使这种权力的企图，将是一种任何宪法条款所不允许的粗暴篡夺权力的行为。

各州完全合并为一个完全的全国性的主权国家，意味着各部分完全处于从属地位；各部分无论保留什么权力，都将完全取决于总的意志。但是由于制宪会议计划的目的只在于局部的联合或合并，各州政府显然要保留它们以前所有的、按照条款并未专门委托给合众国的一切主权。各州主权的这种专门委托，或者不如说这种让与，只在三种情况下存在：在宪法明文规定授予联邦专有权的地方；宪法在某种情况下授予联邦一种权力，在另一种情况下，却禁止各州行使同样权力；宪法授予联邦一种权力，而这种权力是与各州的类似权力绝对和完全矛盾而且不相容的地方。我用这些字眼把最后一种情况同看来类似、事实上却有根本区别的另一情况加以区别。我指的是，行使并存的职权可能偶然触犯任何行政部门的政策，但是就宪法权力而言，不会含有任何直接抵触或矛盾的意思。联邦政府的这三种专有职权的情况可以用下面的例子来解说：第一条第八项倒数第二节明文规定，国会对政府所在地区得行使“绝对立法权”。这个例子符合第一种情况。同一项第一节规定，国会有权“征收税捐、关税、进口税及货物税”；同一条第一项第二节宣布：“各州未经国会同意不得对进口货或出口货征收任何进口税或关税，除非此种课税是为了执行该州的检查法。”因此除了上述的特殊例外，联邦就有全权对进出口商品征收关税。但是此种权力却被另一条款削弱，该条款宣布，不得对任何州输出的商品课税或征收关税。由于这种限制，此种权力现在只能应用于进口货的关税方面。这一点符合第二种情况。第三种情况可以在下面的条款中看到，该条款宣布，国会有权“制定全合众国的统一归化条例”。这必须是专有的权力，因为如果各州有权制定不同的条例，就不可能有统一的条例。

有一种情况可能被认为与后者类似，但事实上却大不相同，而且影响了即将考虑的问题。我指的是对进出口商品以外的一切商品的征税权。我认为这显然是合众国和各州共有的彼此平等的权力。在授权条款中显然并未说明该项权力是联邦专有的。也没有单立条款或条文禁止各州行使此项权力。相反，从进出口商品的关税方面对各州的限制上可以推论出一个明确的、不容有异议的相反论点。这个限制意味着承认,即使没有列入条文,各州也拥有限制以外的权力;并且进一步承认,关于其他各种税收,各州的权力仍然没有减少。从任何其他观点来看,这种限制是不必要的,而且是危险的。其所以不必要,因为假使授予联邦征收这种关税的权力就意味着排斥各州,甚至意味着各州在这方面处于从属地位,那么就不需要这样的一种限制了;其所以危险,因为采用这个限制会直接导致上述结论,如果反对者的推论是正确的话,这个结论并非原来想要得出的。我是说各州在限制并不适用的一切情况下和联邦有共同的征税权。正在谈论的这种限制,相当于律师们所说的“否定含蓄”——即否定一件事,肯定另一件事;否定各州有权对进出口商品征税,而肯定他们有权对所有其他商品征税。如果争辩说,这指的是绝对排除它们征收前一种税,使它们有权在国家立法机关的控制下征收其他税,那么这只不过是一种诡辩罢了。限制或禁止的条款只说:各州未经国会同意不得征收这种关税。如果我们从上述的意义上去理解这句话,就会使宪法为了一个非常荒谬的结论而加上一条正式条款,这个条款是:各州经国家立法机关同意,可以征收进出口税,除非受到同一机构的限制,而且可以对其他商品征税。如果这就是目的,为什么不在最初就让它得到据说是原有条款的自然效力,把全部征税权授予联邦呢?显然这不可能是目的,不能对它作这种解释。

至于各州征税权和联邦征税权会发生矛盾的假设,不能从需要排斥各州的意义上得到支持。由于一个州对某种商品征税,使得联邦对同样商品再次征税成为不适当的事情,这的确是可能的,但是这并不含有按照宪法不能再次征税的意思。征税的数量,任一方面的增税是否适当,将是共同慎重考虑的问题,但是不会包含权力的直接抵触。全国和州的财政制度的具体政策,也许会经常不一致,并且可能需要互相克制。然而,这不只是在行使权力时可能造成不便,而是一种同宪法的直接矛盾,它意味着让与和消除原有的主权。

由于主权的划分,在某些情况下需要一种同时存在的权限。凡是没有明显地从各州移归联邦的一切权力仍由各州全力执行这一条规则,并非权力划分理论的结果,而是得到了包括新宪法条款的文件的全部宗旨的明确承认。我们在这个文件里看出,尽管肯定了授予一般权力,但是仍然非常注意那些认为各州不宜有同样权力的情况,而且列进了禁止各州行使那些权力的否定性条文。第一款第十节所包括的全是这样的条文。这个情况明确表明了制宪会议的意见,并从条例正文中提供解释的规则,它证明了我所提出的主张是正确的,并且驳斥了一切相反的假设。

普布利乌斯

原载 1788 年 1 月 3 日《每日广告报》

第三十三篇

（汉密尔顿）

致纽约州人民：

反对宪法中关于征税条款的其他议论，是同下面这一条款有联系的[①]。正在研究的方案的第一条第八项最后一条，授权国家立法机关“制定一切必要和适当的法律，以实施宪法授予合众国政府或政府任何部门或官员的**各种权力**”。方案的第六条第二项宣布：“本宪法与合众国**依此制定**的各种法律，以及根据合众国的权力缔结的一切条约，均为本国的**最高法律**，不论各州宪法或法律是否与此抵触。”

这两条是反对新宪法的恶毒咒骂和无礼争辩的根源。向人民提到这两条时，它们被夸大歪曲为用以破坏地方政府和消灭人民自由的恶毒手段；是一种无论男女老幼、高低贵贱、神圣或世俗都不免遭它吞食的可怕怪物。然而说也奇怪，在这一切吵闹以后，对于那些碰巧不用同样见解来看待这两项条款的人来说，可以有充

① 这是原来在报上发表的第三十一篇论文的分界点。这句开场白初见于 1788 年麦克莱恩版本。

分信心肯定：如果把这两条完全删去，计划中政府的合乎宪法的作用丝毫不会改变，如同这两项条文在每一条中都得到重复一样。它们不过是说明一件事实：它们由于不可避免的关系，是成立联邦政府和授予它某些特定权力的条令所造成的。这是一件非常明白的事情，即使中庸之道本身也难于心平气和地听取反对这一部分方案的大量奚落之词。

除了做一件事的能力或技能以外，权力又是什么东西呢？除了运用执行权力的必要手段的力量以外，什么是做一件事的能力呢？除了制定法律的权力以外，什么是立法权呢？除了法律以外，什么是执行立法权的手段呢？除了征税立法权，或制定征税法律的权力以外，什么是征税权呢？除了必要和适当的法律以外，什么是执行这样一种权力的适当手段呢？

这一连串简单的问题，立刻提供给我们一个用以判断所批评的条款的实质的标准。这一连串问题向我们指出这个明显的真理：征收税款的权力，必须是通过执行该项权力必需的和适当的法律的权力；那个在议论中的被诽谤的倒霉条款，除了申明同一真理外，又能说明什么呢？这就是说已经被授予征税权的国家立法机关，可以在执行该项权力时通过执行权力所需要的和适当的一切法律。因此，我特别把这些意见应用于征税权，因为它是正在研究的迫切问题，又因为它是建议授予联邦的那些权力中最重要的一种权力。但是关于宪法上宣布的其他一切权力，同样的过程会得出同样的结果。正是特别为了执行这些权力，这种被故意称为包罗万象的条款授权国家立法机关通过一切必要而适当的法律。如果有什么可以反对的东西，必须在这个一般声明所依据的特殊权力中去寻找。这个声明本身，虽然可以指责它有重复或多余的缺点，至少是完全无害的。

但怀疑者可能会问：那么为什么要采用这个声明呢？回答是，这样做只能是为了更加谨慎，防止以后想削弱和逃避联邦的合法权力的人们吹毛求疵。制宪会议也许预料到这些论文反复阐述的主要目的是，对我们政治幸福威胁最大的危险就是各州政府最后会削弱联邦的基础，因此可能认为在如此主要的一点上必须解释清楚。不管这样做的动机是什么，根据反对它的呼声来判断，谨慎小心显然是明智的，因为正是那种呼声吐露出怀疑这一伟大而必要的真理的意向，这个真理显然是该条款所要表明的目的。

但是可能再问：由谁判断为执行联邦权力而打算通过的法律是必要的和适当的呢？我回答说：第一，这个问题是既由于说明性的条款也由于单纯授予那些权力而提出的；我回答说：第二，全国政府和其他政府一样，首先必须判断自己行使的权力是否适当，最后再由选民去判断。如果联邦政府超越其权力的正当范围，并且滥用权力，创立政府的人民必然求助于他们所建立的标准，并采取作为谨慎考虑的应急措施，来补救对宪法造成的损害。从宪法观点看来，法律的适当与否，必须经常决定于作为法律基础的权力的性质。假定联邦立法机关利用对其权力的某些牵强附会的解释（这的确是不易想象的），企图改变任何一州的继承法作此尝试时，它岂不是明显地超越其权限，而且侵犯了该州的权限吗？再假定，联邦立法机关借口其税收受到干扰，就着手废除由某一州的当局所征收的土地税；这就侵犯了关于这种税收的同时并存的权力，该项权力又是宪法明确认为属于州政府，这岂不是同样明显的事情吗？如果在这个题目上有所疑惑的话，完全是那些理论家的功劳，他们怀有一种对制宪会议计划轻率的仇恨情绪，努力把疑问包藏在为了掩盖最简单明了的真理的云雾之中。

但据说联邦的法律将要成为国家的最高法律。如果这些法律不能成为最高法律，那么从这点上能得出什么结论呢？这些法律又相当于什么东西呢？显然它们什么也不是。一条法律顾名思义包括最高权力。法律是一种规定的对象所必须遵守的条例。这是一切政治联合所产生的结果。如果个人参加一个社团，该社团的法律必然是他们行为的最高标准。如果几个政治社团加入一个较大的政治社团，后者按照宪法赋予它的权力而制定的法律，必然高居于这些团体和组成这些团体的个人之上。否则它只不过是一种有赖于双方诚意的盟约，而不是一个政府，政府不过是政治权力和最高权力的另一种说法罢了。但不能根据这个原则就说，较大团体的那些不符合其宪法权力并且侵犯较小团体的剩余权力的法令，将会成为国家的最高法律。这些法令只会是篡夺的法令，而且应该这样看待它们。因此，我们看出，宣布联邦法律有最高权力的条款，和我们以前已经研究过的条款一样，只宣布一个必然从联邦政府的组成直接得出的真理。我以为，不会不注意到，它明确限制这种法律上至高无上的权力是根据宪法规定的。我提到这点只是作为制宪会议慎重行事的例子；因为这种限制即使没有表示出来，也应该为人所了解。

因此，虽然一种为了合众国的用途而征收税款的法律在性质上是至高无上的，而且不能合法地加以反对或控制，然而一种废除或阻止州政府征税的法律（除非是对进出口商品），就不会成为国家的最高法律，而是一种宪法所没有授权的篡夺行为了。就对同一样物品不适当地加征税款会使征税困难或不稳定而言，这是一种相互的不便，并非起因于任何一方权力的优劣，而是由于一方或另一方用对双方同样不利的方式不适当地行使自己的权力。然而，可以期望和设想，相互有利会造成这方面的一致，从而避免任何重大的不便。根据整个情况可以得出结论说，各州在新宪法下面会保留一种独立而不受拘束的权力，它可以在它们迫切需要的范围内，通过各种税收（进出口关税除外）筹措收入。在下一篇论文中将要指出：在征税条款上这种同时并存的权力，是唯一可以用来代替州的这一部分权力完全从属于联邦权力的情况。

普布利乌斯

原载1788年1月4日，星期五，《纽约邮报》

第三十四篇

（汉密尔顿）

致纽约州人民：

我自以为我在前一篇论文中业已清楚表明，各州在新宪法中将在税收项目上同联邦有同等权力（进口关税除外）。由于这种权力把绝大部分社会财源公开交给各州，所以不能借口断定，各州在摆脱外界控制的情况下不会拥有像想象那样充裕的收入来供应自身的需要。当我们想到，州政府提供的公共费用为数不多时，那种充分广阔的领域将会更加完全地显现出来。

根据抽象原则就认为这种同等权力不能存在，就是以假定和理论来反对事实和现实。不管证明一件事不应存在的这类理论是多么正当，在用它们证明该事物的不存在违反事实本身的证据时，这些理论会完全遭到否定。众所周知，罗马共和国的立法权，作为最后手段，很久以来都是由两个不同的政治团体执掌的。这两个团体并非同一个立法机关的分支机构，而是两个不同的独立立法机关，它们当中，各有一种反对势力占着优势：一种是贵族，另一种是平民。可以举出许多论据来证明这两种看来是互相矛盾的权力是不适当的，因为它们都有权力取消或撤销对方的法令。但是如果有人在罗马试图反驳这两种权力的存在，他就会被认为是个疯子。当然，我们指的是百人团选出的罗马人民议会（Comitia Centuriata）和部族选出的罗马人民议会（Comitia Tributa）。前一种议会，由人民通过百人团选举，安排得使贵族势力占优势；后一种议会取决于人数，所以平民势力占完全优势。然而这两个立法机关同时存在很长时期，罗马共和国达到了人类伟大的最高峰。

在正在特别研讨的情况中，并没有上述例子中出现的那种矛盾；任何一方都无权取消另一方的法令。在实践中，没有什么理由担忧会产生任何麻烦，因为在短时间内，各州的需要自然会缩减到非常狭小的范围内，而且不久合众国就很可能发现，完全放弃某些州想要依赖的那些对象是适宜的。

为了对这个问题的真正的是非曲直作出比较正确的判断，不妨谈论一下需要联邦政府征税来维持的对象和需要州政府征税来维持的对象之间的比例。我们会发现，前者完全是无限的，而后者则限于非常适当的范围内。在研究这个问题时，我们必须记住，我们不要把自己的视野限于目前时期，而要瞻望遥远的未来。文明政府的宪法是不能根据对当前迫切需要的估计来制定，而是按照人类事务的自然和经过考验的程序，根据长时期内可能出现的种种迫切需要的结合而制定的。因此，再也没有比从估计全国政府的迫切需要出发，来推论适于划归全国政府的任何权力范围更加荒谬了。由于未来的意外事件可能发生，所以就应该有一种为它们作准备的能力。又由于这些事情的性质不可估量，所以不可能有把握地限制那种能力。也许，的确可以相当准确地作出符合如下目的的计算：偿清联邦现有债务以及在相当时间内维持平时需要的机构所必需的收入总额。但是在这一点上停止不前,而且让受任管理国防的政府在为社会提供保护、防止将来由于外来战争或国内动乱而侵犯公共治安时,处于一种绝对无能的状态,这难道是明智的吗?难道不是极端愚蠢的吗?假使相反,我们应该越过这一点,可是除了由于可能发生突然事变而规定一种无限权力以外,我们又能停在什么地方呢?虽然一般说来很容易断定,对可能发生的危险作出应有准备这点是有可能作出合理判断的,然而我们不妨要求那些作出断定的人提出他们的论据,可以肯定这些论据会是含糊而不定的,就像提出确定世界可能存在多久的任何论据一样。只限于预料内部袭击的意见,是不值得重视的,虽然那些预料也不能作出令人满意的推测。但是倘若我们要想成为商业人民,有朝一日它必然会成为我们能够保护这种商业的政策的一部分。维持一支海军和进行海战,将会包括一些政治算术无论如何也计算不出的意外事件。

即使我们应该在政治上进行一次新奇而荒唐的实验——束缚政府不以国家为理由发动进攻性战争,然而我们当然不应该使政府不能保卫社会,防备别国的野心或敌意。乌云笼罩在欧洲世界的上空,已经有些时间了。如果这片乌云化为风暴,谁能向我们保证,在它发展的进程中,它的一部分愤怒不会发泄在我们身上?没有一个有理性的人会仓促断定,我们完全不在它的范围之内。如果现在似乎正在收集的可燃性物质,在尚未成熟以前就已消耗殆尽,或者说,如果火焰没有到达我们这里就已发出亮光,我们能有什么保证可以使我们的平静状态长期不受某些其他行动或某些其他方面的扰乱呢?让我们记住,和平或战争经常不会由我们来选择；不管我们怎样稳健或毫无野心，我们也不能依赖稳健，或者希望消除别人的野心。在上一次战争结束时，谁能想象，英法两国虽然均已精疲力竭，彼此很快就会这样仇视？从人类历史来判断，我们将被迫得出结论说：战争的愤怒和破坏性情感在人的心目中所占的支配地位远远超过和平的温和而善良的情感；而根据对持久平静的推测来建立我们的政治制度，就是指望人性的比较软弱的原动力。

每个政府支出的主要起因是什么？是什么东西使得几个欧洲国家债台高筑？回答很清楚，是战争和叛乱，是维持了国家为防范这两种致命的社会病症所必需的那些机构。同国家的纯粹内部治安有关的那些机构的开支，同维持国家的立法、行政和司法部门及其附属机关有关的那些机构的开支，以及同促进工农业有关的那些机构（它几乎包括国家支出的全部对象）的开支，同国防有关的开支比较起来，是微不足道的。

在大不列颠王国，一切浮华的君主国机构得到供养，国家每年收入的不到十五分之一拨作上述一类开支，而其他十五分之十四全部用于支付该国因进行战争而欠下的债务利息和维持舰队和陆军方面。如果一方面应该说，一个君主国实行野心勃勃的计划和追求虚荣所造成的支出，并不是判断一个共和国必要支出的适当标准，那么另一方面也应该说，一个富饶的君主国在内部管理方面的奢侈浪费和一个共和政府在这方面的精打细算和简单朴素之间也有同样巨大的不均衡。如果我们把从一方面所得的适当折扣同认为应由另一方面作出的折扣进行平衡，那么这种比例仍然可以认为是恰当的。

但是只要让我们想到我们自己在一次战争中所欠的大量债务，而且让我们估计一下扰乱国家和平的事件所造成的一般负担，我们立刻就会看出，不需要任何详细说明，在联邦支出对象和各州支出对象之间必然经常会有一个极大的不均衡。的确，若干州各自为巨额债务所拖累，这些债务是最近一次战争所造成的一种赘瘤。如果采用已经提出的制度，就不可能再度发生这样的事情。当这些债务偿清之后，州政府继续遇到的唯一较重大的征税需要不过是维持各州的文官费用；此项费用，倘若再加上一切难以预料的费用，各州应该负担的总数不到二十万镑。

在为我们自己同时也为子孙后代组织一个政府时，我们在那些打算成为永久性的条款中，应该考虑到永久性支出的理由而不是临时支出的理由。如果这个原则是正确的话，我们应注意赞成州政府有每年大约二十万镑经费的规定；联邦的紧急需要是可以不受限制的，即使在想象中也是如此。这样来看这个问题时，凭什么道理主张地方政府应该永远支配总数超过二十万镑的独占税收来源呢？排斥联邦权力扩大州的权力，就是为了把社会财源放在那些不能有正当或适当需要的另外一些人的手中，而把它们从急需满足公众福利需要的人们的手中夺走。

因此，假定制宪会议想要按照联邦及其成员之间相对需要的比例，把税收对象重新加以划分，能选择什么样的特殊财源供各州利用时既不会太多也不会太少——对各州的当前需要来说太少，而对它们未来的需要来说又是太多呢？至于外税和内税的分界线，约略估计起来，这会使各州自由使用三分之二的社会财源来支付十分之一到二十分之一的自身支出；而让联邦使用三分之一的社会财源来支付十分之九到二十分之十九的自身支出。倘若我们抛开这个界限，满足于让各州有征收房地产税的专有权力，那么，在手段和目的之间仍有极大的不相称；各州拥有三分之一的社会财源，至多供应自身需要的十分之一。如果能够选择和分配任何等于而不大于其对象的财源，它就会不足以清偿各州现有的债务，会使各州依赖联邦来清偿债务。

上述一系列意见，会证明在别处已经提出的论点是正确的："征税条款上的同等权力，是唯一可以代替州在这方面的权力完全从属于联邦权力的办法"。对税收对象的任何划分，等于为了个别州的权力而牺牲联邦的重大利益。制宪会议认为，同等权力比那种从属关系略胜一筹。显然此种办法至少有这样的优点：使联邦政府在征税方面的法定无限权力同各州供应自身需要的充分自主权协调起来。在这个重要的征税问题上，还有其他一些看法需要进一步加以研究。

普布利乌斯

为《独立日报》撰写

第三十五篇

（汉密尔顿）

致纽约州人民：

在我们继续研究对联邦无限征税权的其他反对意见以前，我将提出一个总的意见：如果全国政府在税收项目上的权限应当限于某些对象，比例不当的公共负担落到这些对象身上的情况就会自然发生。由此会引起两种弊病：其一是抑制某些工业部门的发展，其二是各州之间和一个州的公民之间同样存在税款分配的不平等。

假定，就像有人争论的那样，联邦征税权应限于进口关税，那么显然是，政府会因为不能支配其他财源而经常试图把这种关税增大到有害的过分程度。有些人认为，这种税款的征收决不会过度，因为这种关税越高，就愈加肯定会阻碍奢侈的消费，愈能有助于造成贸易上的有利平衡和促进国内工业的发展。但是一切极端都是以不同方式造成危害的。过高的进口关税会造成普遍的走私倾向；这往往不利于正当商人，最终也不利于税收本身。这种关税会使社会上其他成分不适当地从属于工业阶级，给予后者过早垄断市场的机会。这种关税有时迫使工业离开其比较自然的渠道，进入其他比较不利的渠道，最后还压迫商人，商人往往自己必须付税而不能从消费者身上取得报酬。当市场上的需求与商品的供应相等时，关税通常由消费者负担；但是当市场存货过多，很大一部分关税就落到商人身上，有时不仅取尽他们的利润，而且还影响他们的资金。我时常想到，买方和卖方之间对税款的划分，实际上经常发生，比通常想象的次数要多。一种商品的价格往往不可能按照向它征收的每种附加费用的确切比例而提高。商人，特别是在一个小商业资本的国家里，往往为了更快地销售而需要保持低价。

顾客是付款者这一原理，往往比相反的命题正确得多，所以把进口关税归入总的国库要比把全部利益归于进货诸州公平得多。但是要使进口关税成为唯一的国家财源，这个原则还没普遍达到真正公平的程度。当商人付税时，进口关税成为进货州的一项附加税，该州公民以顾客身份付出自己的一份税款。由此看来，这种税造成了各州之间的不平等，此种不平等会随着关税额的增多而增加。把国家税收限于这种进口税，由于另一原因会在工业州和非工业州之间带来不平等。在最能做到工业品自给自足的各州，不会像并非处于同样有利状况的各州一样，按照其人口或财富消费那么多的进口货。因此，单是以此种方式这些州是不会根据其能力的比例为国库提供税款的。要这些州做到这一点，就需要依靠国产税，其适当对象是某几种工业品。纽约州对这些意见的兴趣，比主张把联邦的权力限于他们知道的外税的该州公民要浓厚得多。纽约是一个进口州，似乎不会很快成为一个较大的[①]工业

① 修订的原文是："并且由于其人口和土地的比例很不相称，似乎不会很快成为较大的……"

州。当然，由于把联邦的权限限于进口商品税方面，纽约州会蒙受双重损失。

针对进口关税有增加到有害的极端危险的说教，可以提出同这些论文中另一部分的说法一致的意见：税收利益本身就足以防止这样一种极端。我毫不犹豫地承认，只要其他财源开放，情况就是这样。但是，如果收入来源被封闭，由于需要而得到鼓励的希望，会招致用严格预防和增加罚款的办法得到加强的尝试，那些尝试暂时会有预期的效果，直到有时间设法逃避这些新的预防办法时为止。最初的成功容易引起错误的意见，那是需要以后经过漫长的过程去纠正的。需要，特别是政治上的需要，往往产生错误的希望，错误的理论和一系列相应错误的措施。但是，即使这种假定的过度并非限制联邦征税权的结果，那么所谈的不平等，虽然程度不同，仍旧会由于其他已经提及的原因而产生。现在让我们回过来研究反对意见。

如果我们可以根据其多次重复的情况来判断，看来最可靠的一条反对意见是，为了把社会各部分的利益和感情联合在一起，并在这个代表机关及其选民之间产生应有的同情，众议院没有很多能力接待所有不同阶级的公民。这种论调是以冠冕堂皇和煽动性的形式出现的，并且很想抓住听众的偏见。但是当我们郑重地予以剖析时，就会发觉它只不过是一些漂亮的言词。看来它所针对的目标，首先是不切实际的，而且就它所争论的意义来说，也是不必要的。我把众议院人数足够与否的问题留在别处讨论，在这里只要分析一下已经成为关于我们所探讨的直接题目的相反假定的特殊用途，我就感到满足了。

由各阶级的人真正代表所有阶级人民的想法，是完全不切实际的。除非宪法明文规定，各行各业得派出一名或一名以上的代表，这种事情实际上是永远办不到的。工匠和生产者，除少数例外，往往愿意投商人的票，而不愿意投自己行业人的票。那些有见识的公民深知，手工和制造工艺为工商业提供了材料。事实上，他们当中有许多人是直接与商业活动连在一起的。他们知道，商人是他们的天然顾客和朋友；而且他们还知道，不管他们对自己的良知有多大信任，商人比他们自己更能有效地促进他们的利益。他们知道自己的生活习惯未曾给予他们那些必要的后天才能，而在审议会上要是没有那些才能，即使最伟大的天赋多半也是无用的。他们还知道，商人的影响、势力和高深的学识，使他们更适合于跟公众会议上偶然出现的任何不利于工商界的精神进行斗争。这些考虑以及其他许多也许已经提到的考虑证明，而且经验也证实：工匠和制造者通常都倾向于投商人和商人所推荐的人们的票。因此我们必须把商人看作社会上所有这些阶级的自然代表。

至于知识界人士，不必多说。他们的确并不构成社会上一个独特的利益集团，根据他们的地位和才能，他们会一律成为互相信任和选择的对象，以及社会上其他各部分信任和选择的对象。

剩下的就是土地占有集团了。从政治上看，特别是从税收问题上看，我认为从最富的地主到最穷的佃户是完全连在一起的。对土地征税，没有一种不是对千百万英亩土地占有者和一英亩地占有者同样发生影响的。因此每个土地占有者都有一种共同利益：要使土地税尽可能保持在低水平上，而共同利益往往会被认为是最可靠的同情纽带。但是，即使我们能够假定富裕地主和普通农民之间在利益上有区别,那么又有什么理由得出结论说前者比后者有更好的机会被委任为国家立法机关的代表呢?假如我们把事实作为向导,观察我们自己的参院和众院,我们会发现在两院中是中等土地占有者占优势,在人数较少的参院,这种情形不亚于人数较多的众院。在选举人的资格相同的地方,不管他们要选举少数人或许多人,他们的票将投给自己最信任的人,不管他们是有大量财产、中等财产或完全没有财产。

各阶级的公民为了使自己的情感和利益得到更好的了解和照顾,应当在代议制机关中有自己的一定数量的代表,这据说是需要的。但是我们看到,在使人民自由投票的任何一种安排下,这种事情是绝不会发生的。在这样安排的地方,代议制机关仍会由土地占有者、商人和知识界人士组成,极少有例外,因此不可能对政府的风气发生任何影响。但是这三类人不了解或不照顾各阶级公民的利益和情感的危险何在呢?土地占有者难道不理解什么东西能增进或保障地产利益吗?由于他自身利益属于那种财产,他难道不会反对任何损害或妨碍其利益的企图吗?难道商人不会了解并且打算在尽可能适当的范围内增进与自己的商业有非常密切联系的手工和制造技术的利益吗?在各工业部门之间的竞争中会保持中立的知识界人士,难道不会成为它们之间的公平仲裁人,准备促进任何一方,只要他们认为该项工业有益于社会的总利益么?

如果我们考虑到在社会各部分可能流行的而且是明智的政府决不会不加注意的、一时的兴致或倾向,难道一个所处地位使他广泛了解情况的人,不比一个观察范围不超过其邻人和熟人的人更有资格判断那些倾向的性质、范围和根据吗?作为人民爱戴的候选人和依靠其同胞的投票来继续担任公职的人，一定要了解同胞的心情和爱好，愿意让他们对自己的行为有适度的影响，这难道不是很自然的事吗？这种依存性以及他自己及其后代为他所同意的法律约束之必要性，乃是真理，它们是代表和选民之间强有力的同情和弦。

在政府的行政工作中，没有一个部门象征税业务那样需要了解那么多的广泛消息和充分的政治经济学原理的知识。对那些原理理解得最透彻的人，似乎最不可能采用高压手段，或牺牲任一个阶级的公民来获得税收。最富于成效的金融制度，往往会是负担最轻的金融制度，这是可以证明的。毫无疑问，为了合理行使征税权，执政者必须熟悉一般人民的一般性格、习惯和思想方法，以及国家的财源。这就是对人民的利益和感情的了解的合理意义。就任何其他意义来说，这个说法或者毫无意思，或者是荒谬的。在那种意义上，让每个细心的公民自己判断，何处最有可能找到必要的限制条件吧！

普布利乌斯

原载1788年1月8日，星期二，《纽约邮报》

第三十六篇

（汉密尔顿）

致纽约州人民：

我们看到，前一篇论文中主要意见的结果是，由于社会上各阶级的不同利益和见解的自然作用，不管人民的代表多一些或少一些，他们几乎完全是由土地所有者、商人和知识界人士组成，这些人会忠实代表一切不同的利益和主张。如果有人反对说，我们在地方立法机关曾经见过其他各种人，我可以回答说，那条通则容许有例外，但是例外人数不足以影响政府的整个情况或性质。每个阶级都有坚强的人，他们不受不利形势的影响，他们的功绩不仅得到自己所属阶级的颂赞，而且还得到了整个社会的颂赞。门应该一律平等地对所有的人打开。我相信，为了人性的荣誉，我们将看到这类生气勃勃的幼苗在联邦立法机关和州的立法机关的土壤上繁荣滋长的事例；但是这种偶然的事例，不会减少以事物的一般发展为根据的推论的可靠性。

这个问题可以从其他角度来了解，而且会得出同样结果。可以特别提出一个问题：在木匠和铁匠、亚麻布生产者或织袜者之间，比商人和他们当中的任何一方之间，能表现出什么样的更加密切的关系或利害关系呢？众所周知，在手工或制造工艺的各部门之间和任何部门的劳动与行业之间，其竞争情况往往同样严重；所以，除非代议制机关的人数远远超过符合它所考虑的正规或明智的打算，我们现在所考虑的反对意见的精神，实际上是不可能实现的。但是我不想再详细论述这样的问题了，它的外衣过于宽大，无法确切检查它的原形或趋势。

另外还有一种性质更加明确的反对意见，值得我们注意。有人断言，国家立法机关的国内征税权的行使，决不会有利，这既由于缺乏对地方情况的充分了解，也由于联邦和个别州的征税法相互抵触。缺乏适当了解的假定，似乎是毫无根据的。如果州的立法机关有一个关于某县的问题悬而未决，而这个问题又需要了解当地的详细情况，怎样去了解呢？无疑要从该县议员提供的情况中去了解。类似的知识难道不能在国家立法机关里从各州议员那里取得吗？难道不能认为，通常派到那里去的人具有能够传达那种情况的必要智力么？适用于征税的地方情况知识，是一种关于各州的所有山脉、大河、溪流、公路和小道的详细地形知识呢，还是对各州的位置和资源，它的农业、商业和工业的情况、产品和消费的性质以及各种类别的财富、财产和工业的一般了解呢？

一般国家，即使在一种比较民主的政体下，通常把金融管理交给某一个人或由少数人组成的委员会。他们首先详细研究和准备，征税计划，然后由最高当局或立法机关通过，成为法律。

善于研究的开明政治家，到处被认为最适于合理选择适当的征税对象，这就清楚指出，就人类的见识对这个问题的影响而论，征税需要的地方情况知识属于哪一种类了。

打算列入国内税的总名义下的税收，可分为*直接税和间接税*。虽然这两种都遭到反对，但是反对的论据似乎仅限于前一种。的确，就后者而言，它指的必然是消费品的关税和国产税，人们难以设想所担忧的困难的性质是什么。关于那些税的知识，显然一定是商品本身的性质所能显示的那种知识，或者很容易地从任何见识广博的人士，特别是从商人阶级那里获得的知识。一个州不同于另一州的情况，一定是极少的，简单的而且是容易理解的。应该注意的主要事情是，避开那些以前拨给某一州使用的商品；而各州的税收制度也是不难弄清楚的。这往往能从有关的法典和若干州的议员所提供的情况中了解到。

这种反对意见应用到不动产或房地产时，初看起来似乎较有根据，但是即使由此看来它也经不起仔细的研究。地产税通常用如下两种方式之一征收：根据永久或定期的*实际*估价，或者根据专职估价官员的意思或他们的最好判断而进行的*临时*估价。在任何一种情况下，*执行*这项需要了解当地详细知识的业务，必然交给考虑周到的特派员或估税官，他们是为此目的由人民选出或经政府任命的。法律所能做的一切，必然是任命人选或规定选举或任命的方式，决定他们的人数和资格，以及大致规定他们的职权。这一切当中有什么是国家立法机关所不能执行而州的立法机关能够执行的呢？两者当中任何一方只能注意到一般原则。如前所述，当地的详情必须告诉执行计划的人。

但是可以用一个简单的观点来看这个问题，这必然会完全令人满意。国家立法机关可以利用*各州内部的制度*。联邦政府可以完全采纳和应用各州征收这种税款的方法。

应该想到，这些税的比例并非由国家立法机关自行决定，而是如第一条第二节所规定的那样，决定于各州的人数。必须用实际的人口调查或计算来决定这条规则，这样能有效地阻止偏向或压制。这种征税权的滥用，似乎已严加提防。除了上述的预防办法以外，还有这样的规定：“一切关税、进口税及国产税，在合众国境内必须划一。”

拥护宪法的各讲演家和作家曾经非常适当地指出：如果联邦行使国内征税权在试验中发现的确存在麻烦，那么联邦政府就可以停止行使，而代之以摊派。作为对这点的答复，有人神气活现地问道：为什么不一开始就不用那种含糊的权力而依靠后一种方法呢？这可以作出两种具体的答复。其一是：如果方便的话，最好是行使那种权力，因为它比较有效；在理论上或者除了通过试验以外都不能证明，这种权力的行使是不会有好处的。的确，最有可能的似乎是相反的情况。第二个答复是：在宪法上存在这样一种权力，在使摊派法生效上将有强大影响。当各州知道联邦不通过它们的作用也能自己做时，对各州将是一种强有力的推动。

至于联邦税收法律及其成员的税收法律的抵触问题，我们已经看到不可能有权力的抵触或矛盾。因此，从法律上的意义来说，法律是不能彼此抵触的；甚至它们不同制度的政策方面的抵触也决不是不能避免的。为此目的的一种有效手段，将是相互避开对方可能首先依靠的那些对象。由于任何一方面都不能控制对方，各方在这种互相容忍当中都会有一种明显而感觉得到的利益。在有直接的共同利益的地方，我们确实可以指望这种容忍的效果。当各州业已偿清各自的债务，而它们的开支终于限制在自然范围内时几乎所有的抵触可能性将会消失。小额的土地税将会符合各州的需要，将会成为它们最简单和最适当的财源。

对这种国内税收权曾提出许多恐怖的理由，以激起人民的忧虑：两套税务官，双重税收造成他们的双重负担，以及可恨的、强迫性的人头税的各种可怕形式，都被巧妙的政治诡辩说得天花乱坠。

至于第一点，在两种情况下不可能有两套官员：其一是在征税权完全归联邦执掌的地方，这适用于进口关税；其二是在对象尚未属于州的任何规定的地方，这可适用于各种对象。在其他情况下，可能性是合众国或者完全避开预先被用于地方需要的对象，或者利用州官员和州的规定征收附加税。这会完全符合税收的目的，因为它将节省征税的开支，并且能完全避免使州政府和人民产生厌恶的原因。总之，这是避免此种麻烦的实际办法，除了指出预言的弊端并非必然由于计划而造成以外，再也不需要什么了。

至于从一种假定的有影响的制度得出的任何论据，只说假定是不应该的，就是充分的答复了；但是这种假定是可以有一个比较明确的回答的。如果这样一种精神干扰了联邦议会，达到其目的的必然道路就是尽可能地使用州的官员，并且用增加薪金的办法使他们从属于联邦。这种办法可用来把州的影响引入全国政府的渠道，而不是使联邦的影响纳入相反方向。但是诸如此类的一切假定是令人厌恶的，应该排除在人民考虑的重大问题之外。这些假定除了蒙蔽真理以外，不能符合其他目的。

至于双重税的建议，回答是很清楚的。联邦的需要必须用这种或那种方法来满足。如果通过联邦政府的权力去完成，那就不用通过州政府的权力去完成了。社会应付的税额，在任何一种情况下都是一样的。但如果由联邦来规定,则有这样的优点,进口商品税的主要财源(那是最便利的一部分税收),在联邦管理下比在州的管理下能慎重地增加到更大的限度,当然就没有什么必要依赖比较不方便的方法了。此外,这还有另一优点,只要在行使国内税权上有任何真正的困难,就会更加注意方法的选择和安排,并且一定会自然地使它成为全国政府政策的固定点,以便尽可能使富人的奢侈对公共财政有所贡献,目的在于减少那些可能引起社会穷人和大多数阶层人民不满的税收的必要性。当政府在保持其本身权力时得到的利益与公共负担的适当分配相一致,并且能防止社会上最贫穷的一部分人受到压迫,那是多么令人高兴的呵!

就人头税来说,我毫无顾忌地承认,我是不赞成的。虽然这种税从很早时期起就盛行于一致最坚持自己权利的诸州[①],但是我对在全国政府下面采用此种税感到遗憾。但是否因为有征收这种税的权利,就必然会真正征收这种税呢?联邦的每个州都有征收这种税的权力,然而在若干州内实际上从未实行。州政府是否因为具有这种权力就应被指责为暴虐无道呢?如果州政府并未遭到这样的指责,那么有什么正当理由责备全国政府的这种权力,或者甚至以此作为对采用此种税的障碍呢?我虽然对这种征税极少好感,但我仍然深信,采用此税的权力应该存在于联邦政府手中。国家处于某种紧急状态时,在事物的正常情况下应该受到限制的一些权宜办法会成为对公共福利必不可少的东西。政府由于可能发生这种紧急情况,应该有利用这些办法的取舍权。可以认为是丰

① 新英格兰诸州。——普布利乌斯

富的税收财源对象,在本国的确极少,这是不剥夺国家议会在这方面的决定权的特殊理由。国家可能有某些危急存亡的时候,这时人头税就会成为无法估计的财源。由于我不知道有什么东西能使地球的这一部分避免其他部分所遭到的共同灾难,我承认自己不赞成任何旨在解除政府某一武器的计划,此种武器在任何可能发生的紧急情况中可以有效地用来进行全面防御。

现在,我已经研究了可以认为是与政府的能量直接有关的、打算授予合众国的那些权力,并且已经努力设法回答了已经提出的对那些权力的主要反对意见。我不提那些次要的权力,它们或者无足轻重,不值得宪法的反对者的仇视,或者因显然非常适当而不容进行争论。然而,假如不是考虑到裁决权的体制及其范围结合起来研究可以更加有利;大部分的裁决权也许是值得在这个题目下进行研究的。这使我决定把这个问题放在下一部分研究。

普布利乌斯

原载1788年1月11日,星期五,《每日广告报》

第三十七篇

（麦迪逊）

致纽约州人民:

在评论目前邦联政府的缺陷并指出这些缺陷是不能由一个比建议的政府的能力更薄弱的政府来弥补的时候,当然要考虑后者的若干最重要的原则。但是由于这些论文的最终目的是明确而充分地断定这部宪法的优点和采用这部宪法的得失,如果不更加仔细而充分的研究制宪会议的工作,不从各个方面进行考察,不从它的各个部分进行比较,不估计它可能产生的结果,那么,我们的计划就不可能完成。

为了要在能达到合埋而公正的结果的印象下完成这一余下的任务,这里必须考虑以前坦率提出过的一些意见。

公众的措施很少用心平气和的精神来研究,而这种精神对于公正地估计这些措施提高或阻碍公众福利的真正趋势是重要的;而且正当特别需要体现这种精神的时候,它更容易减少,而不是增加;这是不幸的,是同人事分不开的。对于经验曾引导他们注意这种考虑的人们来说,不会感到奇怪的是,制宪会议的决议提出了那么多重要的改变和革新,它可以从那么多的事实和关系中来观察它触动了那么多的情感和兴趣的源泉，它会在这方面或那方面发现或引起一种不利于对其优点进行公正讨论和正确判断的倾向。在有些人当中，从他们自己的刊物中可以很清楚看出，他们阅读新宪法时，不仅早已有苛评之意，而且预先就决定进行谴责。由于其他一些人的说法表示了一种相反的预见或偏见，这就必然使他们对这个问题的意见成为无关紧要的东西。然而，在把这些不同的人物就其意见的分量放在一个水准上时，我希望并不暗示在他们的意图的纯洁性方面也许没有重大的差别。在支持以后的一些说法时，这样说是公正的：由于普遍承认我们的情况特别危险，而且必须为解救我们而完成某些事情，因此预先决定已经真正完成的事情的赞助人，既从这些考虑的有害性质方面，也从这些考虑的重要性方面得到他的倾向性。另一方面，预先决定的反对者，并不受任何可以原谅的动机的支配。前者的意向也许是真诚的，也可能反而受到责备。后者的观点不能是真诚的，必然受到责备。但实际上这些论文并不是写给这两类人看的。这些论文只是提请那些为祖国幸福增添诚挚热情的人们注意一种有利于公正估计促进这种幸福的方法的气质。

这一类人将研究制宪会议提出的计划，他们不仅没有挑错或夸大缺点的意图，而且知道适当的考虑是，毫无缺点的计划是不能想象的。他们也不会公开原谅作为人的组织的制宪会议的应予指责的那些难免的错误，而且会记住，他们自己也不过是人，不应该想象在重新判断别人易错的意见时不会犯错误。

还会同样迅速地看出，除了这些坦率的动机以外，应该多多体谅交给制宪会议处理的事情的本质所固有的困难。

这种事情的新奇,立刻给予我们深刻的印象。在这些论文中曾经指出,目前的邦联是以不合理的原则为基础的;因而我们必须相应改变这个首要的基础以及赖以建立的上层建筑。曾经指出,可作为先例参考的其他联盟也为同样错误的原则所败坏,因此它们只能警告免蹈覆辙,而不能指出该走何路。在这种情况下,制宪会议至多能做到避免本国及其他国家的以往经验中已经指出的错误,在未来的经验揭示错误时,提供纠正他们本身错误的便利方法。

在制宪会议遇到的困难中,一个很重要的困难必然在于把政府需要的稳定和能力与对自由和共和政体应有的神圣的关注结合起来。不充分完成他们这一部分事情,他们就不能非常完满地实现他们指定的目标或公众的期望。然而,凡是不愿表示他对这问题无知的人,没有一个会否认这件事是不容易完成的。政府的能力,对于防御国内外威胁,对于迅速而有效地执行成为一个良好政府的定义的组成部分的法律是必不可少的。政府的稳定,对于国家的声望和与它分不开的利益,以及对于作为文明社会中主要幸福的人民思想上的安定和信任,都是必不可少的。不正常的和变化多端的立法,对人民来说,其可憎之处不亚于一种弊病。可以保证说:本国人民对良好政府的性质是明了的,大多数人对良好政府的效果也感觉兴趣,但是,对州政府的变幻无常和动摇不定的缺点得到纠正以前,是决不会感到满意的。然而,在把这些宝贵的成分与自由的重要原则进行比较时,我们一定会立刻看出,以适当的比例把它们混合起来是困难的。共和政体的自由的性质,似乎一方面是要求不仅一切权力应当来自人民,而且通过短期的任职,使被授予全权的人始终依赖于人民;而且即使在这短时期内,权力也不应该委托给少数人，而应该委托给许多人。可是稳定却要求被授权的人的掌权时间要持久。经常选举造成经常更换人选；经常更换人选又造成措施的经常改变。而政府的坚强有力不仅需要权力的某种持续，而且需要由一个人执行权力。

制宪会议在这一部分工作中取得了多少成就，根据比较精确的观察，会看得更清楚些。根据这里的粗略观察，这部分工作必然清楚地显出是一部分艰难的工作。

标出全国政府和州政府的权力的适当界线，必然是一项同样艰巨的任务。每个人会根据他习惯于仔细考察和辨别性质广泛而复杂的事物的程度来体会这种困难。思维的各种功能至今尚未被最精明的哲学家以令人满意的精确加以区别和说明。感觉、知觉、判断、欲望、意志、记忆、想象，是被这样一些细微差别区分开来的，以致它们的范围避开了最精细的研究，依然是细致研究和争辩的丰富源泉。自然界各部分之间的界限，尤其是各部分再划分成不同部分之间的界限，给同一重要的真理提供了另一个说明。最聪明勤奋的自然学家，尚未在探索中肯定划分植物界和邻近的无机物地带的界线，或者标志着前者结束和动物界开始的界线。而在用以把自然界这几大部分中每一部分的事物进行安排和分类的各种特性中，仍然有着更大的含糊情况。

当我们从自然界的作为转到人的制度时，前者的一切描述是完全正确的，只是由于观察它们的眼睛有缺陷才会发现相反的情况。在这种观察中，模糊现象既来自用以观察的器官，也来自事物本身，因此我们一定会看出，必须进一步节制我们对人的智慧的力量的期望和信赖。经验教导我们，在政治学中还没有什么技巧能充分肯定地辨别和解释其三大领域——立法、行政和司法，甚至不同立法部门的特权和权力。在实践中每天发生一些问题，这就证明在这些问题上还存在着含糊之处，并且使最伟大的政治学家深感为难。

多少年的经验，加上最开明的立法者和法学家的不断合作，在说明各种法典和各种司法机关的若干对象和范围时，同样是不成功的。在大不列颠，习惯法、成文法、海上法、教会法、公司法以及其他地方法律和惯例的确切范围，尚待明确地作出最后的确定，虽然在该国探求这些问题的精确性比世界上任何其他地方都更加努力。该国的全国法院和地方法院、法庭、衡平法院，以及海军法庭等机构的权限，经常引起复杂的讨论，充分显示它们各自划分的界限是不明确的。一切新法律，虽然是以最大的技巧写成的，并且是经过深思熟虑的审议才通过的，但是在它们的意义通过一系列特殊的讨论和审断被取消和肯定以前，都被认为多少有点含糊不清和模棱两可。除了事物的复杂性和人的官能缺陷所造成的含糊以外，人们相互传达思想的媒介也增加了新的障碍。词汇的用途是用以表达思想的。因此，语言的清楚明晰，不仅要求明确形成的思想，而且必须用完全符合这种思想的明确词汇来表达。但是没有一种语言是如此丰富，以致能为每一种复杂的思想提供词汇和成语，或者如此确切，以致不会包括许多含糊表达不同思想的词汇和成语。因此必然发生这样的现象：不管事物本身可能有多么精确的区别，也不管这种区别被认为是多么正确，由于用以表达的词汇不正确，就有可能使它们的定义不正确。这种不可避免的不正确的程度大小，将视解释的事物的复杂性和新奇情况而定。当上帝本人用人类的语言对他们说话时,他的意思虽然一定是明确的,但通过传达的朦胧媒介,也会给他的意思弄得含糊不清,疑问多端。

因此,这里是定义出现含糊和不正确情况的三个原因:对象难以辨认,构思器官不完善,传达思想的手段的不合适。这些原因中的任何一种,必然会造成一定程度的含糊。制宪会议在勾画联邦和州的权限时,必然体会到这三种原因的全部作用。

除了上述困难,还可以加上大州和小州的互相抵触的要求。我们作这样的设想是不会犯错误的:前者要求参加政府,是完全同它们的超人财富和重要性相称的;后者则很少不坚持它们目前享有的平等。我们可以充分设想,任何一方也不会完全向对方让步,因此,这种斗争只能以妥协而告终。还有一种最大的可能是:在代表的比例调整以后,这妥协本身必然会在原有各方之间引起新的斗争,为的是改变政府的组织及其权力的分配,这在它们形成各自获得最大一部分势力时,会增加那些部门的重要性。从宪法中的若干特征可以认为这些假定中的每一个都是正当的,只要任何一个假定有充分根据,就表明制宪会议一定是被迫为了外来因素的力量而牺牲理论上的适当性。

不仅是大州和小州会自行组合在不同问题上互相反对。由于各地的态度和政策的不同而形成的其他结合,必然造成更多的困难。由于每个州可以分为若干地区,各州公民也可分为不同的阶级,这就会产生互相抵触的利益和地区性的妒忌,所以合众国各部分由于情况不同而彼此有所区别,从而在更大的规模上产生同样的效果。虽然这种不同的利益,由于前面某一篇论文中业已详述的理由,可能对政府成立后的行政工作产生有益的影响,然而每个人必然会感觉到在组织政府的工作中已经遇到的相反影响。

如果在所有这些困难的压力下，制宪会议被迫把一个天才的理论家关起门来从幻想中和从他对问题的抽象见解所给予宪法的人为结构和均匀对称作些改变，这难道值得惊奇吗？真正值得惊奇的是克服了那么多的困难，而且是在几乎想象不到的空前团结一致的情况下克服的。任何坦率的人想到这个情况时不可能不有点惊奇。思想虔诚的人不可能不看出这又是上帝在革命的严重阶段时常明显地向我们伸出了援救之手。

我们在前面一篇论文中有机会注意到，尼德兰联盟里曾经屡次试图改革其宪法的声名狼藉的弊病，然而未获成功。在人类中间，为了调和不一致的意见、减少相互嫉妒和调整各自利益的所有重大会议和协商的历史，就是一部党争、争辩和失望的历史，而且可以列入显示人性的懦弱和邪恶的最黑暗和卑鄙的景象之中。如果在少数分散的事例中出现比较明朗的情景，它们只是作为例外来向我们说明普遍的真理，用它们的光彩来加强它们与之对比的情景的阴暗。在细想造成这些例外的原因和把它们应用到我们面前的特殊事例中时，我们必然得出两个重要的结论。第一，制宪会议必然在非常特殊的程度上免除党派仇恨——审议机关最易产生并且最易影响审议进行的弊病——的有害影响。第二个结论是，组成制宪会议的所有代表对最后决议均能满意，或者由于两种原因对最后决议表示了同意：深信必须为公益而牺牲个人意见和局部利益，并且因看到延宕或新的试验减少了这种需要从而感到失望。

普布利乌斯

原载 1788 年 1 月 15 日，星期二，《纽约邮报》

第三十八篇

（麦迪逊）

致纽约州人民：

古代史记载的凡是政府是经过商讨同意而建立的每件事例中，组织政府的任务并不是托付给一大批人，而是由智慧突出和公认正直的某些公民完成的，这不是很少值得注意的。

我们知道，米诺斯是克里特政府的创立者，而查留克斯是洛克林的创立者。组织雅典政府的，最初是忒修斯，之后是德拉孔和梭伦。斯巴达的立法者是来客古士。罗马的最初政府奠基人是罗慕路斯，这项工作是由他选任的两名继任人努马和图路斯·霍斯提利乌斯完成的。在废除王权时，布鲁图斯代替了执政官的统治，他所提出的这种改革计划，据他说是由图路斯·霍斯提利乌斯准备的，而他对改革的陈请得到了元老院和人民的赞同和批准。这种说法也适用于一些邦联政府。我们知道，安菲替温尼是以他命名的组织的创立者。亚该亚同盟的初次诞生是由于亚该乌斯，第二次诞生是由于亚雷忒斯。

这几位著名的立法家在他们各自的建树中可能起了什么样的作用，他们被人民赋予多大的合法权利，在每个事例中都无法确切知道。然而,在若干事例中,事情进行得极其正规。雅典人民授予德拉孔以改革其政府和法律的无限权力。据普罗塔克说:梭伦由于其同胞的一致投票选举,在某种程度上被迫单独负起制定新宪法的全权。来客古士领导下的活动,就不怎么正规,但是在拥护正规改革的人占优势的情况下,他们把目光转向这个著名爱国者和哲人的个人的努力,而不打算通过公民的审议机关的干预来实现革命。

怎么可能发生这样的事情:像希腊人那样爱护自己自由的人民,会放弃谨慎的准则,以致把自己的命运交到一个公民的手中呢?怎么能发生这样的事情:不能容忍一支军队由将近十名的将军指挥,而且除了一个同胞的辉煌功绩以外,不需要其他东西证明对他们的自由造成威胁的雅典人,会认为他们自卫及其子孙的命运的更适当的保护人是一个有名望的公民,而不是一个选出的公民组织,从他们的共同审议当中不是可以指望得到更多的智慧和更多的安全么?如果不假定这是法律顾问当中对不和与倾轧的恐惧超过对个别人的阴谋和无能的担忧,就无法完全回答这些问题。历史同样告诉我们这些著名改革家所遇到的种种困难,以及为了实现改革而被迫使用的权宜之计。梭伦似乎采用了比较姑息的政策,他承认自己给予同胞的并不是一个最适合于他们的幸福的政府,而是一个最能容忍他们的偏见的政府。来客古士比较忠于自己的目标,他不得不把一部分暴力与迷信的力量结合起来,并且首先自愿离别祖国,后来放弃生命,以便获得其最后的成功。如果这些教训一方面教导我们称赞美国根据古代的模式准备和制定政府的正规计划方面所作的改进,另一方面,这些教训同样也可以用来告诫我们伴随这种试验所产生的危险和困难,而且告诫我们,不必要地增加试验,是一种非常轻率的行为。

制宪会议计划中可能含有的错误,是由于以前关于这个复杂而困难的问题的经验的缺点,而不是由于对这问题的研究缺乏正确性或关心,因此,在未经实际试验指出这些错误以前,是不能加以肯定的,这难道是一种不合理的推测吗?不仅是许多全面性的考虑,而且还有邦联条款的特殊情况,都使这种推测成为可能。值得注意的是,在把这些条款提请若干州批准时,它们所提出的许多反对意见和修正中,没有一个指出实际执行中所发现的带根本性的重大错误。如果我们将新泽西州根据其局部情况而不是特殊预见提出的意见除外,就可以提出这样的问题:单是一项建议是否有充分力量说明修改制度的必要。然而,有充足理由来假定,这些反对意见虽然并不重要,但是,倘若不是自卫的更强烈的情感抑制了它们对自己的意见和设想的利益的热忱,这些意见在若干州内会以非常危险的顽固态度加以坚持的。我们可以想起,有一个州数年来一直坚持拒绝相助,虽然在这整个时期内敌人始终待在我们的门口,或者不如说待在我国国境内。最后只有在唯恐被指责延长公众的灾难和危及斗争结局的影响下它才表示服从。每个正直的读者,对于这些重要事实都会加以适当的考虑。

有一个病人,发现其病况日益严重,有效的治疗不再耽搁,就不会有极大的危险。他冷静地考虑了自己的情况和各位医师的特点,然后选择了他认为最能进行救护和最可信赖的几位医师。医师们来了,他们仔细检查了病人的病症,而且进行了会诊。他们一致认为病情严重,然而只要进行适当的和及时的急救,还不是没有希望的,而且还可以因此增进他的体质。他们同样一致地开了药方，这张药方将会产生这种可喜的效果。然而，这张药方刚一开出，就有些人提出异议，他们并不否认实际情况或病症的危险，却要病人相信药方对他的体质是有害的，禁止他在生命垂危之际服用此药。在病人冒险听从这个劝告以前，难道他不能合理地要求提出这种劝告的人们至少能同意用某种其他治疗办法来代替吗？如果他发现他们内部彼此意见的分歧和前一批顾问之间的分歧同样严重，他难道不会谨慎从事，设法试验一下后者一致推荐的办法，而不去倾听那些既不否认急救的必要，又不同意提出一种新办法的人们的意见么？

处于此种情况的这样一个病人，就是目前的美国。它已感觉到自己的疾病。它从自己慎重挑选的人们那里得到了一个意见一致的正式忠告。其他一些人又警告它不得依从这个忠告，违者会有致命后果。告诫它的人们能否认其危险的实际存在吗？不能。他们能否认必须采用若干迅速而有效的纠正方法吗？不能。他们或他们当中的任何二人对提出的纠正办法的反对意见是一致的吗？对另一种适当的代替办法的意见是一致的吗？让他们自己去说明吧！这个人告诉我们说，应该拒绝新宪法，因为它不是各州的邦联，而是管理众人的政府。另一个人承认，它在某种程度上应该是管理众人的政府，但决不是已经提出的那种程度。第三个人并不反对管理众人的政府或者已经提出的那种程度，而是反对缺少权利法案。第四个人同意绝对需要权利法案，但主张它应该宣布的不是个人的权利，而是以各州的政治资格保留给它们的权利。第五个人认为，任何一种权利法案都会是不必要和不适当的，如果没有规定选举的时间和地点的重要权力，这个方案可说是无懈可击的。某一大州的一名反对者大声疾呼，反对参议院的不合理的同等代表权。某一小州的反对者，同样大声疾呼，反对众议院的代表存在着危险的不平等。一方面使我们因管理新政府的人数过多，开支过大而感到惊讶。另一方面，有时是同一方面的另一时候，却大叫大嚷说国会只不过是有名无实的代表机构，如果人数和开支都能增加一倍，政府就很少有人反对了。某一个既不进口也不出口的州里有一个爱国者，对于征收直接税的权力却竭力表示反对。某一个进出口很多的州里的爱国对手，对于把税收的全部负担放在消费者身上，同样感到不满。这位政治家在宪法中发现一种明显的不可抗拒的导向专制政治的趋势，这就等于相信最后会出现寡头政治。另一个人难以说出在这两种形式当中最后会采取哪一种，但是他清楚地看出二者必居其一。同时还有第四个人，他同样有信心地肯定说，宪法非但没有这些危险中的任何一种倾向，而且政府的那一方面的权力还不足以使它真诚而坚定地反对相反的倾向。另一批反对宪法的人们认为，立法、行政和司法部门是按这样的方式混杂在一起的，以致与正常政府的一切主张和有利于自由的一切必要预防办法是相抵触的。当这个反对意见以含糊而笼统的说法传播时，只有很少人表示同意。假定让每个人前来作一个别说明，在这个问题上很少会有任何两个人取得完全一致的意见。某一个人看来，参议院和总统联合负责任命官员，而不把此项行政权单独授予总统，是这一机构的缺陷。在另一人看来，把众议院排除在外，是同样令人不快的事情，因为只凭众议院议员的人数就能保证在行使此项权力时不致发生舞弊和偏差。还有人认为，容许总统分享必然是行政官手中的危险工具的权力，就是无可宽恕地违反了共和政体的谨慎提防的原则。据某些人看来，这种安排当中，再没有比参议院审议弹劾案件这一部分更加不能接受了，因为，当此项权力显然属于司法部门时参议院既是立法部门成员，又是行政部门的成员。另外一些人回答说："我们完全同意对计划中这一部分的反对意见，但是我们决不能同意把弹劾交给司法部门是一种改正错误的办法。我们对这个机构的主要不满之处，起因于该部门已被授予广泛的权力。"即使在参议院的热心拥护者中，可以发现意见最不一致的地方是关于参议院应该以何种方式进行组织。一位先生的要求是，参议院应该由人数最多的立法部门任命的少数人组成。另一位先生却赞成由较多的人组成，并且认为基本条件是应该由总统亲自任命。

由于这不会使反对联邦宪法的作者们感到不快，所以让我们来推想：由于他们是最热心的人，所以也是那些认为最近的制宪会议不能胜任所负任务并且应该用一个更明智和更好的计划来代替的人们当中最有远见的人。让我们进一步设想，他们的国家同意他们赞成意见的优点和他们不赞成制宪会议的意见，进而使他们组成具有充分权力的第二个制宪会议，其明确的目的就是修正和改造第一个制宪会议的工作。如果认真地做此试验，虽然它是假设的，也需要认真地予以评论。我让刚才提出的意见的实例来判断以下情况：虽然他们对其前任那么憎恨，他们是否将在任何问题上远远脱离前任的范例，就像他们自己的思考中所特有的不一致和混乱一样；如果在这一新的立法会议上同意另一部宪法而不是一部较好的宪法以前，立刻采纳这部摆在公众面前的宪法，并继续生效的话，那么现在这部宪法是否会像来客古士向斯巴达提出的宪法那样大有永垂不朽的希望(来客古士使宪法的改变决定于他本人由流放中回国和死亡)。

这是一件奇怪的和值得遗憾的事:那些对新宪法提出那么许多反对意见的人,从来也不想想更换宪法的种种缺点。前者并非必然完善,后者却是十足的更不完善。没有一个人会因为金银中含有某些混合物而拒绝用黄铜兑换金银。没有一个人会拒绝离开摇摇欲坠的住所去住宽敞、坚固的房屋,因为后者没有门廊,或者因为某些房间略大或略小,或者天花板比他设想的过高或偏低。但是即使不作此类比喻,反对新制度的大多数主要意见在于以十倍的力量反对目前的邦联政府,这不是很明显的吗?筹款的无限权力掌握在联邦政府手中,难道是危险的吗?目前的国会能够随意征收任何数量的款项,各州按照宪法必须交出。他们只要能付出票据的费用,就能发出付款通知。只要有人肯借给一个先令,他们就能够在国内外借债。征募军队的无限权力难道是危险的吗?邦联政府也将此项权力给予国会,他们已经开始行使这种权力了。把政府的各种权力混合在人们的同一机构里,难道是不适当的和不安全的吗?国会是人组成的一个机构,是掌管联邦权力的唯一地方。把国库的钥匙和指挥军队的权力交给同样一些人的手里,难道是特别危险吗?然而邦联政府却把这两种权力都交到国会手中。权利法案是自由所必不可少的东西吗?然而邦联政府却没有权利法案。不是有一条意见反对新宪法授权参议院和政府一起缔结成为国家法律的条约吗?然而目前的国会不受任何控制,就能缔结由他们自己宣布和大多数州承认的、成为国家最高法律的条约。新宪法不是准许在二十年内可以输入奴隶吗?然而旧宪法却准许永远可以这样做。

有人会告诉我：这种种权力的混合在理论上不管有多么危险，在实践中由于国会得依靠各州执行而使它变得毫无害处；不管这些权力有多么大，实际上是一些没有生命的东西。因此我可以说：首先可以指责邦联政府在宣布联邦政府绝对必需的某些权力的同时，又使它们成为完全无效，仍然是更加愚蠢；其次，如果联邦继续存在，而又没有一个比较好的政府去代替它，那么目前的国会就必须授予或执掌有效的权力；在这两种情况中，无论哪一种，刚才所说的对比都是适用的。但是这还不是所有的一切。从这些没有生命的东西中已经产生一种累赘的权力，此种权力有助于认识由于联邦最高政府结构上的缺陷而产生的令人担忧的一切危险。西部地区是合众国的巨大宝藏，这一点现在已经不再是推测和希望了。这个地区虽然还不具有使合众国脱离目前困难的性质，或在未来的某个时期内定期供给公众费用，然而它以后必定能够在适当的管理下逐渐偿还内债，并在一定时期内对联邦国库作出很大贡献。这种经费的很大一部分，已由个别州交出。可以有理由期望，其他各州不会坚持不提供它们的公正和慷慨的同样证明。因此，我们可以指望，面积相当于合众国有人居住地区的一个富饶而肥沃的地区，不久将成为一种国家储备。国会已着手管理这种储备。他们已开始使它生产东西。国会已着手做更多的事情：他们已经开始建立新的州，成立临时政府，还为它们任命官员，并且规定了这种州加入邦联的条件。这一切均已完成，而且是在丝毫不带宪法权力色彩的情况下完成的。然而并未听到什么责备，也没有发出什么警告。庞大而独立的岁入基金进入了一批人的手中，他们能数目不受限制地征募军队，并且拨出款项无限期地维持军队。然而有人不仅默默地观看这种情景，而且拥护展示这种情景的制度，而同时却又提出我们已经听到的反对新制度的种种意见。因为和保护联邦不受国会当前软弱无能的威胁一样，需要保护联邦防止按目前国会那样建立起来的那个机构的未来权力和应变能力，他们在建议建立新制度时，行动上难道不应当更加始终如一吗？

我的意思并不是用这里所说的什么事情来责备国会所采取的各种措施。我知道他们不能有别的办法。公众的利益，情况的需要，使他们担负起超越宪法范围的任务。而这个事实不是惊人地证明一个没有拥有与其目的相称的正常权力的政府所造成的危险吗？这种政府经常暴露的可怕困境就是瓦解或篡夺。

普布利乌斯

为《独立日报》撰写

第三十九篇

（麦迪逊）

致纽约州人民：

前一篇论文已经结束了我们打算对制宪会议公布的政府计划作一公正考察的论述，现在我们开始论述我们这一部分计划的执行问题。

出现的第一个问题是：政府的一般政体和形式是否一定是共和政体。显然再没有其他政体符合美国人民的天性，符合革命的基本原则或者符合鼓励每个爱好自由之士把我们的一切政治实验寄托于人类自治能力的基础上的光荣决定了。因此，如果发现制宪会议计划不符合共和政体的性质，其拥护者必然会因其不再能为之辩护而予以放弃。

那么，什么是共和政体的特点呢？如果寻求这个问题的回答时，不求助于原则，而是求助于政治作家们在各国宪法中关于这个名词的应用，是决不会得到满意的回答的。在荷兰，没有一点最高权力是来自人民的，却几乎一致公认为共和国。威尼斯也得到同样的称号，该国对大多数人民的绝对权力是由一小部分世袭贵族以最专制的方式行使的。波兰是贵族政治和君主政体用最坏的方式结合的混合体，然而也被授予同样的尊称。英国政府是世袭贵族政治和君主政体的结合体，只有一个共和政体的枝叶同样不适当地时常被列入共和国之林。这些例子彼此之间的不同，几乎跟它们与真正共和国的不同一样，这就表明这个术语在政治论文中应用得极不确切。

如果我们以各种政体赖以建立的不同原则为标准，我们就可以给共和国下个定义，或者至少可以把这个名称给予这样的政府：它从大部分人民那里直接、间接地得到一切权力，并由某些自愿任职的人在一定时期内或者在其忠实履行职责期间进行管理。对于这样一个政府来说，必要条件是：它是来自社会上的大多数人，而不是一小部分人，或者社会上某个幸运阶级；否则少数暴虐的贵族通过他们所代表的权力进行压迫，有可能钻入共和者的行列，并且为他们的政府要求共和国的光荣称号。这样一个政府是有资格的：它的管理人员，是直接、间接地由人民任命，他们根据刚才详细说明的条件保持自己的官职；否则合众国的每个政府以及已经组织完好或者能够组织完好或者很好履行其职责的任何民主政府，都会减低共和政体的性质。根据联邦各州的宪法，政府的某些官员只能由人民间接任命。根据大多数州的宪法，首席行政长官本人就是这样任命的。根据一个州的宪法，这样任命方式扩大到议会的某一个同等部门。根据所有的宪法，最高公职的任期同样会延长到一定的期限，在许多场合下，在立法和行政部门内，会延长若干年。此外，根据大多数宪法的条款，以及在这个问题上最值得尊重的公认意见，司法部门的成员由于忠实履行职责可以保留他们的职位。

把制宪会议设计的宪法与这里规定的标准进行比较时，我们立刻看出，在最严格的意义上它是符合此项标准的。众议院至少和所有州议会的某一议院一样，是直接由大多数人民选举的。参议院和目前的国会和马里兰州的参议院一样，是由人民间接任命的。总统，依照大多数州的实例，是由人民间接选举的。甚至合众国的法官和所有其他官员，和若干州的情况一样，也将由人民自己选择，虽然这是一种间接的选择。任期同样符合共和政体的标准，也是符合州宪的标准的。众议院是定期选举的，和各州一样；任期两年的，如南卡罗来纳州。参议院六年选举一次，比马里兰州参议院的期限只多一年，比纽约州和弗吉尼亚州参议院的任期只多两年。总统任期四年，纽约州和特拉华州的州长任期为三年，南卡罗来纳州是两年。其他各州，是每年选举一次。然而在某些州内，没有一条州宪条款是用以弹劾州长的。在特拉华州和弗吉尼亚州，州长在职期间不得弹劾。合众国总统在任职期间的任何时候都可以弹劾。法官的任期理所当然地应该是他忠实履行职责的时期。各部部长的任期按照情理和州宪的实例，一般是由法律规定的问题。

这个制度的共和特色如果需要进一步证明的话，那么最明确的证明就是联邦政府和州政府下面都绝对禁止贵族头衔，而且对各州政府的共和政体形式均有明确保证。

新宪法的反对者说："但是制宪会议只坚持共和政体形式是不够的。他们必须同样注意保持联邦的形式，这种形式把联邦看作是各独立州的邦联；代替这种形式的是，他们组织了一个全国政府，该政府把联邦看作是各州的结合。"有人会问，这种大胆而激进的革新根据什么权力？这种反对的口实，需要认真地予以研究。

如果不研究作为反对意见基础的确切差别，为了正确地估计其力量，第一，必须考察讨论中的政府的真正性质；第二，必须探究制宪会议有多少权力提出这样一个政府；第三，他们对自己的国家所负的责任能在何种程度上补充正常权力的缺陷。

第一，为了考察政府的真正性质，可以结合以下各点来考虑：政府建立的基础，其一般权力的来源，这些权力的行使，权力的范围，政府将来进行变革的权力。

在研究第一点时，看来一方面是，宪法必须以美国人民为此特殊目的而选出的代表的同意和批准为基础；然而，另一方面，人民的同意和批准并不是作为组成整个国家的个人，而是作为组成他们各自所属的地区和各独立州的同意和批准。这将是几个州根据各州的最高权力——人民自己的权力——给予的同意和批准。因此，制宪这件事并不是国民的事，而是联邦的事。

正如反对者对这两个词汇的理解那样，这将是联邦的事，而不是国民的事，这不是组成一个集合的国家，而是组成那么多独立州的人民的事，单从下面这个理由来看，就很清楚了：这既不是联邦大多数人民的决定，也不是大多数州的决定而产生的。它必须根据参与此事各州的一致同意产生，这不同于各州平常的同意，它不是由立法部门同意，而是由人民自己表示同意。如果在这件事中人民认为是组成一个国家，合众国全国人民中少数人将服从多数人的愿望，正如各州的少数人服从多数人一样；而多数人的愿望不是由各人的投票加以比较来决定，就是把大多数州的愿望当作合众国大多数人民的愿望的证明来决定。这些规则都没有采用过。每个州在批准宪法时被认为是一个主权实体，不受任何其他各州约束,只受自己自愿的行动的约束。因此,在这方面,新宪法如果制定的话,将是一部联邦性的宪法,而不是一部国家性的宪法。

其次是,政府的通常权力的来源问题。众议院将从美国人民那里得到权力;人民和在各州议会里的情况一样,以同样的比例,依据同样的原则选派代表。就这点来说,政府是国家性的政府,而不是联邦性的政府。另一方面,参议院将从作为政治上平等的团体的各州得到权力;在参议院,各州根据平等的原则选派代表,正如目前的国会一样。就这点来说,政府是联邦政府,不是全国性政府。行政权的来源是多方面的,总统是由各州以其政治资格直接选举的。分配给各州的选票是按照一种复合的比例,一部分是把它们当作各不相同的同权团体,一部分是把它们当作同一团体的不平等的成员。此外,最后的选举将由国民代表组成的立法部门进行;但是在这个行动中,他们将采取来自许多各不相同的同权政治团体的个别代表团的形式。从政府的这个方面来看,它似乎是一种混合的性质,所表现的联邦性特征至少和国家性特征一样多。

关于政府的作用,联邦政府和全国性政府的区别被设想为:前者对以政治资格组成邦联的各政治团体行使权力;后者对个人身份组成国家的各个公民行使权力。用这个标准衡量宪法时,它属于国家的而不是联邦的性质,虽然并不如一般理解的那么完全。在若干情况下,特别是在审讯各州是当事人的争端时,只能以其集体的政治资格来检查起诉。就这点来说,政府这方面的全国性面貌似乎被一些联邦特征所损害。但是这种损害在任何计划中也许都是避免不了的;而政府在其日常的和最重要的事务中,对以个人资格的人民行使权力时,整个说来,在这方面可以称之为一个国家性政府。

但是,如果这个政府在行使其权力方面是国家性的,那么当我们就其权力范围来观察它时,它的面貌就又改变了。国家性政府的意义所包括的不仅是对个别公民的权力,而且对所有人和事都有无限的至高无上的权力,这是就所有的人和事是合法政府的对象而言的。在组成一个国家的人民中,这个最高权力完全授予国家立法机关。在为特殊目的而联合的社会中,最高权力部分授予国家,立法机关,部分授予地方立法机关。在前一种情况下,一切地方权力从属于最高权力,并且最高权力可以随意控制、指导或废除地方权力。在后一种情况下,地方当局形成各自独立的最高权力,在各自的范围内,不从属于国家权力,正如后者在其权力范围内不从属于前者。因此,在这方面,拟议中的政府不可能被认为是一个全国性政府;因为其权限只限于某些列举的对象,而把对于所有其他对象的其余不可侵犯的权力留给各州。的确,在关于这两种权限的界限的争辩中,作出最后决定的法庭,将在全国政府下面建立。但这并不改变此种情况的原则。但是必须根据宪法规定作出公正的决定,并且要采取一切常见的最有效的预防手段来保证这种公正。若干这样的法庭,对于防止诉诸武力和废除盟约显然是很必不可少的;它应该在全国政府下面而不是地方政府下面建立,说得更恰当一点,它只适宜在前者下面建立,这种主张大概不致遭到反对吧。

如果我们从宪法与宪法修正权力的最后关系来检验宪法,我们会发现它既不完全是国家性的,也不完全是联邦性的。如果它完全是国家性的,最高的和最主要的权力就属于联邦大多数人民,而这个权力就像每个全国性社会的大多数的权力一样，随时能够更换或废除它所建立的政府。另一方面，如果它完全是联邦性的，对约束所有各州的每个改革均需得到联邦每一个州的赞同。制宪会议方案所提供的方式，并非以这些原则中任何一种作为基础的。在需要超过多数时，特别是在按照州的数目而不是公民的数目来计算比例时，它离开了国家的性质而趋向于联邦的性质；在认为少于总数的州的赞同就有足够的能力这点上，它又失去了联邦的性质而有点国家的性质了。

因此，拟议中的宪法严格说来既不是一部国家宪法，也不是一部联邦宪法，而是两者的结合。其基础是联邦性的不是国家性的；在政府一般权力的来源方面，它部分是联邦性的，部分是国家性的；在行使这些权力方面，它是国家性的，不是联邦性的；在权力范围方面，它又是联邦性的，不是国家性的。最后，在修改权的方式方面，它既不完全是联邦性的，也不完全是国家性的。

普布利乌斯

原载1788年1月18日，星期五，《纽约邮报》

第四十篇

（麦迪逊）

致纽约州人民：

现在要研究的第二点是，制宪会议是否有权制定和提出这部混合性的宪法。

制宪会议的权力应该严格地通过选民给予会议成员的代表权的审查来决定。然而，因为这一切不是同1786年9月安纳波利斯会议的建议有关，就是同1787年2月国会的建议有关，所以只要回顾一下这些特别的法令就够了。

安纳波利斯的法令建议："任命官员要考虑合众国的情况，要拟订他们认为可使联邦政府的宪法足以应付联邦急务所必需的新条款，并将为此目的而拟订的法令在召集的国会上向合众国提出报告，求得他们同意，然后经各州立法机关批准，能使该条款有效。"

国会提出的法令措词如下："既然在联邦和永久联盟条款中有一条是通过合众国国会和几个州的立法机关的同意在其中作些修改的条款；既然经验证明现在的联邦存在缺点；作为改正这些缺点的手段，若干州特别是纽约州通过对其国会代表的明文指示，建议为如下决议中所表示的目的而召开一次会议，而这种会议似乎是在这些州内建立一个牢固的全国政府的最可能的手段：

“决议，——国会的意见是，今年 5 月第二个星期一在费城召开各州委派的代表会议是适宜的，其唯一的明确目的是修改联邦条款，并且把所作的修改和规定报告国会和一些立法机关，目的是使联邦宪法得到国会同意和各州批准时足以应付政府的急务和保持联邦。”

从这两个法令看来：第一，制宪会议的目的是在这些州内建立一个牢固的全国政府；第二，这个政府应该足以应付政府的急务和保持联邦；第三，这些目的通过如下条款来实现：国会法令所体现的邦联条款中的修改和规定，或者如安纳波利斯建议中坚持的看来是必要的进一步的规定；第四，这些修改和规定应报告国会和各州，目的是取得前者的同意和后者的批准。

根据这几种不同说法的比较和公正的解释，就可以推论出制宪会议的权力。他们应该组织一个足以应付政府和联邦急务的全国政府，并且使邦联条款变成能达到这些目的的形式。

有两条解释的规则是受常理的支配，并且是以法律公理为基础的。其一是，这说法的每一部分，倘若可能的话，应该具有某些意义，并使之共同实现某一共同目的。其二是，在若干部分不能一致的地方，次要部分应该让位于更重要的部分；为目的而牺牲手段，而不是为手段而牺牲目的。

假定解释制宪会议权限的措辞彼此互不相容，而制宪会议又认为，一个能胜任愉快的全国政府不可能根据邦联条款中的修改和规定来实现时，究竟哪一部分解释应该接受，哪一部分应当拒绝呢？哪一部分更重要，哪一部分不怎么重要呢？哪一部分是目的，哪一部分是手段呢？让“委托权”的最认真的解释者，和那些竭力反对由制宪会议行使这种权力的人们回答这些问题吧！让它们申明，对美国人民的幸福最为重要的是置邦联条款于不顾，准备一个胜任的政府并且保持联邦呢？还是不要一个胜任的政府而保留邦联条款呢？让他们申明，究竟保留这些条款是目的，而把改革政府用作达到这一目的的手段呢；还是建立一个足以实现全国幸福的政府就是这些条款的原有目的，而这些条款作为不适当的手段应该予以牺牲呢？

但是否需要假定：这些说法是绝对矛盾的，邦联条款中没有任何修改或规定能使它们形成一个胜任的全国政府，形成一个制宪会议建议的那种政府呢？

在这种情况下，可以断定，不应强调名称；决不能认为改变名称就是行使一种未经授予的权力。文件中的修改是明确认可的，其中的新条款也是明确认可的。所以这里是一个改变名称、增加新条款和改变旧条款的权力问题。只要旧条款述有一部分保留不变，难道必须承认这种权力受到了侵犯？那些持肯定态度的人，至少应该明确批准的改革和越权的改革的界限，以及在修改和增添新条款范围内的那种变化程度和相当于政府变质的变化程度的界限。能否说修改不应该涉及邦联的实质呢？如果不打算作某些实质上的改革，各州决不会如此隆重地开这个制宪会议，也不会把会议目的描写得如此广阔。能否说邦联的基本原则不属于制宪会议的职权范围，从而不应该加以改变呢？我要问：“这些原则是什么？”它们是否要求，在制定宪法方面各州应该被认为是各不相同的独立主权单位呢？新宪法认为各州是这样的。这些原则是否要求，政府成员应该由立法机关而不是由各州人民任命呢？新政府一个部分成员将由这些立法机关任命；而在邦联下，国会代表可以全部由人民直接任命，而且在两个州内[①]的确是这样任命的。它们是否要求，政府应该对各州而不是对个人直接行使权力呢？在某些事例中，如已经指出的那样，新政府将以各州的集体资格对各州行使权力。在另一些事例中，目前的政府也直接对个人行使权力。在掠夺、海盗、邮政、钱币、度量衡、与印第安人贸易、各州的土地让与所有权等问题上，尤其是在不经法官、甚至地方长官的干预，就能判处死刑的海陆军军事法庭所审理的案件方面——在所有这些案件中，邦联可以直接对个人和公民个人的利益行使权力。这些基本原则是否特别要求未经各州居间机关，不得征收任何税款呢？邦联本身允许对邮政征收一定程度的直接税。国会这样解释造币权以便对其来源直接征收税款。但是撇开这些事例不谈，贸易管理应当服从全国政府，使之成为全国税收的直接来源，这一点岂不是制宪会议的公认目的和人民的普遍期望么？国会不是曾经再三提出，这个措施是符合邦联政府的基本原则么？除了一个州以外，包括纽约州在内的每一个州，就承认改革的原则来说，岂不是都接受了国会的计划么？总之，这些原则不是要求全国政府的权力应该有所限制，而在这个限制以外，应该让各州拥有自己的独立权吗？我们看到，新政府和旧政府一样，总的权力是受到限制的，而各州，在所有未曾列举的事例中，是享有独立自主权的。

事实是，制宪会议提出的宪法的重大原则，可以认为并不是绝

① 康涅狄格和罗得岛。——普布利乌斯

对的新，而是把邦联条款中的原则加以发展。后一种制度下的不幸在于，这些原则软弱无力而且有局限性，从而证实对它提出的无能的一切指责是正当的，并且要求它有一定程度的扩大，使新制度具有完全改变旧制度的面貌。

在某一方面，可以承认制宪会议背离了自己的主要使命。他们不向各州的立法机关报告需要批准的计划，而是提出一项由人民批准而且只有九个州实施的计划。值得注意的是，这个反对意见虽然貌似有理，但是在群起反对制宪会议的刊物中却很少提及。此种容忍只能来自这样一个无法抑制的荒谬信念：使十二个州的命运受制于第十三个州的不法或腐败；来自六十分之一的美国人民的多数坚决反对包括占六十分之五十九的人民的十二个州所赞成和要求的一项措施的事例，这个事例，为国家的受损的荣誉和繁荣感到愤怒的每个公民依然记忆犹新。由于这个反对意见已被那些批评制宪会议权力的人们在某种意义上已经放弃，所以我也不多作评述。

需要研究的第三点是，由这件事情本身产生的责任感，能给正常权力弥补多少缺陷。

在前述的研究中，曾把制宪会议的权力当作制定合众国宪法的真正的和最后的权力那样，而且根据同样标准严格地进行分析和审查。现在是回顾以下几点的时候了：这些权力只是顾问和建议的权力；各州的意思是这样，制宪会议也是这样理解的；因此制宪会议设计并提出的宪法，除非经接受者正式批准，否则只不过是一纸空文。这种回顾把这个问题放在一个完全不同的观点上，并且将使我们恰当地判断制宪会议所采取的方针。

我们不妨看看制宪会议所坚持的立场。从会议进程可以得知：他们深切地一致感到一种危机，这个危机使举国一致作出如此独特而严肃的尝试，来纠正产生这种危机的制度中存在的错误；他们同样一致地深信，他们提出的这种改革对实现委托他们的目的是绝对必要的。他们不可能不知道，这个伟大国家的大部分公民的希望和期待，由于对他们所慎重考虑的事件的深切忧虑而发生变化。他们有一切理由相信，合众国的自由、繁荣的一切内外敌人在心目中怀有相反的情感。他们在尝试的开始和进程中看到，一个弗吉尼亚州对部分改革邦联的提议，迅速地受到了注意并得到促进。他们看到在安纳波利斯集合的很少几个州的很少代表，提出一个与他们的任务全然无关的重大关键问题，不仅舆论为之辩护，而且在十三个州的十二个州里真正地成了现实。他们看到，在各种事例中，国会不仅负有建议权而且负有执行权，而且在公众看来，按照机会和对象，这些权力并没有支配他们行动的那些权力要紧。他们必然想到：已经成立的政府的一切重大改变，形式应该让位于内容；在这种情况下，严守前者会使“废除或改变政府，使之最可能实现他们的安全和幸福”[①]这项人民的最崇高可贵的权力有名无实，毫无价值，因为人民不可能普遍自发地对自己的目标采取一致行动；因此最主要的是，这种改变必须由某个或某些可敬的爱国公民从某些未经公认的非正式建议作为开始。他们必然想到：正是由于这种向人民提出有关他们安全和幸福计划的不合常规的僭越权力，各州才初次联合起来反对旧政府用以威胁它们的那种

① 《独立宣言》。——普布利乌斯

危险；委员会和代表会议是为了集中他们的力量以保卫其权利而成立的；某些州为了制定现在管理它们的那些（州）宪法而选出了议会；也不可能忘记，除了那些以这些理由作掩饰，对所争论的宗旨一味暗中怀恨的人们以外，任何地方都看不到丝毫不合时宜的顾忌和墨守成规的热诚。他们想必记得，将要制定和提出的计划要提交人民自己，非难这种至高无上的权力，会永远破坏此项计划；赞成这项计划，就能消除以前的种种错误和罪过。他们甚至可能想到，在无端指摘的倾向盛行之时，他们忽略行使授予他们的那种权力，尤其是他们建议与自己的使命不相符的任何措施所引起的责难，不亚于立刻建议一项完全符合国家紧急情况的措施所引起的责难。

假如制宪会议在所有这些想法和所有这些考虑当中不是果断地相信自己的国家（由于国家的信任，他们才得以赫赫有名），不是指出一个他们认为能够保证国家幸福的制度，而是采取一种使人寒心而又不愉快的使国家的热望落空的决定，而是为形式而牺牲内容，把自己国家的最宝贵利益迟迟不予解决或乱搞一通，那么我就要问那个能把自己的思想提到一个高尚概念的高度，能在心中唤起一种爱国情感的人：大公无私的世界、人类的朋友、每个道德高尚的公民，对这个会议的行动和性质应该作出怎么样的判断呢？或者说，假使有一个人，他的谴责癖是无法抑制的，那么就让我问一问：他对篡夺派代表参加制宪会议权力的十二个州（这个会议是他们的（州）宪法完全不知道的一个团体），对建议召开制宪会议（邦联同样不知的这个团体）的国会，特别是对首先提出然后同意这种越权行动的纽约州，究竟保留了什么意见呢？

除非解除反对者的一切口实，暂时假定制宪会议既未接受此项使命，而情况也不宜为自己的国家提出一部宪法：是否只因为这个理由就应该拒绝接受这部宪法呢？如果根据“即使接受敌人劝告也是合法的”这句名言，我们是否要树立一种即使朋友提出劝告也要加以拒绝的不体面的榜样呢？慎重地探讨问题时，在任何情况下，显然应该是：与其问劝告来自何人，不如问劝告是否有益。

这里所提出的和证明的要点是：制宪会议越权的指责，除了反对者也很少鼓吹的一点以外，是没有什么根据的；即使会议超越了自己的权力，他们作为国家信任的公仆不仅获得许可，而且是他们所处的局势要求他们行使设想的自由权；最后，即使他们在提出一部宪法时违反了自己的权力和义务，如果认为它能实现美国人民的观点和幸福，这无论如何也是应该接受的。至于宪法在多大程度上具有这种特性，是个正在研究的问题。

普布利乌斯

为《独立日报》撰写

第四十一篇

（麦迪逊）

致纽约州人民：

制宪会议提出的宪法，可以从两个一般观点加以考虑。第一个观点，是关于宪法授予政府的权力总数或总额，包括对各州的约束在内。第二个观点，是关于政府的特殊结构和政府的权力在一些分支机构中的分配问题。

根据对这个问题的第一个观点，就产生两个重要问题：(1)任何部分的权力移交给全国政府是否都是不必要的或不适当的？(2)各部分权力集中起来，对某些州剩下的那部分权限是否是一种威胁？

全国政府集中的权力是否大于应该授予它的权力？这是第一个问题。

凡是以公正态度倾听用来反对政府广大权力的论点的人，不能不注意到，提出这些论点的人，很少考虑到这些权力在多大程度上是达到必要目的的必要手段。他们宁可详论势必与政治上的一切便利混在一起的不便，以及可以有益地加以利用的那种伴随每种权力或信任而产生的弊端。这种处理问题的方法不可能利用美国人民的良知。它可能表现出著作者的狡猾；它可能为玩弄词藻和强词夺理开辟辽阔场所;它可能激起不加思考的人们的愤怒,并且可能加深误解者的偏见。但是冷静和正直的人们立刻就会想到:人类最纯洁的幸福必然混有一部分杂质;必须经常选择即使不是不怎么坏的,至少也应该是比较(不是完全)好的;在每种政治制度中,增进公众幸福的权力,包括一种可能被误用和滥用的处理权。因此,他们会看到,在将要授权的一切情况中,首先要决定的一点是,这样一种权力对公共利益是否需要;其次是,在批准决定的情况下,要尽可能有效地防止滥用权力,造成对公众的损害。

为了使我们对此问题作出正确判断,考察一下授予联邦政府的某些权力是适宜的;为了更加便利地做到这点,可以就下列题目分类:1. 防御外来威胁;2. 同外国交往的规定;3. 各州之间保持融洽和适当的来往;4. 公用事业的某些琐碎问题;5. 制止各州的某些有害行动;6. 使所有这些权力产生应有效力的规定。

属入第一类的权力,就是宣战和颁发逮捕特许证,设置军队和舰队,训练和召集民兵,募款和借款等等。

防御外来威胁是文明社会的主要目标之一。这是北美合众国确认的基本目标。达到这个目标所需要的权力,必须有效地委托给联邦议会。

宣战权是否需要呢?没有人会否定地回答这个问题。因此,考察肯定回答的证据,就是多余的了。当前的邦联政府以最充分的方式建立了这种权力。

征募军队和装备舰队的权力是否需要呢?这包括在前面的一种权力中。这包括在自卫权之内。

但是否需要给予征募军队的和设置舰队的无限权力呢?和平

时期是否和战争时期一样,也维持这两种权力呢?

对这些问题的回答,已在他处早已作过透彻的讨论,无须在这里再作广泛的讨论。答案的确是非常明确,几乎不能认为在任何地方进行这种讨论是正当的。那些不能限制进攻力量的人,用什么适当口实来限制防御所需要的力量呢?如果联邦宪法能够束缚所有其他国家的野心或者限制它们为此而作的努力,它就一定能够慎重地束缚其本国政府的行动,并且限制为本国的安全而作的那种努力。

除非我们以同样方式禁止每个敌对国家进行准备和编制军队,怎能在和平时期安全地禁止备战工作呢?防御手段只能根据进攻手段和进攻的威胁而定。事实上,这种手段将永远决定于这些规则而不是其他规则。反对用宪法阻碍自卫的冲动是徒劳的。甚至比徒劳更为糟糕,因为它在宪法中种下了篡夺权力的必要性,每一个先例都会引起不必要的多次重复。如果一个国家经常维持一支训练有素的军队,准备实现野心或复仇,这就会迫使在这国家冒险范围之内的最和平的国家采取相应的预防措施。十五世纪是和平时期军事建制的不愉快时期。首先采用军事建制的是法国的查理七世。整个欧洲效法了或者被迫取法了这个榜样。假如其他各国没有效法这个榜样,整个欧洲早已带上了普遍君主专制的枷锁了。假如当时除了法国以外,每个国家都解散了和平建制,就可能发生同样的事情。经验丰富的罗马军团,是所有其他国家那些未经训练的勇士的强敌,使它成了世界霸主。

依然真实的是,罗马的自由证明是其军事胜利的最后牺牲品,而欧洲的自由就其曾经存在的情况而论,除了少数例外,是其军事建制的牺牲品。因此，常备军是危险的，同时又可能是一种必要的措施。小而言之，常备军有其不便之处。大而言之，其后果可能是致命的。从任何方面说来，常备军是一件值得称赞的谨慎预防的事物。一个明智的国家会把所有这些事情结合起来考虑，同时又不轻率地排除对其安全攸关的任何方法。它将极其慎重地减少使用那种不利于自己自由的方法的必要性和危险性。

新宪法就有这种慎重态度的最明显的标志，宪法所巩固和保卫的联邦本身，消除了可能造成危险的军事建制的种种借口。美国若是联合起来，只要少数军队，甚至不需一兵一卒，对于外国野心来说，要比美国分裂而拥有十万名准备作战的精兵更能显示出一种令人生畏的姿态。前面曾经指出，缺乏这个口实曾经拯救了一个欧洲国家的自由。大不列颠由于其岛国的位置以及邻国军队难于攻破的海上力量，它的统治者从未利用真实的或虚构的危险来欺骗公众，扩大和平建制。合众国与世界上列强的距离，给它带来了同样幸运的安全。只要各州人民继续联合在一起，危险的建制永远不可能是必要的或者是合理的。但是片刻也不能忘记，只有联邦才能使它们得到这种好处。联邦解体之日，就是新秩序开始之时。弱小诸州的恐惧，或者强大诸州或邦联的野心，将在新世界里树立的榜样和查理七世在旧世界里树立的榜样是同样的。在这里仿效这个榜样的动机，和在那里造成普遍效法的动机一样。如果不根据我们的地位得到大不列颠根据它的地位得到的那种宝贵利益，美国的形势将只是欧洲大陆形势的翻版。那就会出现常备军和不断征税会使自由到处遭到破坏的景象。分裂的美国，其命运甚至比欧洲那些国家的命运更加不幸。后者的灾祸来源只限于自身范围之内。地球的另一部分上，没有强国会在其敌对国家之间策划阴谋，煽动它们互相仇恨，使它们成为外国野心、嫉妒和复仇的工具。在美国，由于内部嫉妒、争执和战争所造成的苦难，只是它命运的一部分。其他许多灾难的来源，在于欧洲同地球的这一部分的关系，而地球的其他部分和欧洲是没有这种关系的。

这种分裂后果的情景，不能过于渲染或过多地予以展示。每个爱好和平的人，每个爱国的人，每个爱好自由的人，始终应该看到，他可以在心中对美利坚联邦怀有一种应有的爱慕，并且能够给予维持联邦的方法以应有的评价。

除了实际上建立联邦以外，可能预防常备军威胁的最好措施，是限制用于维持军队的拨款期限。这种预防措施已被慎重地写进了宪法。我不想在这里重复自诩已经恰当而满意地说明这个问题的那些意见了。但是不妨注意一下反对宪法中这一部分的议论，那是从大不列颠的政策和实践中引起的。据说在这个王国不断维持军队需要立法机关每年投票决定；而美国宪法则把这个关键时期延长到二年。这就是经常用来向公众说明的比较方式，但是这是一种恰当的方式吗？这是一种公正的比较吗？大不列颠宪法是把议会的权限限为一年吗？美国人授权国会拨款的期限是两年吗？相反，谬论的制造者自己不可能不知道，大不列颠宪法对立法机关的权限未作任何规定，而美国人则限定立法机关最长的任期为两年。

如果把根据大不列颠的例子而提出的论据说得准确一些，那就是这样的：拨款给军队建制的期限，大不列颠的宪法虽然未加限制，然而实际上却被议会限为一年。现在，如果在大不列颠，下院每七年选举一次，大一部分议员是由那么小一部分人民选举，选举者被代表收买，而代表又被国王收买，代表机关就能拥有对军队无限期拨款的权力，不想，也不敢把期限延长到一年以上；说什么全体人民每隔一年自由选举的合众国代表，却不能可靠地授予明确限定为期短短两年的拨款权，这岂非是可耻的吗？

坏事很少有不自行暴露的。操纵反对联邦政府就是这个真理的一成不变的例证。但是在所犯的一切大错中，再没有比企图利用人民对常备军的小心猜忌更为惊人了。这个企图充分唤起了公众对这个重要问题的注意；引导人们进行研究；结果必然是全体一致完全相信：宪法不仅对最有效地防止来自地球那一部分的危险提供了有效的保证，而且除了完全适于维护国防和联邦的宪法以外，什么也不能使美国节省像分为不同的州或邦联那样多的常备军。不必这样不断扩大各州内的这些建制，以致弄得人民财产负担过重和人民自由受到摧残。而在一个统一的、有效的政府下的任何必要的编制，却是前者可以负担，对后者来说也是安全的。

准备和维持一支海军的权力这种明显的需要，使宪法的那一部分未遭非难，得以幸免的还有少数其他部分。的确，美国最大幸福之一是，由于联邦将是自己海军力量的唯一源泉，所以这将是它防御外来威胁的主要源泉。在这方面，我们的处境又很像大不列颠岛国所处的优势。可喜的是，最能用来抵抗外国危害我们安全的武力后盾，决不会被一个背信的政府变成反对我们自由的东西。

大西洋沿岸边境的居民，对这种海军保卫的条款均表深切的关注。如果他们的清梦至今无人打扰，如果他们的财产未遭放肆的冒险家掠夺，如果他们的沿海城镇尚未被迫向大胆的突然入侵者的勒索让步，为免遭火灾的恐惧而缴出巨款，那么这些幸运的事例不应该归功于当前政府保护那些要求对它忠诚的人民的能力，而应该归功于那些偶然的和谬误的起因。如果我们不把东部边境特别是易受攻击的弗吉尼亚和马里兰包括在内，联邦其他部分再没有比纽约对这个问题更为担心了。纽约州的海岸线很长。该州的非常重要的地区是一个岛。贯穿全州的是一条长达五十余里格[①]的通航大河。它的商业庞大的商业中心，大量的财富宝藏，随时都会受事变的影响。几乎可以认为是屈从于外来敌人的支配，或屈从于海盗和野蛮人的贪婪要求的抵押品。如果战争将是欧洲事务的危险局面所造成的结果，而一切伴随而来的难以控制的情感发泄在海洋上，我们要想逃避这方面以及沿海各部分所受的侮辱和掠夺，简直是不可思议的。在美国的目前情况下，容易直接遭受这些灾祸的各州，不能希望从现存的有名无实的全国政府得到什么东西；而如果他们本身的资源仅够建造应付防御危险的工事之用，受保护的东西几乎会被保护它们的手段消耗殆尽。

关于组织和召集民兵的权力，已经作了充分的论述。

募款和借款的权力，乃是发挥国防威力的源泉，因此适当地把它纳入同一类别。这种权力已经非常仔细地予以研究，而且我相信，在宪法给它规定的范围和形式方面，都已清楚地表明是必要的。对于那些主张把这种权力只限于征收外税——他们的意思是，对于从外国进口的商品征税——的人，我还要补充一点意见。毋庸置疑，这将经常是税收的宝贵来源，在相当时间内必然是一个主要的来源；在当前，这是一个极重要的来源。但是，如果我们在

① 距离长度单位，大约为 2.4—4.6 法定英里。——译者

计算时想不到它,从对外贸易得到税收的多少必然会随着进口货的多少和类别的不同而改变,而这些变化与一般衡量公众需要的人口增长并不一致。只要农业仍是劳动的唯一领域,工业品的进口必然会随着消费者的增多而增加。一俟农业不需要的人手开始从事国内的制造业,进口工业品就会随着人口的增长而减少。在比较长的阶段里,进口货大部分可能是原材料,将被加工为出口商品。因此,对这些进口与其用征税来阻碍,还不如用补助金加以鼓励。一个打算长期存在的政府制度,应该考虑这些变革,并且能够自行适应这些变革。

有些人并不否认征税权的必要,却竭力攻击宪法上规定这种权力的措词。他们一再强调说:"征收税款、关税、进口税和国产税,用以偿付债务和供应合众国国防和公共福利"的权力,等于无限制地授予行使被认为是国防或公共福利所需要的一切权力。没有比这些作者这样不耻曲解更能有力地证明他们在竭力反对时的懊恼心情了。

假如除了上述的一般表述以外,宪法中再没有另外列举或说明国会权力的话,提出反对意见的人们还可能会对此加以渲染,虽然对这样笨拙地描述在一切可能的情况下的立法权,很难找出理由。破坏出版自由,陪审制度,甚至规定承继手续或财产转让方式等方面的权力,都必然会非常奇怪地使用"为公共福利而筹款"这样的措词来表达。

但是在这些笼统措词后面紧接着就提到他们所指的对象,甚至中间没有一个比分号更长的停顿,反对意见又能有什么光彩呢?如果同一个文件的各个部分应该这样来详细说明,以便说明每一部分的意义，那么，同一句子的某一部分是否会完全不具有它应有的意义呢，那么比较含糊和不明确的措词是否会完全保留下来，是否否认明确的措词具有任何意义呢？如果意味着把这些权力和所有其他权力都包括在前述的总权力之内，那么把某些特定的权力列入宪法的目的又是什么呢？再没有比这样做法更合乎自然或更为常见了：首先使用一般性的措词，然后详述细节来说明并修饰这个说法。但是，认为列举一些细节既不说明又不修饰总的含意、除了产生混淆和迷惑以外不能产生其他效果的想法，是荒唐的，因为我们不知应该把难题归咎于提出反对意见的人或者宪法的制定人，我们必须冒昧地说，这同后者毫不相干。

这里的反对意见更加特别，在它看来，制宪会议所用的言词就是邦联条款的再版。各州联合的目的，如第三条所述，是"各州的共同防御，保障它们的自由以及相互的共同福利"。第八条的措词更是相同："一切战争费用和共同防御或共同福利所需的一切其他开支，凡是经合众国国会批准，均由国库支付"，等等。在第九条里也出现了类似的措词。用证明新宪法的结构是合理的准则来解释这些条款中的任何一条，他们授权目前的国会无论在什么情况下都有立法权。假如他们坚持这些一般的说法，不顾明确和限制其含意的具体说明，行使了为共同防御和共同福利作准备的无限权力，那么，将如何看待这个议会呢？我要请问反对者本人，在那种情况下，他们是否用他们现在用来反对制宪会议的同样理论来证明国会正当合理。错误要想逃避自身的谴责是多么困难啊！

普布利乌斯

原载 1788 年 1 月 22 日，星期二，《纽约邮报》

第四十二篇

（麦迪逊）

致纽约州人民：

赋予全国政府的第二类权力，包括管理外交的权力，即缔结条约，委派和接见大使、其他公使和领事，判决和惩罚在公海上所犯的海盗罪、重罪，以及违反国际法的罪行，管理对外贸易，包括 1808 年以后禁止输入奴隶，并且按每名奴隶征收十美元居间税，来阻止这种进口。

这类权力构成联邦政府的一个明显而不可缺少的部分。如果我们在各方面要成为一个国家的话，显然应该与其他各国发生关系。

缔结条约和委派与接见大使的权力，本身就能说明其正确性。两者都包括在邦联条款中，唯一的区别是，制宪会议计划使前者摆脱一个例外，根据那个例外，条约可以被各州的条例从实质上加以破坏；而任命与接见“其他公使和领事”的权力，已明确而非常适当地加到以前有关大使的条款中了。大使一词，如果严格说来，正如邦联条款第二条所要求的那样，只包括最高级的公使，而不包括合众国在可能需要外国使馆的地方所任命的各种职务。无论怎么解释，这个名词也不包括领事。然而国会业已实行的适当办法，是使用级别低的公使，以及委派和接见领事。

的确，在商业条约规定互派领事（其职务与商业有关）的地方，接纳外国领事就可以纳入缔结商业条约的权力范围之内了；而在没有这种条约的地方，派遣美国领事去外国，也许可以包括在邦联条款第九条所规定的任命处理合众国一般业务所需的一切文官的权力之内。但是允许领事进入以前条约并无规定的合众国境内，似乎什么地方都没有作此考虑。补充这个遗漏，是制宪会议对他们以前的蓝本加以改进的一个较小的例子。但是当规定的细节有助于预防逐渐的、未被察觉的篡权的必然性或借口时，这些规定细节就变得重要了。由于邦联政府的缺点，国会表示出或不得已违犯其特许权力的一系列事例，会使那些不注意这个问题的人们大吃一惊，而且将是有利于新宪法的重要论据，新宪法对旧宪法的次要缺点和彰明较著的缺点似乎是同样慎重对待的。

判决和惩罚公海上所犯的海盗罪、重罪以及违反国际法的罪行的权力，同样适当地属于全国政府，并且是对邦联条款的更大的改进。这些条款并不包括违犯国际法案件的条文，因而让任何轻率的成员有权使邦联政府与外国闹纠纷。联邦条款中有关海盗罪和重罪问题上的规定，至多不过是建立法庭来审理这些罪行。给海盗罪下定义，也许可以毫无不便地留给国际法去处理，虽然其立法上的定义在大多数的国内法里都能找到。公海上重罪的定义，显然是必不可少的。重罪是意义含糊的术语，即使在英国的习惯法中也是如此，在该国的成文法中它也有各种不同的含意。但是无论该国或任何其他国家的习惯法或成文法，都不应该作为审判重罪的标准，除非事前通过立法使它成为自身的法律。这个术语的含意，正如某些州的法律所规定的那样，是无法实行的，就像州的法律是一种不名誉而不合理的准则一样。在任何两个州里也并非完全相同，而且是随着各州刑法的每次修正而变化的。因此，为了明确和一致起见，在这种情况下给重罪下定义的权力，在各个方面都是必要的和适当的。

对外贸易的管理，包括在对这个问题的若干见解中，业已充分讨论，无须在这里再加证明，证明把它交给联邦政府是适宜的了。

毫无疑问，大家都希望禁止输入奴隶的权力不要推延到1808年才执行，宁可立刻执行。但是对全国政府的这个限制或者这整个条文的说法是不难说明的。应该把这点看作支持人道方面所达到的一个重大目标：二十年内，可以在这些州里永远结束如此长久和如此响亮地谴责现代政策的野蛮蒙昧的那种贸易；而在此期间，将会遇到联邦政府的许多阻碍，由联邦大多数州作出禁止这种贸易的先例，并且在少数几个继续从事这种违背人道的贸易的各州的一致同意下，这种贸易也许会完全废除的。如果在不幸的非洲人面前出现一种摆脱欧洲人压迫的同样前景，那对他们来说将是可喜的事情！

曾经有种种企图把这个条款曲解为反对宪法的意见，说它一方面是对非法行为的罪恶的容忍，另一方面又是打算阻止从欧洲到美洲的自愿和有益的移民。我提到这些曲解，并不是为了要给以答复，因为它们不值得予以答复，而是作为某些人认为适宜于用来反对拟议中的政府的方式和精神的实例。

包括在第三类内的权力，就是规定各州之间进行和睦而适当交往的权力。

这一类可以包括对各州权力的某些特殊限制以及司法部门的某些权力；但是前者要作为一个独特的类别予以保留，后者将在我们论及政府的结构和组织时专门进行研究。我只打算对第三类所包括的其余权力作一粗略的评述，即：管理某些州和印第安部落之间的贸易；铸造货币，规定其价值和外币的比价；规定对伪造合众国通货和证券的惩罚；规定度量衡标准；制定一致的归化条例和破产法；规定用以证明各州的公法、案卷和司法程序的方式以及它们对其他各州所产生的影响；以及设立邮政局和修筑邮路。

目前邦联政府在管理某些成员之间的贸易的权力方面所存在的缺点，也包括在经验已经清楚指出的那些州的缺点。对前几篇论述这个问题的论文中所提出的证明和意见，还可以作这样的补充：如果没有这个附加条款，管理对外贸易这项重要权力将会是不完全的和无效的。这项权力的一个很重要的目的就是使进出口通过其他各州的那些州免交后者向它们征收的不适当税款。假使这些州可以随意管理州际贸易，那么一定可以预料，他们会在进出口货物经过他们的管辖区域时，设法把税款加在出口货的制造者身上和进口货的消费者身上。我们根据以往经验可以确信，将来一定会进行策划采用这种做法；根据这一点以及人类事务的常识，还可以确信，这样会助长无休止的仇恨，不可能结束对公共安定的严重干扰。对那些不从情感或兴趣出发看这个问题的人们来说，商业州想用任何方式从非商业州的邻近各州征收间接税是不公平的，同样也是失策的，因为这样会促使遭受损失的一方出于愤怒和利益上的考虑而依靠不怎么方便的外贸途径。但是以扩大利益和长久利益为由的温和的理智呼声，在公共团体和个人面前，却经常被急于满足眼前的和过分的利益的贪欲的喧闹声所淹没。

联邦各州相互贸易的管理权力的必要性，业已用我国自己的例子和其他例子加以说明。在联邦非常脆弱的瑞士，每一州都必须允许商品经过自己的辖区运到另一州去，而不得增加过境税。日耳曼帝国有这样一条法律：未经皇帝和国会同意，各州和诸侯不得征收过桥、过河、过路税或关税。虽然在前面某一篇论文中的引文里可看出，这种惯例如同该联盟的许多其他例子一样，并未依据法律，而且在那里已经造成一些我们在这里已经预料到的危害。在尼德兰联盟对其各成员的限制中，有一条是：未经全体同意，不得巧立对邻州不利的关税。

管理同印第安部落的贸易，不受邦联条款中两个限制的拘束是非常适当的，这些限制使条例含糊不清、自相矛盾。那里的权力只约束不是任何一州成员的印第安人，并不约束任何一州在其本身范围内违犯或破坏立法权。哪一类印第安人应该看作某一州的成员，至今尚未决定，并且是联邦会议上经常纠缠不清和争执不休的问题。同虽然不属于某个州的成员，但却居住在其立法权限之内的印第安人进行贸易，怎么能由一种外来权力进行管理而不侵犯内部的立法权呢，这是完全不可理解的。这并不是邦联条款轻率地力图做到完全办不到的事情的唯一例子；并不是轻率地力图使联邦的部分权力同各州的全部权力调和一致的唯一例子，并不是轻率地力图通过去掉部分保留整体来颠倒一个数学原理的唯一例子。

在铸造货币、规定币值和外币价值的权力方面，需要说明的一切是：宪法考虑到这最后一种情况，补充了邦联条款中一项重要的遗漏。当前国会的权力仅限于管理自己的职权以内或各州职权以内所铸造的货币。必须立即看到，拟议的通货价值的统一，可能会由于各州的外币管理规章不同而遭破坏。

伪造通货和公债，当然要由保障两者价值的权力来惩罚。

度量衡的管理，是从邦联条款中转移过来的，所根据的理由和上述管理货币权力的理由是一样的。

归化条例的不一致，早就被指出是我们制度的一个错误，并且为一些错综复杂的难题打下了基础。邦联条款第四条中宣布："这些州的每一州的自由居民（贫民、流浪者和在逃犯除外）有资格得到某些州的自由公民所享有的一切优待和豁免权；各州人民将在其他各州享受贸易和通商的一切优惠"，等等。这里有字句上的混淆，是值得注意的。为什么条款中一部分用自由居民这个字眼，而另一部分却用自由公民这个字眼，其他部分又用人民这个字眼。在"自由公民的一切优惠和豁免权"上再加"贸易和通商的一切权利"这究竟意味着什么，是不易断定的。然而，这种解释似乎是难以避免的。那些被称为一州的自由居民的人，虽然不是该州的公民，却有资格在其他各州享有本州自由公民的一切权利；这就是说，享有比他们在自己州内享有的更大的权利。因此，某一州可以有权，或者不如说每一州根据需要，不仅把其他各州的公民的权利授予允许在该州内得到这些权利的任何人，而且还授予该州允许在其管辖范围内成为居民的任何人。假如对将被承认的"居民"一词的解释仅限于公民的规定权利，那么困难只能减少，而不能消除。各州仍将保留归化其他各州居民的很不适当的权力。在某一个州里,居住一个短时期就能被确认公民的一切权利;而在另一个州里,就需要更重要的条件。因此,在另一州里,法律上无资格取得某些权利的外来居民,只因为以前曾在某一州里居住过,也许就能逃避其没有资格的问题;这样一来,一个州的法律在另一州的管辖范围内竟荒谬地将至高无上的权力高于另一州的法律。我们全靠偶然的机会,至今在这个问题上才没有遭到极其严重的困难。根据某些州的法律,有几类被人讨厌的外来居民被剥夺了权利,这不仅不符合公民权利,而且不符合居住的权利。如果这些人由于居住或其他原因根据另一州的法律取得了公民的资格,然后以这种资格在剥夺他们权利的州内维护其居住和公民的权利,那么会产生什么后果呢?不管法律上会有什么结果,或许还会产生无法预防的、性质极其严重的其他后果。新宪法因此非常正确地对这些结果以及由于邦联政府在这个问题上的缺点所产生的一切其他结果作了预防,采用的办法是,授权全国政府制定适用于全合众国的一致的归化条例。

制定统一的破产法的权力,与贸易管理非常密切,并且能在诉讼当事人或其财产所在或移入别州的地方防止许许多多的欺诈行为,因此其便利之处似乎无须再加以研究了。

用普通法规定那种证明各州的公法、记录和司法程序的方式,以及它们在其他各州所产生的效力的权力,是对邦联条款中有关这一问题的条文所作的明显而可贵的改进。后者的意义是极不明确的,在对它所作的任何解释下也都无关重要。这里规定的权力可以成为审判的极便利的工具,在邻接各州的边界线上尤其有利,在那里应受裁判的动产可能在审判过程中的任何一个阶段突然秘密转入外州管辖的范围之内。

修筑邮路的权力,从各方面看来必然是一种有益无害的权力,通过适当的管理,或许可以为公众造成极大的便利。凡是有助于促进各州之间交往的事情,没有一件不是值得公众关心的。

普布利乌斯

为《独立日报》撰写

第四十三篇

（麦迪逊）

致纽约州人民：

第四类包括下列各种权力：

一、“对著作家与发明家的著作与发明，给以定期的专利权，以促进科学、技术发展”的权力。

这种权力的益处几乎是没有疑问的。作家的著作权在大不列颠已被确认为习惯法中的一项权利。有用的发明权，由于同样理由，看来应属于发明家。在这两种情况中，公益与个人的要求完全吻合。各州不得对著作权或发明权擅自作出有效的规定，而大多数州根据国会提出通过的法律事先已经对这一点作出了决定。

二、“对于由某些州让与，经国会接受，现为合众国政府所在地的区域（其面积不超过十平方英里），无论在何种情况下，行使绝对立法权；对于经所在州议会同意而购置的、用以建造炮台、军火库、兵工厂、造船所，以及其他必要建筑物的一切地方，也行使同样的权力。”

对政府所在地行使全部权力，是不可或缺的需要，其本身就能证明这点。这是联邦每个立法机关行使的一项权力，我可以说，也是全世界的每个议会根据其最高权力所行使的权力。如果没有这种权力，不仅行政当局可能受到侮辱，其活动也会受到阻碍。但是，全国政府的成员州依靠政府所在的州来保护它们行使职权，可能给全国会议带来畏惧或影响的污名，这对政府来说，同样不光彩，对邦联政府其他成员来说，也同样是不会满意的。这个理由之所以更加重要，是因为在政府驻地的逐步积累的共同改善，是一种太大的公众抵押品，不能交到一个州的手里，而且会对政府的迁移造成许多困难，以致进一步剥夺其必要的独立。这个联邦地区的范围有充分限制，使各种反对性的妒忌感到满意。由于将地区划作此用必须经让与州的同意；由于该州无疑地会在契约中规定居住在该州的公民的权利和同意；由于居民会认为有充分的利益的动机而成为愿意让与的一方；由于他们将在对他们行使权力的政府的选举中有发言权；由于必然会给他们一个他们自己选举的、只为当地目的服务的市议会；由于州议会和让与部分居民同意让与的权力，将来自通过宪法的全州人民；因此所有想象得出的反对意见似乎都可以消除了。

管理全国政府所建立的炮台、军火库等的同样权力，其必要性是同样明显的。在这些地方所花费的公款，存在那里的公共财产，要求它们不受制于某一个州的权力。整个联邦安全所系的那些地方，在任何程度上要依赖联邦的某一成员，也是不适当的。在这方面，通过要求有关各州对上述每一项建筑物表示同意，一切异议和顾忌也就完全消除了。

三、“宣布对叛逆罪的惩罚，但是凡因叛逆罪而被褫夺公权者，除本人在世时期外，概不得损害亲属产业继承权，或没收其财物。”

因为叛逆罪可能是背叛合众国的罪，所以合众国当局应该能够惩罚它。但是因为新式的和虚构的叛逆罪是极端的派别——它们是自由政府的天然产物——通常用以彼此发泄仇恨的重要手段，所以，制宪会议非常谨慎地反对给这种特殊的危险筑起防栅，就是把犯罪的定义写进宪法，规定定罪所必要的证据，即使在惩罚罪行时，也要限制国会把罪行的后果扩大到犯罪者本人以外。

四、"接纳新州加入联邦，但不得在任何一州的管辖范围内建立新州；凡未经有关各州的议会和国会的同意，概不得联合两州或更多的州或某些州的局部地区而建立新州。"

在邦联条款中，没有一条提及这个重要问题。加拿大有权参加合众国的措施；而其他殖民地，这显然是指其他英国殖民地而言，则必须由九个州斟酌决定。这个文件的编纂者似乎忽略了建立新州的可能。我们已经看到这个遗漏所造成的不便，以及它导使国会僭权的情形。因此，新制度已极其恰当地弥补了这个缺陷。未经联邦政府和有关各州当局的同意不得建立新州的一般预防办法，是同管理这类事务的原则相符的。未经某州同意不得将该州分割而建立新州的特别预防办法，缓和了大州的猜忌，这和未经某些州的同意，不得将它们合并成为一个州的同样的预防办法一样，也缓和了一些小州的猜忌。

五、"处理属于合众国领土或其他产业并制定与此有关的一切必要的规则与条例，其条件是：不得对本宪法作出有损合众国或任何一州的权利的解释。"

这是非常重要的一种权力，而且是必要的，理由同说明前一条款的正确性的理由相同。附加条件本来是适当的，而且由于众所周知的关于西部领土的猜忌和疑问，或许变得必不可少了。

六、“保障联邦内各州的共和政体；保护各州抵御外侮，应立法机关或政府的请求（当州议会不能召集时）对付内乱。”

在一个以共和原则为基础并由共和政体成员组成的邦联里，行使管理职务的政府显然应该有权保卫此种制度，防止贵族式或君主式的改革。这样一种联合的性质越是密切，各成员对彼此的政治制度就越关心，坚持要在本质上保持结盟时的政体的权利也就越大。但是一种权利意味着一种矫正办法；这种矫正办法除了写入宪法以外，还有什么地方可以记载呢？已经发现，原则和政体不同的政府，对任何一种联邦的适应，不如性质相似的政府。孟德斯鸠说：“因为德意志联邦共和国包括一些从属于不同诸侯的自由城和小州，经验告诉我们，它比荷兰和瑞士联盟更加不完善。”他又说：“一俟马其顿王在安菲替温尼联盟中取得地位，希腊就解体了。”在后一种情况下，毫无疑问，新邦联的不相称的力量和君主政体对这些事情各有自己的影响。可能有人会问，这样一种预防办法有什么必要呢，它是否不会成为未经某些州的同意，就要改变州政府的口实呢。这些问题可以立即回答。如果不需要全国政府的干预，关于此类事情的条款只能是宪法中无害的多余东西。但是谁说得上某些州的任性、某些大胆妄为的领袖的野心或外国的阴谋和影响会产生什么样的尝试呢？对于第二个问题可以这样回答：如果全国政府凭借宪法上的这种权力进行干预的话，它当然会行使这种权力。但是这种权力至多扩大到保证共和政体，这就要假定先要有一个要将被保证的政体。因此，只要各州使目前的共和政体继续存在，它们就能得到联邦宪法的保证。各州要想用其他共和政体来代替的时候，他们有权这样做，并且有权要求联邦对后者给予保证。对各州的唯一限制是，它们不能用反共和政体来代替共和政体。可以设想，这个限制不至于被看作令人不满的事情。

抵御外侮是每个社会的组成部分所应该做到的事情。这里所说的范围似乎是保护每一个州，不仅防御外敌的侵犯，而且防止比其更加强大的邻人的野心或存心复仇的图谋。古今联盟的历史证明，联盟的弱小成员不应该对这个条款的方针无动于衷。

加上“防止内乱”是同样适当的。如上所述，即使在恰当地说并非隶属于同一政府的瑞士各州里，也曾为此目的作出规定。该联盟的历史告诉我们，最民主的州和其他各州一样，都是经常要求互助，而且获得了帮助。我们中间最近发生的一次著名事件警告我们：应该对类似的事变作好准备。

乍看起来，作出如下假定似乎是不符合共和政体原理的：多数人没有权利，或者少数人会有力量推翻一个政府，因而联邦的干预是永远不需要的，一干预就不妥当。但是在这种情况下，如同在多数其他情况下一样，理论必须由实际教训来证明。为了暴乱，一个州的多数人，尤其是一个小州的某个县的多数人，或同一州的某个地区的多数人，为什么不能同样地非法结合起来呢？如果在后一种情况下，州当局应该保护地方长官，那么，在前一种情况下，联邦当局就不应该支持州当局吗？此外，各州宪法中有某些部分与联邦宪法密切相关，以致对其中之一进行猛烈打击不可能不同时伤害另一个。一个州内的叛乱很少会引起联邦的干预，除非叛乱牵涉的人数与支持政府者成了一定的比例。在这些情况下，暴乱由最高当局加以镇压，要比让多数人用顽强的流血斗争来维持他们的事业好得多。干预权的存在，通常能防止行使这种权力的必要。

在共和政体下，力量和权利果真必须都在同一方么？难道人数较少的一方不可能在财源、军事才能和经验，或外国的秘密援助方面具有这样的优势，以致使它在诉诸武力方面也占优势么？一个比较稳固的有利地位，是否会使这人数少的一方占优势，而不利于由于地位关系而很少能迅速集中使用其力量的人数较多的一方呢？再没有什么事情比在实验真正力量时，可以用调查人口时那种通用的或决定一次选举的规则来估计胜利的想法更加虚幻了！总之，由于外来居民的增加，由于冒险家或州宪法未承认其选举权的那些人们的偶然汇合，公民的少数难道不会成为多数人么？我并不注意某些州内很多的那种不幸居民，他们在正常管理的平静的时期是人下人；我注意的是，那些在内乱时期表现出人情的特点，并为他们所联合的某一方，优先提供力量的人。

在难于决定正义在哪一方的情况下，两个短兵相接并且要把一个州加以分裂的狂热派别，除了未受地区狂热影响的联邦各州代表以外，还能希望有什么更好的仲裁人吗？他们会把友情同法官的公正结合起来。如果所有自由政府都能享有这种矫正缺点的办法，如果能为全人类的普遍和平作出同样有效的计划，那将是多么可喜的事啊！

假使这样问：一次蔓延到所有各州、在全部力量中占优势的暴乱，尽管没有宪法上权利，应该用什么方法加以纠正呢？回答一定是，因为这种情况不属于人力挽救的范围，所以可幸的是它不在人类可能挽救的范围之内；这是联邦宪法的一个最可取优点，它消除了一个没有任何宪法能够救治的灾祸的危险。

在孟德斯鸠所列举的联邦共和国的优点中，有一个重要优点是:"如果在一个州内发生民变,其他各州能够平息。如果弊病蔓延到某一部分,那些保持健全的部分就能把它铲除。"

七、"凡在本宪法通过以前欠下的债务和签订的契约,按照本宪法,概对合众国有效,与在邦联之下无异。"

这只能认为是一种宣告性的建议,写入宪法的理由之一,可能是使合众国的外国债权人感到满意,他们对这样的虚假原则并不陌生,即:人类社会政体的变更,具有解除其道义上责任的奇妙效果。

在对宪法提出的不多的批评中,已经指出,契约的效力是应该维护的,对合众国有利的要维护,对合众国不利的同样要维护;而在通常表现很少批评的精神中,取消已经变成或夸大为一种反对国家权利的阴谋。可以把其他很少有人需要知道的事告诉发现这一点的人,由于契约在性质上是互惠的,因而一方维护其效力,必然包括对另一方的效力;又因为这一条款只是公告性的,在一种情况下建立的原则足以应付一切情况。可以进一步告诉他们,每部宪法应该将其预防办法限于并非完全设想的危险;不管以前有没有这条宪法上的宣言,政府**敢于**用这里所谴责的口实来豁免属于公众的债款的真正危险是不存在的。

八、"准备修正案,由四分之三的州批准,唯有两个州例外。"

不能不预料到,经验会提出有用的修改。因此,必须为提出修改的方式作出规定。制宪会议提出的方式看来盖有一切都很恰当的印记。此种方式既可防止使宪法极其容易地变化无常,又可防止使其已经发现的错误永远存在的极端困难。此外,这种方式在经验能够指出这一方面或那一方面的错误时,同样能使全国政府和州政府改正错误。赞成在参议院里有同等代表权这一例外，可能意味着保障各州剩余的主权，这些主权是由于立法机关的某一部门的代表权原则的暗示而取得的，也许为特别喜欢那种平等的各州所坚持。另一个例外必然是由于产生它所保卫的特权的那些理由而获得许可的。

九、“本宪法如经九州议会批准，即可在批准各州间成立。”

这一条是不言而喻的。单是人民的明确权力，就能给予宪法应有的合法性。如果要求十三个州一致批准，就是使全体的重要利益受制于一个成员的反复无常或腐败。这样会表示出制宪会议缺乏先见，我们切身的经验会使它成为无法原谅的事情。

在这种情况下，出现了两个非常微妙的问题：其一是，根据什么原则，作为各州联盟的庄严形式而存在的邦联未经其成员的一致同意而被更换？其二是，批准宪法的九个或九个以上的州和未参加批准的其余少数州之间存在着什么关系？

只要想到这一情况的完全必要，想到自卫的重大原则，想到自然与自然之神的卓越法则——它宣称一切政治制度的目的在于谋求社会的安全与幸福，而且所有这类制度必须为此目的而献身，第一个问题就立刻可以得到回答。也许还能不超出盟约本身的原则范围，就能找到答案。前面业已指出，在邦联的缺点中，有一个缺点是：许多州的批准只不过是在立法上予以承认罢了。互惠的原则似乎要求它使其他各州的义务减少到同一标准。以立法权的常例为基础的各独立国之间的盟约，所能要求的效力不超过各缔约国之间的盟约或条约。在条约问题上有一条既定原则：所有条款都是互为条件的；违犯任何一条就是对整个条约的破坏；任何一方违犯，就解除了对其他各方的约束，使它们有权在愿意时宣告盟约被违犯和无效。如果不幸要引证这些微妙的真理来证明联邦盟约的解除需各州同意是正当的，抱怨的一方难道不会觉得回答他们可能碰到的许多重大的违犯情况是一件困难工作么？曾有一个时候，我们都有义务掩盖这一节所揭示的思想。现在情况变了，同一动机所驱使的那一部分也随之而改变了。

第二个问题也很微妙，由于它只是假设因此不必对它的似乎有希望的前景进行过于好奇的讨论。这是必须让它自行考虑的情况之一。总之，可以说，虽然在同意的州和不同意的州之间不可能存在政治关系，然而道义上的关系仍旧不会消除。一方和另一方的正义要求仍将有效，而且必须得到实现，人类权利在一切情况下必须得到充分的和互相的尊重；而对共同利益的考虑，尤其是对过去的可爱景象的回忆和迅速战胜重新联合的障碍的期待，希望最终能促使一方的稳健和另一方的谨慎。

普布利乌斯

原载 1788 年 1 月 25 日，星期五，《纽约邮报》

第四十四篇

（麦迪逊）

致纽约州人民：

有利于联邦权力的第五类条款对某些州的权力有下列限制：

一、“各州不得加入任何条约、同盟或联盟；不得颁发逮捕特许证和报复性拘捕证；不得铸造钱币，不得发行信用证券，债务偿付只许用金银作为法定货币；不得通过褫夺公权的法案、溯及既往的法律或损害契约义务的法律；不得封赐任何爵位。”

禁止加入条约、同盟和联盟是现行邦联条款的一部分，而且由于无须说明的理由，而被录入新宪法。禁止颁发逮捕特许证是旧制度中的另一部分，但在新制度中多少有点扩充。根据前者，各州在宣战后可以颁发逮捕特许证；根据后者，在宣战以前，在战时都必须由合众国政府颁发此种证件。由于下述好处，这个改变是完全合理的：其一是与外国打交道时能够一致，其二是凡是行为要由国家负责的各州要对国家负直接责任。

要从各州收回的铸造钱币的权利，由邦联政府交给了各州，除了规定成色和价值是国会的专有权以外，是作为一种与国会共同执掌的权力。在这种情况下，新条款也是对旧条款的一种改进。

既然成色和价值决定于总的权力，各州有造币权就只会增加许多费用浩大的造币厂和使通货的形状和重量多样化。后一种不便使本来授权给联邦首脑去达到的目的无法达到；就前者可以防止把金银交给中央造币厂改铸的不便来说，在总的权力下建立的地方造币厂能同样达到这个目的。

禁止信用证券的这一扩充，必然会使每个公民感到满意，其程度是与每个人的正义感及其对共同繁荣的真正源泉的理解成正比的。自从和平时期以来，美国由于纸币对人与人之间的必要信任、对公众会议的必要信任、对人们的勤勉和道德，以及对共和政府的性质等等方面所造成的有害影响而遭受的损失，对各州造成了应由此项轻率措施负责的极大的过失；它一定会长时期令人不满，或者不如说是一种罪孽的积累，要不是在正义祭台上自愿牺牲用以达到此项目的的权力，就无法赎罪。除了这些有说服力的理由以外，还可以指出，说明各州不得具有管理货币权力的那些理由，同样有力地证明各州不得随意用纸币来代替硬币。如果每一州有权规定硬币的价值，就会有像各州数目那样多的各种通货，这样就会阻碍各州之间的交往。将对币值作出追溯既往的变换，其他各州的公民会因而遭受损失，引起各州之间的仇恨。外国的老百姓可能由于同一原因而受到损失，联邦会因一个成员的轻率而名誉扫地和遭到麻烦。各州发行纸币权随之产生的种种弊害，均不亚于铸造金币或银币。各州以金银以外的东西来偿还债务的权力，也被撤销了，其原则和发行纸币相同。

褫夺公权的法案，溯及既往的法律和损害契约义务的法律，违反了民约的首要原则和每一项健全的立法原则。前两者业已在某些州宪法的前言中明确加以禁止，所有这些均为这些基本宪章的精神和目的所不容。然而我们自己的经验教导我们，必须对这些危险进一步加以预防。因此，制宪会议非常适当地加上了这个有利于个人安全和私人权力的宪法保障。如果他们这样做时并未真实地考虑到选民的真正感情和不容怀疑的利益，那我就大为上当了。严肃的美国人民对指导议会的朝三暮四的政策感到担忧。他们遗憾而愤慨地看到，影响私人权利的突然变化和立法上的干涉，成了有势力而大胆妄为的投机家手中的专利事业，和社会上比较勤奋而消息不灵通的那一部分人的圈套。他们也看到，一次立法上的干涉只不过是重复干涉的第一个环节，以后的干涉是由于前一次干涉的结果自然造成的。因此，他们非常正确地断定，需要某种彻底的改革，这种改革将会排除在公共措施方面的投机，唤起普遍的慎重和勤奋，使社会事物按照常规进行。禁止赐予任何爵位，是从邦联条款中抄来的，不需要再加说明。

二、“各州未经国会同意不得对进出口商品征收任何进口税或关税，除非此种课税为执行检查法所绝对需要。任何一州对进出口商品所课的关税和进口税，其净收入应归合众国国库使用，而此类征税的法律得由国会修正和监督。各州未经国会同意不得征收任何吨位税，不得在平时拥有军队或军舰，不得与另一州或某一外国订立任何协定或盟约；除非真正受到侵犯，或遇到刻不容缓的紧急危机，均不得从事战争。”

限制各州对进出口商品的权力，是证明贸易必须由联邦会议管理的一切论据所坚持的。因此，在这个问题上只需说明如下一点：所加限制的方式看来要郑重考虑，既要使各州有便利其对进出口商品的合理决定权，又要使合众国对滥用这个决定权加以合理的限制。这一条的其他细节所持的理由，要么非常清楚，要么已经充分发挥，可以略而不述。

第六类和最后一类包括某些借以给予其他一切条款以效力的权力和条款。

一、其中第一条是，“为实施上述各种权力而制定一切必要与适当的法律的权力，以及经本宪法授予合众国政府或政府某一部门或单位的其他一切权力。”

宪法中很少部分会遭到比对这一条更为激烈的攻击了。然而在对它进行公正的研究时，没有一部分是更加无懈可击的。如果没有这项实权，整部宪法将是一纸具文。因此，那些反对将这一条款作为宪法一部分的人，其用意只能是说条款的形式不适当。但是他们考虑过能用一种更好的形式来代替吗？

对这个问题，宪法可能采用四种其他方法。他们可以抄袭现行邦联条款第二条，禁止行使任何未经明确授予的权力；他们可以设法从正面列举“必要与适当的”这一笼统说法所包括的权力；他们可以设法从反面列举那些权力，详细说明笼统定义所未包括的权力；他们也可以对这个问题完全保持缄默，让人们去解释和推断这些必要与适当的权力。

如果制宪会议采用第一种方法，即采用邦联条款第二条，显然新国会就会像以前的国会那样继续采取如下两个办法之一：或者把“明确”一词解释得极严，以致解除政府的全部实权，或者解释得极宽，以致完全取消限制的力量。如果需要的话，很容易指出，邦联条款所授予的重要权力，没有一种不是多少借助于对原则的说明或原则的含意而由国会所执行的。由于在新制度下所授予的权力更为广泛，管理新制度的政府会更加为难：要么无所事事背叛公众利益，要么由于行使必不可少的和适当的、同时又是未曾明确授予的权力而违反宪法。

如果制宪会议试图正面列举实施其他权力所必需的和适当的权力，那么就会涉及大量的与宪法有关的每个问题的法律，而且不仅要适应现有情况，还要适应将来可能发生的一切变化；因为每次重新运用一般权力时，特定权力作为达到一般权力的目的的手段，必然经常随着该目的而变化，而且在目的始终如一的情况下，经常有正当的变化。

如果他们企图列举实施一般权力所不需要或不适当的某些权力或手段，这个任务至少也是不切实际的，并且会遭到进一步的反对：列举项目中的每个缺点，会相当于正面授予的权力。如果为了避免这种结果，他们企图列举一部分例外，而把其余的笼统地称之为"不必要的或不适当的"，那么必然会发生所列举的只包括少数例外的权力；而这些权力未必是可取的或可以容许的，因为列举时当然要选择最不必要或最不适当的，而且包括在其余当中的不必要的和不适当的权力，就会比在没有局部列举的情况下更少地被强制排除在外。

如果宪法在这个问题上只字不提，毫无疑问，其寓意必然是作为执行一般权力的必要手段的一切特别权力，会归政府执掌。在法律上或理论上建立的原则，没有一个比在需要目的的地方和授予手段的地方更加清楚了；在授予全权去做一件事的任何地方，进行此事所需的每种特别权力也就包括在内了。因此，如果制宪会议采取最后这种方法,现在对其计划提出的每个反对意见表面上仍旧会讲得通的,而且还会造成一种真正的不便,那就是并没有消除在紧急情况下可能用来使联邦主要权力成为疑问的口实。

如果有人问:假使国会把宪法的这一部分作出错误解释,而且行使根据宪法的真正意义并非认为正当的权力,结果会怎么样呢?我的答复是:结果如同他们把授予他们的任何其他权力作出错误解释或加以扩大一样;如同将一般权力削减为个别权力,而这些权力中的任何一种都会遭到违反一样;总之,如同各州议会违反其各自的宪法权力一样。首先,篡权的成功将取决于行政和司法部门,它们解释法令并使之生效;最后必须从人民那里取得矫正办法,他们能通过选举比较正直的代表来取消篡夺者的法令。事实是,用这个最后办法来防备联邦议会的违宪法令要比防备州议会的违宪法令更加可靠,理由很清楚,前者的每一条违宪法令将要侵犯后者的权利,这些议会随时准备注意某种改变,向人民敲起警钟,并且利用其地方势力来更换联邦代表。由于在州议会和注意前者行为的有关人民之间并无这样的中间机构,所以违反州宪法多半不会受到注意,也不会得到纠正。

二、"本宪法和合众国依此制定的法律,以及根据合众国的权力而缔结或将要缔结的一切条约,皆为本国的最高法律;各州法官必须受其约束,而不问该州的宪法或法律是否与此相抵触。"

宪法反对者的轻率热情,诱使他们对宪法的这一部分进行攻击,如果没有这一部分,就是一种明显的和带有根本性的缺陷。为了充分理解这一点,我们只要暂时假定,由于保留了一条有利于州宪法的条款会使州宪法成为至高无上的东西。

首先，因为这些州宪法授予州议会以绝对的自主权，在现行邦联条款未曾作为例外的一切情况下，新宪法中包括的一切权力，凡是超出邦联列举的那些权力的，都会被取消，新国会就要处于与其前任同样没有实力的状态。

其次，由于某些州的宪法甚至并未明确而完全承认邦联现有的权力，如果明确保留州宪法至高无上的权力，在这些州里就会使新宪法包含的每种权力成为问题。

第三，由于各州的宪法彼此大不相同，所以可能发生这样的情况：对某些州来说同样重要的一个条约或一种国家法律，会同某些州的宪法发生抵触，而同另外一些州的宪法并不抵触，结果在某些州里是有效的，在其他一些州里却属无效。

总之，全世界将初次看到一种以颠倒一切政府的基本原则为基础的政府制度；全世界将看到整个社会的权力到处服从于各部分的权力；全世界将看到一只头脑听从四肢指挥的怪物。

三、"参议员和众议员、某些州议会的议员以及合众国和各州的一切行政和司法官员，均须宣誓，或正式表明拥护本宪法。"

曾经有人问道：为什么州长官必须支持联邦宪法，而合众国官员却不必同样宣誓支持州宪法呢？

这个区别可归因于几个理由。我自己对于明确而带有结论性的一种理由表示满意。联邦政府成员对州宪法的执行不起作用。相反，州政府的成员和官员对联邦宪法的执行将起重要作用。在一切情况下，总统和参议院的选举将决定于某些州的议会。众议院的选举首先同样决定于同一权力机关；并且可能永远由各州官员根据法律来进行。

四、在使联邦权力生效的条款中，可以加上那些属于行政和司法部门的条款，但是因为这些条款要留在其他地方进行特别研究，我在这里不再多讲。

我们现在已经详细检查了新宪法授予联邦政府的那些权力的所有条款，并且得出的无可否认的结论是：没有任何部分的权力是实现联邦的必要目标所不需要或不适当的。因此，是否授予所有这些权力的问题，成了另一个问题。这就是，是否要建立一个能应付联邦危机的政府，或者换句话说，联邦本身是否要维持下去。

普布利乌斯

为《独立日报》撰写

第四十五篇

（麦迪逊）

致纽约州人民：

由于已经指出移交给联邦政府的权力没有一种是不需要或不适当的，所以我们要研究的下一个问题是：所有这些权力对留给某些州的那部分权限是否是一种威胁。

反对制宪会议计划的人，不去首先考虑为达到联邦政府的目的绝对需要多少权力，却费尽心机研究拟议中的那种权力对各州政府可能产生的后果这一次要问题。但是假如联邦如前所述那样，对美国人民防御外侮是必不可少的，假如联邦对防止各州之间的争执和战争是必不可少的，假如联邦对于防止危害各州自由幸福的激烈而难以忍受的党争以及防止必然逐渐毒害自由幸福源泉的那些军事建制是必不可少的，一言以蔽之：假如联邦对美国人民的幸福是必不可少的，那么，唯一能达到联邦目的的一个政府，竟然被说成可能贬低各州政府的重要作用而遭到反对，岂非荒谬绝伦？难道实现美国革命，成立美国邦联，流尽千百万人的宝贵鲜血，不惜牺牲千百万人用血汗挣得的资财，不是为了美国人民可以享受和平、自由和安全，而是为了各州政府、各地方机构可以享有某种程度的权力而且利用某些主权的尊严和标志把自己装饰一番吗？我们曾听说过旧世界的邪恶教条：人民为国王，而不是国王为人民。在新世界里是否要以另一形式恢复人民的真正幸福要为不同政治制度的见解而牺牲这一同样的教条呢？如果政治家们认为我们忘记了全体人民的公益和真正幸福是应该追求的最高目标，认为我们忘记了任何政体除了可以适于达到这个目标以外，并无其他价值，那么这种看法是为时过早了。如果制宪会议的计划不利于公众幸福，我就主张否决此项计划。如果联邦本身不符合公众幸福，我就赞成废除联邦。同样，就各州的主权不能符合人民的幸福来说，每个善良公民必然会赞成，让前者为后者牺牲。前面业已指出必须作出多大牺牲。我们现在面临的问题是，尚未牺牲的残余将会受到多大威胁。

在这些论文中曾涉及一些重要想法，这就是不赞成联邦政府的活动将逐渐证明是州政府的致命伤。我越是细想这个问题，就越加充分相信，很可能是后者的优势打破平衡，而不是前者。

我们已经看到，在古今联盟的所有实例中，各成员常常表现出夺取全国政府权力的最强烈倾向，而全国政府对于防止这些侵犯无能为力。这些例子中的大多数例子，其政体虽然与我们所研究的政体大不相同，以致大大减弱从前者的命运中所得出的关于后者的任何推论，然而由于根据新宪法各州将保留很大一部分主动权，所以也不应该把这种推论全然置之不顾。在亚该亚同盟中，同盟首脑或许有某种程度的权力，它非常近似制宪会议所设计的政府。吕西亚同盟，以其原则和政体是继承而来的而论，必然更加近似此种政府。然而历史并未告诉我们，两者中任何一个都未变成或趋向于变成一个巩固的政府。相反,我们知道其中之一的灭亡是由于同盟的权力不能防止下属权力的纷争和最后的分裂。这些事例所以更加值得我们注意,是因为使各组成部分联合在一起的外在原因要比在我们的情况下多得多,而且力量也大得多;因此内部只要有比较薄弱的韧带就足以把各成员与其首脑联系起来,而且把各成员也互相联系起来。

在封建制度下,我们看到过同样倾向的例证。尽管在每个例子中地方首长和人民之间缺乏适当的同情,然而在某些例子中国家元首和人民之间却存在着同情,在权力的争夺中,通常是地方首长占优势。如果没有外来威胁加强了内部的融洽和从属关系,特别是如果地方首长取得了人民的爱戴,那么,现在欧洲一些大的王国就会拥有像以前封建贵族那么多的独立君主了。

州政府将会得到联邦政府的好处,不论我们把它们进行比较时是否指一方对另一方的直接依赖,是否指各方的个人影响的大小,是否指授予它们各自的权力,是否指人民的袒护和可能的支持,是否指反对和破坏对方措施的意向和能力。

各州政府可以被认为是联邦政府的重要组成部分;而联邦政府对州政府的活动或组织来说,是一点也不重要的。如果没有各州议会的参与,就根本不能选出合众国总统。它们在一切情况下必须担负起任命总统的主要责任,在大多数场合下也许是由他们自行决定这种任命。参议院将完全而绝对地由州议会选举。即使众议院,虽然由人民直接选出,也将在这样一类人的极大影响下选出,他们对人民的影响使他们自己被选入州议会。因此,联邦政府的各主要部门的存在,多少应归功于州政府的支持,必然会对州政府有一种依赖感，从而很可能产生一种对它们过于恭顺而不是过于傲慢的倾向。另一方面，州政府的各部门并不依靠联邦政府的直接作用来获得自己的任命，至于对联邦政府成员的局部影响依赖毕竟也是很小的。

根据合众国宪法雇用的人数，要比由各州雇用的人数少得多。因此个人对前者的影响，要比对后者的影响小。十三个或更多一些的州的立法、行政和司法部门的成员，三百多万人民的治安官、民兵军官、部长级司法官以及一切县、市、镇的公务员混在一起，他们特别熟悉每个阶级和阶层的人民，无论在人数和影响方面都大大超过联邦制政府所雇用的各种行政人员。把十三个州的三大部门成员（治安官不包括在司法部门之内）与单一的联邦政府的相应部门的成员加以比较；把三百万人民的民兵军官和可能范围内的任何机构的海陆军官加以比较，仅仅从这点来看，我们可以说各州占有决定性的优势。如果联邦政府要有税务员，各州政府也会有他们自己的税务员。由于联邦政府的税务员主要将分布在海岸线上，人数不会很多，而各州政府的税务员将分布在全国各地，并且人数很多，就这点来看，优势也是在同一方面。邦联政府固然拥有并且可以行使在各州征收外税内税的权力，但是除非为了征收附加税，很可能不会使用此项权力；很可能让各州预先自行征税以补足其定额；而在联邦的直接权限下最后征收这种税款，通常是由根据规定由各州任命的官员征收的。的确非常可能的是，在其他场合下，特别是在司法机构中，会赋予各州官员以联邦的相应权力。然而，如果各征收内税的官员要在联邦政府下任命，则全体官员的影响与各州大批官员的影响也是不能相比的。在一名联邦税务员所到的每个地区里，至少会有三四十名以至更多的各种官员，他们当中有许多是有名望有影响的人物，他们会对州这一方产生影响。

新宪法授予联邦政府的权力很少而且有明确的规定。各州政府所保留的权力很多但没有明确的规定。前者行使的对象主要是对外方面的，如战争、和平、谈判和外贸；征税权多半与最后一项有关。保留给各州的权力，将按一般的办事程序扩充到同人民的生命、自由和财产，以及州的治安、改良和繁荣等方面有关的一切对象上。

联邦政府的作用在战争和危险时期极为广泛而且重要；州政府的作用在和平与安定时期则极为广泛而重要。由于前者的时期同后者相比可能只占一小部分，所以州政府就会在这方面比联邦政府占有另一种优势。的确，联邦的权力越是充分地致力于国防，有利于联邦政府对州政府支配地位的危险景象就越少。

如果正确而公平地把新宪法加以研究，就可看出它所提出的改变主要不是给联邦增添新权力，而是加强其原有的权力。贸易管理的确是项新权力，但是似乎是增添的权力，对此很少有人反对，也不会使人感到担忧。关于战争与和平、军队和舰队、谈判和财政的权力，以及其他更重要的权力，完全根据邦联条款授予目前的国会。新提出的改变并没有扩大这些权力，它只不过是一种更加有效地行使这些权力的方式的代替品。关于征税的改变可认为是最为重要的事情；然而目前的国会有全权向各州要求无限制地提供国防和一般福利所需的钱财，如同未来的国会会向各个公民提出这类要求一样。而后者将来对个人纳税定额的支付,不会比各州承担更多的义务。如果各州毫不含糊地履行邦联条款,或者尽可能通过成功地应用于个人身上的和平方法来实施邦联条款,那么,我们过去的经验决不会赞成这样的意见:州政府会失去其宪法权力,并且逐渐经历一次全面的合并。认定会发生这样的事情,就等于说:州政府的存在是同一切能达到联邦主要目的的制度不相容的。

普布利乌斯

原载1788年1月29日，星期二，《纽约邮报》

第四十六篇

（麦迪逊）

致纽约州人民：

在继续讨论前一篇论文的题目时，我要接下去研究在获得人民的袒护和支持方面，究竟是联邦政府占优势，还是州政府占优势。虽然两种政府被任命的方式有所不同，我们必须考虑到它们实质上都是依靠合众国全体公民的。我接受这种观点，因为它重视前者，而证明则留在其他地方提出。联邦政府和州政府事实上只不过是人民的不同代理人和接受委托的单位；它们具有不同的权力，旨在达到不同的目的。反对宪法的人在这个问题上的论据，似乎对人民完全视而不见，而且把这两个不同机构不仅看作相互敌对，而且彼此在争权时不受任何共同上级的管制。这里必须向这些先生们指出他们的错误。必须告诉他们：首要的权力不管来自何处，只能归于人民；不管两种政府中的哪一个以牺牲对方来扩大其权力范围，这不只取决于两者的野心或处事方式的比较。实际上和形式上都要求，在每种情况下事情应该决定于他们共同的选民的情感和许可。

除了前次已经提出的那些理由以外，还有许多理由看来会使上述看法毋庸置疑:人民首要的和最自然的归属将是他们各自的州政府。有许多人期望在州政府中飞黄腾达。由于州政府的赐予,会有更多的职务和报酬。通过州政府的照管,人民的家庭的和个人的利益将会得到规定和考虑。人民将会更清楚而详细地了解州政府的事务。大部分人民会与州政府成员建立个人相识和友谊的联系,建立家庭和党派方面的联系,因此,可以预料,公众最强烈地倾向在于州政府这一边。

在这方面,经验也告诉了我们同样的情况。虽然联邦政府到目前为止与一个希望在更好制度下的政府比较起来缺点很多,然而在战争中,特别是纸币发行准备金信用卓著时,它无论在未来的什么情况下,都会有它的巨大的积极性和重要性。联邦政府也曾采取种种措施来保护一切珍贵的东西,而且取得一般人民所向往的一切东西。然而,事实必然是,在对早期国会的片刻热情过去以后,人民重新把注意力和爱好转向他们自己的政府;联邦会议决不是众望所归的偶像;而反对拟议中扩大联邦会议权力和重要性的人们的立场,就是通常希望把他们的政治影响建立在自己同胞的偏见之上的人们的立场。

因此,正如另一地方已经提过的那样,如果人民将来对联邦政府的偏袒胜于对州政府的偏袒,那么改变只能产生于那种一目了然和无可辩驳的证明,这种证明会克服以前的一切倾向。在那种情况下,也决不能阻止人民在他们认为最需要信任的地方表示他们的最大信任;但即使在那种情况下,州政府也没有什么值得担忧的,因为联邦权力就事物的本质而论,只有在一定范围内才能很好地行使。

我打算把联邦政府与州政府加以比较的其他几点,是两者各自可能有的抵制和破坏对方措施的倾向和能力。

事实已经证明，联邦政府成员对州政府成员的依赖甚于后者对前者的依赖。还有，两者所依赖的人民偏袒州政府甚于联邦政府。就两者相互的态度可能受这些原因的影响来说，州政府显然处于优越地位。但是从一种明显而非常重要的观点来看，优势也将属于同一方。各成员通常总是怀着对各州的偏袒到联邦政府中去，而很少会发生州政府的成员怀着对联邦政府的偏袒到公共会议中去的情况。国会议员中的地区精神，必然比各州议会中的国家精神更加普遍。众所周知，州议会所犯的错误中，有很大一部分是由于州议员为了他们所居住的县或地区的各别意见而牺牲州的明显的长远利益。如果他们不充分扩大他们的政策，使其包括他们本州的集体福利，怎能设想他们会把联邦的普遍繁荣以及联邦政府的尊严和威望作为他们关心和协商的对象呢？由于同样理由，州议会的成员不大会充分关心国家目标，联邦议会的成员似乎会更加关心地方目标。各州之对于国家，正如县和城镇之对于各州那样。从可能的效果来看，措施往往不是决定于国家的繁荣和幸福，而是决定于各州政府和人民的偏见、利益和所追求的目标。国会活动的精神总的说来有什么特点？对议事录的研讨以及国会议员的坦白承认，会告诉我们，议员们经常扮演的角色与其说是公共利益的公正保护人，不如说是他们本州利益者的坚决维护者；如果曾经有一次为抬高联邦政府而不适当地牺牲地方利益的情形，那么由于不适当地注意各州的地方偏见、利益和观点而使国家的重大利益遭到损害的情形就有百次之多。我并不想用这些回顾来暗示，新的联邦政府不会采用比目前的政府所奉行的政策更加扩大的政策计划;更不是说新联邦政府的见解和州议会的一样褊狭;只是说新联邦政府将充分具有两者的精神,既不至于侵犯各州的权利,也不至于侵犯各州政府的特权。各州政府侵占联邦政府的权力来加强其特权的动机,在议员当中决不会受到相应的有倾向性的压制。

然而,如果说联邦政府可能和州政府一样打算把其权力扩张到应有的限度以外,州政府在击败这种侵犯的办法方面仍然处于优越地位。如果某一州的一项法令,虽然不利于全国政府,在该州却深得人心,而且也不是过于严重地违犯州官员的誓言,那么,它会按照当地的方法单独依靠本州很快得到执行。联邦政府的反对,或者联邦官员的干涉,只会引起各方面对州的热情,而这种弊病如果要防止或矫正的话,除非使用那些采用时往往有点勉强或困难的方法,是不能做到的。另一方面,如果联邦政府有一个不正当的措施在某些州里不得人心(事实上往往如此或者甚至一个正当的措施有时也是如此),反对此项措施的方法是强有力的,并且可随手而来。人民的忧虑,他们对于同联邦官员合作的厌恶或拒绝、州行政官的愁眉苦脸、立法手段造成的困境(这是在这些情况下经常附带发生的现象,而且反对在任何州里的不容忽视的困难),这一切在一个大州内会造成极其严重的阻碍,而在某些相邻的州的意见恰巧出现一致的地方,会造成联邦政府所不愿碰到的障碍。

但是联邦政府对州政府权力的过奢的侵犯,不只是引起一个州或少数州的反对。这种侵犯是引起普遍的惊慌的信号。每个州政府都会拥护共同的事业,开始互相通信,商量反抗计划。一种精神会鼓动和指导全体。简而言之,对联邦束缚的恐惧,如同对外国束缚的恐惧一样,会造成同样的联合。除非自动取消计划中的革新,在一种场合下如同在另一种场合下一样,都要诉诸武力。但是疯狂到什么程度能使联邦政府采取这个极端呢?在与大不列颠的斗争中,帝国的一部分用来反对另一部分。人数较多的一方侵犯人数较少一方的权利。这种企图是不合理和不明智的,但是想起来也不是完全虚幻的。但是在我们设想的情况下会是什么样的争论呢?谁是争论的双方呢?少数几个人民代表反对人民自己,或者不如说一批人民代表反对十三批人民代表,后者还有全体选民作为后盾。

预言州政府会垮台的人只留下一个口实,那就是虚妄地假定,联邦政府可能为了野心勃勃的计划而预先积累军事力量。如果现在必须驳斥这种危险的真实性,则这些文章中包含的论据一定是近乎无的放矢。人民和各州在相当长的时期内会不断选举一些准备背叛他们的人,而叛徒在这整个时期里会一致地、有系统地为了扩大军事建制而从事某种固定计划;各州政府和人民竟会沉默和忍耐地注视着暴风雨的集聚,并且继续供给材料,直到暴风雨打落到他们的头上;对每个人说来,以上这种情况一定更像是胡乱猜忌的梦幻,或者是伪装热情的错误夸张,而不像是真正爱国主义的严肃思考。这个假定虽有夸张,可是就这样做吧!假定组织一支完全与国家资源相适应的正规军,假定这支军队完全效忠于联邦政府,那么要说州政府有人民站在一起就能抵御危险仍旧不算过分。根据最好的计算,任何国家能够负担的常备军的最大数目,不超过人口总数的百分之一,或者说能带武器的人数的二十五分之一。

在合众国，这个比例不会产生一支二万五千或三万人以上的军队。一支近五十万执有武器的民兵，由他们自己当中选出的人做统帅，为自己的共同自由而战斗，由他们所爱戴和信任的政府所组织和指挥，是会抵得住这支常备军的。可能有人会怀疑：在这种情况下的民兵是否能被这样一部分的正规军队所打败，凡是最熟悉我国最近成功地抵抗英国军队的人，最赞成否定此种可能性了。除了美国人所具有的优于其他国家的武装的优越性以外，那些受到人民爱戴、任命民兵军官的下属政府的存在，会成为野心冒险的障碍，这种障碍比任何政体的单一政府所能容许的更加难以克服。虽然欧洲某些王国的军事建制尽量扩大到公共财源可以负担的程度，但是政府仍然害怕把武器交给人民。难以肯定，人民单是依靠这种帮助就不能摆脱束缚。但是如果人民另外还拥有他们自己所选的地方政府，它们能集中全国的意志和指导全国的力量，并且由它们从民兵中任命靠拢这些政府和民兵的军官，那么就可以最有把握地断言，欧洲每个专制君主尽管有军队保护也会很快被推翻。我们不要侮辱自由而勇敢的美国公民，怀疑他们在维护自己真正拥有的权利方面不如专制权力下的贱民为把他们自己的权利从压迫者手中拯救出来的作为吧！我们还是不要再侮辱他们，猜想他们竟然会把自己变成盲目而温顺地服从一长串预先造成的阴险措施的试验品吧！

本题目的论据可以归纳为一个非常简明的形式，使之一目了然。要么联邦政府的组织方式会使它充分依赖人民，要么不是这样。在第一个假定下，那种依赖会约束联邦政府不去制定不利于自己选民的计划。在另一个假定下，联邦政府将得不到人民的信任,它的篡权计划会容易地被人民支持的州政府击败。

在总结这篇以及前一篇论文所述的理由时,它们似乎等于一个最有力的证明,证明打算交付联邦政府的权力对保留给各州的权力来说并不怎么可怕,因为它是达到联邦目的所必不可少的;它还证明,对一切猜想州政府会因而消灭的惊慌的最好解释,必须归因于制造这些猜想的人们的莫名其妙的恐惧。

普布利乌斯

原载 1788 年 2 月 1 日，星期五，《纽约邮报》

第四十七篇

（麦迪逊）

致纽约州人民：

在论述新政府的一般形式以及分配给它的许多权力以后，我接下去研究这个政府的特殊结构以及这许多权力在其各个组成部分当中的分配情况。

一些较有名望的宪法反对者提出的主要反对意见之一是，认为宪法违反了立法、行政和司法部门应该分立这一政治原则。据说在联邦政府的结构中似乎并未注意到这个有利于自由的重要预防办法。这几个权力部门以这样的方式分配和混合起来，既破坏了一切形式上的平衡和美观，又使大厦的某些主要部分由于其他部分的不相称的重量而遭到破坏的危险。

的确，没有任何政治上的真理比这个反对意见所依据的有更大的真正价值，或者更加明显地带有自由保卫者的权威色彩了。立法、行政和司法权置于同一人手中，不论是一个人、少数人或许多人，不论是世袭的、自己任命的或选举的，均可公正地断定是虐政。因此，如果联邦宪法真的被指责为积累权力，或混合权力，或具有这样一种积累的危险倾向，那就不需要再用其他论据来引起对这个制度的普遍反对了。然而我相信,每个人都会清楚,这种指责是得不到支持的,而它所依据的原则完全被误解和误用了。为了对这个重要问题形成正确的看法,不妨研究一下维护自由所需要的三大权力部门各自分立的意义。

在这个问题上,常常要求教和引证的先知是著名的孟德斯鸠。如果说他不是政治学上这个宝贵箴言的首创人,他的功劳至少也是最有效地揭示了并且引起了人们对这个箴言的注意。让我们首先明确他在这个论点上的用意吧。

英国宪法之于孟德斯鸠,犹如荷马之于叙事诗的启蒙作者。由于后者认为这位不朽诗人的作品是产生叙事诗艺术的原则和规则的完美典范,并且用这个典范来判断一切同类作品,所以这位伟大的政治评论家似乎把英国宪法当作标准,或用他自己的话说,是政治自由的一面镜子,并且以基本原理的形式讲述了该种制度的某些特有的原则。为了使我们肯定不致误解他在这方面的意思,我们不妨回头研究一下产生这个箴言的根源。

最粗略地看看英国宪法,我们必然看出立法、行政和司法部门决不是彼此完全分立的。行政长官是立法机关的一个主要部分。他有单独与外国签订条约的特权,条约一旦签订,在某些限制下具有法令的力量。所有司法部门的成员都由他任命,并且在议会两院的请求下可以由他撤销职务;当他愿意与两院协商时,他可以组成一个宪政会议。立法部门的某一单位也对行政长官组成一个大的宪政会议,因为在另一方面,这个会议是弹劾案中司法权的唯一受托者,而且在所有其他案件中也被授予最高上诉权。此外,法官和立法部门有着密切的联系,时常出席和参加其审议,虽然不准参加立法方面的投票。

从孟德斯鸠所遵循的这些事实，可以清楚地作出推论：当他说："当立法权和行政权集中在同一个人或同一个机构之手，"或者说："司法权如果不同立法权和行政权分立，自由就不存在了。"他说这些话时，他的意思并不是说这些部门不应部分参与或支配彼此的行动。他的意思就像他所说的那样，尤其像用他心目中的事例作出更明确的说明那样，只能是在一个部门的全部权力由掌握另一部门的全部权力的同一些人行使的地方，自由宪法的基本原则就会遭到破坏。如果执掌全部行政权的国王，也握有全部立法权，或最高司法权；或者说如果整个立法机关拥有最高司法权或最高行政权，则他所研究的宪法就是这种情形。这无论如何不是那种宪法的弊病。掌有全部行政权的长官，虽然他能否决每一条法律，但是自己不能制定法律；也不能亲自管理司法，虽然他能任命司法管理人。法官不能行使行政权，虽然他们是行政系统的分支；也不能执行任何立法职务，虽然立法会议可以同他们进行商量。整个立法机关不能执行司法法令，虽然通过两院的联合法案，可以将法官撤职，虽然某一院作为最后一着拥有司法权。此外，整个立法机关不能行使行政权，虽然某一院能任命最高行政长官，另一院在弹劾第三者时能审判行政部门的一切部属，并给他们定罪。

孟德斯鸠的原理所依据的理论，进一步说明了他的意思。他说："当立法权和行政权集中在同一个人或同一个机构之手时，自由便不复存在了，因为人们会害怕这个国王或议会制定暴虐的法律，并以暴虐的方式对他们行使这些法律。"此外，"如果司法权同立法权合而为一，公民的生命和自由将会遭到专断的统治，因为法官就是立法者。如果司法权同行政权合而为一,法官会像压迫者那样横行霸道。"这些理论中的某些部分在其他章节中已有比较充分的阐述,但这里的说明虽然简单,却充分证实了我们对这大名鼎鼎作者的有名原则所陈述的意义。

如果我们查看某些州的宪法,我们会发现,尽管这个原理使用的是强调的、有时甚至是绝对的字句,但是这几个权力部门却没有一个绝对分立的实例。新罕布什尔,其宪法是最后制定的,似乎充分理解要避免这些部门的任何结合是不可能的和不方便的,它用下面一段话来说明这个原则:"立法权、行政权和司法权应该保持依据一个自由政府的性质所容许的那样的独立和彼此分立;或者像同那个把整个宪法组织连成一个团结和睦的不可分解的纽带的联系链条相一致的彼此分立。"该州的宪法因此在某些方面把这几个部门结合在一起了。作为立法部一个分支的参议院,也是审判弹劾案件的一个法庭。总统是行政部门的首脑,也是参议院的议长;除了在一切情况下有平等投票权以外,在赞成票与反对票相等时,他可以投决定性的一票。行政首脑本人每年由立法部门选举,行政会议每年由同一部门从其成员中选出。州的一些官员也由立法机关任命。司法部门的成员由行政部门任命。

马萨诸塞州的宪法在表达这种自由的基本条款中提出了一个充分的、然而是不怎么明显的告诫。该州宪法声明:"立法部门决不能行使行政权和司法权,或两者当中的任何一种;行政部门决不能行使立法权和司法权,或两者当中的任何一种。"这个声明与孟德斯鸠的原则完全一致,正如它所解释的那样,这个原则没有任何一点遭到了制宪会议计划的破坏。它至多不过是禁止所有部门中任何一个部门行使另一部门的权力。在声明后面的州宪法中，容许权力有部分的混合。行政长官对立法部门有否决权，作为立法机关一部分的参议院，则是弹劾行政和司法部门成员的法庭。此外，司法部门的成员是由行政部门任命，在两个立法机构的请求下可由行政部门撤职。最后，某些政府官员每年是由立法部门任命的。由于任命官职，尤其是行政官职，在性质上是一种行政职能，宪法制定人至少在这最后一点上违反了他们自己制定的规则。

我不讲罗得岛和康涅狄格的宪法，因为这些宪法是在革命以前，甚至是在进行研究的原则成为政治上注意的对象以前制定的。

纽约州宪没有关于这一问题的声明，但是显然在制定时曾注意到把不同部门不适当地混合起来的危险。尽管如此，该州宪法仍然给予行政长官一部分管理立法部门的权力，尤其是将同样的管理权授予了司法部门；甚至把行政部门和司法部门结合起来行使这种管理权。在其任命会议中，立法部门成员与行政职权结合起来，共同任命行政官员和司法官员。该州审判弹劾案和纠正错误的法庭，包括立法机关的一部分和司法部门的主要成员。

新泽西的宪法，把政府的不同权力混合在一起，甚于前述的任何州宪。作为行政长官的州长是由立法机关任命的；他是州的平衡法院院长和推事，或者是二者的代理人，是最高法院的成员，立法机关的某一院的议长，有表决权。立法机关的这同一机构又起州长的行政会议作用，并且与州长一起组成上诉法院。司法部门成员由立法部门任命，可由立法部门的某一机构根据另一机构的弹劾撤销其职务。

根据宾夕法尼亚的宪法，州长是行政部门的首脑，每年在立法部门的支配下投票选举。州长和行政会议共同任命司法部门的成员，组成弹劾法庭审判所有行政官员和司法官员。最高法院法官和治安推事似乎也可由立法机关罢免。在某些案件中，赦免的执行权也委托给同一立法机关。行政会议的成员是全州的依据职权的治安推事。

在特拉华，首席行政官每年由立法机关选举。立法机关的两议长是行政部门的副长官。行政首长和其他六人（议会两院各任命三人）组成最高上诉法院。他和立法部门一起，任命其他法官。在各州内，立法机关成员似乎同时又是治安推事；在这个州里，立法机关一院的成员都是依据职权的治安推事，也是行政会议的成员。行政部门的主要官员是由立法机关任命的；后者的一院组成弹劾法庭。所有官员都可以在立法机关的请求下被撤销职务。

马里兰用最绝对化的措辞来采取这个原则，宣称政府的立法、行政和司法权应该永远彼此分立。尽管如此，它的宪法却使立法部门可以任命行政长官，行政部门可以任命司法部门成员。

弗吉尼亚在这个问题上的语句更是直截了当。它的宪法宣称："立法、行政和司法部门应当彼此分立，这样任何部门既不能行使适当地属于另一部门的权力，又不能使任何人同时行使一种以上的权力，除非县法院的法官有资格进入州议会的任何一院。"然而我们所发现的不仅是这个关于下级法院成员的明确例外，而且是州长及其行政会议均可由立法机关任命；后者的两个成员由立法部门每三年随意更换；行政和司法部门的所有主要官职，都由同一立法部门任命赦免的执行权，在某种情况下也授予立法部门。

北卡罗来纳的宪法宣称："政府的立法、行政和最高司法权应该永远彼此分立。"同时却委托立法部门不仅任命州长，而且还任命行政部门和司法部的所有主要官员。

在南卡罗来纳，宪法规定立法部门选任行政长官。宪法还让立法部门任命司法部门成员，甚至包括治安推事和县长；还可任命行政部门的官员，直到州的海军上校和陆军上尉。

佐治亚的宪法宣称："立法、行政和司法部门应该分立，使任何部门不得行使适当地属于另一部门的权力，"我们却发现行政部门的职位要由立法部门任命；赦免的执行权最后应由同一权力行使。甚至治安推事也由立法部门任命。

在列举这些立法、行政和司法没有完全分立的事例时，我希望自己不致被认为是拥护某些州政府的特殊结构的。我充分理解在这些州政府所例示的许多极好的原则中，它们带有组成时的草率匆忙，尤其是缺乏经验的明显痕迹。显而易见，在某些实例中，不同权力的大混合，甚至实际上得到巩固，违反了正在考察的基本原则；但从来也没有定出一条适当的规定，以便在实践上保持理论上所述的分立。我们希望表明的是，对新宪法违反自由政府的神圣原理的指责，无论从该原理的创始人赋予原理的真正意义来说，或者从美国迄今为止对此原理的理解来说，都是毫无道理的。这个有趣的问题，将在下一篇论文中继续讨论。

普布利乌斯

原载 1788 年 2 月 1 日，星期五，《纽约邮报》

第四十八篇

（麦迪逊）

致纽约州人民：

前一篇论文中曾经指出，那里所研究的政治箴言，并不要求立法、行政和司法应该完全互不相关。下面我打算指出的是，除非这些部门的联合和混合使各部门对其他部门都有法定的监督，该原理所要求的、对一个自由政府来说是不可或缺的那种分立程度，在实践上永远不能得到正式的维持。

各方面都同意，正当地属于某一部门的权力，不应该完全由任何其他部门直接行使。同样明显的是，没有一个部门在实施各自的权力时应该直接间接地对其他部门具有压倒的影响。不能否认，权力具有一种侵犯性质，应该通过给它规定的限度在实际上加以限制。因此，在理论上区别了性质上是立法、行政或司法的几类权力以后，下一个而且是最困难的工作是，给每种权力规定若干实际保证，以防止其他权力的侵犯。这种保证应该是些什么，就是有待解决的一个重大问题。

准确地标出政府宪法中关于这些部门的界限，并且靠这一纸空文来反对权力的侵犯性，这是否就够了呢？美国大多数（州）宪法的制定人主要依靠的似乎是这种预防措施。但是经验使我们确信:对这种规定的效力是估计过高了;政府的力量软弱部门必须要有某种更恰当的防备来对付力量更强的部门。立法部门到处扩充其活动范围,把所有权力拖入它的猛烈的旋涡中。

我们共和国的创立人所表现的智慧,使他们有了这样大的功劳,以致没有什么事比指出他们曾犯的错误更加令人不快了。然而,出于对真理的尊重使我们不得不指出,他们对于由世袭立法权所支持并加以巩固的一个世袭地方长官的过于庞大和总揽一切的特权对自由造成的威胁,似乎从来不予注意。他们似乎从未想到来自立法上的篡夺危险,所有权力集中在同一些人手中,必然会造成像在行政篡夺威胁下的同样暴政。

在多而广泛的特权由世袭君主执掌的政府里,行政部门非常恰当地被认为是危险的根源,并且受到对自由的热心所应该引起的密切防备。在民主政体下,人民群众亲自行使立法职能,由于不能定期商量,取得一致措施,他们不断面临自己行政长官的野心阴谋,所以在某个有利的非常时刻,在同一个地方有突然出现虐政之虑。但是在代议制的共和政体下,行政长官的权力范围和任期都有仔细的限制;立法权是由议会行使,它坚信本身的力量,因为被认为对人民有影响而得到鼓舞;它人数多得足以感到能激起多数人的一切情感,然而并不至多得不能用理智规定的方法去追求其情感的目标;人民应该沉溺提防和竭力戒备的,正是这个部门的冒险野心。

立法部门由于其他情况而在我们政府中获得优越地位。其法定权力比较广泛,同时又不易受到明确的限制,因此立法部门更容易用复杂而间接的措施掩盖它对同等部门的侵犯。在立法机关中一个并非罕见的实在微妙的问题是：某一个措施的作用是否会扩展到立法范围以外。另一方面，由于行政权限于比较狭小的范围内，在性质上比较简单，而司法权的界线又更其明确，所以这些部门中的任何一个的篡夺计划，都会立刻暴露和招致失败。这还不算，因为立法部门单独有机会接近人民的钱袋，在某些宪法中，对于在其他部门任职者的金钱酬报有全部决定权，这在所有宪法中有极大影响，于是在其他部门造成一种依赖性，这就为立法部门对它们的侵犯提供更大的便利。

我曾求助我们自己的经验来说明我在这个问题上所提出的真理。如果需要用特殊证明来证实这个经验，那些证明是不胜枚举的。我可以从每一个曾经参加或注意公共行政方针的公民当中找出证人。我可以从联邦的每一个州的记录和档案中收集大量证明。但是我将引用两个州的例子作为比较明确、同时又同样令人满意的证据，这个例子是由两个无懈可击的权威所证明的。

第一个是弗吉尼亚的例子，我们知道，该州在自己的宪法中明确宣称三大部门不得互相混淆。拥护这个规定的权威是杰弗逊先生，他除了留意政府活动的其他优越条件以外，本人就是州长。为了充分说明他的经验使他对此问题所产生的思想，必须从他的非常有趣的“弗吉尼亚州备忘录第一百九十五页”里引证较长的一段话。“政府的一切权力——立法、行政和司法，均归于立法机关。把这些权力集中在同一些人的手中，正是专制政体的定义。这些权力将由许多人行使，而不是由一个人行使，情况也不会有所缓和。一百七十三个专制君主一定会像一个君主一样暴虐无道。凡是对此有所怀疑的人，不妨看看威尼斯共和国的情况！即使他们是由我们选举，也不会有什么益处。一个选举的专制政体并不是我们争取的政府；我们所争取的政府不仅以自由的原则为基础，而且其权力也要在地方行政长官的几个机构中这样划分并保持平衡，以致没有一种权力能超出其合法限度而不被其他权力有效地加以制止和限制。因此，通过政府法令的会议是以这样的根本原则为基础的：立法、行政和司法部门应该分立，以致没有一个人能同时行使其中一个以上部门的权力。但是在这几种权力之间并未设有任何障壁。司法和行政成员的职务以及其中某些成员的继续任职，均取决于立法机关。因此，如果立法机关执掌行政和司法权，似乎不致有反对意见；即使有，也不可能生效，因为在这种情况下他们可以使自己的行径变成议会的法令形式，使其他各部门有义务服从。因此，他们在许多情况下具有应该留给司法部门讨论的明确权利，在他们开会期间对行政部门的指挥，也成为司空见惯的了。”

我将要用作例子的另一州是宾夕法尼亚；另一个权威则是1783和1784年召开的监察官会议。这个机构的一部分责任，如宪法所指出的那样，是“调查宪法的各部分是否未受违犯；政府的立法和行政部门是否执行了人民保护者的责任，是否掌握或行使了大于宪法授予它们的权力或宪法授予范围以外的权力”。会议在履行这个责任时，必须把立法和行政的作为与这两个部门的法定权力进行比较；从列举的事实以及双方在会议上表示赞同的许多事实看来，在各种重要的事例中，宪法受到立法机关的明目张胆的违犯。

许多法律通过了，毫无必要地违犯了要求所有公共性质的议案应预先印发人民研究的规定，尽管这是宪法主要借以预防立法部门的不适当法令的一种办法。

立法机关违犯了宪法上规定的陪审官审讯制，并且执掌了宪法未曾授予的权力。

行政权力被篡夺。

宪法明确规定法官薪金必须固定，可是时常改变；属于司法部门的案件，却经常由立法部门审理和判决。

凡是想了解这几个题目的若干细节的人，可参看已经出版的议事录。可以发现，其中一些可归咎于与战争有关的特殊情况，但是其中大部分可认为是组织不善的政府的自然产物。

还可以看到，行政部门经常违宪也并非无辜。然而，在这个问题上应该提到三种情况：第一，这些事例中大部分不是由于战争需要而直接产生，就是由于国会或总司令的建议。第二，在大多数其他事例中，它们不是迎合立法部门的已经表明的意见，就是迎合立法部门的已经周知的意见。第三，宾夕法尼亚的行政部门以其组成人数而不同于其他各州。在这方面，该州行政部门同立法会议的密切关系和行政会议的密切关系几乎相等。由于不受个人对该部法令负责的约束，同时又从互为范例和共同影响中得到信任，未经公认的措施当然要比在由一个人或少数人管理的行政部门里更能自由地冒险试行。

我从这些情况保证得出的结论是：仅只在书面上划分各部门的法定范围，不足以防止导致政府所有权力残暴地集中在同一些人手中的那种侵犯。

普布利乌斯

原载 1788 年 2 月 5 日，星期二，《纽约邮报》

第四十九篇

（汉密尔顿或麦迪逊）

致纽约州人民：

前一篇论文中所引证的“弗吉尼亚备忘录”的作者在那件珍贵作品中还附加了一个宪法草案，该草案是为了预计在 1783 年由议会为该州召开的制宪会议而准备的。草案和同一个人所写的一切东西一样，表示出与众不同的思想，独出心裁，全面而正确；更值得注意的是，它同样表现出对共和政体的热爱，对共和政体应该防止的危险倾向也有开明的见解。他所提出的预防办法之一，并且是似乎他最后依靠作为权力软弱部门对付强者侵犯的屏障，这也许是他本人的独创，由于这个办法直接关系到我们目前研究的题目，所以不容忽视。

他的提议是：“每当政府三个部门中任何两个各由其总人数三分之二同意，认为必须开会修正宪法或纠正违宪情况时，得为此召开会议。”

由于人民是权力的唯一合法泉源，政府各部门据以掌权的宪法来自人民，因此不仅在必须扩大、减少或重新确定政府权力，而且在任何部门侵犯其他部门的既定权力时，求助于同一原始权威似乎是完全符合共和政体的理论的。就一些部门的共同任务而论,它们是完全平等的,显然没有一个部门能自称有规定它们彼此之间的权力范围的专权或更高的权力;人民作为任务的委托人,能单独说明任务的真正意义,并能强迫执行,如果不求助于人民,怎能防止强者的侵犯或纠正弱者的错误呢?

这个理论的确有极大力量,并且必须允许证明,通向人民为某些重大特殊事件作出决定的法定道路,应该保持畅通。但是出现了如此不能排除的异议:反对把关于求助人民的提议作为在一切情况下使各权力部门保持在法定范围内的一种规定。

首先,这个规定并未达到两个部门联合起来反对第三个部门的情况。如果具有许多方法来影响其他部门的动机的立法机关,能把其他两个部门中任何一个或将其三分之一的成员吸收到自己一边,剩下的一个部门就不能从其补救办法中得到什么好处了。然而我不再详论这个反对意见了,因为可能被认为与其说是反对原则本身,不如说是反对原则的变化。

其次,可能把如下这点认为是原则本身所固有的异议:由于每次求助于人民,就意味着政府具有某些缺点,经常求助人民,就会在很大程度上使政府失去时间所给予每件事物的尊敬,没有那种尊敬,也许最英明、最自由的政府也不会具有必要的稳定。如果所有政府的确以舆论为根据,同样真实的是,舆论在每个人身上的力量以及对个人行为的实际影响,主要决定于他认为持有同一意见的人数。人的理性,就像人的自身一样,在独处时是胆怯小心的,他的坚定和信心是同他联合的人数成比例的。当加强舆论的例子不仅数目多而且又是年代久远时,它们就会有加倍的效果而为人所知。在贤人的国家里，这点可以不加考虑。开明的理性之声会充分教育人们尊敬法律。但是贤人之国和柏拉图所希望的贤人国王一样，是盼不到的。在其他国家里，最讲道理的政府也不会认为公众对它的偏护是多余的有利。

由于过分关心公众热情而有破坏公众安静的危险，是反对把宪法问题经常提请全社会决定的更大反对意见。尽管对我们已建立的政体的修改获得了成功，并且这给予美国人民的道德和智慧这么大的光荣，但是必须承认，这个尝试性质太不稳定，以致不便毫无必要地重复。我们应该想到，所有现存的宪法是在制止了最不利于秩序和协调的热情的危险中制定的，是在人民热烈信任其爱国领袖，从而消除了平常在重大的全国性问题上的意见不一致的情况下制定的，是在由于对旧政府的普遍仇恨和愤怒而产生的对新的相反政体的普遍热情中制定的，是在没有与将要作出的改变或将要改革的弊病有联系的党派精神能在整个行动中发生影响的情况下制定的。我们通常一定期望置身其中的未来局面，不会对担忧的危险提供任何相应的防御。

但是最大的反对意见是，由于这种求助而可能作出的决定，并不符合保持政府在宪法上的平衡的目的。我们看到，共和政体的趋势是靠牺牲其他部门来加强立法机关。因此，通常是行政和司法部门向人民请求公断。但是，无论是哪一方面的请求，在审判时各方面是否都享有同样的有利条件？我们不妨看看这些部门的不同情况。行政部门和司法部门的成员人数都很少，只有一小部分人民个别地认识他们。司法部门成员由于其任命的方式，以及其职务的性质和长期性，与人民那么疏远，以致不能受到他们的偏爱。行政部门人员通常是猜忌的对象，他们的管理工作往往易于受到损害，不得民心。另一方面，立法部门的成员很多，他们分布和生活在一般人民中间。他们的血统关系、友谊关系和相互结识，在社会上最有势力的那部分人当中，占有很大比例。他们受公众信任的性质意味着他们在人民当中有个人影响，而且他们是人民的权利和自由的更直接的可靠保护人。具有这些有利条件，几乎不能设想，敌对的一方会有均等机会获得有利结局。

但是立法部门不仅能最成功地向人民解释自己的理由。他们还可能自己来做法官。把他们选入立法机关的同一种势力，会把他们选进制宪会议。如果说并非所有情况都是如此，那么在许多情况下或许是这样的，而决定这些机构里每件事情的领导人物肯定是如此。简言之，制宪会议主要是由行为受到责难的部门的过去、现在或未来的成员组成的。因此他们是要由他们解决的每个问题的当事人。

然而，有时也会在很少不利于行政和司法部门的情况下请求公断。立法部门的篡夺行为可能是如此明显而突然，以致不容有任何伪装。一帮强有力的人可能会偏袒其他部门。行政权可能由人民所特别爱戴的人执掌。在这样的情况下，公众的决断很少为袒护立法部门的偏见所动摇。但仍旧不能期望此种公断决定问题的真正是非曲直。公众的决断必然会与预先存在的党派精神或由问题本身产生的党派精神有联系，还会与社会上德高望重的人有联系。宣布公断的人正是同公断有关的措施的代表人物者或反对者。因此，参加裁决的是公众的**情感**而不是**理智**。但是只有公众的理智应该控制和管理政府，情感应该由政府控制和调节。

我们在前一篇论文中看到，单是成文宪法中的声明不足以把几个部门限制在它们的合法权利范围以内。从这一点看来，偶然求助人民既不是达到该目的的一个适当规定，也不是一个有效的规定。上述方案中所包括的性质不同的规定合适的程度如何，我没有研究。其中有些规定无疑是以健全的政治原则为基础的，而且所有的规定的拟定都是独出心裁，无懈可击。

普布利乌斯

原载1788年2月5日,星期二,《纽约邮报》

第五十篇

(汉密尔顿或麦迪逊)

致纽约州人民:

也许可以争辩说:代替易遭反对的偶然请求人民公断,定期的请求是防止和纠正违宪情况的适当而切实可行的办法。

要注意,在审查这些办法时,我限于通过把某些权力部门保持在自己应有的范围内来实施宪法的能力,而不特别把它们当作修改宪法本身的规定。初看起来,定期向人民请求公断是和出现特殊情况时请求公断几乎是同样的不足取。如果时间间隔很短,将要检查和纠正的措施将是近期的东西,并且会与倾向于损害和曲解偶然修正的结果的一切情况有联系。如果时间间隔长,同样的说法可应用于一切最近的措施;而且按照其他措施的久远程度,会有利于对它们做出公平的检查,可是与这个有利条件分不开的某些不便,似乎把这点便利抵消了。首先,公众责难的远景,对于被目前动机的力量可能促成的越权行为是一种极其软弱的束缚。能否想象,包括一两百成员的立法会议,对某个赞成的目标全力以赴,在追求这个目标时突破了宪法的束缚,这时这个会议难道考虑到十年、十五年或二十年以后他们的行为将受到检察官的修正而把自己的事业半途而废吗？其次，在应用纠正的规定以前，那些弊病往往已经造成了有害的结果。最后，在情况并非如此的地方，那些弊病由来已久，根深蒂固，而且不易根除。

为了纠正不久以前的违宪情形，以及为了其他目的而修正宪法的计划，曾经在一个州里真正地进行过试行。1783 和 1784 年，在宾夕法尼亚召开的监察会议，像我们知道的那样，是调查“宪法是否被违犯，立法部门和行政部门曾否互相侵犯”。有关政治上是非曲直的这个重大的新试验，在某些观点上是值得特别注意的。从其中某些观点看来，这也许是在多少有点特殊的情况下所做的一次单一的试验，可能被认为并不具有绝对的结论性质。但是就应用到正在研究的情况而言，这次试验包括某些事实，我敢冒昧地说，是我所应用的论据的一个充分而令人满意的说明。

第一，从组成会议的先生们的姓名看来，最积极的领导成员中至少有几个原来就是州里原有各党派的积极领导人物。

第二，看来会议中的同一些积极的领导成员，在检查期间就是立法和行政部门的积极而有势力的成员，甚至是检验宪法措施的赞成人或反对者。有两个成员做过副州长，另外有几个成员是前七年内的行政会议成员。他们当中有一人是同一时期内的立法会议议长，另外几个人是同一时期内立法会议的著名成员。

第三，会议录的每一页证明，所有这些情况对他们审议问题时的心情所产生的影响。整个会议期间，全体与会成员分成固定而激烈的两派。他们自己也承认这个事实，并且感到遗憾。如果不这样，他们的会议录的字面上也表示出同样令人满意的证明。在一切问题上，无论问题本身如何不重要或彼此无关，同样的姓名会一成不变地出现在意见相反的两个名单上。每个公平的评论家如果没有错误的威胁，同时也不反映任何方面或任何方面的任何人的意见。可以推断说：不幸的是，主宰他们的决定的必定是情感，而不是理智。当人们在各种不同的问题上冷静而自由地运用理智时，他们必定会对其中几个问题持不同意见。当他们被一种共同的情感所支配时，他们的意见如果可以这样说的话，会是相同的。

第四，在某些情况下，这个机构的决定是否并未曲解为立法和行政部门规定的限制，反而在法定的地位内贬低并限制了这两个单位，这一点至少是可疑的。

第五，我从来不知道，会议对宪法问题作出的决定，无论错对，在改变以立法解释为基础的实践上有过任何效果。如果我没有搞错，甚至有一次是当时的立法机关否认了会议作出的解释，并且在论战中真正占了上风。

因此，这个检察机关通过其研究同时证明了弊病的存在，又通过实例证明了纠正是行不通的。

这个结论是不能用下面辩解使之无效的：进行这种试验的州是处于危机中，而且在此以前的很长时间内，被剧烈的党争搞得混乱不堪。是否可以假定，在未来任何连续七年的时间里，该州将没有党派？是否可以假定，任何其他州在同样的时间内或任何其他既定时间内也将没有党派？这样的事既不能设想也不能寄以希望，因为消灭党派必然有这样的含意：要么普遍为公共安全担心，要么完全消灭自由。

如果采取预防办法，把一定时间内与政府有关的一切人员从人民选举的、旨在改正政府以前的管理工作的议会中完全排除出去，这些困难也不能避免。此项重要任务可能移交给能力较差、其他各方面略胜一筹的人。虽然他们个人可能与管理无关，因而不是将被检查的措施的直接代理人，但是他们可能包括在与这些措施有关的那些党派中，并且是在那些党派的赞助下当选的。

普布利乌斯

原载1788年2月8日，星期五，《纽约邮报》

第五十一篇

（汉密尔顿或麦迪逊）

致纽约州人民：

那么，我们到底应该采用什么方法来切实保持宪法所规定的各部门之间的权力的必要划分呢？能够作出的唯一回答是，因为发现所有这些表面规定都嫌不够，必须用下述办法来弥补缺陷：这样来设计政府的内部结构，使其某些组成部分可以由于相互关系成为各守本分的手段。我不想充分发挥这个重要的意见，只想大胆作些一般性论述，这或许会把这个意见搞得更清楚一些，并且使我们能对制宪会议所拟定的政府原则和结构作出比较正确的判断。

为了要给政府分别行使不同权力奠定应有的基础——在某种程度上都承认这对维护自由是必不可少的——显然各部门应该有它自己的愿望，因而应该这样组织起来，使各部门的成员对其他部门成员的任命尽可能少起作用。如果严格遵守这条原则，那就要求所有行政、立法和司法的最高长官的任命，均应来自同一权力源泉——人民，尽管通过的途径彼此并不相通。这样一个组织各部门的计划，实际上也许没有想象那么困难。然而，在执行时会有一些额外费用。所以必须容许与原则有些出入。特别是在组织司法部门时,严格坚持这条原则是不利的。第一,因为特殊资格在成员中是极其重要的,所以主要考虑的应该是选择那种最能保证这些资格的挑选方式;第二,因为在该部门任职是终身的,所以必然很快消除对任命他们的权力的一切依赖思想。

同样明显的是,各部门的成员在他们的公职报酬方面应该尽可能少地依赖其他部门的成员。如果行政长官或法官在这方面并非不受立法机关约束,他们彼此之间的独立只是有名无实而已。

但是防止把某些权力逐渐集中于同一部门的最可靠办法,就是给予各部门的主管人抵制其他部门侵犯的必要法定手段和个人的主动。在这方面,如同其他各方面一样,防御规定必须与攻击的危险相称。野心必须用野心来对抗。人的利益必然是与当地的法定权利相联系。用这种种方法来控制政府的弊病,可能是对人性的一种耻辱。但是政府本身若不是对人性的最大耻辱,又是什么呢?如果人都是天使,就不需要任何政府了。如果是天使统治人,就不需要对政府有任何外来的或内在的控制了。在组织一个人统治人的政府时,最大困难在于必须首先使政府能管理被统治者,然后再使政府管理自身。毫无疑问,依靠人民是对政府的主要控制;但是经验教导人们,必须有辅助性的预防措施。

用相反和敌对的关心来补足较好动机的缺陷,这个政策可以从人类公私事务的整个制度中探究。我们看到这一政策特别表现在一切下属权力的分配中,那里的一成不变的目的是按这样的方式来划分和安排某些公职的,以便彼此有所牵制——使各人的私人利益可以成为公众权利的保护者。在分配州的最高权力中,再也没有什么东西比这些细心的发明更需要了。

但是不可能给予各部门以同等的自卫权。在共和政体中，立法权必然处于支配地位。补救这个不便的方法是把立法机关分为不同单位，并且用不同的选举方式和不同的行动原则使它们在共同作用的性质以及对社会的共同依赖方面所容许的范围内彼此尽可能少发生联系。用进一步的预防办法来防止危险的侵犯也许是必要的。正如立法权的权力所要求的那样，应当这样来划分，另一方面软弱的行政部门可能要求把它加强。初看起来，对立法部门的绝对否定，是行政长官应该配备的天然防卫物，但是这一办法既不完全可靠，单独使用也是不够的。在寻常情况下，也许不会以必要的坚定态度去运用；在特殊场合下，又可能会背信弃义地去滥用。使这种软弱部门与强大部门中较弱的分支机构适当地结合起来，使后者可以支持前者的法定权利，同时也不至于过分脱离本部门的权利，这种办法难道不能补足这一绝对否定的缺陷吗？

假如这些意见所依据的原则就像我所相信的那样，是正确的，而且把这些原则作为准则应用于某些州宪法和联邦宪法，那么就会发现，如果联邦宪法并不完全符合这些原则，州宪法就更加不能经得起这样的考验。

此外，还有两种考虑特别适用于美国的联邦制度，这种考虑把联邦制度放在一种非常有趣的观点中。

第一，在一个单一的共和国里，人民交出的一切权力是交给一个政府执行的，而且把政府划分为不同的部门以防篡夺。在美国的复合共和国里，人民交出的权力首先分给两种不同的政府，然后把各政府分得的那部分权力再分给几个分立的部门。因此，人民的权利就有了双重保障。两种政府将互相控制，同时各政府又自己控制自己。

第二，在共和国里极其重要的是，不仅要保护社会防止统治者的压迫，而且要保护一部分社会反对另一部分的不公。在不同阶级的公民中必然存在着不同的利益。如果多数人由一种共同利益联合起来，少数人的权利就没有保障。只有两个方法可防止这种弊病：其一是在不受多数人约束，也就是不受社会本身约束的团体中形成一种意愿；其二是使社会中包括那么许多各种不同的公民，使全体中多数人的不合理联合即使不是办不到，也是极不可能。第一个办法在一切具有世袭的或自封的权力的政府中是很普遍的。这充其量不过是一个不可靠的预防办法，因为一种不受社会约束的权力可以赞助少数人的合理利益，同样也可以赞助多数人的不合理见解，也可能被用来反对两者。第二个办法可用美利坚联邦共和国来作范例。它所有的权力将来自社会和从属于社会，社会本身将分为如此之多的部分、利益集团和公民阶级，以致个人或少数人的权利很少遭到由于多数人的利益结合而形成的威胁。在一个自由政府里，保障民权一定要和保障宗教权利一样。在前一种情况中，它包括各种各样的利益，而后一种情况则包括各种各样的教派。两种情况下的保证程度，将决定于利益和教派的多少；也可认为，决定于国家的幅员和同一政府下所包括的人数。对这个问题的这种看法，必然会特别向共和政府的所有诚实而考虑周到的赞助者推荐一种适当的联邦制度；因为这个看法表明，随着联邦的领土可能形成几个范围较小的邦联或州，会使多数人便于结成压迫他人的集团；在共和政体下对每个阶级公民权利的最好保证就会削弱;因此政府某些部门的稳定和独立(唯一的另一保证)必然会相应加强。正义是政府的目的。正义是人类社会的目的。无论过去或将来始终都要追求正义,直到获得它为止,或者直到在追求中丧失了自由为止。在一个其体制使得强大的党派能很容易联合起来压迫弱小党派的社会里,老实说,无政府状态会像在未开化的野蛮状态下一样占有优势,在那里弱者不能保护自己免遭强者的侵犯;因为在后一种情况下,就连强者也由于他们情况的不稳定而被迫受制于一个不仅能保护他们自己也能保护弱者的政府;所以在前一种情况下,更强大的党派也会由于同样动机而逐渐希望有一个能保护所有软弱和强大党派的政府。毋庸置疑,如果罗得岛脱离邦联,实行自治,在这样狭窄范围内的民主政体下的权利没有保障,就会由闹派系的多数人的不断压迫表现出来,以致各派系不久就会要求某种完全不受人民约束的权力,因为党争的紊乱证明有此必要。在幅员广大的美利坚合众国里,在它所包括的多种利益集团、党派和教派中,整个社会的多数人联合,除了根据正义和公益的原则以外,是很少会在其他原则下出现的。在大党派的意愿对小党派的威胁较小的情况下,为前者作出如下保证的口实必然也就少了:把一个不受后者约束,换句话说,独立于社会本身之外的意愿带入政府。尽管有相反的意见,肯定无疑而且也是同样重要的是:倘若社会在一个实际范围内,它越大,就越能充分实行自治。对共和主义来说可喜的是,通过对联邦原则的合宜修正和混合,可以把实践范围扩充到极大的范围。

普布利乌斯

原载1788年2月8日,星期五,《纽约邮报》

第五十二篇

(汉密尔顿或麦迪逊)

致纽约州人民:

根据以上四篇论文所作的比较笼统的探讨,我接下去更详细地审查政府的各个部分。我先从众议院说起。

对政府这一部分首先要考虑的是关于选举人和被选人的资格问题。

选举人的资格是和大多数州的立法机关的选举人的资格是一样的。选举权的定义被非常恰当地认为是共和政体的基本条款。因此,在宪法中给这项权利确定定义,是制宪会议的义务。鉴于上述理由,公然把它留给国会的临时条例来决定是不适当的。把它提交州的立法去决定,由于同一理由也是不适当的;而且还有一个理由是:它会使联邦政府的这个部门过于依靠应当单独依靠人民的州政府。把各州的不同资格统一成为一致的规则,可能会使某些州感到不满,同样也会使制宪会议感到困难。因此,制宪会议制定的规定似乎是他们所能选择的最好规定了。这一规定必然使每个州感到满意,因为它符合业已确定的标准,或者可能由各州自行规定的标准。它对合众国是安全的,因为是州宪法所定的,州政府不能加以改变，并且不必担心各州人民会以剥夺联邦宪法赋予他们的权利的方式来改变州宪法的这一部分。

被选人的资格，由于州宪法规定得不怎么仔细和不怎么适当，同时由于比较容易一致，所以制宪会议对这种资格作出了非常适当的考虑和规定。合众国的众议员必须年满二十五岁，有七年的合众国公民资格，在选举时必须是他所代表的州的居民；在他任职期间不得在合众国担任公职。在这些合理的限制下，联邦政府这一部分的大门是对各种有功劳的人开放的，不论是本国人或者是入籍的，不论老少贫富，不论任何特殊职业或宗教信仰。

被选众议员的任期是这一部分所要研究的第二点。为了适当地决定这一条款，必须考虑两个问题：第一，在这种情况下两年一度的选举是否安全；第二，这种选举是否需要或有用。

第一，因为一般说来，政府与人民应有共同利益，这对自由是必不可少的，所以特别重要的是，考虑中的部分应该直接依赖人民，对人民有亲密的同情。经常的选举，无疑是有效地获得这种依赖和同情的唯一方针。但是为此目的绝对需要何种程度的经常性，似乎不易作出确切估计，并且必须取决于与此有关的各种情况。我们不妨请教一下经验，凡是能找到经验时，总是应该遵循它的指导。

对于代替公民亲自集会的代议制，古代国家至多也只有很不完全的理解，我们只能期望从近代得到有益的实例。即使这样，为了避免过于模棱两可和过于分散的研究，我们最好只限于研究少数几个最有名的、与我们的特殊情况最为近似的例子。第一个适用这个特征的是大不列颠的下院。英国宪法中关于这个部门的历史，早在大宪章以前就是模糊不清，不能给我们任何教益。它的存在一直是政治考古学者的一个问题。后来的最早纪录证明,议会只是每年开会一次;而不是每年选举一次。即使这些一年一次的会议也多半由君主任意决定,以致在各种借口下皇家的野心往往千方百计地使议会出现长时期的和危险的中断。为了改变这种不满,查理二世统治时期有一条法令规定,议会中断时间不得超过三年。威廉三世即位时,政府发生了一次变革,更加郑重地讨论了这个问题,宣布议会必须经常开会,这是人民的基本权利之一。按照同一朝代在数年后通过的另一条法令,查理二世时代"经常"一词含意为三年时间,意思变得精确了,它明确规定新的议会应在上次议会结束以后三年内召开。最后一次从三年改为七年的变更,大家知道是本世纪初在警惕汉诺佛王朝继任的情况下作出的。从这些事实可以看出,这个王国认为使议员受选民约束的选举是必要的,次数最多也没有超过三年一次。如果我们可以根据甚至七年一次的选举所保留的那种自由的程度,以及议会制的所有其他错误成分来评论,我们就不能怀疑,从七年减为三年以及其他必要的改革,会把人民对议员的影响扩大到使我们相信,在联邦制度下的二年一次的选举,不可能危及众议院对其选民的必要依赖。

爱尔兰的选举直到最近还是完全由君主自行管理,并且难得重复,除非新王即位,或发生某种其他意外事件。从乔治二世开始的议会,在他整个统治时期始终未变,大约持续了三十五年之久。议员对人民的唯一依赖,在于人民有权通过选举新成员来补足偶然的空缺,遇到某些大事还可能进行一次新的普选。爱尔兰议会维持其选民权利的能力,就这种倾向可能存在来说,由于君主对选民所思考的问题的控制而大受束缚。如果我没有弄错,这些束缚近来已经被打破了，八年一度的议会也已经成立了。这种局部改革会造成什么结果，尚须进一步的体验。从这点来看，爱尔兰的例子对说明问题的帮助不大。就我们能从这个例子得出的任何结论而论，它必然是，如果该国人民能在所有这些不利条件下保持一点自由，那么两年一度选举的有利条件就会使他们获得决定于议员和他们自己之间应有联系的各种程度的自由。

让我们把探讨引向本国。这些州（当它们是大不列颠殖民地时）的例子引起了特殊注意，同时它们又是众所周知的，以致无须多讲。至少在议会的一个部门里，各州都确立了代议制的原则。但是选举期限不同，从一年至七年不等。我们有任何理由根据革命以前人民议员的精神和行为作出推论说，两年一度的选举对公众自由会造成威胁吗？在斗争开始时，到处表现出来、并且消除了对独立的种种障碍的精神，最充分地证明了到处都享有充分的自由，以致引起人们对自由价值的认识和适当扩大自由的热情。这个意见不仅适用于当时选举次数最多的殖民地，而且也适用于选举次数最少的殖民地。弗吉尼亚是首先反抗大不列颠的议会篡夺的殖民地，也是首先用公共法令表示拥护独立决定的殖民地。尽管如此，如果我没有搞错，弗吉尼亚在前政府下的选举是七年一次。举出这个例子，并不是作为某种优点的证明，因为那些情况下居于优先地位可能是偶然的，七年一次选举依然没有什么优越性，因为与次数更多的选举比较起来，这也是不足取的；但是这只不过是作为一个证明，而且我认为是一个非常重要的证明，那就是两年一度的选举不可能危及人民的自由。

回想下面三种情况，将不会稍稍加强从这些例子所得出的结论：第一，联邦立法机关只会具有完全属于英国议会的最高立法权的一部分；而且除了少数例外，那些权力是由殖民地议会和爱尔兰立法机关行使的。一条很有根据的公认原则是：在没有其他情况的影响下，权力越大，权力的期限应该越短；反之，权力越小，延长权力的期限就越安全。第二，在其他场合曾经指出，联邦立法机关不仅和其他立法机关一样，受到它对人民的依赖的约束，而且和其他立法机关有所不同的是，它还将受到某些附属的立法机关的监督和管制。第三，联邦政府的常设部门将具有诱使众议院逃避对人民责任（如果他们要想这样做）的手段，以及联邦政府其他部门所具有的影响民众部分的手段，两者是不能比较的。因此，联邦议员由于可以滥用的权力较少，一方面很少受到诱惑，另一方面会受到加倍的监视。

普布利乌斯

原载 1788 年 2 月 12 日，星期二，《纽约邮报》

第五十三篇

（汉密尔顿或麦迪逊）

致纽约州人民：

也许这里有人要向我提起一句俗语："一年一度的选举告终之时，就是暴政开始之日。"倘若如通常所说那样，谚语一般都有理论依据这话是确实的，那么同样正确的是，谚语一旦成立，往往可以应用于理论所涉及不到的情况。我不需要从我们目前的事例以外去寻找证明。这句谚语所依据的理论是什么呢？没有人会使自己成为这样的笑柄：说什么太阳或季节和人类道德能够忍受权力诱惑的时期之间存在着任何自然联系。对人类来说可喜的是，在这方面自由并不限于任何一点时间，而是存在于两个极端之间，这些极端为文明社会由于不同情况和环境而需要的一切变化提供了充分的活动范围。执政长官的选举，如果认为合适，就像某些实际存在的事例那样，可以每年一次，还可以每日一次，每星期一次，或每月一次，如果情况要求在一方面违背规则，为什么不在另一方面也要求违背呢？我们注意一下我们中间为大多数州的立法机关所规定的选举期限，就会发现在这方面的期限决不比选举其他地方长官更加一致。在康涅狄格和罗得岛，选期是半年一次。南卡罗来纳以外的其他各州，是一年一次。在南卡罗来纳是两年一次——这是联邦政府的建议。这里最长和最短选期的差别是四比一；然而这也不容易说明，康涅狄格或罗得岛比南卡罗来纳治理得更好，或享有更多的合理自由；或者这两个州的某一州在这些方面和由于这些原因同那些在选举方面与两者有别的其他各州有所区别。

在寻求这个原则的根据时，我只能找到一个，而且是完全不适合我们情况的根据。一部由人民制定、政府不能更改的宪法，和由政府制定、政府能够更改的一种法律之间的重要区别，在美国是很好理解的，然而在其他任何国家似乎不大理解而且很少注意。最高立法权所在之处，可以设想也存在着改变政体的充分权力。甚至在政治自由和公民自由的原则讨论得最多，和我们听说宪法权利也最多的大不列颠，仍坚持议会的权力就立法条款的一般对象和宪法来说，都是至高无上和不受管束的。因此他们在某些情况下，通过立法法令确实更改了关于政府的某些最基本的条款。尤其是他们曾几次更改选期；最后不仅用七年一度的选举来代替三年一度的选举，而且用同一法令使他们自己继续执政四年，超过了人民选举他们的任期。对这些危险做法的注意，引起了以经常选举作为柱石的自由政府的爱好者的一种非常自然的惊觉，并且促使他们寻求某种方法来防御自由所受到的威胁。在高于政府的宪法既不存在也不能获得的地方，不会尝试建立类似合众国所制定的那种合乎宪法的预防措施。因此，必须寻求另外一种预防措施，而除了选择和采用一段简单和普通的时间作为衡量改革的危险、固定国民情感和联合爱国力量的标准以外，在这种情况下还能容许有什么更好的预防办法吗？适用于这个问题的最简单和最普通的时间是一年;因此为了对不受限制的政府的逐渐改革树立起某种障碍,以一种值得钦佩的热情来灌输的原则是,走向专制政治,可以从一年一度的选举的固定时间作为开始的距离来计算的。但是有什么必要把这个办法应用到像联邦政府那样受到至高无上的宪法权力的限制的政府呢?或者有谁会借口说,在由这样一部宪法严格规定两年选举一次的制度下的美国人民的自由,不会比其他任何国家的自由更有保障?而那些国家的选举是一年一次,甚至次数更多,但是却要服从于根据政府寻常权力作出的更改呢?

第二个要说明的问题是,两年一次的选举是否需要或者有用。由于几个非常显著的理由,给这个问题一个肯定的答复是适当的。

一个人除正直的意图和正确的判断以外,对他要为之立法的问题不具有某种程度的知识,决不能成为一个合格的立法者。这种知识有一部分可以从各种公私职位的人员的情况中取得。另有一部分只能通过在需要利用这种知识的岗位上的实际经验来获得,至少是充分地获得。因此,在所有这些情况下,任职期限应该与执行职务所需的实际知识相称。我们知道,大多数州为许多立法部门规定的任职期限是一年。于是问题可以按这样简单的方式提出:两年期限与联邦立法所需知识的比例是否大于一年期限与州立法所需知识的比例?以这样方式提出问题,令人想到应该作出的回答。

在各别州里,关于全州一律的、全体公民多少有点熟悉的现行法律的必要知识,以及关于小范围内的该州的一般事务的必要知识,并不是十分错综复杂的,而且是各阶层人民非常注意和时常谈论的。合众国的广大舞台提供一种极其不同的布景。法律绝非千篇一律，各州都不相同；而联邦的公共事务分布在一个极其广大的地区，同这些事务有关的地方事务也是千变万化，除了中央会议以外，在任何其他地方都难以确切了解，全国各地的代表会把这些公共事务的消息带到中央会议上。然而关于各州事务甚至法律的某些知识，应为各州议员所掌握。假如不熟悉各州在贸易、港口、习惯法和条例等方面的情况，怎能用统一的法律来适当地管理对外贸易呢？假如不了解各州在这些或那些方面的有关情况，怎能适当地管理各州之间的贸易呢？如果税收不适合各州的税法和当地情况，怎能合理而有效地征税呢？假如对各州彼此不同的许多内部情况没有同样的了解，怎能适当地规定统一的民兵条例呢？这些是联邦立法的主要对象，而且最有力地提示，议员们应该获得广泛的知识。其他州内对象也会需要相当程度的有关知识。

的确，所有这些困难是会逐步地大为减少的。最困难的工作将是政府的正式成立和联邦法典的初步制定。初稿的修改将一年比一年容易，并且会逐年减少。政府以往的议事录会成为新议员的现成和正确的情况源泉。联邦的事务会越来越成为一般公民所研究和讨论的新奇对象。各州间公民之间的不断交往，对于相互了解彼此的事务很有帮助，这也有助于他们的习惯和法律的普遍同化。但即使这样减少困难，联邦立法部门的事务就新奇和困难来说，必然继续会超过一个州的立法事务，从而证明：被任命处理立法事务的人有一个较长的任期是正当的。

有一部分知识，是联邦议员应该具有的，然而未曾提及，那就是外交事务。在管理我们自己的贸易时，他不仅应该熟悉合众国和其他国家之间的条约，而且还要熟悉其他国家的贸易政策和法律。他不应该对国际法一无所知，因为作为国内立法的一个适当对象来说，它是服从于联邦政府的。虽然众议院并不直接参加对外谈判和协商，然而由于公共事务的某些部分之间的必要联系，那些部门在通常的立法过程中经常值得注意，有时还要求特殊的法律制裁和合作。毫无疑问，这种知识一部分是可以在书本上获得的，但是有些部分只能从公共的消息里得到；而在立法机关实际服务期间对此问题切实予以注意，就会最有效地获得这一切知识。

另外还有其他一些需要考虑的事情，这也许是次要的，但不是不值得注意的。许多众议员必须长途跋涉，为此必须作出种种安排，对于胜任这项工作的人们来说，对于期限为一年的反对理由要比延长到两年的反对理由还要多得多。根据参加现国会的代表情况，是得不到有关这个问题的任何论证的。他们固然是一年选举一次，但是立法会议把他们的再度当选几乎认为是一种程序问题。人民选举众议员是不会受同一原则的支配的。

在所有这种会议里，少数议员具有较高才能，他们通过多次当选，会成为长期的议员，会成为公共业务的真正专家，也许不会不愿意利用那些有利条件。新议员的比例越大，大多数成员了解的情况越少，他们就越容易跌入为他们设下的陷阱。这种说法对于众议院和参议院之间将会存在的关系，也决不是不适用的。

与我们经常选举的便利同时存在的还有一个不便，即使在一年只举行一次立法会议的大州里也是存在的：那就是假的选举不能及时加以调查和取消，并使决定产生应有的效果。如果能够当选，不管采用什么非法手段，非法议员当然会取得席位，而且一定会保持相当时间，来适应他的目的。因此极其有害地鼓励了用非法手段达到非法当选目的。如果联邦立法机关的选举是一年一次，这种做法会极其严重地被滥用，尤其是在比较遥远的各州。各议院必然会从议员的选举资格和议员的当选等方面作出判断；不管根据经验提供什么改进办法来简化和加速未决事件过程，在罢免一个不合法的议员以前，一年的大部分时间必然已经过去，以致这一事件的前景仍然是：对于通过不公平和非法手段来获取议席的做法不能加以制止。

所有这些事实合起来，会使我们能肯定地说：两年一度的选举有助于公众事业，就和我们看到这种选举对人民的自由会是安全的一样。

普布利乌斯

原载1788年2月12日，星期二，《纽约邮报》

第五十四篇

（汉密尔顿或麦迪逊）

致纽约州人民：

我对众议院的第二点看法，是关于某些州的众议员的任命，那是要用决定直接税的同一条规则来决定的。

各州的人数不得成为规定代表各州人民的众议员的比例标准，这一点并无争论。为安排税收而建立同样的规章，或许同样不会有什么异议，虽然在这种情况下，此项规章决不是根据同一原则建立的。在前一种情况下，规章可以理解为指人民的个人权利而言，规章与个人权利有着自然的和普遍的联系。在后一种情况下，它指的是财富的比例，它决不是衡量财富比例的精确尺度，而且在一般情况下，也是一个非常不适当的尺度。尽管这种应用于各州的有关财富和捐税的规章并不完善，但是，它显然还是现行规章中最无可非议的，它新近在美国获得普遍批准，制宪会议是不会不赞成的。

也许有人会说，这一切是可以容许的；但是用人数作为计算众议员数目的标准，或者把奴隶与自由民合在一起作为征税的比例，从这两点是否可以推定，奴隶应该包括在议员的人数规则之内？奴隶被认为是财产，而不被认为是人。所以，应该把他们包括在以财产为依据的税额估计之内,而排除在以人口调查来规定的代表权之外。就我所知,这就是表达无遗的反对意见。我将同样坦率地发表与此相反的理由。

我们某一位南方同胞会说:"我们同意选举众议员同人更加直接有关、而征税则同财产更加直接有关这一原则,我们同意把这个区别应用到我们的奴隶问题上。但是我们必须否认这个事实:把奴隶仅仅看作财产,在任何情况下不把他们看作人。实际情况是,奴隶兼有这两种特质:我们的法律在某些方面把他们当作人,在其他方面又把他们当作财产。他们被迫不是为自己而是为某一主人劳动,可以被一个主人卖给另一个主人,经常由于别人的变幻无常的意愿而被限制自由和遭受体罚;由于这些原因,奴隶似乎被降低到人类之下,而归入那些属于财产这一合法名称的无理性动物之中了。另一方面,由于奴隶的生命和肢体得到保护,不许任何人,甚至其劳动及自由的主人,加以伤害;同时奴隶本人如果伤害别人,也要受到惩罚;因此奴隶同样显然被法律认为是社会的一个成员,而不是无理性动物的一部分;是道德的行为者,而不只是一种财产。因此,联邦宪法对我国的奴隶问题作出非常恰当的决定,把他们看作兼有人和财产的特性。实际上,这是他们的真正特性。这是他们生活在其治下的法律所给予他们的特性;不容否认,这些都是适当的标准;因为只是在法律已把黑人变成财产项目这一口实下,在计算人数方面才不给他们一席之地;应当承认,如果法律要恢复被剥夺的权利,就不能再拒绝给予黑人一份与其他居民相同的选举权。

"这个问题可以用另一观点来看。各方面都同意,人数是衡量财富和纳税的最好标准,因为这是选举众议员的唯一适当标准。

如果制宪会议在计算选举人数时把奴隶从居民名单上除去，而在核算税率时又把他们列入名单，这样，制宪会议算得上公正或前后一致么？在增加负担时，把奴隶多少当作人看待；而在给予便利时，则拒绝对他们同样看待，能否合理地期望南方各州同意这样的办法吗？那些责备南方各州把一部分人类同胞当作财产的野蛮政策的人，自己却主张各州是它组成部分的政府，应该比他们所抱怨的法律更加彻底地考虑不人道地把这些不幸种族当作财产，对此，难道不会有人表示惊讶吗？

"或许会有这样的回答：任何有奴隶的州在计算代表时是不把奴隶包括在内的。他们自己既不投票，也不增加主人的投票数。那么，根据什么原则应该把他们列入联邦的计算的选民数字之内呢？宪法在这方面会求助于用作适当指导的法律，把他们完全排除在外。

"这个异议只用一种意见就可驳倒。新宪法的一个基本原则是，由于分派给各州的众议员总人数是由联邦规章根据居民总人数来决定的，所以决定各州被分配人数的权利要由各州所指定的这部分居民来行使。决定选举权的资格在任何两个州里或许并不相同。在某些州里差别很大。在每个州里，州宪法把某一部分居民的此项权利剥夺了，而这些人却会包括在联邦宪法借以分派众议员人数的人口调查之中。南方各州可能以此着眼反驳这种怨言，坚持说制宪会议所定原则要求各州对其居民的政策可以置之不顾；所以应该把奴隶作为居民按其总数包括在人口调查中，其方式应和按照其他各州政策不能享有全部公民权利的其他居民一样。然而，可以从这个原则得益的人却并未坚持严格遵循此项原则。他们所要求的一切是，在另一方面也应表示出同样的中庸之道。不妨把奴隶问题当作一个特殊问题，因为事实上它是一个特殊问题。不妨共同采纳宪法的妥协办法，这个办法把奴隶当作居民，但是把他们的地位降到自由居民的同等水平之下；这个办法认为奴隶是占人的五分之二的被剥夺的人。

"究竟可否根据另一理由来更迅速地为宪法的这一条款进行辩护呢？我们以前提出的看法是，代议制仅仅同人有关，与财产毫无关系。但这是一个正确的意见吗？组织政府是为保护人，或者个人，但同样也保护财产。因此，两者都可认为应由担负政府职责的人来代表。根据这个原则，在某些州内，尤其是纽约州，就特别指定政府的某一部门保护财产，因而政府是由社会上对政府的这个目标最感兴趣的那部分人选举的。在联邦宪法中，这个方针并不占主导地位。财产权和个人权利都交到同一些人的手里。因此，在挑选这些人时，应该注意财产问题。

"为了另一个理由，联邦立法机关给予各州人民的投票数，应该同各州的相当财富成某种比例。和个人不一样，各州不会因财产上的优势而相互发生影响。如果法律允许一个富裕的公民在选举他的代表时只投一票，他从其幸运地位得来的尊崇和影响，往往会引导别人去投他所选择的对象的票；通过这条觉察不出的渠道，财产权就转移到了公众选举之中。一个州对其他各州就没有这种影响。邦联最富的一州没有可能影响任何其他一州去选举个别众议员。大州和富州的众议员除了他们人数较多这一点可能造成的有利条件以外，在联邦立法机关里也不会比其他各州众议员占有任何其他有利条件。因此，就他们的财富优势和重要性能使他们合理地有权得到任何便利来说，是应该由占优势的选票取得的。

在这方面,新宪法不仅与尼德兰联盟和诸如此类的联盟大不相同,而且与目前的邦联也大不相同。在尼德兰联盟一类的联盟里,联邦决议的效力决定于组成联盟各州随后的自愿性决议。因此,各州虽然在公共会议里具有同等投票权,但是却有与这些随后的自愿性决议的不同重要性相应的不同影响。根据新宪法,联邦决议不必通过各州的干预就能生效。这些决议只取决于联邦立法机关的多数票,因此每一票,不管来自大州或小州、富州或穷州、强州或弱州,将具有同样的重要性和效力,正如由大小不同的县或其他地区的议员在州议会里的投票那样,每一票具有完全相等的价值和效力;如果情况有任何不同,那与其说是与议员来自地区的大小有关,不如说是由于各议员的个人性格不同。”

这就是维护南方利益的人在这个问题上可能应用的理论。虽然这一理论在某些论点上有些牵强附会,然而整体说来,我必须承认,它使我完全满足于制宪会议所定的选举标准。

一方面,制定一种选举和纳税的共同标准会产生极其有益的效果。由于国会所得到的准确的人口调查,如果不是决定于各州的合作,必然会在很大程度上决定于各州的安排,所以,极其重要的是,各州要认识到,要尽量少有增加或减少其人口总数的偏向。如果他们的代表份额是受这条规章管理的,他们就会有兴趣多报人口。如果这条规章只决定他们分摊的税额,相反的诱惑就会占优势。把这条规章扩大应用于两个目的,各州就会有相互对立的利益,互相约束,互相平衡,从而产生必要的公平。

普布利乌斯

原载 1788 年 2 月 15 日，星期五，《纽约邮报》

第五十五篇

（汉密尔顿或麦迪逊）

致纽约州人民：

众议院应包括的人数，成为另一个非常有趣的观点，根据这一观点，可以对联邦立法机关的这一部门加以研究。的确，在整整一部宪法里，很少有任何条款由于其重要性和攻击它的论据的明显力量而值得予以更多的注意。对这条款的非难是：第一，那么少的众议员会是公众利益的不可靠的受托人；第二，他们对许多选民的具体情况不会有适当的了解；第三，他们将从很少同情人民群众的那个阶级的公民中选出，而且其目的多半是依靠对多数人的压迫而使少数人永远向上爬；第四，最初人数已嫌不足，到后来会由于人口的增加和阻止众议员相应增加的种种障碍而越来越不相称。

总之，在这个问题上可以这样讲，再没有一个政治问题比众议院最适当的众议员人数问题更不容易获得明确的解决了；某些州的政策在任何一点上也从来没有比这一点更不一致了，无论我们直接把各州的立法机关相互比较，或者考虑各个众议员与其选民人数的比例，都是这样。且不说最小的州与最大州之间的差别，例如特拉华，其人数最多的一个立法机构，只包括二十一名众议员，而马萨诸塞的众议员人数达三四百人；即使人口几乎相等的各州之间也可看到极大的差别。宾夕法尼亚的众议员人数不超过马萨诸塞州的五分之一。纽约州人口与南卡罗来纳州人口之比是六比五，众议员人数只有后者的三分之一强。佐治亚和特拉华或罗得岛之间也存在着同样的悬殊。在宾夕法尼亚，众议员与其选民的比例至多是一与四千或五千之比。在罗得岛，两者的比例至少是一比一千。根据佐治亚的宪法，比例可达到一与十个选民之比；并且必然远远超过任何其他州的比例。

另一个一般意见是，众议员和人口的比例，在人口稠密的地方不应该和人口稀少的地方相同。如果弗吉尼亚的众议员用罗得岛的标准来规定，他们目前就会达到四五百之多，二三十年后，将达到一千。另一方面，宾夕法尼亚的比例如果应用到特拉华州，会把后者的众议院人数减到七人至八人。再没有把我们的政治估计建立在算术原则上这样更不合理的事了。把一定的权力委托给六七十人，可能比委托给六七人更为适当。但是不能因此就说，六七百人就相应地成为更好的受托。如果我们继续假定六七千人，整个理论就应该颠倒过来。事实是，在一切情况下，为了保障自由协商和讨论的益处，以及防止人们为不适当目的而轻易地联合起来，看来至少需要一定的数目；另一方面，为了是避免人数众多造成的混乱和过激，人数也应该有个最大的限度。在所有人数众多的议会里，不管是由什么人组成，感情必定会夺取理智的至高权威。如果每个雅典公民都是苏格拉底，每次雅典议会都是乌合之众。

这里还需要想到适用于两年一度选举情况的各种意见。由于同样理由，国会的有限权力和各州议会的监督，证明选举次数少于公共安全的需要是正确的；国会议员如果拥有全部立法权而且只受其他立法机关的一般约束，人数上就不需要很多。

我们心中有了这些总的概念以后，让我们再来衡量一下反对拟议中的众议院议员人数的那些意见。首先，反对意见说，把那么多的权力委托给如此少的议员是不可靠的。

议会这个部门应包括的人数，在政府成立初期，将是六十五人。在三年内要调查全国户口，届时此数可以增加到每三万居民一人；以后每十年重新调查户口一次，根据上述限度，可以继续增加。第一次调查户口，按照每三万居民一人的比例，可把众议员人数至少增加到一百，这不会被认为是过高的估计。如果把黑人按五分之三的比例计算，合众国的人口届时（如果不是已经）可达三百万是不会有什么疑问的。二十五年以后，按照估计的人口增加率，众议员人数将达二百；五十年以后可达四百。我想，这个数目可消除人们由于该机构人数少而产生的一切顾虑。我在这里把我以后对第四个反对意见的答复视为当然，那就是：众议员人数将按照宪法所规定的方式随时增加。根据相反的假定，我应当承认这个反对意见的确是非常重要的。

因此要解决的真正问题乃是，作为一种暂时规定的少数对公众自由是否是一种威胁？不几年内有六十五名众议员，再过几年有一二百名众议员，这对于合众国的有限而严加防护的立法权力来说，是否就是一种可靠的受托者？在没有先将我所得到的关于美国人民当前的倾向、激励州议会的精神以及同各阶级公民的政治特征结合在一起的原则等方面的各种印象忘却以前，我必须承认，我不能对这个问题作出否定的回答。我不能想象，美国人民在目前的气质下，或在很快就会发生的任何情况下，会选择并且每两年重新选择六十五个或一百个要想制定并执行一个暴虐或背叛计划的人。我不能想象，必然觉得有那么多动机去注意并且具有那么多方法去对抗联邦议会的各州议会，会不能探知或击败联邦议会反对普通选民自由的阴谋。我同样不能想象，目前或任何短暂的时间内，合众国会有任何六十五个或一百个人能够把自己介绍给一般人民，让他们去选举，这些人希望或者敢于在短短两年内辜负对他们的神圣委托。形势和时间的变化，以及我国人口的可能增加，需要一种预言的精神来宣告，我不能自作主张。但是从我们目前的情况、从一定时间内的可能出现的情况来看，我必须表示，美国的自由在联邦宪法提出的那个数目的人的手中，不可能是不可靠的。

危险能来自什么地方呢？我们害怕外国的黄金吗？如果外国的黄金能那么容易地腐化我们联邦的管理人并使他们陷害和背叛选民，那么，我们现在怎能是一个自由独立的国家呢？领导我们进行革命的国会，是一个比其继任者人数更少的机构；他们并非由一般公民选举，也不向一般人民负责；他们虽然是每年任命，而且可随意罢免，但是他们通常连任三年，而在联邦条款批准以前连任的时间更长。他们往往秘密进行商讨；他们有全权处理我们同外国的事务；在战争的全部过程中，他们掌握国家命运的程度，超过我们未来的众议员们所能掌握的程度；由于赌注之大以及输方的殷切心情，大概可以推测，对于使用武力以外的其他方法是不会有所顾忌的。然而我们从可喜的经验中知道，公众的信任并未被辜负；我们的公众议会在这方面的纯洁性也没有受到损害，甚至连背后的诽谤都没有。

所担忧的危险是否来自联邦政府的其他部门呢？但是总统或参议院或两者能从哪里得到资金呢？推测起来，他们的薪金不会，而且如果没有众议院的预先贿赂也不能满足种种非常不同的目的；由于他们必然都是美国公民，他们的私人财产不可能是危险的根源。因此，他们所具有的唯一手段在于官职的分配。怀疑是否就在这里呢？有时人们对我们说，这种贿金将被总统用来摧残参议院的品德。现在另一个议院的忠诚又将成为牺牲品。坚持共和政体原则所容许的不同基础、同时又对把他们置于其上的社会负责的某些政府成员，不可能有这种唯利是图和不忠实的结合，仅这一点就应该把这种忧虑消除净尽。幸而宪法规定了更进一步的防备办法。国会议员在其任职期内不得担任任何可能授予的文官职务，不得在任期内增加薪金。因此，除了正常死亡可能造成的空缺以外，现任议员不得分配任何官职而设想这些空缺足以贿赂人民自己选举的人民保护人，就是抛弃应该用以计划各种事情的准则，并代之以一种不分青红皂白和无限制的嫉妒，由于这种情况，一切道理都是徒然。过分热衷于这种思想的自由的真诚朋友，并不知道他们给自己的事业造成的损害。因为人类有某种程度的劣根性，需要有某种程度的慎重和不信任，所以人类本性中还有其他品质，证明某种尊重和信任是正确的。共和政体要比任何其他政体更加以这些品质的存在为先决条件。如果我们当中某些人的政治妒忌所描述的图景与人类特性一模一样，推论就是，人们没有充分的德行可以实行自治，只有专制政治的锁链才能阻止他们互相残杀。

普布利乌斯

原载1788年2月19日，星期二，《纽约邮报》

第五十六篇

（汉密尔顿或麦迪逊）

致纽约州人民：

对众议院的第二个非难是，众议院太小，不能掌握有关选民利益的应有知识。

由于这个反对意见显然是把建议的众议员人数去和合众国的广大幅员、居民人数及其不同利益比较之后得来的，并未同时考虑到使国会有别于其他立法机关的各种情况，所以对它所能作的最好回答，就是把这些特点作一简单说明。

众议员应该熟悉选民的利益和情况，是一条正确而重要的原则。但是这个原则只能扩大到与众议员的职权和负责处理的事情有关系的那些情况和利益。对于不属立法范围的各种细微和特殊事物缺乏知识，是符合严格执行立法任务所需要的所有品质的。在决定行使某种权力所需的知识量时，必须求助于该项权力范围内的各种对象。

联邦立法的对象是什么？最重要的、而且看来最需要本地知识的对象是贸易、税捐和民兵。

正如另文所述，适当的贸易管理需要很多知识；但是就这种知识与各州的法律和当地情况有关而论，极少数众议员就能向联邦会议进行充分的转达。

税捐有大部分是贸易管理中所包括的关税。就这点来说,前述内容对这个目标是适用的。就捐税可能包括国内税而论,就需要关于州的情况的更广泛的知识。但是这难道不也可以由州内选出的极少数有才智的人充分掌握吗?把一个最大的州划分为十个或十二个地区,就会发现各区内没有任何特殊的局部利益是这个地区的众议员所不知道的。除了这个知识来源以外,由来自各区的众议员所制定的州的法律本身几乎就能进行充分的指导。在每个州里,过去已经制定、今后也必然继续制定关于这个问题的规章,那些规章在许多情况下将使联邦议会除了审查不同法律,使它们成为全国性的法令以外,很少有其他工作要做。一个内行坐在书房里,面前只要放着各种地方法典,不必借助口述资料,就可以为全联邦编制一部关于某些税收问题的法律;并且可以指望,在需要国内税的时候,特别是在要求各州一律的情况下,会提出更加简单的征税项目。为了充分领会州法典给予联邦这一立法机关提供的便利,我们只要暂且假定本州或任何其他的州已分成若干部分,每一部分都有地区立法权而且在本地区内行使这种权力。这样一来,在它们的几卷活动记录里就会发现某些当地情况和准备工作,这会大大减少总的立法工作,而且使很少的议员就足以担负此项工作,这一点难道不是一目了然了吗?

联邦议会将从另一种情况中得到很大便利。各州众议员不仅会随身带来关于该州法律的很多知识和他们各自地区的地区知识,而且他们本人往往曾经是,甚至当时仍旧是州议会的议员,州的各种具体情况和利益都汇集在一起,少数人就可以轻而易举地把它们从州议会带到合众国的立法机关。

就捐税问题所作的论述,可以更有说服力地应用于民兵问题上。因为无论各州的训练规则多么不同,而在各州内却是完全一致的;各种规则依据的情况在同一个州的各地也没有什么差别。

细心的读者将会看出,这里用来证明为数适中的众议员已经足够的理由,无论在任何方面同众议员应该具有广泛知识以及为获得这种知识需要时间的另一主张,都没有抵触。这种知识,就它可能与局部对象有关而论,成了不可缺少和困难的事情,这并不是由于个别一个州内的法律和具体情况不同,而是由于各州之间的法律和地区情况不同。以每一个州本身的情况来看,其法律是一样的,其利益也没有什么不同。因此少数几个人就可以具有对这些法律和利益作出正确说明所需的全部知识。如果每个州的利益和事务非常简单和一致,那么关于某一地方的利益和事务的知识,也就包括了其他各地的有关这方面的知识,只要从任何地方选出一个议员就有资格代表全州。把各州放在一起加以比较,我们发现各州法律以及与联邦立法对象有关的许多其他情况大不相同,这一切联邦众议员应该有所了解。因此,来自各州的少数众议员就会带来关于他们本州的应有知识,每个众议员又将获得有关所有其他各州的许多知识。如前所述,时间的变化对各州的相应情况会起一种同化作用。时间对一个州内部事务的影响正好相反。目前有几个州只不过是一种农民社会。几乎没有一个州的能使国家事务多样化和复杂化的工业部门有很大发展。然而,在所有这些州里,这种种情况是人口增长的结果,就各州来说,将要求有更充分的代表权。眼光远大的制宪会议已适当地注意到,要在人口增长的同时,使政府的代议机关的人数也有适当的增加。

曾给人类提供那么多告诫性的和典型的政治教训、在我们的探讨过程中经常用来参考的大不列颠的经验,证实了我们刚才提出的见解的结果。英格兰和苏格兰两国的人口不能说少于八百万。这八百万人在下院的议员总数是五百五十八人。其中九分之一是由三百六十四人选出的，还有一半是由五千七百二十三人选出的。[①] 不能设想，这样选出的、甚至不是生活在一般人民中间的半数议员，会在保护人民防备政府侵犯方面或者在立法会议上对了解人民的情况和利益方面有所贡献。相反，他们臭名昭著，经常作为行政长官的代理人和工具，而不是作为公众权利的保护人和拥护者。因此，可以极其恰当地把他们从国家的真正代表中除掉。然而，我们只能这样来看待他们，也不把其他许多人也包括在扣除之列，那些人并不生活在选民中间，与选民只有很不明显的联系，对于选民事务的特殊情况也了解得极少。作了这些让步以后，只有二百七十九人将是八百万人的安全、利益和幸福的受托人——这就是说，在一个面临行政影响的全部压力、权力达到一个事务复杂多样的国家的每个立法对象的议会上，只有一名议员来维护二万八千六百七十个选民的权利和说明他们的情况。然而可以肯定，不仅在所有这些情况下一部分宝贵的自由得到了保全，而且大不列颠法典的缺点中只有很小一部分可以归咎于立法机关对人民的情况一无所知。让这情况具有其应有的重要性，并且把它与上述的众议院的情况加以比较，似乎可以最充分地保证：每三万居民选出一名众议员，会使后者成为托付给他的利益的既可靠又得力的保护者。

普布利乌斯

① 伯格:《政治论文》。——普布利乌斯

原载1788年2月19日，星期二，《纽约邮报》

第五十七篇

（汉密尔顿或麦迪逊）

致纽约州人民：

对众议院的第三个非难是，它将由最不同情人民群众、而且多半旨在野心勃勃地为抬高少数人的地位而牺牲多数人的那个阶级的公民来选举。

在所有反对联邦宪法的意见中，这也许是最突出的一种。这个反对意见本身是针对一种所谓的寡头政治，它的原则是从根本上取消共和政体。

每部政治宪法的目的就是，或者说应该是，首先为统治者获得具有最高智慧来辨别和最高道德来追求社会公益的人；其次，当他们继续受到公众委托时，采取最有效的预防办法来使他们廉洁奉公。用选举方式获得统治者，是共和政体独有的政策。依靠这种政体，用以预防他们腐化堕落的方法是多种多样的。最有效的一种是任期上的限制，以便保持对人民的适当责任。

现在我要请问，在众议院的结构中有什么地方违反了共和政体的原则或者有利于少数人牺牲多数人使自己向上爬呢？我要请问，是否一切情况相反地都不严格符合这些原则，对各阶级和各类公民的权利与要求都未做到绝对公平?

谁是联邦众议员的选举人呢?不论贫富、有无知识、出身名门或出身微贱全部一视同仁。选举人应该是合众国的绝大部分人民。在每个州里,行使选举州议会相应机构的权利的人,也是一样。

谁是公众选举的对象呢?凡是其功绩能赢得国家的尊重和信任的公民都是这种对象。财富、门第、宗教信仰或职业都不得限制人民的判断或者使人民的愿望受到挫折。

如果我们研究一下那些由同胞们的自由选举选为众议员的情况,我们就会发现此种情况包括能够设想或期望的一切忠于选民的保证。

首先,他们是由于同胞的爱戴而出名的;我们可以设想,一般说来,他们也会由于具有某种品德而得到名望,并且保证他们认真而细心地关心自己任务的性质。

其次,他们将在一种至少不会不对选民产生暂时情感的情况下参加公共事务。每个人的内心对于荣誉、爱戴、尊敬和信任的标志都怀有一种感情,这种感情,撇开一切利害考虑不谈,就是感恩图报的某种保证。忘恩负义是违反人性的普通论题;必须承认,忘恩负义的事例无论在公私生活中都是屡见不鲜而且臭名远扬。但是它所引起的普遍的极端痛恨本身,就证明相反情感的力量和优势。

第三,众议员和选民之间的联系,由于种种性质上更加利己的动机而加强。他的骄傲和自负,使他依附一个有利于他的要求而且使他分享荣誉和名声的政体。不管少数胸怀大志的人有什么希望或打算，通常必然发生的是，大多数由于在人民中具有影响而飞黄腾达的人们，对保持这种有利地位所抱的希望，会超过对政府实行破坏人民权力的革新的希望。

然而，所有这些保证如果没有经常的选举加以限制，仍然是非常不够的。所以，首先要这样来组织众议院，使其成员经常想到他们对人民的依赖。在他们擢升的方式使他们产生的观点由于行使权力而忘却以前，他们不得不预料到他们的权力结束的时刻。到那时，他们执行权力的情形要受到审查，他们必须降到擢升以前的地位；除非他们忠实地卸任，使他们有资格重新上任，他们将永远留在原来的位置上。

我还要补充一点，作为在众议院限制众议员采取压制性措施的第五点情况，这就是他们所制定的法律，对他们自己和他们的朋友同对社会上绝大多数的人一样，必须完全有效。这点经常被认为是通情达理的政策能把统治者和人民联结起来的最坚强的纽带之一。它在统治者和人民之间造成共同的利益和同情感，很少有政府提供过这种例子，但如果没有这一点，每个政府都会蜕变为专制统治。也许有人会问：用什么来限制众议院在法律上搞出差别，使其有利于他们自己和社会上某一特殊阶级呢？我的回答是：整个制度的英明，公正的宪法的性质，尤其是激励美国人民的警惕性和勇敢精神——培养自由又为自由所培养的那种精神。

如果这种精神退化到容忍一种只约束人民而不约束议会的法律，人民就会准备容忍除了自由以外的任何东西了。

众议院和选民之间的关系就是如此。责任、感恩、利益、抱负本身，都是约束他们忠于并同情人民群众的媒介。也许这些都不足以约束人的任性和邪恶。但是难道这些东西不全是政府所承认和人们的谨慎所能够设想出来的么？难道这些东西不是共和政府用以为人民的自由和幸福作准备的真正的和特殊的手段么？联邦的每个州政府不也是用同样的手段来达到这些重要的目的么？那么我们怎样理解本文所驳斥的反对意见呢？对于那些口头上热烈拥护共和政体、然而拼命指责其基本原则，假装拥护人民选择自己的统治者的权利和能力、然而主张人民只选举那些确实会立刻辜负信任的那些人，我们又怎么说呢？

如果看到这个反对意见的是一个不知道宪法规定的选举众议员方式的人，他能设想的不外是选举权附有一个不合理的财产资格，或者被选权限于特殊家族或有产业的人，或至少各州州宪所规定的方式在某些方面有极大的差别。我们已看到，就前两点而论，这样的设想是多么的错误。事实上，最后一点也同样错误。两种情况之间所能发觉的唯一区别是，合众国的每个众议员将由五千或六千公民选出；而在个别州内，众议员大约由数百人选出。会不会借口说，这个区别足以证明对州政府的爱戴和对联邦政府的厌恶呢？如果这就是反对意见的关键，那是值得加以研究的。

这一点有理由支持吗？如果不坚持说五六千人比五六百人更不能选择一个适当的众议员，或者更容易被不适当的人贿赂，那就不能说这一点有理。相反，我们有理由得到保证，在这么多的人当中很可能找到一个适当的众议员，所以野心家的阴谋或富人的贿赂大概不会使人们放弃选择这个人。

从这个原则得出的结论行得通吗？如果我们说五六百公民足够一起行施其选举权，在政府的管理中不需要每五六百公民选一个众议员时，难道我们一定不去剥夺人民直接选举公仆的权利吗？

这个原则有事实加以证实吗？在前一篇论文中曾经指出，英国下院的真正代表很少超过每三万居民选出一人的比例。除了这里不存在的在该国有利于身份和财富权利的各种有力理由以外，一个人除非他拥有每年净收入达六百英镑的不动产，他是没资格被选为郡议员的，除非他拥有每年收入等于上述数字一半的产业，他也没有资格当选为市或自治城市的议员。至于郡议员，除了这个资格以外，对郡的选举人也有限制，把有选举权的人限于每年有收入二十英镑以上（按当时币值计算）不动产的人。虽然有这些不利条件，虽然英国法律中有些很不平等的法律，但是不能说该国的议员是少数人靠牺牲多数人而爬上去的。

但是我们不必在这个问题上求助于外国经验。我们自己的经验是明确的。新罕布什尔的某些地区，参议员是直接由人民选举的，这些地区的大小和该州选举国会众议员的选区所需的大小相差无几。马萨诸塞的选区要比为此目的所需的更大，纽约的选区更要大。在最后一个州——纽约和阿尔巴尼的各市和县的议会成员的选举人的人数，和选举国会众议员的人数几乎不相上下（仅以六十五名众议员来计算）。在这些参议员选区和县里，众议员是由每个选举人在同一时间选出的，这一点没有不同。如果相同的选举人同时能选举四五名众议员，他们不会不能选举一名众议员。宾夕法尼亚是另外的一个例子。某些选举州众议员的县的大小，和选举该州联邦众议员的选区的大小几乎相同。费城的人口据说有五六万。因此该城基本上分为两个选举联邦众议员的选区。然而，该城只能构成一个县，每个选举人投票选举州议会里的每个众议员。看来更直接符合我们目的的是，全城实际上为行政会议选举了一名成员。该州所有其他县的情形也是一样。

这些事实不是最好地证明了用以反对考虑中的联邦政府的这一部分的说法全是谬论吗？根据试验，是否已经看出新罕布什尔、马萨诸塞和纽约的参议员，或宾夕法尼亚的行政会议，或后两州的州议会成员，曾表现出为少数人而牺牲多数人的特殊倾向，或在任何方面比其他各州由很少一部分人任命的众议员和行政长官更不配据有他们的职位么？

但是有些事例比我引用过的任何事情都更加鲜明。康涅狄格议会的一部分是这样组织的，其每个成员都由全州选举。该州、马萨诸塞州和本州的州长以及新罕布什尔的州长也是这样选出的。我让大家来决定，这些实验中的任何一种的结果，是否可以说支持了这样的怀疑：用普及方式选出人民的众议员，有助于背叛者飞黄腾达，而且损害公众的自由。

普布利乌斯

原载 1788 年 2 月 22 日，星期五，《纽约邮报》

第五十八篇

（汉密尔顿或麦迪逊）

致纽约州人民：

现在我所要探究的是剩下的一个对众议院的指责，它所依据的假定是，众议员人数不会随着人口增长的需要而随时增加。

人们已经承认，这个反对意见如果很好地得到证实，将会是非常重要的。下面的评论将指出：如同大多数其他反对宪法的意见一样，这个反对意见只能来自对问题的片面看法，或者出自一种使看到的一切东西黯然失色、残缺凋零的嫉妒心理。

一、那些提出这种反对意见的人似乎并未想到，联邦宪法在保证准备逐渐增加众议员人数方面，是不能与州宪法相提并论的。最初生效的数目，已经声明是暂时的。其连续期限于短短三年。以后每隔十年调查一次人口。这些规定的明确目的第一是，随时重新调整众议员与人口的比例，唯一例外是，每州至少要有一名众议员；第二是，在同时期内增加众议员的人数，唯一限制是，总数不得超过每三万居民中有一名众议员的比例。如果我们考察一下某些州的宪法，就会发现有些州宪对这个问题没有明确规定，其他州宪在这一点上与联邦宪法非常符合，任何州宪中最有效的保证可解释为只是一种指导性的条款。

二、就这个问题的经验来说,根据州宪,众议员的逐渐增加至少是和选民的增加并驾齐驱的,似乎是前者准备同意这些措施,正如后者要求这些措施一样。

三、联邦宪法有一个特点,它保证多数人民和众议员留心注意众议员的人数要合乎宪法地得到增加。这个特点在于,立法机关的一个部门代表公民,另一部门代表各州。因此,在前一个部门,大州最有影响;在后一部门,对小州有利。从这个情况肯定可以推论说:大州将竭力赞成增加以他们的势力为主的这部分立法机关的人数和权力。仅仅四个最大的州就拥有众议院全部选票的多数。因此,如果小州的众议员或人民不论什么时候反对众议员的合理增加,很少几个州联合起来就足以把反对意见推翻;尽管平时的敌对和地区偏见会阻止这种联合,但是在不仅为共同利益所驱使,而且在宪法的公正和原则认为正当时,它是必然会发生的。

也许有人会辩解说:由于同样动机也会在参议院促成相反的联合;由于他们的联合是必需的,另一部分的正确的和合乎宪法的见解就会被击败。就是这个困难也许在众议院的多疑善妒的同情者中间引起了严重的忧虑。幸亏这只是表面上存在的一种困难,经过仔细的审查就会消失的。如果我没有弄错,下面的意见,将被认为是关于这点的结论性意见而且是令人满意的。

尽管在除了发行纸币以外的一切立法问题上两院具有同等的权力,但是不能怀疑,议员人数较多的众议院在得到力量比较强大各州的支持下,而且表达大多数人民的众所周知的和坚决的意见时,在一个问题决定于两院中那一院态度比较坚定时,将占有不小的优势。

这种优势必然会由于这样的认识而加强:一方意识到其要求得到正义、理智和宪法的支持,对方则意识到正在同所有这些重大理由的力量进行斗争。

可以进一步考虑的是,在最小州和最大州之间的等级中,有些州虽然通常很可能把自己安排在小州之列,但是在幅员和人口方面与大州相去不远,以致不会赞同反对他们的正当的和合法的要求。因此,即使在参议院内,多数票会不利于众议员人数的适当增加,这种看法决不是肯定无疑的。

补充这样一点也不能算是看得太远:来自所有新州的参议员,可能用一个明显得不容忽视的办法胜过众议院的正确意见。由于这些州在一个长时期内人口的增加会特别迅速,所以他们会对经常按人口数目重新分配众议员感兴趣。因此,在众议院占优势的大州,只能使重新分配和增加人数互为条件;而来自人口增长最快的各州的参议员,必然会由于他们的州对前者感觉兴趣而去争取后者。

在这个问题上,这些理由似乎提供了充分的保证,应该能单独地消除对这个问题所感到的疑惧。然而,即使承认有这些理由都不足以抑制小州的不公正政策或他们在参议院会议上的支配力量,大州仍有一个合乎宪法的、确实可靠的手段,能随时用来达到他们的正当目的。众议院不能单独拒绝,但是能单独提出维持政府所需的拨款。简言之,他们掌握了国库,国库是一个强大有力的工具;我们看到,在不列颠的宪法史上,借助于这个工具,一个地位低下、处于襁褓之中的人民代议制逐渐扩大了它的活动范围和重要作用，就它自己的愿望而言，终于削弱了政府其他部门的一切过大的特权。事实上，这种掌握国库的权力可以被认为是最完善和有效的武器，任何宪法利用这种武器，就能把人民的直接代表武装起来，纠正一切偏差，实行一切正当有益的措施。

但是众议院会不会和参议院一样关心维持政府的正当功能，他们会不会因此不愿冒险把政府的存在或名誉寄托在参议院的软弱上？或者，如果在两院之间冒险进行这种坚定的考验，这一院会不会和另一院一样，首先作出让步呢？这些问题对这样的人是不会产生困难的——他们想的是在一切情况下，执掌权力的人数越少，其职位越是永久和显要，他们个人对同政府有关的任何事情的关注也一定最强烈。那些在其他国家看来代表他们本国尊严的人们，对于公共的威胁或公务方面的可耻停滞的各种前景，都是特别敏感的。无论何时使用货币法案这种手段，我们都把英国下院对政府其他部门的经常胜利归于那些原因。后一方面的绝对固执，虽然必然会引起全国各部门的普遍混乱，但是它既没有使人担忧，也没有如此经历。联邦参议院或总统所能显示的最大程度的坚定性，决不会超过将由宪法和爱国原则支持他们进行的反抗。

这次对众议院宪法的评论，我略去了经济情况，这一情况在目前事态下，对减少众议员暂定人数可能起些作用，而把这种情况置之不顾，可能成为反对宪法的丰富论题，同已经提出的少量人数的建议是一样的。我还略去了关于在目前情况下可能发现聘用许多人民可能会选举的人参加联邦公务的困难的任何意见。然而必须让我在这个问题上补充一点我认为极其值得重视的意见。那就是所有立法会议，组成的人数越多，实际上指导会议进行的人就越少。首先，一个议会无论由什么人组成，其人数越多，众所周知的是，感情就越是胜于理智。其次，人数越多，知识肤浅、能力薄弱的成员所占比例就越大。这时，少数人的雄辩和演说正好对这类人起到众所周知的有力作用。在古代共和国里，全体人民亲自集会，那里通常可看到一个演说家或一个手腕高明的政治家左右一切，好像独掌大权一样。根据同一原理，代表性的议会人数越多，它就越是具有人民集体集会中特有的那种优柔寡断。无知将成为诡诈的弄愚者，情感也将成为诡辩和雄辩的奴隶。人民的错误莫大于作出这样的假定：通过把自己的议员增加到超出一定限度，来加强对少数人统治的防备。经验永远会告诫他们，正好相反，**为了安全、当地情况和对整个社会的普遍同情等目的而达到足够人数以后**，每增加他们的议员就会阻碍他们自己的目的。政府的外貌可能变得更加民主，但是使它得以活动的精神将是更多的寡头政治。机器会扩大，但是指导其运转的原动力却将更少，而且往往更加奥妙。

与反对众议员人数的意见有关，可以在这里适当注意的是，提议什么人数可以胜任立法事务。据说应该需要多数以上的人作为法定人数；在特殊情况下，如果不是在一切情况下，需要多数以上的法定人数来作出决议。不能否认，从这样的一个预防办法中可以得到某些好处。对于某些特殊利益来说，这可能是一种额外的防护体，对于一般的轻率的片面措施来说，这是另一重障碍。但是所有这些理由的重要性都被相反方面的不便所超过。在正义或公益可能要求通过新法律或采取积极措施的一切情况下，自由政府的基本原则会被废弃。统治的不再是多数人；权力会转交给少数人。如果把防御特权限于特殊情况,有利害关系的少数人就会乘机避免为全体福利作出正当的牺牲,或者在危急关头强求不合理的特殊好处。最后,这一情况会有助于有害分裂行为;即使在只需要一种多数的州里也出现过这种行为;这一行为破坏秩序和正常管理的一切原则;这种行为比以前在我们中间出现过的任何其他行为都更加直接地导致公众的骚乱和民主政府的毁灭。

普布利乌斯

原载1788年2月22日，星期五，《纽约邮报》

第五十九篇

（汉密尔顿）

致纽约州人民：

问题的自然次序引导我们在这里研究授权全国立法机关作为最后手段规定选举自己议员的宪法条款。

这个条款的措词是："关于选举参议员和众议员的日期、地点，和方式，均由各州议会规定；但除选举参议员的地点外，国会得随时根据法律制定或改变此种规定。"①这个条款不仅曾被全面指责宪法的人所攻击，而且也被程度较小和比较温和的反对者所责难；一位自称赞成宪法任何其他部分的先生认为，这个条款是个例外。

然而，如果全部宪法中有任何条款比这一条更值得充分地为之辩护，那么我是大错特错了。其正确性所根据的是这样一个明明白白的主张：每个政府应该具有维持其存在的手段。每个公正的理论家初看起来是会赞成在制宪会议的工作中遵守这条原则的，而不会赞成下述各种违反这条原则的情形：那种违反似乎并非由于必须把某些特殊成分加到工作中去，而那些成分是与严格遵

① 第一条第四项。——普布利乌斯

守这一原则相矛盾的。即使在这种情况下，虽然他可能勉强同意此种必要性，然而他不会不认为脱离这样一种基本原则是这个制度的一个缺陷，并且对此表示遗憾。它可能证明是未来软弱无能以及可能出现的混乱状态的根源。

决不会有人提出：能够制定一项选举法，并把它列入宪法，它可以经常应用于国家情况的各种可能变化；因此不能否认，自由处理选举的权力应当在某些地方存在。我认为，我立刻可以承认，这种权力只能用三种方法来作合理的变更和处理：要么必须把它全部交给国家立法机关，要么完全交给州议会，或者首先交给州议会，最后交给全国议会。制宪会议有理由赞成最后一种方法。他们把联邦政府的选举规章首先提交地方政府。这种做法，在寻常情况下以及在不适当的意见并不盛行时，是比较方便和比较令人满意的；但是他们给国家权威保留了一种干预权，在特别情况可能使得干预对其安全成为必要时，就可进行干预。

州议会掌管规定选举全国政府的全权时，会使联邦的存在完全由州议会支配，再没有比这一点更清楚的了。州议会对挑选管理联邦事务的人员的准备工作置之不顾，就能随时取消联邦。说这种疏忽或懈怠不致发生，是没有什么意义的。这种事情在宪法上是可能的，而没有同样可能的危险，就是一个无可辩驳的异议。至今还没有招致危险的任何令人满意的理由。决不能把不正常的嫉妒的胡乱猜测夸大为具有这种性质。如果我们愿意猜想滥用权力的情形，推测州政府方面的滥用情形和推测全国政府方面的滥用情形会同样公平。由于把联邦本身的存在交给它自己照料，要比转交给任何他人照料更加合情合理，因此如果在这一方面或另一方面有滥用权力的危险的话，那么比较合理的是，在自然地授予权力之处有此种危险，而不是在不自然地授予权力之处。

假定在宪法中列入一个条款，授权合众国管理各州的选举，会有任何人不去立即对它进行指责，说它是不正当的变换权力，和破坏州政府的预谋手段么？在这种情况下，违反原则是无须说明的；对于一个不怀偏见的评论者来说，使全国政府的存在在类似的方面受制于州政府的方案，也是显而易见的。对这个问题的公正看法，不能不造成这样的信念：各个政府为了维护自己应该尽可能依靠自己。

可以用这样的说法来反对这种见解：国家参议院的组织会充分包含已经提出的那种可能来自州议会管理联邦选举的专有权的危险。可以这样说，州议会通过拒绝任命参议员，就可以随时给联邦以致命打击。由此可以推论说：由于就这样使联邦的存在在如此重要的方面依靠各州议会，所以考虑在特殊情况下，把此项权力委托给州议会是不会有异议的。还可以补充说，各州在全国议会里保持自己代表的利益，会成为防止滥用这种委托的充分保证。

这个议论虽然貌似有理，然而经不起推敲。的确，州议会不去任命参议员，就能破坏全国政府。但是由此不能推定说，因为州议会在某种情况下有权这样做，它们在一切其他情况下也应该有权这样做。在许多情况下，这样一种权力为了把他们接受的东西纳入这个制度，其有害倾向要更加具有决定性作用，可是并不存在任何和必须规定制宪会议在组织参议院方面指导作用的那种同样无可辩驳的动机。就那个组织方法会使联邦受到来自州议会的可能损害来说，这是一个弊病；但是除非完全排除各州以其政治资格参加全国政府组织，这种弊病就不能避免。假如已经这样做了，无疑就会被解释为完全放弃联邦的原则，并且一定会使州政府失去它们将在这一条款下享有的绝对保护。但是在这种情况下为了达到一种必要的利益或更大的好处而甘受不便，无论多么聪明，也不能从中得出在没有必要或更大好处的情况下，赞成积累弊病的结论。

还可以很容易地看出，全国政府在州议会选举州众议员的权力方面所冒的危险，要比在州议会任命州参议员的权力方面所冒的危险大得多。参议员的任期为六年；要有一种轮换办法：每两年定出三分之一的参议员的议席并加以补充；没有一个州有权选出两名以上的参议员；参议院的法定人数是十六名议员。这些情况的共同结果将是：少数州暂时联合起来中止参议员的任命，既不能取消这一机构的存在，也不能损害这个机构的活动；我们完全不用担心各州会全面和永久地联合起来。最初可能出自少数州议会领导人的奸计；最后是假定大部分人民中存在着一种根深蒂固的不满，这一情况也许根本不存在，或者很可能由于感到全国政府不能增进人民幸福——在后一种情况下、没有一个善良的公民会希望这种政府继续存在下去。

至于联邦众议院，打算每两年普选一次众议员。如果授予州议会管理这种选举的全权，每次选举期间就会在国家形势中造成微妙的危机，如果少数最重要州的领导人预谋阻止选举，就会造成联邦的瓦解。

我并不否认下面这种说法有一定程度的重要性：就是说，联邦议会代表各州的利益，是防止州议会滥用选举权力的保证。不过，凡是注意人民对公众幸福的兴趣和他们的地方统治者对他们公职的权力和影响的兴趣的明显区别的人，不会认为这种保证是充分的。美国人民可能热爱联邦政府，有时，当某几个州的统治者，被自然的权力争夺和个人高升的希望所刺激，并且得到那些州当中的每一个州的强大派别的支持时心情可能完全相反。多数人民和在议会里享有极大声望的人们之间这种情感上的差别，目前已由某些州在当前的问题上作出了例证。分成若干邦联的计划——这个计划总是会增加野心的机会，必然是州政府中所有认为薪金和提升重于公共福利的那些有势力人物的诱饵。由于掌握了管理全国政府选举大权这一有力武器，在诱惑往往最强烈的一些最大州里，少数几个这样的人纠合起来，只要抓住人民中某些偶然的不满(这也许是他们自己煽动起来的)的机会，停止选举联邦众议院的议员，就能把联邦断送掉。绝不能忘记，我国在一个有效政府下的坚强联合，可能是不止一个欧洲国家日益妒忌的对象；而颠覆我国的计划有时会出自国外强国的阴谋，而且往往受到某些强国的煽动和赞助。因此国家应该在任何情况下不可避免地只能交给这样一些人来保护：他们的处境必定会对忠实而仔细地履行委托一致产生一种直接兴趣。

普布利乌斯

原载1788年2月26日,星期二,《纽约邮报》

第六十篇

(汉密尔顿)

致纽约州人民:

我们已经看到,对选举联邦政府的不受控制的权力是不能不冒风险地交给州议会的。现在让我们看看,在另一方面把管理选举的最后权利交给联邦,会有什么危险。不能借口说,这种权利会用来排除任何州的应有的代表资格。至少在这方面各州关心的是全体的安全。但是有人断言,此项权利可能这样地运用:把选举地点限于特定地区,并使一般公民不能参加选举,从而排斥别人,使一些注定获胜的阶级的人当选。在所有虚幻的推测中,这似乎是最为虚幻的了。一方面,没有一种合理的可能估计会使我们设想,一种如此强暴而特殊的处理所含有的那种倾向能够带进全国议会,另一方面,可以肯定地得出结论说:如果这样不适当的精神一旦带进全国议会,它就会以截然不同而明确得多的形式表现出来。

只从这一种想法就能很好地推断出此种企图是不可能的,这个想法是,其实施必然会造成人民群众在州政府率领和指导下的直接反抗。不难想象,在某种混乱的党争时期,就某个特殊阶级的公民而论,这种特有的自由权利可能遭到胜利的、占压倒多数人的侵犯；但是在一个处于这种情况的开明国家里，这样一种基本权利竟会受到政府有意损害广大人民群众利益的政策的侵犯而不引起一场民间革命，那是完全不能想象和难以相信的。

除了这个总的意见外，还有许多性质更加明确的理由消除了对这问题的所有疑虑。组成全国政府的成分的不同，尤其是这些成分在政府各部门起作用的方式的不同，必然在任何局部的选举计划中成为意见一致的有力障碍。联邦各部分人民在财产状况、生性和风俗习惯等方面的不同，足以造成他们的议员对待社会上不同阶层和地位的重大差别。虽然在同一政府之下的密切交往，会有助于某些方面的逐渐同化，然而精神上和物质上的原因还会程度不同地长期助长这方面的不同倾向和喜好。但是在这个问题上看来影响最大的，将是政府各组成部分的不同构成方式。众议院直接由人民选举，参议院由州议会选举，总统由人民为此目的而选出的选举人选举，这样就没有什么可能会有一种共同利益把这些不同部分结合起来，偏袒任何一个阶级的选举人。

至于参议院，使该机构受制于全国政府的任何“时间和方式”的规定，都不可能影响指导选举参议员的精神。州议会的集体意义，决不会受到那种外来情况的影响；单是这个理由就应该使我们确信，所担忧的分别对待永远不会进行尝试。什么动机能促使参议院同意一个不包括它本身在内的选择权呢？或者说，如果这种选择权只与议会的一个部门有关而不扩大到另一部门，那么建立这种选择权又是为了什么？在这种情况下，一个部门的组成就会妨碍另一部门的组成。我们绝不能假定它会包括参议院的任命，除非我们能同时假定，各州议会能自愿合作。如果我们作出后一个假定，争论中的权力应该置于何处——交给州议会还是交给联邦——就无关紧要了。

但是在全国议会中这种反复无常的不公平的目的是什么呢？是否要在不同行业之间或不同种类的财产之间或不同程度的财产之间，有区别地推行这种不公平呢？是否会偏袒地产界、金融界、商人或工厂主？或者用宪法反对者的时髦话说，是否要促使“富裕和出身名门”的人高升，而把社会上所有其他的人排除在外并且予以贬低呢？

如果这种不公平的运用有利于那些与某一种行业或财产有关的人，我想立刻就会承认，地主和商人将争夺这种有利的东西。我毫不迟疑地肯定说，两者中任一个要在全国议会中占优势，要比其中某一个在所有地方议会中占优势的可能性少得多。结论是，担忧前者打算不适当地优待任何一方的行为，远不如对后者的担忧。

有几个州是在不同程度上务农和经商的。在大多数州里，即使不是所有的州里，农业占主导地位。然而在少数州里，商业几乎与农业势均力敌，而其中的大多数，商业有相当大的势力。任何一方相应占有优势，就会传播到全国的代表权问题上去；因为这比在一个州里有更多种类的利益集团和更加不同的比例，所以断然偏袒其中任何一方，要比偏袒单独一个州的代表更加不容易。

在居民主要务农的国家里，取得平等代表制的地方，总的来看，地主方面必然在政府中占有优势。只要这个利益集团在大多数州议会中占优势，也必然会在全国参议院中保持相应的优越地位，这通常是大多数这种议会的可靠的模拟品。因此不能认为，为了商人的利益而牺牲地主的利益，将是联邦议会的这一机构所爱好的目标。因而把根据国家情况提出的一般意见特别应用到参议院时，我想到这样一点：州权力的忠实信徒，根据他们自己的原则，不会怀疑任何外界力量会使州议会背离自己的责任。但是，事实上至少在联邦众议院的最初组织中，同一情况必然有同样的结果，就是说这一部分和另一部分一样，对商人阶级不至于有什么不适当的偏袒。

或者说，无论如何为了支持那个异议，可能会问：在全国政府中难道没有相反偏袒的危险，而它不是要使政府竭力为地主阶级取得联邦政府的垄断权吗？由于这种偏袒的假定很少可能会使直接遭受损害者感到恐惧，对这个问题可以不必作出煞费苦心的答复。只要说明以下几点就够了：第一，由于在其他地方指出的原因，在联邦议会中这种明显偏袒占优势的可能性，要比在任何成员州的议会中小得多。第二，没有为优待地主阶级而违宪的诱因，因为这个阶级在事物的自然过程中享有它所期望的极大优势。第三，习惯于大规模调查研究公众幸福起因的人们，必然深信商业的用处、决不会赞同由于完全排除在管理中最熟悉商业利益的人们，而使商业蒙受重大损害。商业的重要性，仅以税收来看，必然要有效地防止它受到这样一种机构的敌视，它由于公众需要的迫切要求，经常要求对商业优待。

在讨论那种基于各种行业和财产的不同对待的可能性时，我宁愿力求简单扼要、因为就我所理解的反对者的意思来说，他们想的是另一种区别。他们打算使我们吃惊的优待对象，看来是那些他们用“富裕和出身名门”来形容的人们。这些人似乎要被捧上自己的其他同胞之上的可恨的卓越地位。然而，有一个时期他们的高升是代议制机构太小的必然结果；另一个时期，这是由于一般人民被剥夺行使自己选举代议机构的选举权的机会而造成的。

但是为了符合计划中优待的目的，根据什么原则对选举地点作出分别对待呢？他们所谓的“富裕和出身名门”的人“限于居住在某些州内的特殊地点”吗？他们是否由于某种不可思议的本能或预见，曾在各州内分别确定一个共同的居住地点吗？是否只能在城镇里见到他们呢？或者相反，他们是由于贪婪或机缘使他们自己或祖先走了运而分布于全国各地呢？如果后者属实（每个明智的人都知道是如此[①]），那么，把选举地点限于某些特殊地区的政策会破坏其本身的目的，正如根据其他理由可以视为例外一样，这不是一清二楚的吗？事实是，没有办法保证富人理解的优待，除非为选举人或被选人规定财产资格。但是这并不是授予全国政府的那种权力的一部分。它的权力明确限于规定选举的时间、地点和方式。选举人或被选人的资格，正如在其他场合已经讲过的那样，是宪法中说明和规定的，议会不得更改。

然而，为了辩论起见，我们姑且承认，建议的方法可能会成功；同时，也应同样视为理所当然的是：责任感或担忧这一试验的危险可能引起的一切疑虑，在国家统治者的心目中完全得到克服；我仍旧认为，几乎不能妄想，他们能在没有足以压制多数人民群众反抗的军事力量的帮助下，实行这样一个计划。适应这一目的的军事力量之不可能存在，业已在这些论文的不同部分里加以探讨和说明；但是为了要最清楚地显示出所研究的反对意见之毫无价值，暂

① 特别是在南方各州和本州。——普布利乌斯

且承认这样的力量可能存在，并假定全国政府真正掌握此种力量。结论是什么呢？有侵犯公众主要权利的意向，又有满足那种意向的手段，能否假定受这种意向驱使的人，为了讨好那些有声望阶级的人而在伪造选举法这样荒谬的工作中自以为乐吗？难道他们不会提出一种更适合于直接提高他们自己的地位的做法吗？难道他们不愿大胆决定用一次果断的篡夺行动来使自己永远当权，反而信赖那些靠不住的办法吗？而这类办法尽管伴有预防措施，但最终会使它们的创始人解职，蒙受耻辱和遭到毁灭。难道他们不怕知道自己权利、又坚持自己权利的公民，从各州极端遥远的地方聚集到选举地点，推翻他的专制统治者，并且用为遭到损害的人民尊严洗雪耻辱的人来代替吗？

普布利乌斯

原载1788年2月26日，星期二，《纽约邮报》

第六十一篇

（汉密尔顿）

致纽约州人民：

制宪会议草案中有关选举的条款，其比较坦率的反对者，在辩驳的压力下，有时也会承认是适当的；但往往仍提出保留，要求有关条款应该附加一项声明，规定一切选举均应在选民所在的县里举行。据说，这对防止滥用权力是必要的。此种性质的声明，本来并无害处；就其可能解除疑惧而言，甚或不无可取之处。但是，此种声明，对于防止所担心的危险，其实并起不到什么更多的保障作用；而在公正有识之士看来，没有此项声明，也不是大会草案的什么严重缺点，更谈不上是什么不可克服的缺点。前此两文中就此问题所提出的各种论点，本应已足使一切不带偏见而又有鉴别力的人相信，即使民众自由竟然受到国家统治者的野心之害，至少当前探讨的这一权力机构对于造成这种牺牲也是不负罪责的。

如果一心只顾本人权益的人，肯把这种心思用在仔细研究各州的宪法，本来就会发现，大多数州的宪法中有关选举所允许的机动程度，比之在同一问题上建议允许国家政权所可以有的机动程度，也不见得更不值得忧虑和担心。在这方面，全面研讨一下各州宪法的情况，应该足以消除可能还会存留的任何不良印象。但是，全面研讨未免啰唆琐碎；因此，将只举出笔者所在之州为例。纽约州宪法，除规定州议会的众议院议员应在各县选出外，并无有关选举地点的其他规定；州议会参议院议员，则规定在州内之各大区选出。现在全州分四个大区，每区所辖二至六县不等。由此可见，纽约州议会如果想要把选举限制在特定的地点，来破坏本州公民的选举权，实在同合众国采用类似的办法去破坏联邦公民的选举权，是一样轻而易举的。比如，设若指定阿尔巴尼作为该市所在县和大区中唯一的投票地点，该市居民难道不会成为应由该县和大区选出的参众两院议员的仅有的选举人么？难道可以设想，居住在阿尔巴尼、萨拉托加、坎布里奇等县中偏远乡区，以及蒙哥马利县各地的选民，竟然不惜跋涉前往阿尔巴尼市去投票选举本州参众两院议员，却不愿意麇集纽约市去参加遴选联邦众议院议员么？这个问题的现成答案就在于：尽管现行法律提供了一切便利，人们对于行使如此宝贵的合法权利，往往仍然表现出令人惊讶的淡漠态度。而且，即使尚无实际经验可言，我们还是可以不难断言：只要选举地点绕脚，则不论距离远近，是二十英里，还是二万英里，对于选民行为的影响都是一样。由此显而易见，对于联邦安排选举的权力的这一特定变更，如有任何反对意见，这些反对意见实质上也同样适用于本州宪法中所规定的类似权力的变更；因此，宽于此而严于彼是说不通的。若以其他各州多数的宪法作类似的比较，也会得出同样的结论。

如果有人说，各州宪法的缺点，并不成其为对草案中缺点加以宽容的借口，笔者的回答则是：既然前者从未被指责无视对自由的保障，而加之于后者的罪名显然也适用于前者，由此可以断言，这种责备并不是对真理的客观探讨所得出的有所依据的推论，其实只不过是有成见的反对派吹毛求疵的花言巧语而已。有人也许竟然认为，对于州宪法不过是无意的疏忽，对于制宪会议草案则是难恕的污点，对这样一些人，说亦无益；也许至多可以要求这些人提出个实质性理由来，借以说明何以个别州的人民代表，比之合众国人民的代表，对于权力欲望，或其他不良动机，更加无动于衷？如果这些人提不出理由来，他们至少也应能向我们证明：有地方政府代表其反对意见的三百万人民，比之没有这一优越条件的二十万人民，何以其自由权利反而更加易于遭到破坏。关系到我们当前探讨的这个问题，他们更应说服我们：个别州里得势的帮派，不大可能为了保持其优势地位去偏袒选民中间某一特定阶级；而来自广大分散的地域，出于地方性条件、偏见、利益的不同而在各个方面都互有差别的十三个州的代表，却可以难免会受制于帮派风气。

至此，笔者的论点，尚只限于根据有关条款在理论上的适宜性，根据把这种权力他置的危险性，以及按草案规定予以安排的可靠性，表示了对有关条款的支持。需要进一步提到的是，这样规定还有从任何其他办法所得不到的正面好处。笔者这里指的是，联邦众议院选举在时间上一致这个条件。实践很可能将会表明，这种时间一致，对于民众利益是关系重大的，既可以成为防止帮派风气的保障，也可以成为整治帮派病患的良方。如果各州可以自行择定其选举时间，则选举时间就有可能分散在全年各月。当前，由于各地需要不同而规定的各州选举时间，从 3 月以至 11 月，月月都有。这样时间分散的必然结果是，联邦众议院在任何时候都不可能全体解散或更新。如此,该院若为任何不正之风所左右,此风也就易于波及分批来到该院的新议员。部分成员逐渐添加,随即不断被同化,整体则可能仍然保持几乎不变。榜样的感染力,是很少人能有足够的精神力量予以抗拒的。笔者倒以为,延长任期时间三倍,同时规定众议院应予全面解散,比之把任期减至三分之一,而其成员却处于逐渐不断改变的情况,可能对自由的威胁反而小些。

为了在参议院也实行定期轮换的设想,以及为了便于在每年确定的时期召集议会,参议员选举时间的一致性似乎也是同样必要的。

也许有人要问,然则何以宪法中不曾对时间加以确定呢?由于本州内对制宪会议草案最为积极反对的人,普遍地也都是对本州宪法同样积极赞赏的人,我们不妨以子之矛攻子之盾,反问一下:何以本州的宪法中未曾为了同样目的而确定一个时间呢?最恰当的回答只能是,这是可以安然委托给州议会斟酌决定的问题;而如果竟然指定了时间,实践可能会证明,这一时间并不见得比其他的时间更为适宜。同一答案也可以回敬对方。还可以进一步指出的是,既然逐步改组的所谓危险纯属揣测,也就不宜以此揣测作为依据,作为一个根本性问题加以规定,结果使得各州都不能为了方便而使本州政府与全国政府同时举行选举。

普布利乌斯

为《独立日报》撰写

第六十二篇

（汉密尔顿或麦迪逊）

致纽约州人民：

既已探讨了众议院的组成，并且回答了看来值得一顾的各种反对意见，笔者现在可以转而探讨参议院的问题。

关于政体的这一组成部分，可以考究的问题有：第一，参议员的资格；第二，各州议会对参议员的任命；第三，参议院中的平等代表权；第四，参议员人数及其任期；第五，参议院行使的权力。

第一，草案中所提参议员的资格，不同于众议员的资格，在于年龄更高和国籍更长的规定。参议员至少要年满三十岁；而众议员则要年满二十五。参议员必须入籍已满九年；对众议员则只要求入籍七年。这些区别之所以适当，乃是参议员的职责性质使然，因为，既然要求参议员更了解情况，其性格更加稳定，自然需要参议员达到最可能提供这些优越条件的年龄；同时，因为要求他们直接参与同外国的交涉，他们也就应该是完全断绝了由于在国外出生和受教育而产生的先入为主之见和习性。九年之期看来是恰如其分的中常之道，既不会完全排斥其德才应受公众信赖的入籍公民，也不致不加区别和操之过急地予以容纳，否则可能在国家机构中产生引进外来影响的渠道。

第二，对于由各州议会任命参议员的规定，同样也毋庸多加阐发。在有关参议院组成的各种方案中，制宪会议草案中的规定，大概最为符合舆论的要求。其优点是双重的，这种任命方式既是有选择的，同时也使各州政府在组织联邦政府过程中具有一定的作用，因而必然保障各州政府的权威，而且可以成为两个体制间的适当桥梁。

第三，参议院中的平等代表权，显然是大小不同的各州间对立主张相互妥协的结果，因而也是无需详加讨论的问题。如果在由一个完整的民族组成的国家之中，各个地区应在政权中保持**按比例的**代表权；如果在独立的主权国家之间为了某一单一目的而组成的联盟之中，各方在共同的委员会中都应有**平等的**代表权，而不管各国的大小；如果以上都是正确的，则在具有民族的和联盟的双重性质的复合型共和国之中，政权应该建筑在按比例的和平等的代表权这两个原则参半的基础上，这样做看来也就并非没有一定的道理。但是，所有各方都会承认，我们的宪法并不是什么抽象理论的产物，而是“我们政治形势特点所不可或缺的互相尊重忍让、友好敦睦精神”的产物，既然如此，从理论上去考察这部宪法的任何部分，也就是多余无用的。一个具有足够权力以实现其目标的共同政权，这是美国舆论的要求，更是美国政治形势的需要。建筑在更屈从大州意志的原则基础上的政权，不大可能为小州所接受。所以，可供大州选择的方案，只有草案中设想的政权形式，或者是更加令人难以接受的某种政权形式。在二者必取其一的情况下，明智的作法只有两害取其轻；与其无望地眷恋于或许可能占到的便宜,还不如考虑可能少吃些亏的有利结果。

根据上述精神,不难看到,各州享有平等的表决权,既是宪法对仍由各州保留的部分主权的认可,也是维护这一部分主权的手段。平等的代表权,大州也不应比小州更难接受;因为,把各州不恰当地统一成为一个单一型的共和国,大州也是同样极力不惜采取一切办法去防止的。

参议院组织上的这一特点,还有另一好处,因为它必然构成防止不恰当立法行为的进一步障碍。按照这样的安排,不首先征得大多数人民的同意,并且随后取得大多数州的同意,什么法律和决议都是通不过的。必须承认,对于立法程序的这种复杂的牵制,除了其有利的一面之外,在某些情况下,也可能是有害的;而且,只有在有别于大州权益的小州间共同权益受到特别的威胁时,维护小州权益的这种牵制作用,才是合理的。但是,既然大州靠其资源财力,总能够挫败小州没有道理的滥用这一手段;而且,由于我们的政权最可能发生的弊病是立法过多和过于随随便便,因此,宪法的这一部分,在今后的实践中,比在当前探讨时许多人看来,不是不可能更为适宜的。

第四,下面接着探讨参议员人数和任期。为了对这两点作出正确的判断,似乎应该研究一下所以需要成立参议院的目的;而为了明确这些目的,又似乎有必要论述一下,一个共和国如果无此机构定将遇到的种种不便之处。

甲、不幸的是,共和国政权,虽然比之其他形式的政权在这方面程度要轻一些,仍然可能使行使政权的人竟然忘记对于选民的责任,而不忠诚于选民的重托。基于这一观点,参议院,作为立法机关的第二分支，有别于其第一分支而又与之分享权力，一定会在一切情况下都能成为对于政权的一种值得赞赏的制约力量。由于僭越权力或背离职守的阴谋，需经两个不同机构的同意才能实现；而单一的机构则容易为野心所左右或为贿赂所腐蚀，这样就加倍地保障了人民的利益。这一防患于未然的措施，其所依据的原则是十分明确的，也是为合众国各州十分了解的，因此毋庸赘述。笔者谨只指出，由于两个机构的特点越是不一样，就越是难以勾结起来为害，因此，在能够保证对一切正当措施进行相应协调的情况下，在符合共和政体的真正原则的基础上，使这两个机构在一切方面都有所不同，这样做必定是恰当的。

乙、一切一院制而人数众多的议会，都容易为突发的强烈感情冲动所左右，或者受帮派头子所操纵，而通过过分的和有害的决议；这也足以说明设置参议院的必要性。这一类的实例，不论是在合众国内的实践中，或者是在其他国家的历史中，都是数不胜数的。然而，无人反驳的主张是无需论证的；需要指出的只是，旨在纠正这种弊病的机构，本身应该免除此种弊病，因此其人数应该较少。而且，这个机构也应该更稳定一些，因而其行使权力的期限，也就应该是相当长的。

丙、另外一个毛病，往往是对于立法的目的和原则缺乏适当的了解；这也是参议院可以纠正的。大多数召自从事私人性职业的人中，任期又短，而在任职期间又没有持久的动机，可以促其研究法律、专业、国家的全面利害，这样一群人凑在一起，如果听其所之，实在很难在执行其立法职责中不犯各种严重的错误。可以极有根据地断言，美国当前的困难，其相当一部分应当归咎于我们各届政府的失算，而应对此种失算负责的大多数人，并非存心不良，而是头脑不灵。在我们浩繁的法典中，充斥着法律的订立和废除，又是解释，又是修正，真是有失体统，这一切难道实际上不都是智力缺欠的表现么？难道实际上不都是这一届议会对上一届议会的弹劾么？难道实际上不都是在劝告我国人民，去认识一个组织完善的参议院可以有所助益之可贵么？

一个好的政府应该做到两点：一，信守政权的宗旨，亦即人民的幸福；二，了解实现其宗旨之最佳途径。有些政府在两方面均付缺如；多数政府则在前一点有所欠缺。笔者可以并无顾忌地指出，美国各届政府的问题在于太不重视后一点。联邦宪法现在避免了这一错误；而且值得特别注意的是，宪法在对后一点的安排中，其方式恰也对于前一点增进了保障。

丁、民意机构由于其成员不断更迭而产生的不稳定性，不论怎样加以限制，都以最强烈的方式表明，政权中设置某一稳定机构实在是必要的。各州中每次新的选举，都要改变议员的半数。人员变动，必然引起意见的改变；而意见改变，又必然引起措施的改变。然而，即使是好的措施，如果不断改变，也是极不明智，极难实现的。私人生活中如是，国家事务中更加如是，而且关系更加重大。

变化不定的政府，其恶果实在是罄竹难书的。笔者只拟略提几点，而此数点，又无不是其他无数恶果之根源。

首先，政府人事多变，会失去其他国家的尊重和信任，失去同民族荣誉相联系的一切好处。个人如果计划多变，或者处理事务竟无计划，一切明智之士马上就会指出，此人愚昧荒唐、反复无常，必然不久就要自食其果。朋友或肯有所怜惜，却不会有人愿与共事，而利用其短趁机谋利的，则必大有人在。国之于国，无异于人之于人；即有差别，必更可叹，因为国家尚不似个人，既少仁爱之心，自然在乘人之危上更无克制。一切国家，如果不善于处理其国事，表现出缺乏坚定性；而其邻国则明于理事、政策一贯；其与邻国交往，必然事事吃亏。至于美国，从中可以汲取的教益，不幸正在于其本国情势。美国从来受不到友邻的尊重，却总逃不脱敌国的愚弄；美国人事多变，政务失措，则给一切有利可图的国家以可乘之机。

政策多变，在国内造成的后果，其灾难性更大。享有自由的好处本身也受到荼毒。法律之多连篇累牍，谁能卒读？加之矛盾百出，读亦何益？而且朝令夕改，隔夜即不知何所适从；如此法律，虽由民选代表所定，予民何益？法律原是行为的准则，如果人皆不知，又复动辄更订，怎样遵之以为准则呢？

公务多变，有利于精明大胆而又富有的少数人，却不利于勤勤恳恳但不了解情况的人民群众，这种结果当然不合情理。一切新的规定，不论是涉及商情或者税收的，凡影响及于各种形式财产的价值的，都会成为关注行情变动、善于估算后果的人加以谋利的机会；这些人不劳而获，占据了大多数同胞辛勤劳动的成果。情势如此，说法律是为**少数人**，而不是为**多数人**制定的，也是有一定道理的。

从另一观点考察，不稳定的政府也会造成巨大的损害。对公众机关缺乏信任，使人不敢贸然从事有益的事业，因为事业的成败利害，往往取决于现行安排是否持久。如果个人的筹划还未及执行就有可能被判为非法，有何老于此道的商人肯把财富投入新的行业呢？如果由于政府反复无常，个人预先付出劳动或资本，难免反受其害，有何农场主或制造商肯把本钱下在号召生产的农工产品上呢？一言以蔽之，如无一套稳定的国家政策予以鼓励，任何改进或创新都是不能实现的。

然而，最可悲叹的还是，对于弊端百出、有负众望的政治体制，人民不由得不离心离德。政府并无异于个人，凡不值得真正受人尊重的，也就受不到尊重；而没有一定的条理和稳定性，也就不值得真正受人尊重。

普布利乌斯

为《独立日报》撰写

第六十三篇

（汉密尔顿或麦迪逊）

致纽约州人民：

说明参议院之所以有用，还因为第五个迫切需要，也就是需要一种应有的民族荣誉感。政府中如果没有一个精选而稳定的组成部分，其愚昧多变的政策会使外国失去其敬意，这一点并不仅仅是由于前述的各项理由；这样的国家机构也会不理解国际舆论，而理解国际舆论与否，不但对于获得别国尊重和信任是必要的，也是值得别国尊重和信任所亟需的。

注意别国对自己的评价是很重要的。其理由有二：其一是，姑不论某一具体计划或措施的得失，都应使别国把该项计划或措施能够看作是明智而体面的政策的结果，这一点从各方面看都是可取的。其二是，在举棋不定的情况下，特别是在国家机构为激烈情感或眼前得失所左右时，了解乃至设想一下外界的舆论，可能成为可以遵循的最佳指南，因为旁观者清。在外国面前缺乏民族荣誉感，难道不已使美国所失无算么？如果美国一切举措，均能事先在人类公平舆论面前考察一下其是否公正适宜，美国岂不会避免多少轻举妄动么？

然而，不论如何需要，显然，一个人多易变的机构是不可能具有充分的民族荣誉感的。民族荣誉感只能存在于人数很少的机构之内，这样每个个人才能为公共措施的是非承担合理的责任；它也只能存在于长期受到群众信赖的代表机构之中，只有这样，每个成员的自尊心和影响力，才可以同集体的荣誉和福利合理地结合在一起。罗得岛州任期仅半年的议员，在研讨该州的若干苛细措施时，如果曾经有人根据外国，乃至其他各州，可能对于此类措施的看法而提出异议，这些议员大概是不会理睬的；可是，如果曾经有必要征得一个精选而稳定的机构的同意，这样一个机构，即使仅仅由于重视民族的荣誉，无疑也会设法防止罗得岛州被错误领导的人民目前所陷进的灾难的。

作为第六个缺陷，笔者还要提出政府对人民应负责任的问题；这种责任本来起源于选举，但恰因选举过于频繁，却反而因之缺如。这一提法也许看来不仅新颖，而且自相矛盾。其实，只要加以说明，大家就一定会承认，这种提法是难以否定的，而且也是很重要的。

负责任，如果要求得合理，必须限于负责一方权力所及的事务上；而要做到有效的负责，又必须关系到此种权力的行使上，这样选民才能对之形成及时而恰如其分的判断。政府的事务，大致可以分为两大类别：一类取决于合理实施而马上见效的单项措施；另一类则取决于慎加选择而密切联系的一系列措施，其实施过程是逐步的，甚或是难以监察的。后一类事务，对于任一国家的集体持久福利之重要性，是无需说明的。然而，由此可以明显看出，一个民选代表机构，如果任期甚短，则只能在关系普遍福利的那一系列措施中提供一两个环节，因之也就不应对其最终结果负责；正如一名管家或者一家佃户，受雇或承租一年，当然不能合理地要求他们对于至少需要五六年才能完成的工作负责。另一方面，有些事物发展，原因复杂，历时数载，而各届代表机构则每年改选，其各自应负多少责任，人民实在无从估量。即使是选民可以看得到的、个别实施并马上见效的单项行为，要确定一个人数众多的机构中各个成员个人应负的责任，也是十分困难的。

对此缺陷，对症下药，必须在立法部门中增设一个机构，其任期要相当长久，以应付需要不断关注、采取一系列措施才能加以处理的事务，唯其如此，也才能对于此类事务合理并有效地承担责任。

许多情况都说明，一个组织完善的参议院是必要的；以上笔者仅就其与人民代表有关的方面论述了这些情况。笔者目前函诉的人民，既然不受偏见所蒙蔽，不为奉承所败坏，笔者可以无所顾忌地进而指出，这样一个组织，对于防止人民自己由于一时的谬误而举措失当，有时也是必要的。由于群众通常冷静而审慎的见解，在一切形式的政体之下，均应最终压倒统治者的意志，并在一切自由政体之下，实际必然会最终压倒统治者的意志；因此，在处理公共事务的某些个别时刻，或为某种不正当情感及不法利益所左右，或为某些私心太重的人狡诈歪曲所哄骗，人民也可能一时主张采取一些措施，而事后则极为悔恨并予以谴责的。在这种关键时刻，如果竟有由某些公民组成的一个稳健可敬的机构加以干预，防患于未然，以免人民自作自受，以便理智、正义、真理得以重新掌握民心，岂不十分有益么？如果雅典人竟有先见之明，在其政府体制中订有防止自己为情感所左右的办法，岂不会避免多次严重的烦恼么？今日下令鸩死某些公民，明日又为他们立像表功，这样玷污人民自由的难忘耻辱，岂非原可避免的么？

有人可能会说，散处广大区域的人民，不可能像聚居于狭窄地方的居民一样，那么容易受强烈情感所感染，那么容易群起而推行不义的措施。笔者当然决不否认这一特别重要的区别。相反，笔者在前此所撰的一文中，就曾极力说明，这恰好是建议组成联邦共和国的主要理由之一。然而，有此有利之处，并不应排除使用辅助性的预防手段。相反，我们还可以指出，这种地广人稀的条件，虽然可使美国人民免遭小国常有的忧患，但如被某些私心太重的人勾结起来进行狡诈歪曲所哄骗，却有可能陷于一时难以摆脱的麻烦。

回顾历史，一切存在长久的共和国体中，莫不有其参议院组织，这在当前的考察中也绝非细枝末节。可以归之于此类共和国的，实在只有斯巴达、罗马和迦太基三国。在前两国中，都有终身任职的参议院。迦太基之参议院组织，虽然不甚了了，但从旁证推断，大致无异于斯巴达与罗马。至少可以肯定的是，迦太基的参议院确实具有某种条件，使之在人心多变中起过中流砥柱的作用；而且该参议院中还设有其更精干的委员会，任职终身，空缺自补。这些先例，因与国情未合，美国自难效法，然而，比之其他古代共和政体之国祚短促、骚乱不已，实亦颇有教益，足兹证明，设立某种自由与稳定兼备的组织的必要性。笔者当然了解，美国之有异于古今其他民主政体的种种情况，因之进行由此及彼之类推，必须极其审慎。但是，对此予以适当考虑之后，笔者仍然认为，既然类似之处甚多，这些先例绝非不值我们一顾。如前所述，只能由参议院组织予以补救之缺陷，在由人民选举产生的人数众多的议会中，乃至在人民群众本身中，许多是共皆有之的。另有些缺陷则为前者所特有，也需由参议院组织予以控制。人民绝不可能有意背离其自身权益，然其代表则有可能背叛之；如果全部立法权力尽皆委托给单一的代表机构，比之要求一切公众立法均需分别由不同之机构所认可，其危险显然是更大的。

美国之所以有异于其他共和政体者，其最可使恃之处，乃在于代议制的原则；这一原则是美国据以行动的枢纽，而据说却为其他共和政体，至少是古代的共和政体所不知的。笔者此前所撰各文中，均曾在推理中运用这一差异，足见笔者既未否定此项差异之存在，亦未低估其重要性。因此，笔者可以不必有所顾忌地指出，所谓古代政体对于代议制问题毫无所知的说法，竟然达到一般渲染的程度，严格地讲并不确切。当然，此处专予论述，显然不当；笔者将只提出人所共知的少数事实，以为佐证。

在大多数希腊的纯粹民主政体中，不少行政职能，并不由人民直接行使，而由民选的、在行政方面代表人民的官吏予以行使。

在梭伦变法之前，雅典由九名执政官治理，执政官每年由全民选举产生。执政官代行权力之多寡，似乎已难考证。在这一时期之后，每年由人民选举产生的人员，先是四百名，后来增至六百名；这些人员部分地也在立法方面代表人民，因为他们不仅在立法职能上同人民相互联系，而且独享向人民提出立法议案的权利。迦太基的参议院，虽然其具体权力以及任期已不可知，但也似乎是由人民投票选举产生的。类似的情况，在古代民主政体中，如非全部，但在其大部中，依稀可见。

最后，斯巴达有五名执政官，罗马则有护民官；这两者人数诚然不多，但每年均由全体人民选举产生，而且被当作人民的代表，几乎享有全权的地位。克里特的科斯米，也是每年由人民选举产生的；有些论者认为，科斯米系与斯巴达的执政官以及罗马的护民官相类似的组织，其不同之处仅在于，选举这一代表机构时，投票权只限于部分人民。

虽然还可以举出其他许多事实，但仅此数点已足清楚说明：古代的人既非不了解代议制原则，也未在其政治制度中对此原则全然忽视。古代政治制度与美国政府的真正区别，在于**美国政府中完全排除作为集体身份存在的人民**，而并不在于**古代政治制度中完全排除人民的某些代表**。然而，必须承认，这样的区别其实正好说明合众国的一个极大优越性。但是，为了保证这一优越性得以充分发挥，我们必须注意使它同另外一个优越性分离开来，这另外一个优越性指的是辽阔的领土。因为，不可能设想，在古希腊民主国家的狭窄局限下，任何形式的代议制政府竟能得到成功。

以上论点是以推理为依据，有实例可证明，而且也是我们自己经验证实了的；然而，为了回答这些论点，急于反对宪法的人或者还会不惜于重复老调，说什么并非由人民直接任命、任期又达六年的参议院，必然会逐渐在政府中取得一种突出的地位，从而有把政府最后演变成专制寡头政体的危险。

对于这种泛泛的回答，也只需泛泛的反驳；滥用自由与滥用权力一样，都可能危及自由；前者实例之多也并不亚于后者；而在合众国，前者显然要比后者更值得担心。但是，我们还是可以提出更为具体的反驳。

为了把政府演变成一种专制寡头政体，参议院显然必须首先自己腐化，接着还要腐化各州的议会，腐化众议院，最后还得普遍腐化人民。显然，参议院如不首先腐化，就不可能企图建立专制统治。如不首先腐化各州议会，参议院也就不可能实现这一企图，因为定期轮换其成员必然会更新整个机构。如不同样也腐化众议院，作为在政府中并存而又平等的众议院不可避免地会挫败这一企图；而如不腐化人民本身，新议员的接替必将使一切恢复其原有秩序。难道有人可能当真相信，拟议中的参议院竟能在人类能力所及的范畴之内，以任何可能的方式，克服这一切障碍，达到它那无法无天的野心目的么？

如果我们的理智使我们能够排除这种疑虑，我们的经验也会使我们得出同样的结论。马里兰州的宪法向我们提供最为切合的实例。该州的参议院，正如联邦参议院一样，是由人民间接选举产生的，其任期也仅比联邦参议院稍短一年。它还具有一个值得令人注意的特点，即有权在其任期之内自行补缺，而同时它又不似联邦议院受到后者那种轮替的影响。还有一些其他次要的特点，会使前者遭到貌似有理的反对，对于后者却不能成立。由此可见，如果联邦参议院确实包含有被人鼓噪宣传的那种危害，那么马里兰州宪法应该早已暴露出类似危害的某些征象，但迄今尚无此种征象。相反，与反对联邦宪法相应章节的人同属一类的人，虽然开初曾经极力反对该州宪法有关章节，却已通过其实施的进程逐步消除了疑虑；而且，正由于有关章节的有效实施，马里兰州的宪法正在日益获得联邦其他各州州宪所无与伦比的盛誉。

但是，足以彻底消除此种疑虑的莫过于英国的先例。英国上议院，不是选举产生的，并无六年任期，也并非不局限于某些特定的家族出身和财富大小，而是全由豪富贵族组成的世袭议会。其下议员，不是由全体人民选举产生的，任期不是两年而是七年，并且在很大的程度上是由人民中很小的少数选举产生的。无疑，在英国早应看到人们担心会在将来出现于合众国的那种贵族篡权和专制的充分表演。然而，对于反对联邦论者不幸的是，英国历史表明，这一世袭的议会竟不能抵抗众议院不断侵权而自保；而且，一旦其失去英王的支持，即早已实际为人民议院之力量所压倒。

就古代史在此问题上可以对我们有所教益而言，其各种先例恰好也支持我们使用的推理。在斯巴达，由人民每年选举产生的代表——五执政官，竟非终身任职之参议院所能匹敌，而不断扩大其权威，终至集一切权力于其股掌之中。众所周知，罗马的护民官，作为人民代表，亦在其几乎所有对抗中压倒终身任职的参议院，终至对之取得最后的完全胜利。尤可惊叹的是，罗马护民官即在其增至十人时仍需全体一致方可采取行动。由此证明，自由政府的民选机构，因有人民为其后盾，必然具有不可抗拒的力量。此外还可辅以迦太基之先例；根据波里比乌斯的证词，迦太基的参议院非但未能集一切权力于其组织，反而在第二次普尼克战争开始时，几乎将其原有权力丧失殆尽。

上引事实足兹证明：联邦参议院决无可能通过逐渐篡夺而转变成为一个独行其是的寡头机构；不仅如此，我们还有理由相信：即使由于人之预见所防不胜防的原因，此种演变竟致发生，有人民为其后盾的众议院亦必能随时恢复宪法的原有形式及其原则。与人民直接选举的代表的力量相较，参议院仅只维持其宪法授予的权威亦无可能，除非该院能以其明智的政策，对公益的关心，争取与众议院分享全体人民的爱戴和拥护。

普布利乌斯

原载 1788 年 3 月 7 日，星期五，《纽约邮报》

第六十四篇

（杰　伊）

致纽约州人民：

某些具体的人的敌人，以及某些具体措施的反对派，往往都不把自己的责难只限于该当受到责备的地方；这种看法虽然并不新鲜，却是很有道理的。有些人全盘否定拟议中的宪法，甚至对于其中最无可非议的条款也以严峻的态度对待；对这些人如果不以上述看法衡量，那就难以说明他们这种行为的动机何在。

第二节授权总统，“根据参议院之意见并取得其同意，有权缔结条约，唯需有该院出席议员三分之二之赞同。”

缔约权是很重要的权力，尤其是涉及宣战、媾和，以及贸易；此项权力之委托；只有采取一定手续并考虑到预防性规定，才能绝对保证此项权力得以由最为符合条件的人，以最为符合公益的方式加以执行。制宪会议看来已注意到上述两点；会议已经规定总统应由人民专门为此目的而指定的精选的选举人机构选出；会议还已指定由各州议会任命参议员。在类似的情况下，此种方式在极大的程度上具有由人民以集体身份进行选举的好处；而以党派热情为基础的活动，则常利用警惕性低或利益心重者的因循苟安、愚昧无知、个人愿望与忧患，通过选举人一小部分的投票去决定公职人选。

由于选举总统的精选机构以及任命参议员的各州议会，一般将由最为开明可敬的公民组成，因此可以有理由设想，他们只会物色并选出德才最为出众、人民可予信赖的人。宪法对于达到这一目的给予了特别的关注。宪法规定：第一个机构的组成人员不得小于三十五岁，第二个机构的组成人员不得小于三十岁，这样选举人就可以限制在人民有时间加以判断的人，而不至于为那种表面上的才气横溢和口头上的爱国心切所欺骗，这种外表犹如瞬息即逝的流星，不仅使人眼花缭乱，还有时使人迷失方向。如果明主之下必有贤臣的说法是确有根据的，那么，由于精选的选举人机构比君主更能掌握广泛和准确地了解人及其品格的方法，该机构在确定人选上必然至少与明主同样审慎和善于鉴别。由此自然可以推论，这样选出的总统以及参议员，必然属于那种在各州间关系上和与外国关系上都最能了解民族利益的人，他们亦最能促进民族利益，而其直声则招人信赖，也足兹信赖。缔约权委托是辈自可放心。

经营企业绝对需要秩序，对此虽然大家都知道而且承认，但在处理国家事务中有秩序的高度重要性则尚未为群众所充分体会。希望把缔约权委托给一个其成员经常迅速多变的民主议会的人们，似乎忘记这样的机构必然难以实现如此伟大的目标；这些目标需要根据不同情况、相互联系地不断加以研究，而其处置尚需才能出众的人，根据准确了解的情况，并常需有充分的时间方能予以协调和运用。因此，制宪会议曾明智地规定，缔约权不仅应委托给能干诚实的人，而且这些人任职应有充分时间去全面了解国家的利害，并建立处理这种利害关系的相应制度。规定的任期将使他们有机会极大地扩大政治见闻，并积累经验更好地为国效劳。制宪会议同样慎重地规定经常改选参议员的方法，以防不时地把这些重大事务全然交托给新人的情况；使原参议员中相当一部分留任，将可保持稳定和秩序，以及官方见解的始终一贯。

有少数人不承认贸易和航运事务应由一种慎重制定并坚持执行的制度予以协调；而且我们订立的条约和制定的法律都应符合并促进这一制度。认真维持这种协调一致是关系重大的；而肯定这一立场的人都会看到并且同意由参议院对于条约和法律给以必要的认可恰好提供了这种协调一致。

不论谈判什么性质的条约，很少不需要在某一阶段保持完全的秘密和进行急速的处理。在有些情况下，如能使掌握情报的人不必顾虑会被暴露，往往由此可以取得极其有用的情报。不论提供情报是由于有利可图还是出于友善动机，这种顾虑总会存在；无疑，其中许多人只肯信赖总统为之保密，却不肯信赖参议院，更不肯信任人数庞大的众议院。所以，制宪会议对于缔约权的安排是很得当的，一方面总统在缔结条约时必须听取参议院的意见并取得参议院的同意，另一方面总统却能根据需要审慎处理其情报来源问题。

留心体察的人都能看到人间事务自有其趋势潮流；而不论其行时的久暂，势头的强弱，方向的不同，绝难有两次潮流在形式和程度上完全一样。主持国家事务者必须辨识趋势潮流并善于加以利用；而老于此道者都知道，在常常出现的一些场合之下，区区数日，乃至几个小时，往往都是难能可贵的。某一战役的失败，某国君主的去世，某个大臣的去职，或其他足以变更事务当前态势的情况，都可能使最有利于我的趋势潮流转而与我们愿望完全背道而驰。在内阁中，如同在战场上一样，战机一瞬即逝，必须及时把握，而指挥者应有自由运用的职能。由于保密不严紧和处事不及时，我们过去多次严重受挫；因此，宪法对此应该注意防止，否则就会成为其无法辩解的缺陷。通常在谈判中最需要严格保密和及时处理的事务，往往从全国观点看是并不重要的但却是有助于促进谈判目标的准备性或辅助性措施。总统对此类措施的保密和及时处置应无困难；而如情况要求征求参议院的意见和同意，亦可随时召集之。由此可见，根据宪法的规定，我们关于缔结条约的谈判，一方面将可获得才识卓见、忠于其事和认真探讨的裨益，另一方面又可作到严格保密和及时处置。

但是，对于此种安排，亦如大多数其他安排，还不免发生故意制造和一再坚持的歧见。

有些人的不满，并不在于此种安排本身的错误或缺点，而是因为，既然条约一经缔结就具有法律的效力，条约只应由被委以立法权力的人员予以缔结。这些代表先生们似乎没有考虑到，法庭的判决以及州长依宪法规定所作的裁决，与立法部门通过的法律，对于一切有关个人具有同样的效力和约束。一切根据宪法的权力行为，不论出自行政或司法部门，如同出自立法部门一样，具有同等的法律效力和执行义务；所以，无论缔结条约之权何以名之，也无论条约一经缔结之后具有何种约束力，人民肯定最宜将此项权力委诸立法部门、行政部门和司法部门以外的机构。人民将立法权给予立法部门，绝不能因此就推而论定，人民也应将采取一切其他对公民有约束或影响之主权行为的权力，同样给予立法部门。

另外一些人，虽然对于宪法中拟议的缔结条约方式是满意的，却反对使条约成为国家的最高法律。他们积极主张，并且诡称相信，条约与众议院法案类似应可任意废除。此种想法似乎对我国是新颖独特的，但是，新的真理固常出现，新的谬误亦然。这些代表先生们最好设想一下，条约无非是交易的别称；而我们绝对找不到一个国家会肯同我们达成交易，如果交易对他方具有绝对的约束力，而对我方则只在我方认为适当时才能约束。立法者无疑可以修订或废除法律；而缔结条约者亦可变更或取消条约，这一点固然无可争议；然而，我们最好不要忘记，条约不是由一方而是由双方缔结的；所以，正如开始缔结时双方同意是不可或缺的，此后变更或取消亦须双方同意。因此，宪法草案绝未丝毫延伸应对条约所负之义务。按照宪法规定缔结的任何条约，与将来任何时候在任何形式之政府下缔结的条约具有完全相同的约束力，也完全一样超乎立法行为之有效适用范围之外。

共和国家维护本国权益的愿望无论如何有益，然如趋于过分，则对国家而言，亦如胆汁过盛之于身体，均会对于周围事物造成虚形假象，以致蒙蔽视听。由于这种原因又或引起某些人的忧惧疑虑，以为总统及参议院可能在并不平等考虑各州利益的情况下缔结条约。或有别人更怀疑是否三分之二的多数竟会压迫三分之一的少数，因而质问此多数议员能否对其行为负有充分的责任，如其行为腐化能否予以惩处，如其所缔结条约不利时如何予以废止等项问题。

由于各州在参议院中均有平等的代表权，而其代表又都是最有能力、最乐于促进其选民权益的人，因此，只要各州慎于选贤任能，并坚持其准时出席，则各州在参议院中亦必具有同等的影响。随着合众国逐步取得国家的形式和民族的性格，则其整体利益亦必日益成为大家关注之所在；实在只有软弱无能的政府，才会忘记整体利益的促进端赖其各个部分的权益能否增长。总统及参议院均无权缔结任何条约，如果其家族及财产竟不受社会其余部分所受的同样约束和影响；既然总统及参议院并无与国家利益有别的切身利益，则忽视国家利益对之亦必无利可图。

至于腐化问题，其实难以想象。如果有人以为总统及参议院中三分之二的多数竟至可能行为腐化，当系其命徒多蹇，遂至愤世而嫉俗，或则生性多疑，乃以小人之心而度君子。此种想法粗俗可鄙，令人难以想象。竟而不幸有之，则由此强加于我们的条约，亦如一切其他欺诈性契约，必将由国际间法律所否定而无效。

至于总统及参议院的责任感，难以设想如何再予加强。举凡可以影响人类思想的一切理由，诸如荣誉、誓言、声望、良心、爱国心以及家庭情感，均足以保证其忠于其事。总之，宪法既足以保证总统及参议院必然才智过人且又忠诚可靠，我们亦应相信彼等必能缔结客观条件许可下最有利之条约；而关于弹劾的条款，在慑于惩罚和羞辱的常情范围内，已足保证产生良好行为的动机。

普布利乌斯

原载 1788 年 3 月 7 日，星期五，《纽约邮报》

第六十五篇

（汉密尔顿）

致纽约州人民：

制宪会议草案赋予参议院的其他权力，则属于另一范畴，包括在行政方面参与对人员的委任，和在司法方面承担审议弹劾案的法庭职能。既然委任事项由行政部门主办，有关条款最好在审议行政部门职能时再予讨论。因此，我们将只讨论参议院的司法职能并以此结束当前的议题。

在完全民选的政府中建立审议弹劾案的完善法庭，虽甚需要，但绝非易事。其管辖范围属于担任公职人员失职所造成的犯罪，换言之，即对某种群众委托的滥用或背离。依其性质，最宜称之为政治性的，因为这种犯罪主要涉及对社会本身的直接损害。由于这一理由，对这类犯罪的起诉，难免煽起整个社会之激情，并大致按其对被告的友情或敌意而使社会分化成为不同的派别。在许多情况下，这种派别也就会与已经存在的派系联系起来，利用这一派系或那一派系原有的敌意、偏见、影响和利害；在这种情况下，最大的危险莫过于使其裁决屈服于派别间相对力量的大小，而不取决于有无罪责的证明。

关系所有从政人员政治声誉和政治生命如此深远的群众委托,其重要性和敏感性是不言自明的。在一个完全建筑在定期选举基础上的政府中,这种群众委托是否得当,其困难也是容易看到的;因为,在这样一种政治基础上,政府中最头面的人物往往极为可能就是人数最多或手段最为机诈的派系头子或其爪牙;由此,也就很难设想这些人会以不偏不倚的态度对待其行为需要受审查的人。

看来,制宪会议认为参议院最适宜代行此项重要委托。对于此事之实质困难最能领悟的人,不会仓促否决这种意见,而会充分考虑这种意见据以产生的论据。

也许有人要问,这种体制的真正精神何在?是否要对公务人员的行为进行全国性审判呢?其主旨果真在此,谁又可以代表整个民族成为合格的全民审判员呢?提出审判的权力,换言之也就是提出弹劾的权力,应该委托给立法机关的一院,这一点是没有争论的。既然认为这种安排是适当的,其理由难道不也强烈要求我们同时允许另一院参与审判么?这一体制设想的楷模确曾使制宪会议作过此种考虑。在大不列颠,提出弹劾属于下院的职责范围,而由上院裁决。若干州宪就是以此为样本的。不论是大不列颠,还是有关各州,都似乎把实行弹劾视为立法机构手中驾驭政府中行政公仆的缰绳。难道这不就是其真正精神所在么?

除了参议院,何处又能找到具有足够的尊严或可以充分便宜行事的法庭呢?还有什么其他机构可能充分把握其本身立场,在被告的个人和作为人民代表的原告之间,能够不屈不挠地保持必要的无所偏倚呢?

最高法院能否符合这一条件而予以依靠呢？这是很值得怀疑的，因为最高法院的法官不见得在一切时候都具有执行如此困难任务所需要的那种突出的坚定性；尤其值得怀疑的是，这些法官是否具有足够的信用和权威，而在某些场合下，使人民能够接受同自己代表提出的控告相反的裁决。如果法官不足信，那对被告就危害很大；而如果法官缺乏权威，则不利于安抚群众。要保证法官既无害于被告，又能取信于人民，唯一可能的办法——究竟是否可能还很难说——就是使法官人数多到从经济上考虑达到不合理的程度。裁决弹劾案需要由很多法官组成的法庭，这也是这种法律程序的性质本身决定了的。因为这样的法庭，不能像普通法庭那样受到许多严格条例的限制，不论是在检察人员对犯罪行为的控诉，也不论是在法官对案情的推断，都不能像普通法庭那样为了保障个人而限制法庭的自由裁决权。在这种法庭上，在宣布依法判决的法官同必须接受判决从而受到损害的人之间，不存在陪审员团的保障。社会中最受信赖、最为超群的人士，从此荣耀一世，或者蒙羞终生，全然取决于处理弹劾案法庭的自由裁决，这样严重的责任不容许把这种委托付给少数的人。

以上考虑本身似已足兹证明，最高法院替代参议院而作为裁决弹劾案的法庭是并不恰当的。还有一项考虑，尤会大为肯定此项结论。由于裁定应予弹劾而使被告蒙受的屈辱，并未结束因其犯罪所应受的惩罚。被弹劾后而从此失去全国的尊敬和信赖、荣誉和报酬后，大概还要受到普通法律的控告和处罚。对于一个人，由一些人在一次审判中破坏了他的声誉以及他作为公民的最宝贵的权利，而又在另一次审判中，又由同一些人为了同一罪行，毁掉他的生命和财产，这难道是适宜的么？第一次判决中的错误必会导致第二次判决中的错误，这种担心难道没有最充分的根据么？一个决定所造成的强烈偏见，难道不会战胜本来会改变另一个决定性质的任何新证据的影响么？凡是稍懂人情的人决不会迟疑而对这些问题作出肯定的回答；也不难看到，在两种情况中让同一些人担任法官，则可能成为迫害对象的人就会在很大的程度上被剥夺掉两次审判本来可以提供的双重保障。本来的判决，按其措辞，不过是免去现职和不再叙用，却往往实际包括使之丧失生命和财产。可能有人认为，在第二次审判中，陪审员团的干预会排除这一危险。但是，陪审员团经常受到法官意见的影响。陪审员们被引导作出特别评决，而将主要问题交由法庭裁断。如果法官早已预先认定谁人有罪，此人难道肯把个人生命和财产赌押在受这些法官影响的陪审员团的评决么？

使最高法院与参议院联合起来组成裁决弹劾案的法庭，这样做是否就是一种改进呢？这样联合起来当然会有若干好处；但是难道不会被其突出坏处所抵消而且有余么？这一突出坏处，前面已经提到，就是使同一罪犯受到同样一些法官的双重审判。正如在制宪会议的方案中所建议的，让最高法院首席法官担任裁决弹劾案法庭庭长，是会使得这种联合在一定程度上受益的；这样也会基本上避免使两个机构完全合二为一所产生的诸多不便。这也许是中庸之道。至于这样做必然会使司法部门的权威大为增加，遂至提供进一步的借口去刺激反对司法部门的舆论，对此，笔者宁愿不予评说。

如果由与政府其他部门全无关联的人士来组成裁决弹劾案的

法庭,这样是否就可取呢?对于此项计划,反对与赞成,均有相当的论据。这样可能使政治机器更加复杂,在政府中增加一个新的机件,其用途至少是有问题的,这在某些人看来决不是不值得反对的细微末节。但是,任何人也不会认为不屑一顾的另一反对意见是:按此方案组成的法庭,或者会带来巨大的开支,或者可能在实践中引起各样的变故和麻烦。这样的法庭或者包含一些专职人员,常驻于政府所在地,当然就应该定期付给固定的薪给,或者包含各州政府的某些官员,遇有待决的弹劾案时听从召遣。很难想象还可以提出什么第三种合理的方式与前述两种在实质上有所不同。既然由于前述原因此种法庭应该法官较多,一切能够根据支付手段来衡量公共需要的人,都会拒绝第一种安排。凡是严肃考虑从整个联邦各地召集人员所寓困难的人,对于赞助第二种安排必亦采取慎重的态度;这种困难有害于无辜的人,因为对于他们的控诉会拖延解决;但有利于有罪的人,因为延误反会提供他们从事阴谋和贿赂的机会;在某些情况下还不利于国家,因为坚定而忠于职守的人长期处于不工作的状态,可能使他们成为众议院中狂妄而有野心的多数的迫害对象。虽然这最后一种假定可能听来刺耳,而且往往不容易为实践所证明,然而,我们不应忘记,派系的妖魔在气候适合时就会掌握一切人数众多的机构。

但是,即使探讨过的这一种或那一种代替办法,或者可能设想出来的别种方法,被认为比制宪会议在这方面提出的方案更为可取,这也并不能证明宪法草案即应因此而被否决。如果人类下决心不肯就政府体制达成一致的意见,除非其一切部分均能符合最完善的标准,那么社会必然很快陷入普遍的无政府状态,而世界也就会回到史前的荒芜时代。何处可以找得到完善的标准呢?谁能使整个社会的分歧意见统一起来就这种标准作出同一的判断呢?谁又能说服一个狂妄的人去放弃他那不可能错误的标准,而去接受另一个更为狂妄的人的可能错误的标准呢?反对宪法的人,要想达到其目的,不应仅仅证明其中某些特定条款并非可以设想的最完善者,而应能证明整个草案都不妥当而且有害。

普布利乌斯

原载 1788 年 3 月 11 日，星期二，《纽约邮报》

第六十六篇

（汉密尔顿）

致纽约州人民：

对于拟议中审理弹劾案的法庭，已经出现一些主要的反对意见；我们一一加以评论，未必不会消除有关此事的其余不良印象。

第一种反对意见是，有关条款把立法和司法权力混杂于同一机构，于是违背了权力部门应予分离的重要既定准则。这一准则的真实含义，我们已在别处讨论并予以确立，而且我们还已证明：只要各个权力部门在主要方面保持分离，就并不排除为了特定目的予以局部的混合。此种局部混合，在某些情况下，不但并非不当，而且对于各权力部门之间的互相制约甚至还是必要的。行政部门对于立法部门的法案，能够断然或有条件地予以否决，最有资格的政治学权威都承认，乃是对后者侵犯前者权力的不可缺少的屏障。由此，我们也不妨根据同样理由确认，有关弹劾的权力实在是立法机构手中防止行政部门侵权的重要制约手段；这一点前面也已述及。立法机构的两个部门之间的分工，赋予其一以控告权，其二以审议权，才能避免使同一些人同时担当原告和法官的不便；也才能防止在其任一部门中由于派性统治而对别人进行迫害的危险。由于判决需要参议院三分之二多数的同意，对于无辜者的保障，有此补充条件，就将达到可以希望的最完整的程度。

奇怪的是，那些毫无例外都自称拥护本州宪法的人，根据这里谈到的原则，却如此猛烈地攻击宪法草案的这一部分；而本州宪法恰好规定：参议院，同平衡法院院长和最高法院法官一起，不仅构成审议弹劾案的法庭，而且构成本州最高司法当局，复审一切民刑案件。平衡法院院长和法官，在人数上与参议议员相较，是微不足道的，因此，实际上，说纽约州的司法权是寄于参议院也不为过。如果制宪会议的草案在这方面被指责违背了著名的分权准则——这项准则真是多次引用，却很少有人理解——那么纽约州宪法岂非过失更重得多么？[①]

反对参议院作为审议弹劾案法庭的第二种意见是，这会使参议院不适当地掌握过多的权力，从而给予政府一种过于类似贵族统治的面貌。我们已经看到，参议院对于行政部门缔结条约和任命官员方面有认可权；如果在这些特权之外，再加上决定一切弹劾案件之权，据反对派说，这就会给参议院以支配性的影响。对于如此不具体的反对意见，实在不易找到十分具体的回答。用什么方法或标准，我们可以据以判定参议院具有过多的、过少的或者正好恰当程度的影响呢？撇开这类模糊不清、难以捉摸的估计，就每一项权力加以审查，并根据一般原则确定应该委之哪一部门才最为

① 根据新泽西州的宪法，最后司法权是委之州立法机构之一院的。在新罕布什尔、马萨诸塞、宾夕法尼亚、南卡罗来纳各州，立法机构之一院组成审理弹劾案的法庭。——普布利乌斯

有利而最少不便，岂不更保险、更简单一些么？

如果我们采取这一途径，即使不能达到更确定的结果，也会达到更清晰的结果。如果笔者判断不错，根据此前一篇专文的论述，以及下一篇论文的论述，似乎可以认为，制宪会议草案中对于缔约权的规定是完全恰当的。在官员的任命权上，参议院与行政部门配合的好处，笔者相信，也会在下一篇论文得到同样令人满意的阐明。笔者差堪自慰的是，笔者前一篇论文应已在相当大的程度上证明，要在参议院之外找到更为适合于委之审议弹劾案权力的机构，即使不是不现实的，也绝不是容易的事。如果情况确如上述，那么，对于参议院拥有过分影响的臆想中的担心，实在应该摈之于我们考虑范围之外。

但是，这种假设，虽然不值一驳，其实已为有关参议员任期的论述驳斥过了。这些论述，根据历史上的先例以及事务本身的逻辑，已经证明，一切具有共和性质的政府中最**得人心**的部门，由于一般都为人民所属意，因而一般也就足以抗衡乃至压倒政府中一切其他的部门。

但是，与这一最积极有效的原则无涉，为了保持联邦众议院的均衡，制宪会议的草案规定了若干有利于众议院的重要条款，以平衡委之于参议院的额外权力。提出有关财政法案之权，专属众议院。众议院还单独掌握提出弹劾的权利，这难道还不足以完全平衡审议弹劾案之权么？如果选举人多数不能一致选出总统，总统选举的裁决人也由众议院充当；无疑，这种情况即使不会时常出现，有时难免也要发生。此事经常存在的可能性，必然构成这一机构的有效影响源泉。在整个联邦中最优秀的公民间竞选联邦最高职务上决定谁属，这种虽是有条件的，但却是最终的权力，越多加考虑，就越觉得其重要。这种权力，作为施加影响的手段，必将压倒参议院所具有的一切特殊属性，这样预言大概也不为轻率。

对于参议院作为审议弹劾案法庭的第三种反对意见，联系到参议院在任命官员中的作用。有人想象，参议院由于参与任命某些人出任官员，对于这些人的行为必然过于宽容。这一反对意见所依据的原则，必然要否定一种实践，这一实践即使不见于我们所知的一切政府，但却见于一切州政府；笔者指的是，使得肯于出任公职的人从属于任命他们的人的意志。人们也可以同样有理由宣称，后者的徇私必然常能遮掩前者的不端。但是，与此原则相反，实践是出于这样一种设想的：任命人的人要对所选择的人的资格和能力负责，他们对于正当而顺利地管理国家事务也有切身利益，这就会使得一切由于本身行为证明是有负信托的人将会受到排斥。虽然实际情况可能并不常能符合这种设想，但是，如果这种设想大体尚属合理，那就必然证明下面假设乃是无稽之谈：参议院仅仅由于批准行政官员的任命，就会产生对他们偏袒之情，而且还很强烈，以致使他们视而不见全民族代表据以提出弹劾的那些非同一般的罪证。

如果还需要进一步的论据来说明大概不致产生这种偏袒之情，我们可以考察一下参议院在任命人事上所起作用的性质。

提名，以及在征询参议院意见和同意后任命，这项职权在于总统。在参议院方面，当然并不行使选择的职能。参议院可以驳回行政部门的选择，并迫使总统另行选择；但参议院本身不能选择——参议院只能批准或驳回总统的选择。参议院甚至可能更属意于另外一个人，但是，因为对于提名的人提不出任何反对的正面理由而不能不予认可；参议院并不能肯定，如果不予认可，下一项提名就会落在其所属意的人的身上，或是任何它认为比被驳回的更合适的人的身上。由此可见，参议院中的多数不大可能对于其所任命的对象感到心安理得，除非其优点使人安心，或者其缺点使人不安。

对于参议院所起审议弹劾法庭作用的第四种反对意见，在于其与行政部门联合行使缔约权上。据说，在一切对这一重托滥用或背叛的情况下，会使参议员们成为自己的裁判。参议员们与行政部门协同背叛国家利益，缔结一项有害条约之后，如果由他们本人来裁决对于他们所犯变节行为的控诉，人们要问，有什么可能使他们受到应受的惩罚呢？

在对草案这一部分的反对意见之中，这一点受到特别加意的宣传，而且也更能自圆其说；然而，如果笔者并未受骗，这一意见其实是建筑在错误的基础上的。

对于防止缔结条约中的腐化与变节行为，宪法所规定的保障主要依靠缔约人员的数量与品格。总统，以及各州立法机构集体智慧所选择的机构中三分之二的多数，联合行使，就是为了保证这些国家机构在这一特定方面的忠诚。制宪会议按道理本来可以设想，在背离参议院指示，或在执行委托的谈判时未能奉公，应该对于总统规定某种惩罚；会议也可以考虑，对于受外国贿赂收买而出卖其在参议院中影响时，对于少数个别的参议员规定某种惩罚；但是，会议，按道理，却不可能设想对于批准错误条约的参议员三分之二多数进行弹劾和惩办，正如不可能设想对于批准某一有害或违宪的法律的参议院或众议院的多数进行弹劾和惩办一样——笔者相信,这是一条从未曾为任何政府所采纳的原则。实际上,众议院的多数怎么可能对自身进行弹劾呢?显然,参议院的三分之二多数也是不可能对自身进行弹劾的。那么,众议院的多数如果通过不公道和专制性立法从而有损社会利益,参议院中三分之二多数如果通过与外国订立有害条约从而同样有损社会利益,为什么前者比后者更有理由不受惩罚呢?其道理在于,在所有这类情况下,为了保证这一机构的自由讨论以及必要的独立性,其成员应该对于以集体身份采取的行为免受惩罚;而社会本身的保障则需依靠用人的审慎,使之属于表现忠诚,使之难以联合起来去损害公益。

至于涉及行政部门背离参议院指示或违抗参议院意见等不正当行为,我们不必担心参议院竟然对于有负其信任而不去惩罚,或对于蔑视其权威而不予报复。即使我们不能全然依靠其品德,至少也可以依靠其自尊心。至于涉及参议院领袖的腐化,以致由于他们的谋划及影响使得多数受骗而采取不利于社会集体的措施,只要对于其腐化有足够证据,人类性格的通常倾向则必将使我们可以确信,参议院为了转移公众对他们全体的不满,通常是不会不肯去及时牺牲掉造成他们失职和丢脸的为首的人的。

普布利乌斯

原载1788年3月11日，星期二，《纽约邮报》

第六十七篇

（汉密尔顿）

致纽约州人民：

拟议中政府行政部门的组成是我们下一步需要研讨的问题。

我们体制中几乎没有哪一部分比这个更加难以安排；更没有哪一部分受到这样不加掩饰的攻击，或者受到这样没有见识的批评。

在这方面，反对宪法的作者们似乎极尽歪曲之能事。他们考虑到人民对于君主制度的反感，力图利用人民的猜忌和疑虑来反对设想中的合众国总统一职；把它不仅说成是那令人讨嫌的前辈的胎儿，而且说成是君主的成年的继承人。为了证明这种骗人的亲缘关系，他们甚至不惜借助虚构的手段。总统的职权——在某些方面大于，在另一些方面则小于纽约州州长的职权——竟被夸张成王权。他们把总统的表征大加文饰，似乎比英国国王还要庄严显赫。他们把总统描述成似乎冕旒加额、紫袍罩身。他们把总统安置在宝座上，左右拥护着宠臣嬖姬，召见外邦使节，简直威严骄慢不可一世。为了竭力夸张，他们简直全盘搬用了亚洲专横暴君穷奢极侈的形象。他们想要使我们见到扈从亲兵的威慑面孔就觳觫打战，想到后宫姬妾半遮容颜就忸怩失措。

这种放肆丑化的企图，我们甚至可以称之为拨弄妖术，使我们有必要准确地观察一下总统职位的真实属性和形式；这样，既可以弄清其实际外观，又可以揭穿如此狡诈卖力宣扬的捏造形象的虚妄。

在执行此项任务时，对于有些人为了在这个问题上迷惑舆论所采取的既懦弱又恶毒的伎俩，要想保持克制并予以严肃对待，的确无人不感到十分吃力。这些伎俩，已超乎那些不正当但司空见惯的党派斗争手段所允许的范围如此之远，即使在忠厚忍让的人身上，也必然会把主张宽容对待政敌行为的情感，转变成难以克制和无法保留的愤慨。把合众国总统这样性质的行政长官类比成英国国王，这样的下流伪饰，简直令人无法不名之为有意的欺妄诈骗。为了使欺诈得逞所采取的不顾后果、难以想象的策略，尤其难以令人不加痛斥。

笔者谨举一例即可说明其一般：他们竟然狂妄到把宪法中明文规定为各州州长的一项权限说成是总统的。笔者此处指的是对参议院空缺的补缺任命权。

对于同胞辨别力提出这一大胆挑战的作者，不是别人，竟是他所属政党[1]绝未吝于表扬的人——姑不论其有无真实功绩；此人根据这种伪造、无根据的提示，又复推演出一系列同样虚伪、无根据的说法。现在该让此人面对一下明显的事实了；如果他还能够，就让他对于这样无耻违背尊重真理、公平待人的准则提出辩解或

① 见凯托的第五篇文章。——普布利乌斯

文过饰非吧！

宪法第二条第二项第二节授权合众国总统"提名，并根据或征得参议院之意见并取得其同意任命大使、其他使节、领事、最高法院法官及本宪法未就其任命程序作有其他规定以及今后将以法律规定设置之合众国其他官员。"紧接下去的另一节是："总统在参议院休会期间有权补充人员之缺额，此类委任之期限应于参议院下次会议结束时终止。"正是根据这后一规定，人们推演出总统补缺任命参议院中空缺的所谓职权。稍事注意此两款间之联系，以及其措辞的明显含义，人们就不难看出这一推论甚至不能自圆其说。

显然，前一节仅只规定任命此类官员的方式，"本宪法未就其任命程序作有其他规定以及今后将以法律规定"；这自然不能引申到任命参议员，因其任命已经宪法作有其他规定[①]，并已经宪法规定其任命程序，而无需未来法律再予规定。这种情况几乎没有争论余地。

同样明显的是，后一节也不能被理解为包含着对参议院空缺的补缺任命权，理由如下：——甲、两节联系来看，前节既指合众国中任命官吏的一般方式，后节也只能是作为前节的补充，即在于说明一般方式不适用时应该采取的辅助办法。普通的任命权限于总统和参议院联合行使，因此只能行使于参议院开会期间；然而，又不能为了任命官吏而使参议院开会不止，而官吏出缺又可能发生在参议院休会期间，且为了公益又可能需要及时补缺，于是后节遂明显地为了授权总统单独进行临时任命，"此类委任之期限应于参

---

① 第一条第三项第一节。——普布利乌斯

议院下次会议结束时终止。”乙、既然此节应视为前节的补充，则此节中所谈缺额只能是关系到前节所提及的“官员”；而正如我们已看到的，其中并未提及参议员。丙、行使这一职权之时限，即“在参议院休会期间”以及委任之期限，即参议院“下次会议结束前”，应已阐明此项规定的目的；如果原来确实指的是参议员，自然就会提到各州立法机构休会期间的临时补缺委任权，而不会提到参议院的休会；而且也会将临时委任的参议员任期延长到州立法机构下次会议，因为缺额是该州的代表，而不会提到参议院下次会议的结束。有权行使永久性委任的机构，其本身情况当然会影响到有关临时委任的权限；既然这一机构即是参议院，而我们当前探讨所涉及的条款谈到的也仅属参议院情况，因此该款所提的缺额也只能关系到由参议院与总统共同委任的官员。丁、第一条第三项的第一、二两节，不仅排除一切可能的疑问，而且也粉碎了误解的借口。第一节规定，“合众国参议院议员由各州州议会选举，每州选举参议员二人，任期六年”；第二节规定，“在任何一州议会休会期间，如因参议员辞职或其他缘由致产生缺额时，该州行政长官得于州议会召开下次会议补选前，任命临时参议员。”这里用十分清楚、毫不含糊的字样，明确规定了州长有权临时任命以补参议院中偶然出现的缺额；这就不仅否定了前面所谈条款目的在于授权给合众国总统的假设，而且证明这种甚至不能自圆其说的假设只能是意在欺骗人民，其露骨程度已无法由诡辩所遮掩，其恶毒用心也无法以伪善而令人宽容。

笔者举出这一曲解之例，并尽力置之于光天化日之下，以求毫不含糊地证明：有人不惜采取不正当手段，其目的在于阻挠对于提交人民审议的宪法的真正价值做出公正不阿的判断。对于如此昭然若揭的实例，笔者难免也使用了与这批论文普遍精神并不相符的严厉批判。对于强加到美国公民身上如此毫无廉耻、男盗女娼的行为，语言能够提供过分严厉的形容词汇么？就此，笔者并不踌躇于诉诸一切正直忠贞的反对派。

普布利乌斯

原载 1788 年 3 月 14 日，星期五，《纽约邮报》

第六十八篇

（汉密尔顿）

致纽约州人民：

任命合众国总统的方式，几乎是整个体制中唯一有任何重要意义，而未受到反对派严厉批评，或者受到些许称赞的部分。其中已经发表、最像煞有介事的，甚至还屈尊承认总统选举是相当谨慎从事的。[①] 笔者斗胆要更进一步、并不踌躇地予以认定，此种任命方式，即使未臻完善，至少也是极为美好的。此种方式具备人们所希望具备的一切好处，并使之达到卓越的程度。

遴选担负如此重托的人物，应该希望人民的意志能够起到作用。为此，没有把这项权利交付某一现成机构，而是交付给为此特殊目的由人民在特定时刻选出的人。

同样应予希望的是，直接选举能够由这样一些人来实现，他们最善于辨别适宜于这一职位需要的品质，可以在有利于慎重审议的条件下行动，并使一切理由和主张都能适当地结合在一起，以便作出选择。由人民群众普遍从本地同胞中选出的少数个人，最有

① 参见《联邦农场主》。——普布利乌斯

可能具有进行如此复杂的审查工作所必需的见闻和眼力。

尤其应予希望的是,要尽可能地减少引起骚动和紊乱的机会。选举合众国总统这样担负管理政府重任的行政官吏,决不应对发生骚动和紊乱的可能掉以轻心。但是,在当前审议的体制中,预防措施安排得很是巧妙,提供了防止危害的有效保障。选出若干人,组成一个选举人的居间机构,比起选举一个人,作为公众寄望的最终对象,就不那么容易造成震动整个社会的非常的、暴乱性的运动。而且,由于由每州选出的选举人将在其所由选出的州内集合并进行投票,这种各自分离的情况,比起把他们同时召集到同一地点,使他们不那么容易招惹激情和怒气,转而又影响到全体人民。

最应寄予希望的是,要采取一切实际可行的步骤去反对结党营私、阴谋诡计、贪污腐化。共和政体的这些最危险的死敌,自然可以预期不会单独来自一个方面,但是主要还是来自外国妄想在我们政府机构占据上风的愿望。为了达到这一目的,最便当的办法岂不就是把他们自己的傀儡抬上联邦总统的高位么?然而,制宪会议已经对此予以最为精明、敏锐的注意,预防了一切这类危险。会议未使总统的任命依靠任何现成的组织,因为这种组织的成员有可能在事先受到贿赂而出卖其选票;而是从一开始就诉之于美国人民的直接行动,选出若干人来专门从事选任总统这样一项临时任务。而且会议还规定,凡根据客观情况可能被怀疑过分忠于现任总统的,均无资格接受此项委托。一切参议员、众议员或任何受委或就雇于合众国的个人,均不能成为选举人。这样,除非全体人民均被收买,直接进行选举的代理人将至少可以不带任何邪恶偏见来开始从事此项任务。选举人团成员的临时性质,以及其各自分离的情况，将足以保证他们继续不带偏见直至任务终结。对这样相当众多的人，要想加以腐化是需要时间和金钱的。由于他们分散在十三个州，也不会很容易突然把他们根据某种共同的动机组织到一起来，这种动机虽然尚不能名之曰腐化，却仍然有可能具有使他们偏离本身职责的性质。

另一项并非次要的希望是，总统在职期间应该除了人民本身之外不依附于任何个人。否则，总统就有可能被诱使为了满足那些在他任期中给予必要支持的人而牺牲其本身职责。为了保障这一优越性，还规定其连选仍需依靠特殊代表机构，由全体社会专门为了作出这一重要遴选而指定之。

这一切优越性均已巧妙地结合在制宪会议制定的宪法草案之内；亦即：各州人民选出一定人数充当选举人，其数目相等于各州在全国政府中参众议员人数的总和，选举人在本州内集会，就适于出任总统的人选进行投票。如此所投各票送交全国政府所在地，获得全部选票多数者即当选为总统。但是，由于多数选票并不见得总会集中于一人，而不足半数即作为当选又可能不甚保险，于是规定，万一出现这一情况，则由众议院从得票最多的五名候选人中选出他们认为最为合格的人。

这一选举程序提供可靠保证，使得总统的职务绝不致落到不在最高程度上满足必要条件的人身上。搞卑劣权术的本事，哗众取宠的小动作，可能把一个人抬到单独一州的最高荣誉地位；但要使一个人在整个联邦受到尊重和信任，则需要真正的才能和不同性质的优点，要使一个人成为合众国总统这样显要职务的当选人，至少也需要相当的才能和优点。这个职务十之八九会由德才都很杰出的人担当，这样说恐怕也不算过分。国家治理情况的好坏，必然在很大程度上取决于政府负责人如何，能够对此有所体会的人当能正确估价本宪法草案。我们虽然不能默然同意某个诗人的下述政治邪说：

> 政体如何，愚人多虑；
> 其实好坏，全在治理。

然而，我们却不妨承认，优良政体的真正检验标准应视其能否有助于治国安邦。

副总统的产生将与总统的选出方式相同；其差别仅在于，众议院在总统选举中的作用，将由参议院来担当。

额外再选任副总统这样一个人，有人认为是多余的，甚至是包含什么鬼把戏。有人宣称，这还不如授权参议院从其成员中互相推选出一名类似的官员。但是，制宪会议的观点是有两点考虑的：一、为了保证参议院经常采取确定决议的可能，其议长只须具有表决权；使代表任何一州的参议院担当议长职务，就使该州可以经常运用的表决权变成了偶尔才能运用的表决权。二、由于副总统在某种情况下可能代行总统职务，成为最高行政首脑，那么一确定总统选举方式的种种理由，就不仅同样，而且在更大程度上，也应该决定副总统遴选的办法。值得注意的是，这种反对意见，正如大多数其他反对意见一样，都是违反本州宪法的。我们州也有个副州长，由全民选举产生，主持参议院，并在使副总统代行总统职务的同样非常的情况之下成为州长的合乎宪法的代行人。

普布利乌斯

原载1788年3月14日《纽约邮报》

第六十九篇

（汉密尔顿）

致纽约州人民：

现在笔者根据制宪会议提出的宪法草案说明一下拟议中行政部门的真实性质，以便更突出地暴露有关反对意见的不公允之处。

引起我们注意的第一点是，行政权，除了少数例外情况，均集中于一人身上。虽然如此，这一点却很难作为任意对比的依据；因为，如果在这一个别地方它与英国国王有类似之处，它也同样类似于土耳其皇帝、鞑靼可汗、罗马市长或纽约州长。

总统每次当选任期四年；只要合众国人民认为他可信就可以多次连选连任。这些方面，他和英国国王是完全不同的，后者是世袭君主，其王冠也是子孙永世继承的财产；但是，他同纽约州长确实有相近之处，后者是任期三年，也可以不受限制、不需间断地连选连任。如果我们考虑到在单独一州之内确定一种危险影响，比起在整个合众国确定类似影响，所需要的时间要少得多，那么，我们就可以认为，总统任期四年，比起一个州长的任期三年，其在职时间并不那么长得可怕。

美国总统可以受弹劾、受审判，而且如果被判明犯有叛国、接受贿赂或其他重罪时，还得予以撤职；事后可以受到普通法律的控告和处罚。英国国王的人身是不可侵犯的；他不对任何执法的法庭负有受审判的义务；对他进行任何处罚都可以引起全国革命的危机。在这种个人负责的微妙而重要的情况下，美国邦联的总统所处地位并不比纽约州长更为优越，比之马里兰和特拉华两州的州长则更为低劣。

美国总统有权驳回立法机构两院通过的法案，要求重新审议；而法案如果经过审议复由两院的三分之二多数通过即成为法律。英国国王则对议会两院立法享有绝对的否决权。此项权力在过去相当长时期内未予使用并不影响其实际存在；而只是完全在于英王有办法施加影响以代替运用权威，或者使用手段取得两院中一院多数的支持，才避免了运用这一特权的必要，因为运用这一特权常常可能引起某种程度的民情激愤。总统的有条件的否决权大别于英国君主的绝对否决权；却极似本州复审委员会的复审权，而本州州长亦为复审委员会的成员。在这一点上，美国总统之权大于纽约州长，因为总统单独具有州长与平衡法院院长和法官共同享有之权；但与马萨诸塞州的州长则完全相同，因为制宪会议在这一条款上原来似乎就是照抄该州宪法的。

总统为“合众国陆、海军总司令；并统辖为合众国服役而征调之各州民兵。总统有权对触犯合众国之犯罪颁布减缓与赦免令，唯弹劾案不在此列；提出其认为必要而妥善之措施提请国会审议；于非常情况下得召开国会两院或一院之会议，值两院对休会时间意见不一时，总统得指令两院休会至其认为适当时期为止；监督法律之忠实施行；委任合众国之一切官员。”在这多数具体问题上，总统权力与英国国王以及纽约州长的权力俱皆相同。最主要的实质不同在于：第一，总统只对依法应召为联邦服役的部分民兵享有临时统辖权。英国国王和纽约州长则对其各自管辖下的全体民兵享有全面统辖权。因此，在这一有关条款之下，美国总统之权是比英国国王以及纽约州长均皆低劣的。第二，总统为合众国陆、海军总司令。在这方面，其权威与英国国王在名义上是相同的，实质上则低劣得多。其权威实际并不超过作为邦联的首席陆、海军上将对于陆、海军的最高统辖和指挥权；而英王的权威则尚扩及到宣布战争以及征召和组成舰队和陆军——而这一切权力按照宪法草案的规定均属于议会①。另一方面，根据纽约州宪法，州长只享有对民兵和海军之统辖权。但是，有些州的宪法则明文规定其州长为其海军以及陆军的统帅；由此，人们不禁要问：特别是新罕布什尔和马萨诸塞两州的宪法在这方面授予其各自州长的权力，是否比合众国总统能掌握的权力还要更大一些。第三，总统赦免权适用于一切案件，弹劾案除外。纽约州长则可以在一切案件中赦免，甚至包括弹劾，只有叛国和谋杀案除外。从政治后果估量，条款所规定给州长的这项权力难道不是比总统更大么？反对政府的一切阴谋

① 宾夕法尼亚州一篇论文的作者（署名塔莫尼）曾声言，英国国王作为统帅之权源出于一临时性反兵变法的规定。相反，事实上英国国王这方面特权的渊源已不可考，而且，正如布莱克斯通在《评注》第1卷第262页所说的，只是被查理一世时的长期议会“违反一切常理和先例”予以争议过；但是，根据查理二世时的第十三号法规第六章，统帅权规定由国王单独行使，因为在陛下国土及领地内的民兵，海上和陆上的一切武装、一切城堡和要塞之唯一最高管辖权，过去从来是，现在仍然是陛下及其先世各代英国国王和女王确定无疑的权利，议会两院或其中之一院均不能亦不应有所觊觎。——普布利乌斯

策划，只要尚未见诸实际叛国行动，就可以通过这一赦免权的干预，得到掩护而免受任何种类的惩罚。因此，如果纽约州长竟成为此种阴谋的首领，只要其意图尚未转化为实际敌对行为，他就可以保证其同谋及追随者得到完全的豁免。另一方面，联邦总统，虽然可以赦免通过普通法律起诉的叛国罪，却不能在任何程度上保护任何罪犯不受弹劾和判罪后果的影响。在一切准备阶段均可不受惩治，比起在最后执行其阴谋，即实际诉诸武力而失败时仅得免去一死和免受剥夺的情况，前者岂不更易诱使人们不惜从事并坚持有害人民自由的冒险行径么？如果能够下令赦免的人本人也被卷入，并因而不能下令赦免，估量到这种可能性，为了在最后失败时争取赦免的可能还能起多大的作用呢？为了更好地判断此事，必须记住，根据宪法草案，叛国罪仅限于"对合众国作战，并依附其敌人，给予其敌人以帮助及支援"；而根据纽约州法律，叛国罪的范围亦均相同。第四，总统只是在就休会时间产生异议的唯一情况下才能使国家议会休会。英国君主则可以停闭乃至解散议会。纽约州亦可以在有限期间内停闭本州立法议会；这一权力在某些情势之下可以用以达到非常重要的目的。

总统有权在征得参议院之意见并取得其同意时缔结条约，唯需有出席参议员的三分之二予以认可。英国国王则是国家在一切对外交往中唯一和绝对的代表。国王得自动缔结有关和平、商务、联盟以及一切其他类型的条约。有人暗示说，英国国王在这方面的权威并不是无可争辩的，其与外邦所定公约是可以修改的，而且需要议会批准。但是，笔者认为，这一见解前此是从未听说过的。

英国的一切法学专家[1]，以及熟悉该国宪法的一切别人，都知道，作为已经确立的事实，缔约的特权是绝对属于国王的；由国王授权订立的协定是具有最完全的合法性和完整性的，不需任何其他批准手续。实际上，人们有时看到议会从事于修改现行法律以符合新订条约的条款；也许正是这一点可能引起幻觉，以为议会的合作才使之对条约的有效性承担了义务。但是，议会这种插手实乃出于不同的原因：出于使一种极其不自然、极其错综复杂的税制和商法适应于执行条约时所引起的其中变动；采取新的规定和预防措施以适应新的情况，并保证整个国家机器不致运转失灵。因此，在这一方面，拟议中的总统权力与英国国王的实际权力是不能同日而语的。后者可以单独行使，而前者则只能在议会一院的认可下才能行使。应当承认，在这种情况下，联邦行政首脑的权力总是超过一州的行政首脑的。但是，这是由于涉及条约上的主权而自然而来的。如果邦联竟然解散，各州的行政首脑是否即将单独被授予这一微妙而重要的特权，这确实将是一个问题。

总统还规定有权接受大使及其他外国使节。这一点，虽然已成为一项颇遭非议的主题，其实在更大程度上只是属于礼仪性的事务，并非什么权威问题；是一桩对于治国安邦无关紧要的事；外国使节的到来，不过仅仅是为了接替其前任，如果每次一到就召集议会或其一院，这种需要自然要比现行安排不方便得多。

总统将提名，并在征得参议员之意见并取得其同意后，任命大使及其他驻外使节、最高法院法官，以及合众国一般依法设置但其

① 参见布莱克斯通：《评注》第1卷第257页。——普布利乌斯

委任在宪法中又无其他规定的一切官员。英国国王被称为荣誉之泉源,这一点既为人所强调,也是实际情况。英国国王不仅委任官员,而且还可以设置职务。他可以随心所欲授勋立爵;而且还可以任意处理大量教会中职务的升迁。在这一特定方面,总统的权力也是显然比英国国王低劣得多的;而且,如果我们是按实践情况来解释纽约州宪法,总统的权力尚且不及纽约州长。在我们州内,委任权属于由州长以及由众议院推选的四名参议院议员组成的委员会。州长依法应有,并也经常行使提名权,而且有资格就决定委任投票。如果州长的确有提名权,则州长的权威在这方面是同总统相同的,而在投票权上则超过总统。在全国政府中,如果参议院中相持不下,委任就无法实现;在纽约州政府中,州长可以起决定作用,批准他自己提名的人。[①] 如果我们比较一下,一方面是总统以及全国议会中整个一个院共同任命的方式,其必然具有的公开性;另一方面是纽约州长与最多四人,而时常只有二人,闭处暗室决定委任的秘密方式;如果我们再考虑一下,对于掌握委任权的委员会中少数人员施加影响,比之对于全国参议院大量成员施加影响,自然容易得多;由此,我们不能不断然宣布,纽约州州长在安排职务方面的权力,在实践上必然大大超过联邦总统的相应权力。

由此可见,除了有关缔结条约的条款中规定总统可以分享之权力以外,很难确定在总和方面总统究竟比纽约州长的权力更大

---

① 然而,坦率地说,笔者承认,州长依法应有提名权的说法并无很多依据。然而,除非有人提出其是否合乎宪法,从政府的日常实践中总是可以这样说的。撇开法律依据不谈,如果我们考虑其他因素,并全面探讨其结果,我们仍然会得出大体相同的结论。——普布利乌斯

些还是更小些。而似乎更加明确的是，试图把总统与英国国王类比实在是毫无借口可言的。但是，为了把这方面的对比表现得更为突出一些，我们不妨把这些主要不同之点再作进一步的综述。

合众国总统为民选任期四年的官员；英国国王则是终身和世袭的君主。前者个人可以受到惩罚和羞辱；后者则其人身神圣不可侵犯。前者对议会法案可以有有条件的否决权；后者则有绝对的否决权。前者有权统辖国家陆军和海军；后者除此权利之外还具有宣布战争，以及凭个人权威征召和组成舰队和陆军之权。前者与议会之一院共享缔结条约之权；后者则单独享有缔结条约之权。前者在委任官员上具有类似分享之权；后者则单独决定一切委任。前者不能授予任何特权；后者可以使外国人归化，使普通人成为贵族；可以建立社团使之具有法人团体的一切权利。前者对商业和国币不能制定任何法规；后者在各方面则是商业的仲裁人，并以此身份建立市场和集市，可以调整度量衡制，可以在有限期内实行禁运，可以铸币，可以允许或禁止外国钱币流通。前者毫无神权；后者则是国教的最高首领和教长！对于把这样不同之物妄想说成相似的人，我们还能予以什么答复呢？对于把由人民定期选出公仆掌管一切权力的政府说成是贵族政体、君主政体、专制政体的人，答复也只能是一样的。

普布利乌斯

原载 1788 年 3 月 18 日，星期二，《纽约邮报》

第七十篇

（汉密尔顿）

致纽约州人民：

有一种观点认为——持此观点者并不乏其人——强有力的行政部门是同共和政体的本质不相符合的。拥护共和政体的有识之士至少希望此种假设并无根据可言；因为，如果承认这种观点，就必然否定了他们所主张的原则。决定行政管理是否完善的首要因素就是行政部门的强而有力。舍此，不能保卫社会免遭外国的进攻；舍此，亦不能保证稳定地执行法律；不能保障财产以抵制联合起来破坏正常司法的巧取与豪夺；不能保障自由以抵御野心家、帮派、无政府状态的暗箭与明枪。凡对罗马历史略知一二的人，无不通晓当时的共和政体曾不得不多次庇护于某个个人的绝对权力，依靠独裁者这一可怕头衔，一方面去制止野心家篡政夺权的阴谋，制止社会某些阶级威胁一切统治秩序的暴乱行为；另一方面防止外部敌人占领并毁灭罗马的威胁。

在这个问题上，不可能需要提出更多的论点和实例。软弱无力的行政部门必然造成软弱无力的行政管理，而软弱无力无非是管理不善的另一种说法而已；管理不善的政府，不论理论上有何说辞，在实践上就是个坏政府。

想当然，一切通情达理的人无不同意需要强有力的行政部门；那么，所谓强而有力应该包含哪些因素呢？这些因素同构成共和制度的安全所需因素怎样调和一致呢？制宪会议所提宪法草案在把这些因素调和起来上又是怎样体现的呢？

使行政部门能够强而有力，所需要的因素是：第一，统一；第二，稳定；第三，充分的法律支持；第四，足够的权力。

保障共和制度的安全，需要的因素是：第一，人民对之一定的支持；第二，承担一定的义务。

以原则立场最坚定、态度最公允而著称的政治家和国务活动家，都曾宣布主张单一的行政首脑与庞大的立法机构并存。他们都已十分正确地表示赞成行政首脑最必要的条件是强而有力，而且都认为为此最宜集权力于一人；他们还都同样正确地指出，集权力于一人最有利于明智审慎，最足以取信于人民，最足以保障人民的权益。

统一才有力量，这是不容争议的。一人行事，在决断、灵活、保密、及时等方面，无不较之多人行事优越得多；而人数越多，这些好处就越少。

这种统一性可能以两种方式遭到破坏：或者把权力由具有同等地位和权威的两个或更多的人分别掌管；或者，名义上把权力委诸一人，而又使之部分地或全部地置于具有咨议身份的其他人的控制之下，或者必须与后者合作。前一情况，罗马的两名参议可以视为一例；后一情况，我们可以从各州宪法中找到实例。如果笔者不曾记错，只有纽约和新泽西二州规定将行政权力完全集于一人[①]。破坏行政部门统一性的这两种方式，都各有其倡导之人；但热衷于组织行政委员会者最为众多。对此两种方式，可以提出的异议，虽不尽同，却也类似，因而在大多数方面可以一并探讨。

在这个问题上，其他国家的经验有所教益者不多。然而，就其教训而言，则是行政首脑不宜一职多人。我们已经看到，希腊人曾经实验两名执政，被迫舍而求一。罗马史上记载多次有害于共和的参政间的分歧，以及代替参政执政的军事护民官间之分歧。另一方面，罗马史却提供不出任何样本，足以说明行政长官一职多人对于国家会有任何具体的好处。我们注意到罗马共和政体几乎经常所处的独特地位，注意到参政因此执行了将政权分割而治的明智政策；否则，他们之间要不发生更经常、更致命的分歧，反而倒是怪事。贵族为了保持其传统权势和地位而同平民进行持续不断的斗争；一般由贵族中选任的参政，能够由于保卫其贵族特权的个人利益而通常得到统一。除了这一个团结的动机之外，在罗马武功极大地扩张了帝国版图之后，参政之间往往将行政管理按地区分割——其中一人留在罗马以统治该市及其附近地区，另一人则统帅边远各省。无疑，罗马共和没有因为冲突和对抗而陷于纷争，必然大为仰仗这一权宜之计。

撇开朦胧古史的探索，回到单纯理性的讲求，我们将会发现更

---

① 纽约州，除纯为委任员吏而外，并无委员会的组织；新泽西州则设有委员会以供州长咨询。但笔者认为，根据宪法条文，委员会的决议对州长均无约束力。——普布利乌斯

充分的理由去驳斥而不是去赞同行政首脑一职多人的观点，不论其所采形式如何。

举凡两个或为数更多的人从事任何共同事业或工作，总有发生不同意见的危险。如果他们接受公众委托或者说担任公职，就更有个人间竞争乃至对立的特殊危险。由于竞争或对立，或者两者兼而有之，又会产生极其严重的分歧。一旦发生此种分歧，必然有损其声望，削弱其权威，破坏共同执行的计划和工作。如果这种分歧竟而发生于一国的最高行政部门，而其首脑又是一职多人，就会在国家处于最为严重危机的情况之下妨害乃至破坏政府最关重要的措施的执行。尤有甚者，此种分歧还可能使社会分裂成各走极端、不可调和的派系，分别拥戴组成行政首脑部门中不同的个人。

人们反对某事，往往因为自己不曾参与其计划，或因其出于为自己讨嫌者的计划。但是，如果他们曾被征询意见而又曾经表示过不同意，则往往认为加以反对竟是从自尊心来讲所不容放弃的职责。他们似乎认为，违背自己意见所决定的事，若不使之在执行中陷于失败，就会有损于个人荣誉和个人永无谬误的地位。这种倾向有时竟至走向极端，常使整个社会的重要利益牺牲于个人的虚荣、自负、顽固，而这种人又往往处于喜怒无常、性情多变足以危及人类的地位；正直仁爱之士多次目睹这种情况，实在难免不寒而栗。我们当前面对的问题，从其后果来看，也许适足提供可悲的依据，说明人性中此种脆弱可鄙、卑恶可厌的影响。

根据自由政体的宗旨，在组成立法机构时不得不接受出自前述这方面的麻烦；但在组成行政部门中，如也加以接受，则既无必要，因此也不明智。而且，正是在行政部门中，其危害恰好也最大。在立法机构中，仓促决议往往有害而无利。立法机构中意见的不同、朋党的倾轧，虽然有时可能妨碍通过有益的计划，却常可以促进审慎周密的研究，而有助于制止多数人过分的行为。而在立法机构中，一旦采取决议，反对即行终止；决议即是法律，抗拒将受惩处。但是，在行政部门中，不存在任何有利条件足以减缓分歧意见之不利。行政部门中的分歧是纯然而绝对的，不存在任何得以终止的时机。这种分歧，在有关计划或措施的执行中，自始至终无时不起到干扰和削弱的作用。这种分歧对于行政部门的性质经常起着相克的作用——这些性质就是其组成的要素，即：强而有力与及时——而却带不来相应的好处。在指挥战争中，行政部门的强而有力乃是国家安全的屏障，一职多人尤其令人疑惧。

应该承认，上述论点主要适用于前面假设的第一种方式——具有同等地位和权威的行政首脑一职多人——而主张这种安排的人数不大可能很多；但是，这些论点也在相当程度上适用于委员会的设置，就是使名义上的行政首脑在其活动中受宪法约束而不得不征得委员会的认可。这种委员会中一个机诈的帮派，就能使整个管理体制陷于纠纷而丧失活力。即使并无此类帮派存在，仅仅观点和意见的分歧，亦足以使行政权力的执行染上软弱无力、拖拉疲塌的风气。

但是，对于行政部门一职多人最有分量的异议，既适用于后者，也适用于前者，乃在于一职多人容易掩盖错误和规避责任。负责有两种形式，即申斥与惩处。前者更为重要，尤其是对于民选职务而言。接受公众委托的人，比较经常的是其行为使之不再值得信任，而不是其行为竟至应受法律惩处。然而，一职多人对于发现哪一种行为都会增加困难。由于互相指责，常常不可能断定究竟罪责在谁，谁才真正应当受到一次或一系列打击性措施的惩罚。互相推诿，作得如此巧妙、状似有理，公众舆论实在无从判断实际的罪人。造成国家不幸的情况有时极为复杂，若干人员均可能具有不同程度和不同性质的责任，虽然我们可以从整体上清楚地看到处理不当之处，在实际上却不可能指明造成危害的真正负有责任的人。

“委员会中多数不同意我的意见。委员会中意见如此不同，以至无法就此取得更为适当的决议。”此种或类乎此种的借口，经常拈之即来，真伪难辨。而谁又肯不辞辛苦，不怕恶名，去严格追查议事过程中的隐蔽根源呢？即使找得到一名公民热衷于担当此项没有成功希望的任务，如果发生有关人员间的勾结，岂不很容易把情况掩盖起来，使之含混不清，无从明了有关人员的具体行为么？

与本州州长同时并存一个委员会——即在委任官吏之时——这一独特情况之下，我们也已看到过眼下考察的观点所造成的不良后果。重要职务的委任不当已经丑声四溢。有些案例如此悍然无所顾忌，一切有关方面都一致认为很不得体。而进行调查时，州长则责备委员会成员，而委员们则又反过来归罪于州长的提名；而人民却完全无从判断，究竟由于何人影响，使他们的利益被委诸如此不够资格、明显不当之人。为了顾全某些个人的情面，笔者隐忍不谈具体细节。

前述考察明显说明，行政首脑一职多人容易使人民失去忠实代表他们行使权力方面的两大保障:第一,舆论的约束力失去实效,一方面对于坏事的申斥因对象不止一人而有所分散,一方面也无从确定谁个应负其咎;第二,发现受委人错误行为的机会,既不容易,也难明确,因而无从免去其职务,也无从在必要时予以惩处。

在英国,国王终身执政;而为了公众和平所确定的准则是,国王之治理不对任何人负责,其人身不可侵犯。因此,该国宪法规定为国王设立枢密院,使之就其向国王所提建议对国民负责,这真是再明智也不过的。无此,则行政部门即无任何责任可言——在自由政体中这是绝对不能允许的。然而,尽管枢密院对其所提建议负有责任,国王却不受枢密院决议的约束。国王执行其职务时,行为绝对自主,对于向他所提意见的取舍,亦全由其个人斟酌决定。

但是,在共和政体中,任何行政官吏均应对其在职时的行为负有个人责任,英国宪法中关于枢密院之规定,其理由不仅并不存在,而且有害于共和体制。在英国君主政体中,枢密院代替其行政首脑承担其所禁止承担的责任,亦即作为人质,在一定程度上对国民保证国王行为的正当。在美国共和政体中,如果设立枢密院式的委员会,则只会破坏,或大为减轻总统个人所应负的必要责任。

各州宪法中普遍规定为州长设置委员会的观念,产生于共和政体审慎卫护的一个原则,即认为权力由数人执掌比一人执掌较为安全。即使此原则亦适用于当前探讨的问题,笔者仍以为这一方面的好处不足以抵过另一方面的大量弊病。但笔者认为此一规律并不适用于行政权。在这个具体问题上,笔者无疑是同另一论文作者意见一致的，即，“行政权集于一人更易于加以规范”[1]；人民的警惕和监督只有一个对象，这样就安全得多；总之，执掌行政权的人越多，越不利于自由。著名的尤尼乌斯就曾评价说这位作者是“深刻、言之有物、长于抒发的”。

靠增加执掌行政权的人数而求取保障，实际是达不到的。这一点并不需要多所阐述。要求取这种保障，必需人数极多，才能防止他们沆瀣一气；人数过少则谈不上保障，反而会引起危害。若干个人的地位和影响联合到一起，比其中单独某个个人的地位和影响，必然对自由形成更大的威胁。权力被置于少数人手里，他们的利益和观点是很容易由手段高明的领导人予以统一的，于是权力就比在一人手中更易陷于滥用，而权力被数人滥用也比为一人所滥用更有危害；而一人掌权，唯其只有单独一人，就会更密切受到监督，更容易遭到嫌疑，也不可能像许多人一起那样联合起来形成较大的影响。罗马的十人执政团，其人数名实相符[2]，比之其中任何一人当政，其僭越篡权的威胁更为可怕。显然不会有人主张行政权由十人以上来执掌；委员会的组成为六至十二人，各说不一。十二人亦难防沆瀣一气；如此勾结为害，比起某一个人的野心，国人实应更予提防。总统行为由其个人负责，为之设立任何委员会，一般只能有碍其正确行事，却往往成为其错误行事时的工具和同伙，而对其缺点则常起掩盖作用。

---

① 见德罗尔米的文章。——普布利乌斯

② 即有十人。——普布利乌斯

笔者无意于多谈开支问题;然而十分明显,如果为了实现我们设想体制的主要宗旨,则委员会成员必然相当众多,而他们又须离家迁到政府所在地,其薪给将会形成一项较大的国库支出,既然并无明确好处,未免得不偿失。笔者只需再进言一句:在宪法草案公布之前,笔者有幸会晤来自各州的有识之士,几乎无不承认,纽约州行政权集于一人已为经验证明是本州宪法中最佳特点之一。

普布利乌斯

原载 1788 年 3 月 18 日，星期二，《纽约邮报》

第七十一篇

（汉密尔顿）

致纽约州人民：

行政权是否行使得强而有力，第二个要素在于任职期限。这一点前已提及。其目的有二：关系到总统行使其宪法规定权力时个人是否坚定；也关系到总统采用的管理体制是否稳定。显然，就前者而言，任期越长，保持个人坚定这一优点的可能性也就越大。凡人对其拥有之物，其关心程度均取决于其所有权是否可靠，这是人性使然；所有权具有临时或不定的性质，就比较少重视，而所有权具有长期或肯定的性质，则会更加重视；当然，为了后者也就比起为了前者更加甘冒风险。这一情况之适用于政治特权，或荣誉，或委托，亦不亚于普通一件财物。由此可以推论，担任总统职务的人，意识到短期后即需去职，在独立行使权力时，或在面对社会上相当一部分人，甚或仅只立法机构中占优势集团的一时（虽然短暂）不良反应时，就会不大肯于陷入受到实质性非难或困窘的境地。如果他本人乐意，而又经重选，即可以不去职，只要情况如此，则他本人的愿望，再加上一些疑惧，就会更加容易败坏其品德，堕落其意志。不论属于哪一种情况，身居这一职务的人必然会表现出软弱无力、犹豫不决。

有些人会以为行政部门对于社会上或立法机构中之行时潮流能够屈从顺应，乃是其最大的美德。但是，此种人对于所以要设置政府的宗旨，以及对于促进人民幸福的真正手段，都是理解得十分粗浅的。共和制度的原则，要求接受社会委托管理其事务的人，能够体察社会意志，并据以规范本人行为；但并不要求无条件顺应人民群众的一切突发激情或一时冲动，因为这些很可能是由那些善于迎合人民偏见而实则出卖其利益的人所阴谋煽动的。人民普遍地是从公益出发的。但这一点常亦用来说明人民群众的错误。但是，人民群众从常识出发是会蔑视阿谀奉承的人的，这些人胡说人民群众无时不能正确找出促进公益的手段。人民群众从自己的经验知道他们自己有时候是会犯错误的；人民群众终日受那些寄生虫和马屁精的欺骗，野心家、贪污犯、亡命徒的坑害，受那些不值得信任却为人所信任的人，以及不应得而巧取豪夺的人的要弄，他们经常受到这样一些干扰，却并不常犯错误，毋宁说倒是个奇迹。在人民群众的意向同他们本身利益出现差异的情况下，受命维护人民利益者的职责应该是抵制这种一时误会，以便给予人民群众时间和机会去进行冷静认真的反省。这种作法曾经使人民群众免遭其本身错误所造成的严重后果，并使有勇气和雅量为人民利益服务而不惜引致人民不快的人受到人民群众长期感激和纪念，这样的先例是不难枚举的。

而且，不论我们可能如何坚持行政部门应该无条件顺从人民的意向，我们却不应主张它同样迎合立法机构中的情绪。立法机构有时候可能站在人民群众的对立面，有时则人民群众可能完全保持中立。在这两种情况之下，行政部门肯定应该处于敢于有力量、有决心按照自己意见行事的地位。

政府各部门之所以应该分权的原则，也同样说明各部门之间应能互相独立。如果行政和司法部门的组成使之绝对服从于立法部门，那么把行政和司法同立法分开又能达到什么目的呢？这样的分权只能是名义上的，不能达到其所以如此建立之目的。服从法律是一回事，从属于立法部门则是另一回事。前者符合好政府的根本宗旨，后者则违反；不论宪法形式如何，后者都会把一切权力集中到同样一些人手里。前此若干篇论文中已经举例说明并全面阐述过立法权高于其他一切的趋向。在纯粹共和政府中，这种趋向几乎是不可抗拒的。在民选议会中，人民的代表有时似乎自以为就是人民本身，面对来自任何其他方面最小程度的反对，就暴露出不耐和厌烦的病态；好像不论是行政或司法部门只要行使其权限就是侵犯了立法部门的特权和尊严。立法机构常常表现出企图横蛮控制其他部门的意图；而且，由于立法机构一般有人民站在他们一边，就总是在行动时势头过猛，致使其他政府部门难于维系宪法规定的平衡。

有人可能要问，除非一方有权任命或罢免另一方，任期较短怎么可能影响到总统对立法机构的独立性呢。对此，一个答案可以从前面提到过的人的本能推演出来——人们对于短期的好处往往不那么关切，因此也就不愿意为之冒任何较大的风险或不便。更为明显的答复，虽然并不是更无可争辩的，可以从探索立法机构对人民群众的影响中找到；出于正当理由抵制过立法机构的任何有害计划的人，可能因此招致该机构的厌恶，而使该机构去运用其对人民群众的影响而阻挠他重新当选。

有人还可能要问,四年的任期是否就足以达到提出的目标;如果四年不能达到,如果四年反正达不到促进总统所应有的坚定性和独立性的目的,那么更短的任期,却具有反对野心图谋的更大保障,岂不是更为可取么?

任期四年,或者任何有限的任期,要想完全达到所提目标,都是不能肯定的;但是可以在达到目标上起到一定作用,即对政府的精神与性质具有实质性的影响。在这一段任期的开始到终结之间,总有一相当间隔,其间被消灭的可能性相当遥远,这就不会不对尚属坚定的人的行为起到相应的影响;他可以合理地向自己保证,他会有足够的时间使得社会认识到他可能采取的措施是恰当的。虽然,随着他临近新选举的时刻,群众将对他的行为表态,他的自信心以及随之而来的坚定性或者可能下降;然而,不论是自信心,还是坚定性,都会从他前此在位时所提供给他争取选民尊敬和善意的机会中得到支持。于是,他就可以,按照他实际表现出的智慧和节操,按照他的职位所引起同胞对他的尊敬和爱戴,比较安全地甘冒相应的风险。一方面,四年任期会有助于总统具有充分的坚定性,使之成为整个体制中一个非常宝贵的因素;另一方面,四年并不过长,不必因之担心公众自由会受到损害。英国议会下院,从其开始至为软弱的地位,从对设置新税表示同意或反对的仅有权力,竟然能够迅速将王权和贵族特权减少到他们认为符合自由政府主旨的范围之内,同时却使自己提高到具有平行的立法部门的地位和影响;既然他们曾经能够一举而废除王权和贵族体制,并推翻国家以及教会的一切古老建制;既然他们最近又曾以自己的一项改革[①]的前景使得君王为之战栗，那么，对于合众国总统这样权威有限、任期四年的民选行政官使，又有什么可以惧怕之处呢？如果他不能胜任宪法规定给他的任务，那怎么办？笔者只需指出：如果在规定任期上表现出对总统的坚定性有所怀疑，这种怀疑是同对他侵权的戒备并不互相一致的。

普布利乌斯

① 这里讲的是福克斯先生的印度法案，由下院所通过，而为上院所否决，据说，完全符合民意。——普布利乌斯

原载 1788 年 3 月 21 日，星期五，《纽约邮报》

第七十二篇

（汉密尔顿）

致纽约州人民：

政府之管理，以最广义而论，包括一切国务活动，而不论其属于立法、行政或司法；但从其最普通，或即最准确的意义上讲，则限于行政细节，具体归属于行政部门的范畴。外交谈判的实际运用、财政预算、根据议会的一般拨款而运用和支付公款、陆海军的配置、战争活动的指挥——这一切，以及类似性质的其他事务，构成了政府管理的似乎最恰当体会到的内容。因此，受委直接处理这一切不同事物的人员，即应被视为总统的助手或代表，从而其职务亦应由总统委任，或至少由总统提名，并应接受总统的监督。从这个观点观察问题，我们马上即可看到总统任期同管理体制间的密切关联。对于前任所作所为予以撤销或反其道而行之，通常被继任人认为是他本人能力和身价的最好证明；除去此种倾向而外，人员调换如属由民选而定，新任者有理由假设其前任之所以被罢黜是由于人民对其措施的不满；因而，越同前任不同，就越会获取选民的好感。这些考虑，加上个人信任和关系的影响，很可能促使一切新任总统去改变下属职务的人选；而这些原因相互作用必然不免造成政府管理中不光彩和破坏性的人事变迁。

相当长的明确任期，笔者认为是同重新当选的条件互相联系的。前一点使官员本人愿意并决心把工作做好，也使公众有从容的时间去考察其措施的效果，从而可以对其优劣作出初步评价。后一点之所以必要在于能使人民认为有肯定其行为的理由时可以保留其职务，以便继续利用其才干和品德，同时也在于使得政府得到保持其贤明管理体制稳定的好处。

颇有一些可敬之士均就当前问题主张一种看法，初看之下似极有理，认真考察则又似乎毫无根据——笔者指的是规定总统任职继续一定时期，然后在某一期限之内甚或永久不准连任。不准连任，不论临时或永久性的，都几乎会有同样后果，而且大部分是有害而非有利的。

不准连任的一个不良后果，在于减少了要求表现好的动力。如果人们意识到某一职务的好处必须在已经事先确定的时刻予以放弃，比之允许他们希望通过个人努力而争取继续得到这种好处，很少有人不会大为降低其执行有关任务的热情的。如果承认获奖的意愿乃是人类行为的最强烈刺激之一，则上述论点即属无可争辩；换言之，人之忠于职守的最好保证，在于使其利益与其职责一致起来。品质高尚者的主导思想是追求好的名声。如果他预期他所从事的事业可以全始全终，他便可从事一项具有一定规模的、艰巨的、有益于公众的事业，经过长期筹划，使其克臻完善。而在相反情况下，如果他预见到在这项建树告成之前，他即需离职，将此项事业连同其本人的声誉一起移交与能力不济或持不赞成态度的人去继续，他必将推迟此项事业的创建。以常情而论，在此情况之下所能期待于人者不过为不求有功、但求无过的消极态度，而不能期待任何积极的建树。

不准连任的另一不良后果，在于可能导致邪念的产生、造成假公济私以及在某种情况下的擅权侵吞。值一秉性贪婪的人在职，如其预见到，在一定时间内他将丧失目前的优越地位，他不易抗拒的一种诱惑是：利用现有一切机会，不择手段地采取恶劣手法，尽量在有限任期内侵吞中饱。而同一人，如有继续任职的前景，则可能以正常收入为满足，不愿干冒滥用职权所招致的风险。其贪位之心正可限制其贪婪之举。再则，此人除有贪得之心而外，可能尚重名声，并具有事业雄心。此人如可以期待以良好政绩换取长远的声誉，则极有可能不愿牺牲名誉以满足私欲。但如其面对必须卸任的前景，则其贪欲很可能将压倒其慎重、荣誉心及事业心。

且一具有事业野心的人，当其升任国家最高职位、想到日后必将永远离开如此荣耀的地位，并想到无论本人如何克己奉公，也难避免下台厄运之时，这种人在此情况下，较其恪尽职责亦能同样达到目的情况下，更易于采取尽量利用有利时机以延长其权势的作法。

如果有五六个曾有资格担任国家最高职位的人，似幽灵般徘徊于众人之中，觊觎于其已无从恋栈的职位，对社会的安宁、政府的稳定，会有什么帮助么？

不准连任的不良后果之三，在于社会被剥夺去受益于担任国家最高行政职位的人在任期中积累的经验。“经验乃智慧之源”乃是不分上智下愚均可承认的真理。作为国家一级的领导人，还有什么比这个条件更可取、更重要的呢？还有什么比一个国家的最高领导职位这个位置更需要这个条件的呢?用宪法把这个可取和重要的条件排除,并宣布取得这种经验的人将被迫放弃其位置,这个位置正是其经验取得之由来,这能算是明智的吗?但是,这却正是那些规定的寓意所在:作为公众推选的人,在任期中正好具备了能更有效地服务条件时,却排除掉其为国效劳的机会。

不准连任的不良后果之四,在于当国家处于紧急情况下,某人之在位对国家的利益与安全可能有重大影响之际,却需将其撤换。无论任何国家在某一特定时期均有如下经验:在特殊情况下,某些人担任公职乃绝对必要;将此种必要说成事关国家的政治存亡似亦不为过分。因此,禁止国家起用最适当的应急人选这种作茧自缚的法令,实为不智!即使把个人因素排除在外,当战争爆发或有类似的紧急情况时,更换国家主要领导人,即使此人才力相当,亦将危害社会,此点甚为明显,因为这乃是以无经验代替有经验,导致已经建立的行政体系陷于脱节、紊乱。

不准连任的不良后果之五,在于形成行政稳定的宪法阻力。国家最高领导人的变动既为必然,则政策的变动亦将成为必然。一般说来,很难期待人事的变动不影响到政策的变动。相反的情况倒是常理。我们不需担心稳定过头,因准许连任,仍有改选的可能;我们实在不需要特意阻止人民对某一个人继续寄于信赖;而当人民认为此人可信时,对其一贯支持或者可能摒除政事波折与政策变幻的弊端。

上述各点乃不准连任原则可能造成的若干弊病。这些弊病在永久不准连任方案情况下尤为突出;但当我们考虑到,即使在临时不准连任的规定下,某人的重新当选希望亦甚渺茫,故以上论点在两种情况下几乎全部可以适用。

据称可以平衡以上弊端之优点何在呢？曾经提到的有：第一，行政方面的更大独立性；第二，人民得到更大的安全保证。除非一人永久不准连任，否则第一条不能成立。即使一人永久不准连任，难道说此人除去恋栈现职之外不能为其他目的准备牺牲其独立性吗？他就没有什么关系、什么朋友，难道他就不会为了他们而牺牲其独立性吗？当其设想到任期将满时，他是否会更加不愿以坚决行动为个人树敌？当他设想在其任期届满后，他不仅是可能，简直是必须与他人在平等或更低下的基础上往还时，他是否会避免招怨呢？在此种安排下，其独立性究竟是增多仰受损害实在是难以辨别的事。

至于所提到的第二点，值得怀疑的理由更多。如系永久不准连任，一个野心勃勃的人，在任何情况下均为危险人物。如其勉强屈从使其袂别权势地位的规定，一旦有幸或乘机取得人民的好感，他可以引导人民视宪法之规定为强加于他们身上的束缚，乃是可憎的、不合理的限制，剥夺了他们再次拥戴他们宠信之人的权利。可以设想，公众之不满，辅之以此人之未能得逞的野心，是可能造成对自由之更大危害的。其危害必有甚于通过人民行政宪法权利，自愿投票选举，使同一总统连任所能设想产生的危险。

关于防止人民继续选举在他们看来，居于取得信任有利地位的在职总统，这一点已经说得太过了。其好处至多也是揣测性的、含糊不清的，而其弊病则远远更为明确和具有决定性的意义。

普布利乌斯

原载1788年3月21日，星期五，《纽约邮报》

第七十三篇

（汉密尔顿）

致纽约州人民：

形成行政权威之第三因素为对其薪给作出适当的规定。对此不加以适当注意，则行政与立法部门之分权即成为形式与空谈，此点甚为明显。立法部门如对国家主要行政官员的薪给有任意处置之权，即可任意使之屈从其意志。在大多数情况下，立法人员或将采取削减其生活费用，或诱之以贿赂等手段，使之屈从就范。这种表述，如按字面推敲，自然有言过之嫌，超出笔者的原意。世间自有不受威胁利诱者存在；但培育出此类坚毅美德之土壤尚属罕见；从总的方面，可以说主宰一人的薪给，即可主宰此人的意志。如果如此明显的道理尚需以事实证明，则即在我国亦不乏立法机关以金钱威胁利诱行政官员的实例。

因此，高度评价宪法草案对此予以法律上的重视，不为褒奖过甚。草案规定："合众国总统于任期内应领受劳务酬金，该项酬金于任期内不得增加或减少；总统于任期内并不得收受合众国或无论何州付与之其他薪给。"较此条更为恰当的规定是很难设想的。立法机关于任命总统之际一次宣布总统当选期间的薪给；此后，在下届选出新任之任期开始以前，本届总统之酬金，立法者无权增减，既不得削减其用度逼以就范，亦不得以金钱为饵，败坏其德行。在第一次法案规定的酬金以外，联邦及联邦之各成员均不得授予、总统亦不得接受任何其他薪给。总统当然也即无任何金钱方面的引诱，足以使之放弃其宪法授予的独立地位。

为保证总统权威曾经列举的最后一条要求为授之以足够的权力。让我们进一步考虑曾经建议授予合众国总统的此种权力。

引起我们注意的第一件事为总统对立法机关两院之提案与决议可作有条件的否定；换言之，总统有权提出反对意见以驳回一切他不同意的议案，此后除非立法机关各以三分之二的多数批准，便不能成为法律。

前此曾已一再提到立法机关常有干预、侵犯其他部门权力的倾向；亦曾论到各个部门权力界限，仅作纸面上的划分之不足之处；又曾论证授予各个部门以保护本部门权力之宪法保障的必要。根据这些明确的原则可以推断，总统拥有对立法机关两院法案的否决权或部分否决权是适当的。如总统不拥有全部或部分的否决权，则无以保护其权力不受立法部门的侵犯。总统的权威可被一系列立法机关决议逐渐剥夺，或以一次投票使其权力全部丧失。无论此种方式或彼种方式，均可使立法与行政权力迅速集中于一个部门之手。即使并未发现立法机关侵犯行政权力的迹象，按正当推理与理论逻辑的规律，亦不能置一个部门于另一部门之卵翼之下，而应使其具有宪法上与实际上的有效的自卫能力。

但是，此项权力尚有其他用处。它不仅是总统权力的保障，而且可以成为防止不正当立法的保障。它可以成为对立法机关的有益牵制，使社会免受多数议员的一时偏见、轻率、意气用事的有害影响。

在某些场合中，曾对授予总统否决权进行过争论。一种意见是不应设想一人之德行与智慧超乎多数人之上；除非作这种设想，否则即不应授予总统任何制约立法机关的权力。

详查这一看法实属似是而非，论据并不充分。作此规定原非着眼于总统之智慧与品德的高超，乃着眼于立法机关不能全然无过；着眼于立法人员或可侵犯其他部门的权限；或在派别偏见支配下，将立法讨论引入歧途；或在一时激情支配下，作出日后反悔无及的仓促立法等设想之上。授予总统此项权力的首要考虑在于使其具备保卫本身权力的能力；其次则为防止立法部门的仓促行事，有意或无意造成通过有害公益的不良法律。审议法案的次数愈多，则审议者之分歧愈多，由于缺乏适当讨论从而产生错误之危险愈小。来自某些意气之争或利益集团之偏见的失误危险也愈小。政府各个部门同时在同一问题上为某一错误观点所左右的可能性，较之在不同时候某一部门为错误观点所左右的可能性要小得多。

有人可能认为阻挠不良法律的权力亦可用之于阻挠良好法律的制定；同样权力可用于前一目的，亦可用于后一目的。但是，此种争辩对于深知我国各个政府性能上的最大缺点（法律的朝令夕改）之为害的人士是没有说服力的。这些人士认为，旨在限制立法太滥的规定可以维持一定时期的现状，其益处大于弊端的可能是很大的，因为这种规定有利于使立法体系具有更大的稳定性。阻挠少数良好法律的制定所造成的损失，可由阻挠多数不良法律的制定而得到的益处所补偿。

不仅如此，在自由政体中，立法机关的权力及影响均较优越，总统怯于与之较量的心理可以保证他在使用否决权时，一般将异常审慎：此项权力的运用，在总统方面失之于过于怯懦将甚于其失之于鲁莽。尽管英国国王拥有整套王室特权与千万种不同来源的影响，今日尚不敢径自否决议会两院的联合决议。遇到他不同意的议案，他总是在议案未送到以前，竭尽全力施加影响，予以中途扼杀，以避免不得不予以批准生效，否则将冒与立法机关对立、从而引起国民不满的窘境。除非有十分把握或在极端必要情况下，他也不大可能采取运用王位特权的最后手段。该国一切有识之士均可证实此一论断。相当长时期以来，国王没有运用过否决权。

如英王之显赫尚且审慎此项权力的运用，合众国总统任期只有四年，其所拥有之权不过是一纯粹共和政体的政府行政权。与英王相较，他将会如何更加审慎呢？

我们应更为担心他在必要时不肯运用此项权力，不必过于担心他会过于经常或过多地予以运用，其理甚明。而一种反对此项权力的论点也正来源于此。曾有人因此提出这种否决权从条文上看是可憎的，在实际上看是无用的。此项权力可能很少运用，但并不等于永远不用。如果发生符合设立此项权力之主旨的情况，即：总统的宪法权利直接受到侵犯，公众利益显然受到损害，则具有常人毅力的总统亦将运用宪法授予的权力保障，恪尽职责。处于上述前一种情况下，关心本身职权会激起其他的行动；后一种情况，可能得到选民的支持亦能使其奋发。就选民而言，在面对利害模糊的议案，每有偏向立法机关的自然趋势，而面对是非分明的议案，则不会囿于偏见而自误。现在论及的总统乃是仅具常人毅力的总统，至于在任何情况下均能不畏艰险、勇于负责的总统，自不待言。

但制宪会议在这一点上所采取的办法是折中的，既便于总统行使宪法授予的权力，又使此权之生效受立法机关一定数量议员的制约。前已提到，草案建议授予总统的否决权，并非绝对否决权，而是有条件的否决权。此种否决权较前一种易于行使。一人可能畏惧以其单独一票推翻一项法案，但可不必畏惧驳回一项法案再作考虑。此项法案之最后推翻尚需两院各有三分之一以上的议员赞成其否决时始能落实。如果否决此案之议获胜，他将得到议院的鼓励，从而使立法机关相当比例的议员影响与总统的影响相汇合，而促使公众舆论支持此项否决行动。直接使用绝对否决权较之送请立法机关再议，显得更为粗暴，容易引起反感。而送请再议的否决，立法机关则有批准或不批准的余地。这样做比较不易得罪人，因而也就相应地比较容易行使，而且因此也更能行之有效。假设立法两院达到三分之二这样多的议员同时囿于一种不适当的观点，且有如此多的议员均不顾总统的牵制影响，这种情况预计不致经常发生，至少较错误意见影响议院的简单多数议员从而作出决议与行动的可能要微小得多。总统拥有否决权时常具有威慑力。从事不正当活动之人，一旦估计阻力可能来自其无法控制的方面，便常常由于恐遭反对而有所节制，如无此外部阻力则可肆无忌惮。

在其他地方已经提到过，本州之有条件否决权是授予一个包括州长、最高法院院长与法官，或其中之任何二人，组成的联席会议行使的。在本州，否决权经常在不同情况下行使，并时常成功，其作用甚为明显。在起草宪法过程中，曾有过先是极力反对，而经过一段实践经验转变为拥护者的实例[①]。

我曾在别处提到，制宪会议在起草这一部分草案时，已离开本州宪法模式，采用了马萨诸塞州宪法模式。可以设想其理由有二。一为：将作为法律解释人的法官，在修订法案的权限下发表过意见之后，可能使其产生不适当的偏见。另一为：法官与总统联席，可能使其受到总统政治观点的过多影响，从而使行政司法两部门逐步形成危险的联合。法官除解释法律之外，应使其尽量摆脱其他业务，离开愈远愈好。特别危险的是置之于可以被总统腐化拉拢或可以施加影响的位置上。

普布利乌斯

① 亚伯拉罕·耶茨先生过去是制宪会议草案的激烈反对派即为一例。——普布利乌斯

原载 1788 年 3 月 25 日，星期二，《纽约时报》

第七十四篇

（汉密尔顿）

致纽约州人民：

合众国总统为“合众国陆、海军总司令；并统辖为合众国服役而征调之各州民兵”。此项规定之适当甚为明显，且与各州宪法先例吻合，不需多作解释与强调。有些州宪法虽在其他职务方面设有与行政首脑并行的委员会机构，但军权则大部集中于一人。在政府职责中，指挥作战最具有需要一人集权的素质。指挥作战乃指挥集团之力量；而指挥与运用集团力量之权正是行政权威定义中的主要成分。

“总统得指令行政各部首长就其职责有关事项提出书面意见。”我以为草案中此项规定是多余的。因这里规定的权力乃是职务分内的事。

总统并有权对于“触犯合众国之犯罪颁布减缓与赦免令，唯弹劾案不在此列。”从人道与德政观念出发，此项特赦权应尽量少设限制与障碍。各国刑法均有很大的严峻性，如对不幸偶犯刑律案件，难求例外宽恕，则司法似将失于残酷。就常情而论，行政人员之责任愈少为人分担，其责任感势必相应增强。因此，特赦权委诸总统一人,他将最易倾听可能减轻法律制裁的各项申述,而最不易倾向对罪有应得分子进行的庇护。当其念及某一同类的命运全系于其一纸命令时,他自然会小心谨慎;而为避免软弱或纵容之讥,亦将使其具有另一种审慎心理。另一方面,通常人之信心来自群体,在执拗的情况下,群体可互相鼓励,对别人怀疑或讥讽其为违法、伪善之宽容亦不如是敏感。所以,政府宽恕之权委之予一人较之委之予多数人更为适宜。

关于赦免权委之于总统,据笔者所知,其争议仅只涉及有关叛国罪的问题。曾有人建议此权应取决于立法机关的一院或两院。笔者并不否认,在此类特殊案例上,有充足论据要求取得立法机关或其一院的同意。叛国是直接危及社会的罪行,法律一经判定,赦免似应由立法机关裁决。论据固当如此,实亦由于总统难免有徇情纵容之情事发生。但此议也遇有充足的反面论据。不应怀疑,谨慎、明智之个人更适于权衡应否赦免这一类的微妙问题。尤应注意叛国案时常涉及社会一大部人的激动言行,如最近马萨诸塞州发生的情况。此类案件发生时,常可期待有与引起此类犯罪相关之激情的代表出现。当对立双方力量不相上下时,被责为有罪者的友人或与之观点相同的人会对之暗地同情,争取另一些人之善心,利用其弱点,于是在需要严惩时,可能反而徇情赦免。在相反的情况下,或因此项动乱出自引起多数派愤懑的某种原因,而在政策要求宽大为宜时,反而会采取绝不宽赦的固执态度。但是,赦免权委之予总统的主要理由则在于:在起义或暴动情况下,常会出现一种关键性时刻,如及时赦免起义或暴乱者,或可转危为安,时机如一经放过,即可能无法挽回。召开立法会议或其一院的会议以取得批准，时常延误时机。一周、一日，乃至一小时之迟延，有时关系成败。如果认为，为了应付此类情况，可以随时相机授予总统以权宜处置之权，则回答为：第一，在一部规定限制权限的宪法中，这种权力能否合法授予是颇成问题的。第二，一般讲，事先采取寓有赦免可能的步骤并不策略。如果破格采取此类步骤很可能被视为怯懦或软弱的表现，反而造成一种鼓励犯罪之趋向。

普布利乌斯

为《独立日报》撰写

第七十五篇

（汉密尔顿）

致纽约州人民：

总统“根据或征得参议院之意见并取得其同意，有权缔结条约，唯需有该院出席议员三分之二之赞同。”

尽管持各种不同意见的反对者对此项规定曾进行颇为强烈的攻击，笔者仍不惜公开表示其坚定看法：此项规定为整个草案中最为精心考虑、决然不可或缺的一个部分。一种反对意见颇为陈旧，认为此项规定使权力混淆不清。持此意见的某些人认为总统应单独拥有缔约权；另一些人则认为此权应单独委之于参议院。另一种反对意见指责此项规定使缔约工作仅限于少数人参与。持此意见的一部分人认为众议院应参加缔约工作，另一部分认为只需把参议院出席议员三分之二同意的条件改为参议院全体议员三分之二即可。窃以为笔者在前此之一文中就草案这一部分所作阐述已足以使有识之士同情此项规定的考虑，此处毋庸赘述。现仅就上述反对意见略作补充。

关于权力混淆问题，已在其他场合作过解释，并经指出作为持此反对意见者立论根据的真义所在，从而可以看出此项规定中总统会同参议院实非违反上述原则规定。笔者尚愿补充说明之一点为:缔约权的特殊性质决定此种会同行动尤为适当。尽管若干论述政府工作的作者曾将缔约权划归为行政权的一种,而显然此议实颇专断。详查缔约工作的性质更接近于立法性质,不甚接近于行政性质,而严格说来,并不能包括于二者任一性质的定义之内。立法权之要素在于制定法律,换言之,即制定调节社会活动的法规;而行政首脑的全部职责似即为执行法律以及为执行法律或为保卫社会而统筹支配社会力量。缔约权自然并不能包括在上述任一范围之内。它既与执行现行法律无关,又不涉及制定新法;它与支配社会力量更无关联。缔约工作的目的是与外国订立契约。此种契约虽具有法律的约束力,但其约束力出于国家信誉所负义务。条约并非统治者对国民制定的法规,而是主权国对主权国订立的协定。因此,缔约权具有其特殊位置,并不真正属于立法或行政范围。从其他场合提到的进行外交谈判不可缺少之素质看来,总统实为进行此项工作最为适宜的代表;而从此项工作的重要性以及条约所具有的法律约束力看来,亦有充分理由要求有立法机关之一部或全部的参与。

尽管在世袭君主制政府中,授予君主缔约全权如何之适当与安全,而将此缔约权授予任期四年的民选行政首脑则绝不如是安全与适当。正如前此在另外场合所提到过的,世袭君主固然时常压迫人民,然而由于其个人利害与其统治如是息息相关,致使其受外国腐蚀的危险甚小。但是,由平民一跃而为政府首脑之人,如其个人财富仅只小康或甚微薄,复又预见经过为期不久之后,仍将恢复原来的社会地位,则此人即被置于可以牺牲其职责以换取利益的诱惑之下,必须具有极为崇高的道德品质始能抗拒。贪婪者可能被诱使背叛国家利益以猎取财富。野心勃勃之人则可能在外强扶植下扩大其权势,从而背叛其选民。综观人类行为的历史经验,实难保证常有道德品质崇高的个人,可以将国家与世界各国交往的如此微妙重大的职责委之于如合众国总统这样经民选授权的行政首脑单独掌握。

如将缔约权全部委之于参议院,则无异于取消宪法授权总统掌管对外谈判事宜的好处。如是则参议院固可作出选择,使总统在这方面发挥作用,同样,他们也可作出另外选择,置总统于不顾。参议院与总统之交恶,常使其作出后一种选择,而非前一种选择。加以世界各国对参议院谈判代表的信任与尊重程度自不能与宪法规定的国家代表相比拟,因而其活动亦不能具有与国家代表相同的分量与效果。国家的对外工作将因而丧失相当大的优越性,而由于失去总统的合作,人民的安全保障亦将遭受一定的损失。尽管将此重任委之于总统一人实为不智,但有其参加缔约工作则无疑会大有益于社会之安全。综上所述,缔约权委之于总统与参议院联合掌握,实较委之于任何一个方面均为妥善。只要认真考虑任命总统时的各种情况,必将乐意使充任此职者参加缔约工作,不论从其智慧或道德方面着想,均将大有益处。

在前此一文中阐述过,在本文其他部分也已涉及之一点,已可完全说明应该反对众议院参加缔约。众议院议员经常变动,加以今后众议员人数的增加将使该院人数众多,很难期待其具有缔约工作所需具备的各项条件。对国外政治情况的准确与全面了解;观点的坚定与系统性;对民族荣誉感的体贴与一贯的理解;决断、保密、迅速等条件均为成员众多而常变的机构所无法具备的素质。且要求许多机构参与无异使工作复杂化，此点本身也是应予坚决反对的根据。而提交众议院讨论的议案增多，必延长其集会时日，而在缔约过程中各个阶段有待其批准，将造成极大的不便与开支，仅此一端亦足以说明此议的不足取处。

尚待讨论的最后一点意见是以参议院全体议员的三分之二来代替参议院出席议员的三分之二。在前此研究之第二题中已经指出：任何要求半数以上成员始能通过决议的规定，将直接造成政府工作之困难，而其间接形成的趋势则是使多数人的意志屈从于少数人。这一考虑已足决定吾侪之取舍。制宪会议实已尽力保证，在缔约工作中，既有一定数量人士的审议，又考虑到国会活动的特点，照顾到多数的代表性。如规定需全体议员的三分之二，如有一部议员缺席，则无异于要求出席议员全体通过。查诸历史经验，凡以此原则议事的政治机构，均不免碌碌无为、迷茫、混乱之弊。如国内例证尚嫌不足，则罗马护民官、波兰议会、荷兰国务总长等国外先例亦可资证明。

要求议会全体的一定比例人数，很可能并不比要求出席议员的一定比例人数更能发挥人数众多机构的优越性。前者要求任何时候均需一定数量议员同意，始得通过决议，这种作法可能降低议员出席的动力。后者正相反，出席的一定比例人数可因某一议员的出席或缺席而变化。因此而发动的到会积极性可使议会出席状况更为良好，因而通过决议的人数一般便不会少于另一种情况，而延迟决议通过的可能亦将减少。还不应忘记，在现行邦联制度下，议员二人可以代表本州，实际上也即由二人代表一州，因此，目前拥有全部权力的邦联国会比将来参议员的组成人数更多的情况并不多见。如再进一步分析，邦联国会按州投票，如某州只有一名议员出席，即将失去其一票的作用。故可估计：在将来的参议院中，既按议员个人为单位投票，则票数必不少于现在的邦联国会。除此之外，更加以总统的合作，故可认为在新宪法规定之下，美国人民无疑将享有比邦联制度下更大保证，得以防止缔约权的轻率使用。再进一步还可估计，由于新州的建制，参议院还可能更为扩大。因此，我们不仅可以相信缔约权将有足够之人员保证，且可推断，如果将缔约权委之于比参议院人数更多的机构行使，将不利于此项委托的顺利执行。

普布利乌斯

原载1788年4月1日，星期二，《纽约邮报》

第七十六篇

（汉密尔顿）

致纽约州人民：

总统“提名并根据或征得参议院之意见并取得其同意，任命大使、其他使节、领事、最高法院法官及本宪法未就其任命程序作有其他规定之合众国一切官员。但国会如认为适当，得以法律形式将下级官员之任命权授予总统单独行使，或授予各级法院或各部部长行使。总统在参议院休会期间有权补充所有缺额，此类委任之期限应于参议院下次会议结束时终止。”

前文曾提到：“优良政体的真正检验标准应视其能否有助于治国安邦。”如此言不谬，则详查以上规定的合众国官员委任方式实应加以赞扬。很难设想较这更为完善的遴选合众国官吏的方式。合众国的施政实有赖于此，亦不需再加论证。

大家都会同意，在一般情况下，任命权归属之模式不外有三种，即：或委之于一人；或委之于人数不多之代表会议；或在征得代表会议的同意下交由一人行使。尽人皆知，此权交由全民行使是不切实际的，姑不论其他方面考虑，仅此即将使人民无暇他顾。下文所谓会议或机构系指前面所阐明的代表会议或团体而言。将任命权委之于一个机构的主要缺点在于：全体人民众多、居住分散、其活动不可能为宗派和阴谋精神所左右。

笔者窃以为，凡对任命总统这一问题曾加考虑，或注视过前文所提有关意见者，均可同意总统职位有极大可能将由具有才华之人，至少将由可敬之士充任。在此前提下，笔者可以进而推断：有辨别力之个人比有同等见识，甚至更卓越见识的机构更适于分析与估量担任具体职位的人选。

一人单独负责自然会产生更切实的责任感，和对自己声誉的关切，而正由于此，他将更强烈地感到自己有义务、以更大之关注细心考查职务要求的各项条件，更易排除私情，遴选具有最佳条件的人任职。因一人较之具有平等发言权而又各自作私人考虑的机构，其徇私机会要少得多。一个目标明确的个人，可以专心致志，自然不似一个团体在其决议时易为不同观点、感情与派别所左右。个人的考虑，不论作为选择对象的个人涉及本人或他人，均最易引起人们的感情冲动。故每逢一团体行使任命之权，其成员间必然表现出十足的个人和党派间的好恶、是非与恩怨。从此作出之人选决定必为一派战胜另一派，或两派妥协的结果。不论何种情况之下，候选人本人的素质反而常被忽略。在第一种情况下，适合本党内部统一的考虑将压倒人选本人是否称职之考虑；在后一种情况下，一般就会出现双方利益的妥协："此职照顾我方，彼职照顾你方。"这是通常交易中的条件。而不论作为一派胜利或两派妥协的结果，以增进公众利益为首要目标的则极为罕见。

以上原理似已为批评宪草中此项规定的最有识之士所理解。因而他们主张授予总统独自委任联邦政府官员之全权。但此处极易指出：照此办理之一切优点均可由宪法草案所建议授予总统的提名权中获得;而又可避免将人事任命权单独委之于总统的各种弱点。总统提名时可以独立进行判断,因提名权乃系由他单独行使,经过参议院批准即可生效。总统遴选的责任与最后委任一样,是完整的。从这方面看,提名与委任并无区别。在执行此一职责时其动机与进行委任时并无差异。因为无他的提名即不能得到委任,故被委任之人实则均为他的选择。

然则总统的提名是否有遭到驳回的可能呢?笔者承认存在此种可能。但即使遭到驳回,亦不过给他另一次提名的机会。而最后任命之人选仍然一定是他的选择,只是可能并非其第一个选择而已。况且,总统的提名亦不会常被驳回。参议院并不可能由于有所偏爱而驳回其提名,因该院并不能保证总统的第二次或以后再提的人选必符合己意。甚至,他们也不能保证未来提名一定比已提的人选更为满意。驳回总统提名之举将有损被提名人的声誉且含有不信任总统判断之意,故除有某种特殊强烈之理由,一般不会经常发生。

是则征求参议院同意的目的又何在呢?笔者以为,取得参议院同意一般具有一种含蓄的威力,形成对总统用人唯私的制约,有利于防止出于本州乡土观念、家庭关系、个人情感或哗众取宠等不良动机而作出不合宜的委任。此外,征得参议院同意亦有助于稳定政局。

人事任命权由总统单独行使,较其提名需由另一独立机构讨论决定,(且此机构为国会的完整一院,)更易受其个人好恶与追求私利之影响。总统提名时因有被驳回的可能必将使其更加审慎,事关总统令誉,且其作为民选行政首脑亦事关其政治前途,必将使其怯于徇情与取宠,以免使之暴露于对全国舆论有巨大影响的参议院的众目睽睽之下。因而他亦将耻于、并且怯于将名利肥缺委之于同乡关系、个人关系或碌碌无能、唯唯诺诺之辈。

亦有人对此进行反驳,认为总统一旦掌握提名之权,即可使参议院曲从己意。这种认为人人皆可收买的设想,在政治推论中,与人人皆甚纯正是一样错误的。代议制度的设想原即以相信人类社会有美德与荣誉之部分存在为根据,此亦为对代议机关可以寄予信任的可靠基础。而此一论断且已为实际经验所证明。在历史上最腐化时期的最腐化政体之中亦不乏崇尚德行与荣誉之士。英国众议院的私通关节早已成为该国与我国各界人士的众矢之的,这种攻击的不乏根据也是不容置疑的。而同样不容置疑的则是美国众议院中总有一大部分能特立独行、热心公益的人士,形成影响全国的有力舆论。包括本届政府在内,这部分力量时常主宰美国总统用人行事的倾向。因此,总统对参议院某些个人施加影响容或有之,但全院皆被总统收买则是虚妄、不符合实际的设想。正视人类天性、不扩大其美德、不夸张其瑕垢,则可对参议院寄以信赖。不仅总统不甚可能收买参议院的大部成员,且可相信在取得其合作情况下,将可对总统的行为施加一定的有益牵制。吾人亦无需单纯寄望于参议院的正直不阿。宪法中已对总统或可施加于立法机关的影响规定有如下的保障:"参议员与众议员于其当选期内均不得出任合众国政府当时设置之任何文官官职,或当时增加薪俸之文官官职;在合众国政府任职之人,在其继续任职期间,不得出任国会任何一院之议员。"

普布利乌斯

1788年4月4日，星期五，原载《纽约邮报》

第七十七篇

（汉密尔顿）

致纽约州人民：

前文提到总统在任命官员中取得参议院合作的优点之一是有助于政府的稳定。取得该院同意不仅限于任命，而且包括撤换。因此，总统的更换将不致如总统单独行使任命权时势将造成政府官员的大量变动。如某一官员甚为称职，新任总统即使想代之以更合己意的人，亦不得不顾虑到参议院的批驳，致使本人遭到物议。凡重视政府稳定者对政府官员之在职与参议院同意联系起来必加赞赏，因参议院的组成较为稳定，较之政府其他部门更少政令无常之弊。

关于人事任命条款规定参议院与总统联合行使此权的方案，曾有人在某种场合提出异议，认为可造成总统对参议院施加不适当的影响；而在另外场合又有人提出异议，认为可造成相反情况，即参议院对总统施加不适当影响，——可见两种看法均不符事实。

第一种看法说得清楚些就足以驳倒其本身的论点。因其无异于说：总统可对参议院施加不适当影响乃由于参议院有权对其施加限制。这在逻辑上是荒谬的。毫无疑义,授予总统以人事任命之全权自较仅授之以由参议院控制之提名权更有使他能建立压倒参议院之独立王国的危险。

再看与此相反的假设:“参议院对总统施加不适当影响”。笔者曾多次指出:所提异议本身含意不清,则无法予以确切反驳。此一影响如何施展?有何目的?此处所谓施加影响必指可以施以恩惠。参议院对总统的提名行使否决权,如何施以恩惠?如谓在符合公益要求应予批驳的任命,参议院施惠予以同意或可有之。笔者对此的反驳是:参议院批准的任命与总统个人利益直接关联的情况甚少,难以因参议院的批准而感恩戴德。分配荣誉与报酬之权重于仅有限制作用之权,前者可吸引后者,不甚可能为后者所吸引。如所谓对总统施加的影响是对他施加限制,这恰好是原要达到的目的。前已阐明此种限制的好处,也已阐明这种限制并不妨碍总统拥有人事任命全权时的一切优点,却可以在很大程度上避免其缺点。

如将草案中人事任命规定与本州宪法所规定的方案作一比较,肯定以前者更为优越。草案中的提名权责无旁贷地委之于总统。既然任何提名均需立法机关之一院批准,则一项任命从始至终均为众所周知,公众对各个角色的登台表演极易察辨。提名不当的责任端在总统一人。对孚众望的任命予以驳回,参议院应负批驳总统遴选得人之责。发生任命不当事情,其提名之责在总统,批准之责在参议院,双方均当分担物议。

至于纽约州的人事任命,情况与此相反。本州的人事任命委员会由委员三至五人组成,州长为当然委员。此一小型机构,远避公众耳目，躲在密室中进行此项受公众委托的工作。据悉，州长以州宪法中不甚明确的条文为依据进行提名，此权州长掌握多少，如何行使则不为外界所知，亦不查在何种情况下他的提名遭到反对。如发生所用非人的情况，则因责任不清而难以审查，于是玩弄权术之门大开，而责任感丧失殆尽。公众所能察知的情况无非是：州长自称拥有提名之权；四名委员之中易于操纵其两名；如某些委员从中作梗，则常用其不便参加之开会时间去剥夺其反对之权；不论出于何种原因，许多任命不当情事经常出现。至于某一州长在此微妙而重要的人事工作上，能否任人唯贤，或竟滥用此权录用以唯命是从为其唯一优点之无能之辈，建立其危险的个人势力，则公众无从审查，只能观望猜测而已。

任何此类人事任命组织，不论如何组成，均为藏污纳垢的场所。限于财政支出，委员人数不可能多到无法互相拉拢的数量。由于每一委员均有他应加以照顾的亲友，则互相照顾的愿望必将形成投票与职位的交易。一人之私情较易满足，而十几人至二十人的徇私，则必形成少数家族垄断政府的一切主要职务，如此则最易导致贵族或寡头政治的出现。如欲避免以上情况，则须经常改变任命机构的组成，从而造成政府人员的极端不稳定。这样的机构因人数较少，不易为公众察觉，故较参议院易于倚势弄权。综上所述，以此代替制宪会议提出的方案，必将增加开支、在分配政府职务中助长用人唯亲、搬弄权术计谋各种危害的泛滥，削弱政府人员的稳定性，减弱对总统擅权的限制与保障。然而，以此作为宪法草案的主要修订条款竟然得到某些人的热烈提倡。

在此人事任命问题上，尚不得不提及，曾经有少数人提出，要求众议院亦参与此权之行使。因估计社会中持此种看法之人不可能甚多,故仅在此处略为提及。一个变动性大、人数众多的机构不宜行使任命权。试想众议院在半个世纪之后,其成员将达三四百人,其不宜行使此权乃明显可见。总统与参议院各具一定的稳定性,由此产生的优点,由于众议院的参与,定将化为乌有,而拖延、窘困情况必将因而产生。多数州宪法之例亦足说明此议之不足取。

总统的权力除前所阐述者外,其余部分包括:向国会提出国情咨文;建议国会采取他认为妥善的措施;在特殊情况下,可以召开国会或其任何一院的会议;在国会本身不能在休会日期上取得一致意见时,确定国会休会;接受外国大使及其他使节;忠实执行法律;授予一切合众国军官军衔。

以上权力除召开立法机关任何一院会议及接受外国大使两点外,均未见提出任何异议,也无任何可以反对的理由。的确,除上述两点其余部分实难加以反对。关于召开立法机关任何一院会议问题,至少可以说,召开参议院会议有一充足理由。因参议院在缔结条约问题上有批准权,因此总统常需召集参议院会议,而众议院在此时则不需亦不宜召开。至于接受大使问题,笔者在前此之一文中已作过充分解答。

现在,我们已经完成了对行政部门的机构与权力的讨论。笔者已尽力阐明这些规定在共和原则下,符合发挥行政能力的各项要求。余下来的问题是:这些规定是否对共和原则提供充分保障,是否符合依靠人民、承担责任的原则。对此问题,已在宪法其他规定的探讨中涉及,由以下各项规定中得到满意的回答。这些规定有：由人民直接选举的选举人团，每四年选举一次总统；总统在任何时候均可遭到弹劾、得依法对其进行审判、免职、不得任其他公职、并得依法剥夺其生命财产。这些重大保障尚非制宪会议草案限制总统权力的全部设想。举凡行政首脑有擅权危险之事由，宪法草案均设置一些条款，使总统受到立法机关一院的控制。思想开明、而又合情合理的人民尚欲何求？

普布利乌斯

原载1788年纽约麦克莱恩版

第七十八篇

（汉密尔顿）

致纽约州人民：

我们现在进而就拟议中政府的司法部门加以探讨。

建立联邦法院的作用及其必要性，在揭露现行邦联制度的弱点时已经明确指出。建立司法机构，在概念上既无异议，可不再加陈述。曾经提出的问题只限于其组成方式与其权限等方面，我们的考察亦将仅限于此。

关于其组成方式似可包括以下几个问题：一、法官的任命办法；二、法官的任职期限；三、各级法院的司法权划分与彼此间的关系。

一、关于法官的任命办法，与一般联邦官员的任命办法相同，已在前两篇文章中作过详细讨论，此处毋庸赘述。

二、关于法官之任期，主要涉及其任期长短，有关其薪俸的规定，以及有关其执行职务的保证。

按照制宪会议草案规定，合众国任命的一切法官只要行为正当即应继续任职。此项规定与评价最高的各州宪法规定一致，亦与本州宪法的规定一致。宪法草案反对派竟对此项适当条文提出异议，足可说明其偏激的感情，缺乏理智的判断。以行为正当作为法官任职条件无疑是现代政府最可宝贵的革新。在君主政体下，此项规定是限制君主专制的最好保证；同样，在共和政体下，也是限制代议机关越权及施加压力的最好保证。在任何政府设计中，此项规定均为保证司法稳定性及公正不阿的最好措施。

大凡认真考虑权力分配方案者必可察觉在分权的政府中，司法部门的任务性质决定该部对宪法授予的政治权力危害最寡，因其具备的干扰与为害能力最小。行政部门不仅具有荣誉、地位的分配权，而且执掌社会的武力。立法机关不仅掌握财权，且制定公民权利义务的准则。与此相反，司法部门既无军权、又无财权，不能支配社会的力量与财富，不能采取任何主动的行动。故可正确断言：司法部门既无强制、又无意志，而只有判断；而且为实施其判断亦需借助于行政部门的力量。

由以上简略分析可以得出一些重要结论。它无可辩驳地证明：司法机关为分立的三权中最弱的一个[①]，与其他二者不可比拟。司法部门绝对无从成功地反对其他两个部门；故应要求使它能以自保，免受其他两方面的侵犯。同样可以说明：尽管法院有时有压制个别人的情况发生，但人民的普遍自由权利却不会受到出自司法部门的损害。这种提法是以司法机关确与立法、行政分离之假定为条件的。因笔者赞同这样说法："如司法与立法、行政不分离，则无自由之可言。"[②]是故可以证明：归根结蒂，对自由的威

① 大名鼎鼎的孟德斯鸠在谈到此点时曾说："上述三权中，司法几乎没有什么权力。"——《论法的精神》第1卷第186页。——普布利乌斯

② 《论法的精神》第1卷第181页。——普布利乌斯

胁，既不虑单独来自司法部门，则司法部门与其他二者任一方面的联合乃最堪虑之事；纵然仍有分权之名，一经联合则必置前者于后者庇护之下；因司法部门的软弱必然招致其他两方的侵犯、威胁与影响；是故除使司法人员任职固定以外，别无他法以增强其坚定性与独立性；故可将此项规定视为宪法的不可或缺的条款，在很大程度上并可视为人民维护公正与安全的支柱。

法院的完全独立在限权宪法中尤为重要。所谓限权宪法系指为立法机关规定一定限制的宪法。如规定：立法机关不得制定剥夺公民权利的法案；不得制定有追溯力的法律等。在实际执行中，此类限制须通过法院执行，因而法院必须有宣布违反宪法明文规定的立法为无效之权。如无此项规定，则一切保留特定权利与特权的条款将形同虚设。

对法院有宣布立法因违宪而归于无效之权的某些顾虑源于怀疑此一原则含有司法高于立法权的含意。曾有人说，有宣布另一单位的行为无效的机构，其地位必然高于原来提出此一行为的单位。既然此项原则在美国的一切宪法中具有极大重要意义，简单讨论其所依据的道理当有必要。

代议机关的立法如违反委任其行使代议权的根本法自当归于无效乃十分明确的一条原则。因此，违宪的立法自然不能使之生效。如否认此理，则无异于说：代表的地位反高于所代表的主体，仆役反高于主人，人民的代表反高于人民本身。如是，则行使授予的权利的人不仅可以越出其被授予的权力，而且可以违反授权时明确规定禁止的事。

如谓立法机关本身即为其自身权力的宪法裁决人，其自行制定之法其他部门无权过问;则对此当作以下答复:此种设想实属牵强附会,不能在宪法中找到任何根据。不能设想宪法的原意在于使人民代表以其意志取代选民的意志。远较以上设想更为合理的看法应该是:宪法除其他原因外,有意使法院成为人民与立法机关的中间机构,以监督后者局限于其权力范围内行事。解释法律乃是法院的正当与特有的职责。而宪法事实上是,亦应被法官看作根本大法。所以对宪法以及立法机关制定的任何法律的解释权应属于法院。如果二者间出现不可调和的分歧,自以效力及作用较大之法为准。亦即:宪法与法律相较,以宪法为准;人民与其代表相较,以人民的意志为准。

以上结论并无假定司法权高于立法权的含意。仅假定人民的权力实在二者之上;仅意味每逢立法机关通过立法表达的意志如与宪法所代表的人民意志相违反,法官应受后者,而非前者的约束,应根据根本大法进行裁决,而不应根据非根本法裁决。

法官在互相矛盾的两种法律中作出司法裁决可举一常见之事为例。时常有两种在整体上或部分上互相矛盾的法律存在,且均无在某种情况下撤销或失效的规定。在此种情况下,法院有澄清之责。法院如能设法加以调和,从法理上考虑自应予以调和一致;如不能做到此点,则有必要选用其一。法院决定两种法律的相对效力的规律是采用时间顺序上的后者。但此仅为从事物的性质与推理方面考虑得出的实际运用规律,并无法律的依据。此一规律并非成文法,乃法官解释法律时采用的符合事物规律的一般规则。司法人员认为具有同等效力的互相冲突的立法,应以能表达最后意志的法律为准。

但如互相冲突的法律有高下之分，有基本法与派生法之分，则从事物的性质与推理方面考虑，其所应遵循的规律则与上述情况恰好相反。司法人员认为：在时间顺序上较早的高级法较以后制定的从属于前者的低级法其效率为大。因此，如果个别法案如与宪法违背，法庭应遵循后者，无视前者。

如果说，这样法院在与立法机关发生龃龉的情况下，或可任意歪曲立法机关制宪的原意，此种说法实在无足轻重。因这种情况在两种法律条文互相矛盾中，或就任一法律条文进行解释中均可发生。解释法律乃是法庭的责任，如法庭以主观意志代替客观判断，同样可以造成以一己的意志代替立法机关原意的情况。这也就无异于主张根本不应设立独立于立法机关之外的法官了。

因此，如从法院应被视为限权宪法限制立法机关越权的保障出发，司法官员职位固定的理由即甚充足，因除此而外，并无任何其他规定更能促使法官得以保持其独立性，而法官的独立实为其执行上述艰巨任务必须具备的条件。

法官之独立对保卫宪法与人权亦具同样重要意义。如果在某些玩弄阴谋诡计之人的煽动与影响下，未经人民的审慎详查，致使某种不良情绪得以散布，可以造成政府的某种危险变动，使社会上的少数派遭到严重的迫害。固然，笔者相信宪法草案拥护者决不同意反对派[①]对共和政体的基本原则——承认人民在他们认为现行宪法与人民幸福发生抵触时，有权修改或废除之——加以怀疑；但却不能从此引申出这样的看法：人民代表在大部选民一时为违

① 参见《宾夕法尼亚制宪会议少数派之抗议》及马丁的演说等。——普布利乌斯

宪倾向所蒙蔽时即可违宪行事,或法院因而可以参与违宪行动,并认为法院这样做较诸完全屈从立法机关的阴谋更为合法。除非人民通过庄严与权威的立法手续废除或修改现行宪法,宪法对人民整体及个别部分均同样有其约束力。在未进行变动以前,人民的代表不论其所代表的是虚假的或真正的民意,均无权采取违宪的行动。但值此立法机关在社会多数派的舆论怂恿下侵犯宪法之时,法官欲尽其保卫宪法之责实需具有非凡的毅力,这也是明显之理。

但是,法官的独立是保卫社会不受偶发的不良倾向影响的重要因素,并不仅是从其可能对宪法的侵犯方面考虑。有时此种不良倾向的危害仅涉及某一不公正或带偏见的法案对个别阶层人民权利的伤害。在此种情况下,法官的坚定不阿在消除与限制不良法案的危害方面也有极为重要的作用。它不仅可以减少已经通过的此类法案的危害,并可牵制立法机关的通过。立法机关如预见其不良企图将为法院甄别,即不得不对其不良企图有所节制。这种考虑对我政府的影响尚不甚为人所觉察。对于司法部门的主持正义以及其节制作用有所感觉者则已不限于一州。此种良好作用或为居心叵测之人所不满,必为所有正直人士所尊重与欢迎。各界有识之士自当珍视法庭正直不阿之风的存在与加强,事关切身利害,无人可以保证本身不成为不公正审判的牺牲者;如任不良倾向猖獗必将导致人心丧尽、社会不宁,这是人人皆可以感觉到的。

坚定、一贯尊重宪法所授之权与人权,乃司法所必具的品质,绝非临时任命的司法人员所能具备。短期任职的法官,不论如何任命或由谁任命,均将在一些方面使其独立精神受到影响。如任命权在行政，或在立法机关，则使法官有俯首听命于拥有任命权的某一部门的危险。如由双方任命，则可产生不愿触犯任何一方的情绪；如由人民选举法官，或由人民选出的专门选举人任命，则可产生法官过于迁就民意，影响其唯以宪法与法律的规定为准则、执法不阿的态度。

法官的职务固定尚有一从其本身应具备的条件出发而产生的理由。常有明智之士论及：浩瀚之法典乃是关系自由政府优点的必然现象。为防止法庭武断，必有严格的法典与先例加以限制，以详细规定法官在各种案情中所应采取的判断；由此易见，由人类天生弱点所产生的问题，种类繁多，案例浩如瀚海，必长期刻苦钻研者始能窥其堂奥。所以，社会上只能有少数人具有足够的法律知识，可以成为合格的法官。而考虑到人性的一般堕落状况，具有正直品质与必要知识的人其为数自当更少。由此可知政府可以选择的合格人选自属不多；如使其短期任职，则合格之人常不愿放弃收入甚丰的职务而就任法官，因而造成以较不合格之人充任的趋向，从而对有效而庄严的司法工作造成危害。在我国目前情况下，今后一个长时期内，此一缺点实较可以设想者为大；但亦应承认，此点与其他方面比较尚属次要的考虑。

总而言之，制宪会议沿袭州宪法以行为正当作为法官继续任职的条件，甚为明智，并无可以怀疑的余地。就此而论，良好政府之组成如无此项规定，却为不可宽恕的缺点。大不列颠之经验可为这一良好制度提供证明。

普布利乌斯

原载 1788 年麦克莱恩版

第七十九篇

（汉密尔顿）

致纽约州人民：

最有助于维护法官独立者，除使法官职务固定外，莫过于使其薪俸固定。前文有关总统的说法亦可适用。就人类天性之一般情况而言，对某人的生活有控制权，等于对其意志有控制权。在任何置司法人员的财源于立法机关的不时施舍之下的制度中，司法权与立法权的分立将永远无从实现。各州有志政治改革之士深憾于州宪法缺乏这方面的明确而切实之规定。若干州宪法规定应为法官确定固定[①]的薪俸，而曾有若干实例证明仅此尚不足以防止立法机关的推托，必须做出更加肯定、明确的规定。因此，宪法草案规定：合众国法官"于规定期间领受酬金，该项酬金于继续任期之内不得减少"。

从各方面考虑，以上实为可能设计出的最合宜的规定。因货币价值与社会状况或有波动，很明显，在宪法中固定法官薪俸的数额是不可行的。在今日看来之厚俸，过半个世纪则可能变为微薄

① 参见《马萨诸塞州宪法》第 2 章第 1 节第 13 条。——普布利乌斯

不堪。所以,法官的薪俸需由立法机关按照情况变化加以改变,但又需对立法机关加以限制,使之无权改变法官的个人收入,不能予以削减。如此则法官始得确保其生活,不虞其景况的变化而影响其任务的执行。上述条文结合了两个优点。法官的薪俸随时代的变迁得根据需要加以调整,但个别法官一经任命后其薪俸即不能再行削减。由此可见,立宪会议对总统与法官的薪俸规定是有所区别的。前者为既不得增加,亦不得减少;后者只规定不得削减。此一区别可能系由二者任期之长短不同产生。因选举总统之任期不超过四年,在其任期开始时确定的薪俸,很少可能在任期终了时已不适用;而法官如行为正当可以终生任职,极有可能在法官就任时确定的薪俸,特别值此政府成立的早期,在其继续任职的年限内变得甚为微薄。

关于法官薪俸的规定实为深思熟虑的结果:故可认为以此规定与法官职务的固定相配合,可使联邦法官独立执法的前景远较各州宪法对州法官的保障为佳。

至于如何对他们的责任加以防范已包含于关于弹劾的一条规定之中。法官的行为不检得由众议院提出弹劾,参议院加以审判;如判定有罪,可予以撤职,不得再行叙用。此为宪法中有关的唯一规定,与维护司法独立的精神一致,亦为本州宪法关于法官的唯一规定。

有人曾经提出,宪法缺乏因法官无能而撤换的规定。但大凡有识之士皆可理解作此规定实无实际意义,或者不但不能取得良好效果,反有可能为人所滥用。笔者认为:对人智力的衡量实无妙法可以遵循。欲划定有无能力的界限,必给发泄个人与党派的恩怨造成可乘之机,对发扬正义与公益实无所补。结果必形成大多为专断性质的决定。唯一可视为例外的情况为法官神经错乱,在这种情况下,无正式条文规定,亦可宣告其失去工作能力。

纽约州宪法为了避免这类含糊不清与危险的调查,乃决定以年龄作为丧失工作能力的标准。年龄超过六十即不得再任法官。笔者相信,目前不反对这条规定的人为数甚少。没有任何其他职务比法官这个职务更不宜应用此项限制。大凡年龄达到六十之人,其思维鉴别能力一般可以继续维持很久。此外,试想一下,人届高龄智力衰退者甚稀,法官席上无论人数众多或较少,同时有相当一部分法官处于智力衰退状态的情况亦不可多得,故可下一结论,以年龄作为限制实无必要。处此财富尚不宽裕,退休赡养金不易获得的共和国内,法官经过长期卓有成效的服务而后因年龄超过而撤职,失去赖以生活的薪俸,而另谋他就又已太迟,凡此种种考虑均较法官席为老迈法官所充斥的幻想更值得引起关注。

普布利乌斯

原载 1788 年麦克莱恩版

第八十篇

（汉密尔顿）

致纽约州人民：

为准确断定联邦司法权限，首先需要考虑其审判对象为何？

联邦法院应审理下述各种类型之案件，此点似无多大争议：第一，涉及按照宪法立法手续通过的合众国法律的一切案件；第二，涉及实施在联邦宪法中明文规定的条款的一切案件；第三，涉及以合众国作为诉讼一方的一切案件；第四，在合众国与外国或在各州之间发生的危及联邦和平的一切案件；第五，在公海上发生，属于海军或海运司法范围内的一切案件；最后，不能假定州一级法院可以公正与无私审理的案件。

第一点的成立在于一明显考虑，即宪法的生效必须有宪法保障。例如，如无宪法方式的保障，何以对各州政府的权力加以限制？按照宪法草案规定，有若干事项是禁止各州从事的，这些事项或因与联邦利益抵触，或因不符理想的施政原则，不宜由各州进行，如对进口货物课以关税、发行纸币即为两例。如果政府并无有效的权力机构及时限制纠正，无人相信这些禁令能被自动遵守。如欲加限制及纠正，则需对各州法律拥有直接否决权，不然，则需授权联邦法院可对明显违背宪法规定的决定宣布其无效。除此之外，实无第三种办法为笔者所能设想。制宪会议似在上述二者间选其后者。笔者以为，此亦为各州更易接受的办法。

至于第二点，本身寓意明显，无须阐述。如果政治上有所谓定理，则一个政府，其司法权与其立法权应具同格，当列为一条。仅举国家法律的解释有统一的必要这一点，即可说明。如果十三个互相独立的法院在审理源诸同一法律的案件上均拥有最后审判权，则政出多门，必将产生矛盾与混乱。

第三点更无须赘述。国家与其成员或公民间产生的纠纷只能诉诸国家法庭。任何其他方案均既不合理，违反惯例，而亦不得体。

第四点的立论根据在于下述明显前提：整体的和平不能诉诸其某一部分。联邦自当对其成员对外负责。追究伤害之责必须伴之以追究负责制止伤害发生的职能单位。既然法院判决或其他方面原因导致的不公正或不公平事件得以成为战争的正当原因，则一切涉及外国公民的案件自应由联邦法院审理，因其不仅在维护正义方面有重要意义，亦对保卫公共安宁方面同样具有重要意义。或许，有人认为应将涉及国际法的案件与仅涉及国内法的案件予以区分，前者可作为适于联邦法院审理的案件，后者可由各州审理。但如有涉及外籍人仅触及地方法律的案件，发生审判不公未加纠正情事，这种情况是否亦构成对该国主权的侵犯，和违反条约与国际法无异？这至少是颇成问题的。而且，对以上两类案件的区分，极端困难，甚至不可能区分清楚。而涉及外籍人的案件又大多牵扯到民族问题。因此不如把涉及外籍人的所有案件全部交由国家法庭审理,这种办法远较勉强加以区分更为妥善。

涉及两州、一州与另一州公民、各州公民之间纠纷的审判,事关维护联邦的和平,其重要性不亚于前文所述的案件。从历史上可以看到,由于地方上发生的纠纷酿成私人间的战争,一度使日耳曼土地荒芜,民不聊生。到十五世纪麦克米伦建立帝国法院才结束这种状态。历史亦曾记载帝国法院对日耳曼帝国平息战祸、恢复和平秩序所作的贡献。此乃对日耳曼帝国成员间发生的一切纠纷有最后裁判全权的法庭。

我国现有制度即使甚不完善,但对各州间的疆界争议问题交由联邦解决亦有所规定,唯除疆界争议外,尚有其他引起联邦成员间的争执与矛盾的问题,此类事例吾人皆有亲身经历,可谓屡见不鲜。读者可以想到,此处所指的是不少州所通过的偏颇不当的法律。尽管宪法草案已对这种情况注意防止,但产生这种情况的因素可以新的形式再现,实非目前所能逆料或可一一加以防备的。故一切有扰乱各州间和睦倾向的行为均应作为联邦日常监督与控制的正当对象。

"每州公民均得享受各州公民享有之一切特权与豁免权,"乃联邦形成的基础。既然任何政府皆应具有执行法令之手段,据此正确原则推断,则联邦法院应审理涉及一州或其公民与另一州或其公民间的案件,以维护联邦全体公民所享有的特权与豁免权。为了保证此一基本规定的全面贯彻无可推诿,这类案件必须委诸无地方干系的法庭,以便在不同州或不同州的公民之间主持公道。因此司法部门属于联邦政府一级,故极少可能对此项作为联邦基础的原则存有任何不正确的偏见。

第五点是无可非议的。最顽固维护州权之人士，到目前为止亦未尝否认联邦法庭对海运案件的裁判权。因为此类案件经常牵涉国际法，影响外籍人的权利，故属于与公共安全有关的考虑范畴。在目前邦联制度下，海运案件的主要部分亦划归联邦司法范围。

国家法庭应对各州法庭本身不能假定为可以不带偏见审理的案件负责，乃自明之理。任何人均不能作为其本人或与其本人有任何干系或其本人有所偏私一类案件的裁判者。因此，以联邦法庭作为各州及其公民之间的裁判者，援引以上原则很有说服力。同样，援引此一原则亦可说明，有些同一州公民间的争执亦可适用。有些土地纠纷源自不同州发放的土地证引起，即属于此类。发放土地证的各州法庭难免于偏袒自己一方，甚至各自可以有其偏袒己方的法律，使法庭作出有利于本州发放土地证的判决。即使不如此，法官本人亦可强烈偏袒本州政府。

经过以上逐点讨论划分联邦司法范围所依据的各项原则之后，可依据以上原则，继续探讨宪法草案所拟之方案。此方案所包括之范围为："涉及触犯本宪法与合众国各种法律，包括成文法与衡平法之一切案件，涉及合众国已经缔结和将来缔结之条约之一切案件；涉及大使、其他使节领事之一切案件；关于海事司法与海运司法之一切案件；以合众国为诉讼一方之案件；州与州间之诉讼案件；一州与他州公民间之诉讼案件；各州公民间之争讼案件；同州公民持有不同州之土地让与证之争讼；一州或其公民与外国或外国公民或属民间之诉讼案件。"以上组成联邦司法当局之全部权力。现试就此予以详细讨论。其范围包括：

第一,涉及本宪法与合众国法律包括成文法与衡平法之一切案件。此条与前述第一、二类应划归合众国司法范围的案件相当。曾有人问:何谓“涉及宪法”,与“涉及合众国法律,”二者有何不同?按此二者的区分前文已经作过解释,可举对州立法机关所加的一切限制为例;各州不得发行纸币,此乃宪法限制,与合众国法律无涉。违法发行纸币因而产生的诉讼属于触犯宪法条文的案件,而与合众国法律无涉。举此一例可见一斑。

亦有人曾问:何需用“衡平法”一词?在宪法与合众国法律条文中有何需要衡平的原因?在个人之间的诉讼中,鲜有不包含欺诈、偶然、信托、刁难等因素,因而可能涉及衡平法而非法律的范畴。二者之区分已为若干州所遵循。例如,排解所谓刁难交易就是衡平法法庭的特殊权限。此类契约可能并无可为一般法庭宣布无效的直接欺诈问题,但其中可能有乘人之危以猎取不应得的利益问题,则是衡平法法庭所不容许的。在有外籍人为诉讼一方的案件中,联邦法院如无衡平法司法权即无从审理。涉及不同州让与土地的买卖契约案件也是联邦法院所以需要设衡平法法庭的一例。以上论点在未对成文法与衡平法进行正式与技术划分的各州中,可能不如已在实践中实行的本州容易接受。

联邦司法权范围并及于:

第二,涉及合众国政府已缔结或将缔结之条约,及一切涉及大使、其他使节与领事的案件。此为与上述第四类与保卫国家安全有明显关系的案件。

第三,涉及海事司法及海运司法案件。此类案件全部属于应由国家法院审理的上述第五类。

第四，以合众国为当事人之争讼案件。此类属上述的第三类。

第五，涉及两个以上州之间的争讼，一州与他州公民间的争讼；各州公民间的争讼，属于第四类，在一定程度上也有最后一类性质。

第六，同一州公民由于不同州让与的土地引起的纠纷，属于最后一类。此条系宪法中唯一涉及同州公民间诉讼的案件。

第七，一州及其公民与外国、外国公民或属民间的诉讼案件。前已说明属第四类乃国家法庭应该审理的案件。

以上为宪法所列应属联邦司法范围的权限，从此亦可看出这些权限与组成联邦法院的原则相符，乃完善我国制度所必要。今后如发现宪法草案所列任何一条造成不方便，则国家立法机关完全有权作为例外处理，或制定法规，用以消除一切不便之弊。有识之士绝不会以此类或可发生的问题作为充分的论据，否定以兴利除弊为一般目的的原则。

普布利乌斯

原载 1788 年麦克莱恩版

第八十一篇

（汉密尔顿）

致纽约州人民：

现在让我们回来讨论司法部门各级法院的分工以及彼此间的关系。

（按宪法草案规定）“合众国之司法权属于最高法院及国会随时规定设置之下级法院[①]”。

需建立最高法院以行使最后审判权的意见不甚可能产生异议，道理甚为明显并已在他处罗列，不需重复。这方面曾经有人提到的唯一问题是：此一最高司法机关应为一独立单位抑应为立法机关之一分支机构。提到的这一问题和前此论及的某些其他问题具有类似的矛盾性质，即以权力的不适当混淆为理由反对由参议院组成弹劾法庭，而同一些人又主张（至少是暗示）应将一切案件的最后审判权委之于立法机关的全部或其一个组成部分。

此一主张的论据，或者说是暗示，可见于以下引文：“拟议中的合众国最高法院，作为一分别的独立单位将高踞于立法机关之上。

---

① 第三条第一项。——普布利乌斯

最高法院按照宪法精神解释法律之权将使其随心所欲塑造原来法律面貌；尤其是其判决将不受立法机关的检查审订。此乃既无先例亦甚危险的做法。英国司法权最后掌握在立法机关的一院——上议院手中；英国政府的这一方面规定已为美国各州宪法所普遍采纳。英国国会与美国各州的立法机关可以随时以法律形式修订其各自法庭的具体判决。而合众国最高法院的错误判决与越权行为则无从节制，无法补救。”

经过仔细考察可以发现以上论点的虚妄。

首先，拟议中的宪法草案并无只字直接授权国家法庭按照宪法精神解释法律，或在这方面授予国家法庭任何超过各州法庭的权力。但笔者同意宪法应作为解释法律的准绳，在二者发生明显矛盾时，法律应服从宪法。但此一原则并非由宪法草案任何特殊的新意所形成，而是根源于限权宪法的一般原则。此一原则对全部或大多数州政府也同样适用。因此，在这方面对联邦司法的任何反对意见亦即反对各州的地方司法，亦即反对试图规范立法机关权限的一切宪法。

或者，此一反对意见可以被解释为针对最高法院的组成方式，因其为一独立单位，非如英国政府及美国州政府中之作为立法机关的分支机构。反对者如欲坚持此点，则必须放弃其所追求的政府各部权力划分的著名原则。尽管可以退一步承认，按照前文对分权原则的阐述，将最后审判权委之于立法机关的一部可以不算违反。但虽非绝对违反这一完美原则，仅接近于违反这一点亦足以因而弃之而选择宪法草案所提出的方案。即使立法机关仅有通过不良法律的部分可能，亦难期待其在实施中产生稳健而不过分的情绪。很容易在解释法律时流露出主导制定法律时的同样精神;更难期待相同一部分人作为立法人员违犯宪法行事,而作为法官时却会着手补救。不仅如此,且既已建议法官行为正当即可继续担任此职,则可完全否定将最后审判权授予一由任期有限的人员组成的单位掌握,使案件由任期长远的法官初审,最后交由任期短暂、人员变动的单位裁定,实为荒谬。更不合理的是:将根据其长期钻研、谙熟法律而被选任为法官者的判决交由缺乏这种条件的人去修正与节制。选举立法机关成员时很少考虑到适于任法官的条件。更应考虑到由于立法机关党派分歧的自然倾向,其所造成的难以实事求是的结果,亦有理由顾虑到派性的恶劣气氛可能侵入以公正不阿为其工作源泉的司法领域,不断形成对立面的习惯极易窒息法律与平衡概念。

由于以上考虑,笔者赞成若干州的做法,将最后司法权不委之于立法机关的一部,而交付与一分开的独立机构。与视宪法草案此项规定为独出心裁、并无先例的看法相反,此种做法不过为新罕布什尔、马萨诸塞、宾夕法尼亚,特拉华、马里兰、弗吉尼亚、北卡罗来纳、南卡罗来纳与佐治亚州宪法的沿袭。宪法草案选择以上诸州宪法为蓝本实应加以赞赏。

其次,上述所谓英国国会或若干州立法机关有权修正各有关法院的具体判决,而拟议中的合众国立法机关则无此权云云,亦与事实不符。无论是英国或是各州宪法均无以立法行动修正司法判决的授权;拟议中的宪法草案亦未较英国宪法或各州宪设立更多的禁区。不管前者或后者,不作此授权的唯一原因都是从法律与理性的一般原则出发的。立法机关在不超越其本身权力情况下并不能修正一件已经判决的案件;但立法机关可以为今后审判制定新的规则。在各州政府内全面实施的这一原则亦即拟议中的国家政府准备实施的原则。从任何角度均不能指出其任何差异。

最后可以指出,曾有人一再提到所谓司法机关侵犯立法机关权限的危险,其实并不存在。歪曲或违反立法机关意志的个别情况可能不时有所发生;但是,此种个别事例永远不可能达到影响或阻碍整个制度实施的程度。这可以从司法权的一般性质,从它所涉及的对象,从它行使司法权的方式,从它本身的相对软弱性,从它根本没有力量作为其超越本身权力的后盾等诸方面可以得到保证。而且又可以由下述一点重要宪法牵制得到确保,即宪法规定授予立法机关对司法人员实施弹劾之权,做法是由立法一院提出,另一院判决。仅此一点即足以保证永远不会发生法官不断有意侵犯立法机关权限以至引起立法机关联合起来加以反对的情事,因立法机关可用撤去其法官职务加以惩治。因此可以排除此一顾虑,同时亦说明参议院成立弹劾法庭实有必要。

在排除单独成立独立的最高法院的反对意见之后,以下可进一步考虑设立下级法院[①]与这种法院与前者关系的问题。

建立下级法院的用意显然是为了避免将属于联邦审理的一切案件悉交最高法院。其目的在于使全国性政府在合众国各邦或区域内设立或授权设立一种能够审理其辖区内属于全国性司法权性

① 建立下级法院之权曾被误认为有意解散各州的一切县级法院,此类法院一般被称为下级法院。但宪法的措词原为:建立"最高法院之下级法庭";此项规定的明显用意为在州或更大区域内设立从属于最高法院的地方法院。设想有解散县级法院的用意其实是甚为荒唐的。——普布利乌斯

质案件的法庭。

于是又有人问：利用州法院以完成相同任务有何不可？这可以有几种不同答案。虽然州法院的资格与能力应尽量肯定，仅就国家立法机关应有权将涉及宪法案件的审理权授予地方法庭这一点而言，立法机关有建立下级法院权仍应视为宪法草案的必要条款。授予某些州现有法院以审理此类案件之权即相当于建立具有相同权力的新法院。但是，何以不在宪法草案中作一有利于州法院的直接而明确的规定？笔者认为确有充分理由不作如此规定。纵有高瞻远瞩之人也难预测地方主义情绪能否发展到使地方法院失去审理国家案件资格的程度，而且尽人皆可发现某些州法院的组成方式不宜于作为联邦司法系统的所属单位。州法院法官常为兼职，年年更换、独立性甚小，甚难期待其严格执行国家法律。如确有将涉及国家法律案件委之于州法院的必要，则与之相应必须尽量敞开上诉之门。对下级法院是否寄于信托应与上诉之难易成正比。笔者虽能同意宪法草案中规定上诉司法应审理的案件种类，但对于实际上允许无限制上诉的各种设想不能苟同，此种设想实将为公私两方造成诸多不便。

笔者不敢肯定，但认为如将合众国分为四个或五六个大区，每区设一联邦法院，似远比每州设一联邦法院更为方便可行。此类法院的法官，在州法官协助下，可在各该大区中各地区巡回审理案件。此类法庭可迅速审理案件；上诉案亦能得以控制。笔者认为此一方案目前最为可取；为此，有必要全部采纳宪法草案中有关建立下级法院权的规定。

以上理由似已充分说明，缺乏此项权力将为草案的一大缺陷。

以下可进而讨论联邦最高法院与下级法院分工的问题。

最高法院初审案件仅限于"涉及大使、其他使节及领事以及以一州为诉讼一方之案件"。各类使节直接代表其主权国家。关于他们的一切问题直接与国家安全有关，为了维护国家安全并对他们所代表的主权国家表示尊重起见，此类案件初审即交国家最高司法机关始为方便与适当。尽管领事并非严格意义上的外交官员，亦为其国家的公务代理人员，以上考虑对他们在很大程度上亦能适用。将以一州为当事人的案件交给下级法庭将损害该州的尊严。

下面讨论的一点可能对本文主题有些偏离，但笔者愿乘此机会指出曾经引起惶恐不安的一种错误论点。有人曾经提出，在一州公债为另一州公民持有时，此人可向联邦法院控告索还债款。这一设想实无根据。

作为拥有主权之一州不经其同意不受个人控告。这是由主权的固有性质所决定，亦为一般常识与人类的普遍实践的准则；作为主权特点之一的豁免权仍为联邦各州所享有。除非宪法草案要求各州放弃豁免权，否则各州仍保留此权。因此并无上述之危险。要求各州放弃部分主权情况在我们考虑征税条款时已经论及，此处毋庸重复。这些原则说明，在宪法获得通过以后，各州仍保有按照自己方法偿还自己债务的特权。这里除去受信用的义务约束而外并无其他任何约束。拥有主权之州与个人间的契约只受州的良心约束，不受任何强制。此类契约不经主权一方的同意并不赋予采取行动的权利。因此，以某州所欠公债为由起诉，又能起何作用？如何强制归还？除对该州宣战外并无其他办法；授权联邦法院处理势必侵及各州政府的固有权利，其所造成的后果实甚尴尬而不足取。

现在再回到原来的问题上。前曾论及最高法院初审案件仅限于两类甚少发生的案件。此外，一切由联邦审理之案件的初审权属于下级法院；最高法院仅有上诉司法权，“唯应受国会所确定之例外与规章之限制。”

关于上诉司法权在法律方面很少异议，但在追究事实方面则颇有争论。本州若干用心良好之人士从本州法院习惯用语与司法程序出发，认为此项规定侵犯了既定的陪审制度，类似为海事法庭、遗嘱查验法庭、衡平法庭所实行之民法审判。这种看法实系将“上诉”一词加以技术性含义。在本州法律词汇中“上诉”一般意指民法审判的上诉。如笔者所了解的情况无误，则在新英格兰各地“上诉”一词并无此种含义。在新英格兰从一个陪审团上诉到另一陪审团乃是用语上与实际执行中常见及必然的程序，一直到出现两次一方胜诉的判决为止。因此，“上诉”一词在新英格兰与纽约为人所理解的含义有所不同，因此由个别州司法程序引出的技术含义解释宪法实不适当。“上诉”一词从抽象意义讲，仅指一法院对另一法院诉讼过程的法律方面或案情方面，或同时对二者进行复审而言。复审方式依沿袭古法或立法规定（新政府需依后者），可视情况决定需否设陪审团协助。因此，如果在拟议中的宪法草案允许就一陪审团认定的事实进行复查，则宪法中得规定另组陪审团进行之；或向下级法庭发回案件进行复审，或指令某一问题在最高法院以外另组陪审团复审。

但并不因此可以推断最高法院得以复审陪审团认定之事实。

当推翻原判再审令从下级法院送至上级法院时,谓后者在事实方面与法律方面均有司法权有何不可?上级法院固然不能再从事实方面重新审判,但却可以根据案情记录加以判断宣布其所涉及的法律条文①。此即在事实与法律上的司法权;二者实不可分割。虽然本州习惯法法庭由陪审团确定事实,但这些法庭无疑均拥有事实与法律的司法权;因此在诉讼中事实方面一经认定,即不再诉诸陪审团而立即径行判决。据此,笔者认为"在法律上与事实上之上诉司法权"的含意并不一定指最高法院重新审理下级法院中陪审团已经认定的事实。

可以想象,制宪会议作出此项具体规定可能受到以下思想的影响。最高法院的上诉司法权(可能曾有人争辩)将包括不同审理程式的案件,有习惯法案件,亦有民法案件。前者最高法院一般仅限于法律上修正;后者对于事实的复审乃一般惯例,在某些情况下可能涉及国家的安全,例如处理战利品案件。因此上诉司法权在某些情况下有必要包括最广义上的事实审查在内。如明文规定原由陪审团审理的案件除外并不能解决问题,因在某些州法院中一切案件均由陪审团审理②;且作此种例外规定则不论应否对事实进行复查均排除了对事实的复审。为避免执行中之不便,最保险的办法是仅作一般规定:最高法院拥有关于法律上与事实上之上诉司法权,而此项权力受国会所确定之例外与规章之限制。若此

① 这个字由 jus 与 dictio 组成,juris dictio 即讲述与宣布法律。——普布利乌斯

② 笔者主张在许多属于联邦司法范围的案件上,各州与联邦下级法院具有双重司法权,此点将在下一篇文章中阐述。——普布利乌斯。

政府即可根据伸张正义、维护国家安宁的目的便宜行事。

从此观点出发即可毫不怀疑所谓放弃陪审制度的设想纯属虚妄。合众国立法机关当然拥有全权规定上诉至最高法院的案件对原由陪审团审理的案件事实不应复审。这当然会形成为一种有权威之例外规定;但如照上述理由考虑作此规定过于绝对化,亦可将对事实不得复审案件限在涉及习惯法一类案件之上。

以上关于司法部门权力范围的论述包括:此项权力已审慎限于明显属于国家司法审理案件之内;在权力划分方面,仅一小部分属于初审性质的司法权由最高法院保留,其余则划归下级法院;最高法院拥有上诉司法权,包括对一切交来案件法律上与事实上的审理,两方面均受一般认为应该作出的例外与规章所节制;此项上诉司法权在任何情况下均不摒除陪审制度;在国家机构具有一般程度严谨作风与正直态度的情况下,即可保证建立此类司法机关使吾人得到切实利益,避免已经设想由此可能招致的任何不便。

普布利乌斯

原载 1788 年麦克莱恩版

第八十二篇

（汉密尔顿）

致纽约州人民：

建立新政府的工作无论如何明智、细心，总难避免出现复杂、微妙的问题。在为若干各自拥有主权的州实现全面或部分联合制定宪法时，可以期待各种复杂、微妙问题以其特殊形式不断涌现。唯有经过一定时间始能使如此复杂的制度逐步成熟、完善，使各部分的不同意向消除，彼此适应于一个融合、一致的整体之内。

正因如此，制宪会议提出的宪法草案亦出现此类问题，特别是在与司法部门有关的方面。这主要牵涉到州法院在有关提交联邦司法的各类案件中所处的地位。此类司法权应全部交付联邦法院、抑由州法院与联邦法院共同行使？如共同行使，州法院与国家法庭的关系如何？凡此种种问题既皆出自有识之士，亦为吾人当予重视的问题。

前此一文[①]中已经确立的若干原则说明：各州应保留一切固有权力不得统统委诸联邦。权力的全部转授只发生于下列三种情

① 第三十一篇。——普布利乌斯

况之一：宪法明文规定授予联邦全权者；规定授予联邦并禁止各州行使类似权力者；规定授予联邦而各州无法行使类似权力者。尽管此类原则应用于司法上不具有应用于立法上的约束力强，但笔者倾向于设想：这些原则大体上对前者与后者同样适用。根据这一设想，笔者可以定下一条规则：州法院的现有司法权除在上述几种模式下转授者外应该全部保留。

宪法草案唯一近似将应由联邦审理案件的审判权限于联邦法庭审理的规定为："合众国之司法权，属于最高法院及国会随时规定设置之下级法院。"此条可以解释为联邦最高法院及其下级法院单独享有其权力范围各种案件的审理权；亦可解释为其含意仅指国家司法机关应由最高法院与国会认为应予建立的任何数目的下级法院组成；换言之，即合众国应通过一最高法院及由其建立的若干下级法院行使宪法授予的司法权。前一种解释排除州法院共享司法权，而后一种解释则承认州法院共享司法权。既然前一解释有使各州放弃其权力的寓意，则后一种说法似为最自然最合理的解释。

但显然此种共享司法权只限于州法院原有的案件审理权。产生于拟议中宪法以及与之有特殊联系的案件，是否亦适用，则不如是明显。因为很难认为不赋予州法院此类案件的司法权就是对各州固有权力的剥夺。因此，就合众国为便于处理，将由其管辖事项立法中出现的争讼审理权单独委之于联邦法院，笔者并无意进行争辩。但笔者主张州法院的原有司法权除有关上诉事宜外一律不得剥夺；笔者甚至认为：除国会通过今后的立法明文规定排除州法院干预者外，州法院有当然的审理权。此乃司法的性质与我国制度的一般特点所决定。一切政府,其司法范围均不仅限于地方性法律条款,在民法案件中凡辖区内的一切争讼,无论涉及地球上如何遥远地区的法律,均皆进行审理。日本的法律作为我国法庭争讼探讨的课题,与纽约法律无异。而且,考虑到州与联邦的亲密关系,作为一个整体的各个部分,可以断言:除明确排除州法院干预者外,各州对于联邦法律性质的案件应同联邦共享司法权。

此处又发生另一问题:在共享司法权情况下,国家法院与州法院关系若何?笔者之答案为:由州法院上诉,当然要上诉到最高法院。宪法明文规定最高法院对所列举联邦司法范围内的案件不进行初审者均具有上诉裁判权,并未规定仅审理联邦下级法院的上诉案件。此规定仅考虑上诉案涉及的内容对象,而不考虑来自那类法庭。从此出发并据以推论,最高法院的上诉裁判权包括各州法庭的上诉。舍此,则需排除州法院共享全国性案件的司法权,否则任一诉讼人或检察官均可恣意逃避联邦司法的权威。这两种情况实无必要使其发生,而后一种情况尤其不能允许,因发生这种情况则与拟建立的政府之奋斗目标大相径庭,必使其政令难以实行。笔者对作此设想的理由亦难以揣测。如前所述,国家与各州的制度原应视为一个整体,州法院自应辅助联邦法律的实施,州法院的上诉案件自应上诉到以统一和协调全国司法及全国裁判法规为其任务的最高法院。宪法草案的明显目标为:草案中列举的一切案件种类皆有关重大公益需由联邦法院进行初审亦即最后审定。因此,如对赋予最高法院的上诉司法权加以限制,而仅限于复审联邦下级法院的案件,不包括州法院的上诉案件,实将缩小宪法原文规定的寓意,歪曲其原有设想,违反解释宪法的一切正常规则。

但是否可以从州法院上诉到联邦的下级法院？这是曾经提到的另一个问题。较前一问题更难解决。如从以下考虑设想，则对这一问题的答案亦为：可以。第一，宪法草案授权国会“设置低于最高法院之法庭”[①]。第二，宪法规定：“合众国之司法权，属于最高法院及国会随时规定设置之下级法院”，并于其后列举联邦司法权所及的范围。于此之后将最高法院的审判划分为初审与上诉两部分，并未对下级法院加以规范。对下级法院的唯一有关规定为：“低于最高法院”，且不能超越联邦司法权所及的范围；其司法权为初审或上诉复审，抑或二者兼而有之，并无明文规定。凡此似均留待国会以后决定。因此，目前笔者认为从州法院上诉到联邦的下级法院，程序上似无问题，且有若干可以设想的优点。因为，此则无需多设联邦法院，并可在一定安排下控制上诉至最高法院案件的数量。州法院则可更加全面审理涉及联邦司法的各类案件，并根据情况划出某些案件应上诉至联邦区级法院，以代替上诉至最高法院。

普布利乌斯

① 第一条第八项。——普布利乌斯

原载 1788 年麦克莱恩版

第八十三篇

（汉密尔顿）

致纽约州人民：

在本州，可能还在其他数州中，对制宪会议的宪法草案最大的意见是指责宪法缺少民事案件由陪审团审判的规定。持此异议通常所用的虚妄不实之词曾被多次揭露、驳倒，而仍不断流传于宪法草案反对派的口头、书面言论中。宪法中未提到民事诉讼被解释为废除陪审制度，为在辩论中寻觅借口，此辈千方百计使人相信在宪法中陪审制不仅在各种民事诉讼中，而且在刑事诉讼中均已全面废除。但后者之无需争辩正如力图证明物质的存在，或说明某些意义明显、不解自明之理是同样徒劳无益的。

反对派不惜借用诡辩以为论据，妄行断言凡无明文规定的制度即是从此全部废除。任何有识之士当可察觉缄默与废除实在大有区别。但既然此一谬论的发明者企图以若干曲解的法理常规作为理论根据，对之作一考查亦非全无补益。

此辈所依据的法理常规，其性质不外："个别事项的列举即对一般的排斥"，或"列举一端即排除另一端"。据此说法，宪法既规定刑事案由陪审团审判，而未提民事案应当如何，则此处的缄默意即在民事诉讼中已将陪审制予以废除。

解释法律的准则就是法庭据常理所作的推断。因此，法庭能否正确解释法律端在于其是否符合常理。笔者因而请问据常理判断，宪法要求立法机关将刑事案交由陪审团审判，是否即为剥夺立法机关对其他各类案件指令或允许以同样方式审判之权？指令做一事即禁止做另一原属权限范围之内且不违反原指令的事，难道是合乎情理的设想？既然此种设想并不合乎情理，则无法坚持认为规定某类案件由陪审团审判即禁止他类案件以相同方式审判。

凡拥有设立法庭之权者，自当拥有规定审判方式之权；因此，如宪法中无陪审问题的明文规定，则立法机关自然拥有采用或不采用陪审制的自由。在刑事诉讼方面，由于宪法有明文规定，一切刑事案件由陪审团审判，立法机关自无选择的自由余地；但在民事诉讼方面，宪法既未作明文规定，立法机关自可权宜行事。宪法特为一切刑事诉讼规定特定的审判方式确系对民事诉讼必须采用同样方式的排除，但并未剥夺立法机关视情况需要采取同一方式的权力。因此，所谓国会将无权将联邦司法的一切民事案件交由陪审团审判之说，实为毫无根据的妄言。

综合以上分析的结论是：民事诉讼的陪审制将不会废除；反对派对前文引用之法理常规的解释乃违反事理与常情之说，是不能接受的议论。即使此类法理常规具有确切的技术含意，符合目前用以作为论据之人的想法，亦不能应用于一国政府的宪法上。在宪法问题上，条文的自然明显寓意是衡量其意义的真正标准，不能受任何技术常规的约束。

此辈所依据的法理常规既不能在此处应用，吾人可试就其正常用法与真正含意加以说明。此处最好举例说明。宪法草案规定国会权力,即国家立法机关权力,应及于若干列举事项。此处个别事项的列举自系对国家立法机关拥有普及各个领域的立法权的排除。因为宪法意欲授予普遍性的立法权,则逐项授予其各别权力即为荒唐无用之举。

联邦司法机关的司法权同样亦经宪法明文列举。所列各项即为联邦司法的确切范围,此外则非联邦法院权力之所及,因其受理的各类案件业已逐项列举,如不排除此外的任何权力,则所列举的各项权力即失去其意义。

以上两例足以阐明前文涉及的法理常规并已明确其正当应用。(但为排除对此点的任何误解,笔者现再补充一例借以说明其正当应用以及其如何为人所滥用。)

吾人可以假设根据本州法律一已婚妇女不具有转让其财产的能力,立法机关为解除其困难,制定法律使其在地方司法官员监视下以契约方式转让其财产。本例所作的规定显然排除此人以其他方式转让财产。因该妇人原不具备转让财产的能力,故对其转让方式作出具体规定。但如进而假设此条法律后文又规定任何妇女未经三个最近亲属签字同意不得转让一定价值的财产;是否即可推论已婚妇女订约转让较小价值的财产时不必取得其亲属之同意?此说诚属荒唐不经,不值一驳,但此种立场正是坚持因刑事诉讼明文规定陪审制,则民事诉讼陪审制即被废除论者所持的立场。

据此,毫无疑问可以看出,宪法草案并未在任何情况下废除陪审制;同样,在人民普遍关切的私人间争讼中,其审判制度与在州宪法下的情况无异。(各州宪在宪法草案通过之后将毫不为之所变更或影响。)以上结论的根据是:联邦司法无此司法权,此类案件当然仍援前例由州法院按照州宪法及法律所规定的方式审判。除持有不同州发给土地证有关争讼以外,其他一切土地争讼及一切同州居民间其他争讼,除非所根据的州立法机关法律与联邦法律牴牾,均纯属州法院的司法范围。此外,在本国政府制度下,海事诉讼及几乎全部衡平法诉讼均不由陪审团干预。总括以上诸点应可认为:就现有陪审团制而论,拟议中的政府制度的变更不可能产生多大影响。

宪法草案拥戴者至少可以同意的一点,是持此异议者对陪审制的重视;在此点上如果认识上有所区别,则在于:前者视陪审制为对自由的有价值保证;后者则认为陪审制为自由政体的守卫神。至于笔者个人,对陪审制见识愈多则愈给予更高的评价;考察陪审制在代议制政府中的价值与重要作用,或者去比较其在世袭君主制中防止专制压迫与在庶民政府制度中防止群众拥戴的行政首长的专权的相对价值如何等问题不免失于空泛。此类议论多属空谈,实际价值不大,因争论双方均承认陪审制的价值及有利于自由。但应说明笔者并未发现自由的存亡与在民事诉讼中维持陪审制有何不可分割的联系。历来司法的专横主要表现在武断起诉、以武断方法审判莫须有的罪行,以及武断定罪与武断判刑;凡此均属刑事诉讼范围。刑事诉讼由陪审员审判,辅之以人民保护令立法,似为与此有关的唯一问题。此二者均已在宪法草案中作了最充分的规定。

亦曾有人提出陪审制乃防范滥用课税权的保障。此一论点值得分析。

陪审制对立法机关有关税额、课税对象或分配原则等法令无涉。有关的只是课税方式、税收人员的行为等方面。

考诸本州宪法,凡有关税收的多数案件的审判,本州均不设陪审制。与未交地租案相同,未完税款案通常均用简单的财产扣押与拍卖法处理,公认此乃实施财政法令所必须采取的有效办法。以法庭审判方法追索私人未完税款,拖延时日,既不利满足公用急需,亦不利于广大公民,其诉讼费用常形成较原税款更大的负担。

至于税收人员的行为,刑事案用陪审制的规定应能确保其预期的效果。政府官员滥用职权、敲诈勒索、压迫纳税人等行为,乃对政府的犯罪,政府得依法对其起诉,并得视情况予以惩处。

民事案设陪审制的优点似与维护自由并无关系。主张设陪审制者,其最大理由为可以防止受贿行为。因对常设的司法官员应较对为一事临时召集的陪审团,当事人应有更多时间、更好机会进行贿赂,故可设想对前者较对后者更易施加腐化影响。但除此之外,尚有其他种种考虑足以抵消此点。做为普通陪审团召集人的县司法官员及负责特设陪审团提名的法院书记官,皆为常设官职,独立执行职务,可以设想此辈应较集体执行职务的法官更易受到腐蚀。不难看出,与腐化的法院一样,此类官员有权选择陪审员以达到徇私枉法的目的。其次,亦可设想,拉拢任意从公众中遴选的陪审员较诸拉拢政府所选择的品德高尚的官员更为容易。但纵然如此,陪审制仍为防止受贿行为,使之难以得逞的有效办法,因既设陪审制,则需对法院与陪审团进行双重腐蚀,如陪审团的判决有明显差错,法院通常将宣布重新审判,是则如仅施贿赂于陪审团,不在法院方面暗通关节,则不能收到效果。如此则为一双重保证;不难看出此一复杂体制有助于维护双方的声誉。达到目的的可能既然减少,也就会预先制止向任何一方行贿的企图。法官在需取得陪审员合作的情况下面临受贿的诱惑,较其对一切案件均独享裁判权，其被收买的可能定当大为减少。

因此，纵然笔者对民事诉讼设陪审制以维护自由的必要性表示怀疑，但承认在大多数情况下，在若干适宜的规范内，陪审制乃审判财产诉讼的良好方式；仅此一点，如有可能为之确定一应用范围，亦值得在宪法中加以规定。问题在欲做到此点甚为困难。凡不囿于过分热情者应能察觉在一联邦政府之下，联邦的各成员州在思想上、体制上各异，解决此一问题更为困难。从笔者本人而论，每就权威方面提供的情况重新思考，便更加相信在宪法草案中作此规定，障碍确曾存在。

各州应用陪审制范围所存在的差异并非众所周知。既然对宪法草案中未提此点的评论具有相当影响，似有必要略加解释。与其他州比较，本州司法体制更与英国近似。本州所设的法庭有习惯法法庭、遗嘱查验法庭（在若干方面与英国的教会法庭类似）、海事诉讼法庭与衡平法法庭。在以上诸类法庭中，仅在习惯法法庭上多由陪审团审判，且有一些例外情况。其余各类法庭均由单一的法官主持，按照教会法规或民法程序进行审判①。新泽西州亦设有与本州类似的衡平法法庭，但未设海事诉讼法庭与遗嘱查验法庭，其有关诉讼统由习惯法法庭审理，所以新泽西州陪审范围自较纽约州为广泛。宾夕法尼亚州因无衡平法法庭，由习惯法法庭审判衡平法诉讼，情况更是如此。该州设有海事诉讼法庭但无遗嘱查验法庭，至

① 曾有人误以为在衡平法法庭上一般均由陪审团审判争讼事实部分。实际上衡平法法庭由陪审团审判的情况甚少，除发生检验遗嘱中土地赠与真伪案情时，均无必要诉诸陪审团。——普布利乌斯

少其后者与我州不同。特拉华州在这些方面均仿照宾夕法尼亚州做法。马里兰州更接近纽约州,弗吉尼亚亦然,唯后者规定衡平法法官以多数票判决。北卡罗来纳更接近于宾夕法尼亚,南卡罗来纳接近弗吉尼亚。但笔者相信设有独立的海事诉讼法庭各州,海事诉讼亦可由陪审团审判。佐治亚州仅设习惯法法庭,自然,其上诉方法为由一陪审团上诉至由特委陪审员组成的特设陪审团审理。康涅狄格州无衡平法法庭及海事诉讼法庭;其遗嘱查验法庭无审判权,而习惯法法庭有权审理海事诉讼案件及一定范围之衡平法案件。其国民大会为唯一之衡平法法庭,审理重大案件。因此,事实上,康涅狄格州的陪审制应用范围较以上提到的各州均为广泛。笔者相信,罗得岛在这一方面与康涅狄格州情况颇为类似。马萨诸塞州及新罕布什尔州在民法、衡平法及海事诉讼审判权上其混淆之处亦与之类似。东部四州陪审制的应用不仅较其他各州更为广泛,且有一项特殊规定为其他各州所未全面实施者,即:案件由一陪审团当然上诉至另一陪审团,到三次判决中有两次一方胜诉为止。

从以上简介中可以看出各州民事诉讼陪审制的运用变化及应用范围存在具体差异;由此事实可明显得出以下结论。第一,制宪会议不可能订出符合所有各州情况的一般规定;第二,如采取一州体制作为标准,与目前之不作任何规定,将此问题留待立法解决,可能引起的争论如不更大,至少相同。

亦曾有人建议不提不好,结果不但并未排除困难,反而突出摆出了这一困难。宾夕法尼亚少数派曾建议用以下方式加以说明:“陪审制应援旧例”。笔者认为作此规定既无意义、又无作用。合众国以其统一或集体的身份乃是宪法草案一切一般性条款的授权对象。陪审制的应用尽管有不同范围,但各州均有旧例可援,而合众国因联邦政府尚无司法权而并无案件与体制之旧例可援。故作此规定实无确切意义,亦无法实施。

一方面此规定并不能实现建议者的意图,另一方面,如笔者理解该项意图无误,其实该项意图本身并无权便之处。笔者设想此建议的原意是:如联邦法院开庭所在之州的州法院在审理类似案件时用陪审制,则联邦法庭亦由陪审团审判;即:海事诉讼在康涅狄格审理时设陪审团,在纽约州审理时则不设。同一政府审判同类案件用如此不同的审判方式,此法足以使任何具有理性判断力之人感到不安。由是,则一特定案件是否由陪审团审判在多数情况下将视法庭与当事人双方的偶然情况而定。

但此点尚非笔者预料到的最大缺点,笔者深切感到,许多案件实不宜采用陪审团审判,特别是有关公共安全之涉外案件——此类案件大多涉及国际法。所有处理缴获品案件均属之。对于陪审员,很难期待其胜任需具备各国法律与惯例知识的专业性调查工作;陪审员有时单凭印象,不能从国家政策种种考虑指导审讯,自有触及外国权益的危险,以致造成外国采取报复性行动,乃至引起战争。固然,陪审团的正常工作领域在于判定案情,但在大多数情况下,法律与案情混淆不清,实难加以区分。

应提到,更能补充此一论点者为在欧洲各国间所订条约中有关缴获品司法案件的审理,各国曾认为应有特殊规定。根据上述条约,大不列颠规定此类案件须最后送呈英王在枢密院中就案情与法律两个方面进行亲自复审。仅此一点即足以说明:宪法中将陪审制作为基本条款、以各州体制充为联邦国家体制的不智。这一并非全无争论的问题，一经列入宪法，必使联邦政府有受其掣肘的危险。

同样，笔者认为，对衡平法与普通法律诉讼加以区分的益处甚大，属衡平法诉讼不应由陪审团审判。衡平法法庭的首要作用在于使特殊性案件得以例外情况[①]的缘故不按普遍性规则的审理办法。如将此类案件与一般案件同样处理必将使一般规则遭到破坏，致使一切案件均沿用特殊方式审理；而如对二者加以区分可造成一种相反效果，即两种审理方式互相监督使各自不超越其正当范围。此外，适于衡平法法庭审理的案件案情往往复杂，非陪审团审理方式所能解决。此类案件常须做长期深入的调查，不宜由兼职人员从事。陪审员为早日返回原岗位无须被迫匆忙作出决定。陪审制宜于审理简单明显之案件；而衡平法诉讼案件时常需处理许多互不关联的细节问题。

衡平法诉讼与普通法律诉讼的区分确为英国司法制度的特有形式，为我国若干州所采用。而衡平法与普通法律混淆的案件从无用陪审制审理者亦为实际情况。区分二者实维持陪审制本来做法所必须。衡平法法庭审理范围可以扩大到包括普通法律诉讼案件，但按本州体制，民事法庭范围如扩大到包括审理衡平法案件则不仅将使衡平法法庭的优点丧失，且将逐渐使民事法庭的性质产生变化，民事法庭由于受理过于复杂的诉讼将使陪审制的原有作用遭到损害。

以上所述似可推倒掺和各州体制以形成国家司法制度的论点。据推测此乃宾夕法尼亚少数派的企图。而马萨诸塞州为补救

---

① 此种例外情况固已形成常规制度；但此类原则主要适用于作为普遍规则以外的特殊情况，则亦为实际情况。——普布利乌斯

上述缺陷所提的建议，现在亦可作如下探讨。

此项建议规定："不同州公民间的民事诉讼，凡涉及习惯法诉讼案情的事实部分，如诉讼双方或一方提出请求，可由陪审团审理。"

此项建议至多不过限于一类案件，据此推断，马萨诸塞州国民大会似认为此乃联邦司法范围中唯一可设陪审制者，不然则马萨诸塞州原拟作一更加详尽的规定，但力不从心。如系第一种情况，则宪法未作此细节规定绝不能视为缺点。如系后一种情况，则恰好说明作一详尽规定的极端困难。

不仅如此。如注意到前述联邦各州现有的各类法庭，以及各类法庭的不同权力，不难看出前述应由陪审团审理的案件，其性质非常不明确。本州习惯法诉讼与衡平法诉讼的区分系按照英国现行制度，而在其他各州则不如本州明确。有若干州中一切案件均在习惯法法庭审理，因而一切案件均可视为习惯法案件，经诉讼双方或一方请求即均可由陪审团审理。因此，如采纳以上建议，将与宾夕法尼亚建议一样造成混乱，此点笔者上文已经论及：同一案件在一州经诉讼双方或一方请求可由陪审团审判，而在另一州，因习惯法法庭司法范围不同，则不由陪审团审判。

因此，在各州的习惯法与衡平法司法范围尚无统一规划之前，马萨诸塞州的建议不能作为一般规定甚为明显。而欲作出统一规划则需时日方能酝酿成熟，乃非常艰巨之工作。提出联邦诸州均能接受并能符合诸州体制的建议如非不可能，亦为十分困难的事。

有人不免问道：既然笔者认为本州宪法较好，何不提出即以之作为合众国宪法的蓝本？笔者的答复是：其他各州对本州体制的看法与我等不甚可能相同。彼等各自倾向于本州体制而竞相推荐乃自然之理。如果制宪会议曾设想以一州体制为其楷模,可以设想各州代表团由于偏爱本州政府而致使草案难以获得通过,究以何州为楷模将难以定夺。前已论及,许多州的体制作为楷模甚不相宜。至于是否可能在某种情况下以纽约州或其他一州的体制为楷模则是纯然揣测之事。但应承认,即使在制宪会议上选择适当,亦难免遭到其他州的嫉妒与反感,从而为宪法草案反对派提供许多口实,以煽动地方偏见,以致危及宪法的最后确立。

曾有热心之士建议:为避免对适设陪审制案件规定确切范围,可以规定一切诉讼均设陪审制。此议在联邦各成员当中无例可循;笔者在讨论宾夕法尼亚州少数派论点时所作分析,应使一切头脑清晰之士相信,在一切诉讼中设陪审制实在是不可原谅的错误。

综上所述,吾人愈经深思熟虑,愈会认为:作一既达到要求又不过分的规定,而同时又不增加建立一稳定之全国政府这一伟大与重要目标的阻力,实在是很困难的。

而另一方面,笔者不得不相信,经过本文多方面研究此一问题之后,审慎之士对之所抱疑虑应已解除。本文说明:陪审制对自由的保证只牵涉到刑事诉讼由陪审团审判问题,而此点已在宪法草案中作了充分规定;甚至在民事诉讼中,绝大多数案件,特别是为社会公众所关注的重要案件中,陪审制将一如州宪旧制,不受宪法草案的影响,丝毫未因宪法草案而废除[①]。在合众国宪法中对此作出确切与恰当的规定,确有不可克服的困难。

① 参见第八十一篇,所谓最高法院对上诉案拥有审理事实司法权将使陪审制度遭到废除之说,已经作了研究与否定。——普布利乌斯

对此问题最有判断力者,最不急于在宪法中列入以陪审团审理民事诉讼,最能看出由于社会的不断变化,将来可能出现新方式审理目前用陪审团审理的财产纠纷。至于笔者,本人相信即使本州陪审团审判范围可能扩大到包括目前尚未采用陪审制的某些诉讼,在另外一些诉讼中则可予以废除。一切有识之士均能同意陪审制不能在一切诉讼中适用。我国诸州及大不列颠对陪审制应用范围的削减例证均可说明过去办法有不便之处,将来亦可发现其他可作例外处理的情况。从此一性质出发,笔者估计陪审制应用范围不可能予以确定,而这正是将之留与立法机关权宜决定的有力论据。

吾人均甚清楚大不列颠如此、康涅狄格州亦如此;同样清楚,本州自革命以来,尽管本州宪法明文规定需由陪审团审理的案例,其废弃不用者反较在康涅狄格州与大不列颠为多。而且,此处可附带提及,在某些案例中废弃陪审制之人亦即自称为自由保卫者,此辈并未受宪法的束缚。实际情况是:只有政府的一般特质,才是具有永久效用的,个别规定虽非完全不起作用,但较一般人认为的重要性与效用要远较为小;有识之士均能看到,宪法中缺少个别规定决非决定性问题、不能作为对可以建立一良好政府具有的主要特征加以反对的理由。

认定宪法中既然明文规定刑事犯罪由陪审团审判,而民事案件未作同样规定,即会危及自由,自然纯属苛求与反常之举。众所周知,康涅狄格州对二者均无明文规定,而康涅狄格乃公认联邦中最得人心之一州。

普布利乌斯

原载 1788 年麦克莱恩版

第八十四篇

（汉密尔顿）

致纽约州人民：

在上述评论中，笔者已尽力对宪法讨论中的大部分反对意见作出答复，但仍遗留若干问题，或因未能并入任一特定题目，或因忽略未在适当文内涉及。现拟在此文中进行探讨。由于这一主题的论述延续至此，已显冗长，为此拟简略就笔者对上述零散问题的全部看法汇集于一文之中。

在遗留的反对意见中最堪重视者，乃认为制宪会议草案的内容未列入人权法案。前文对其他问题所作的答复中，曾在不同场合提到，有若干州宪法与此类似，可补充提到纽约州即为其中之一。然自称无限拥护本州宪法的若干新体制反对派，却成为人权法案最激烈的支持者。此派诸公以以下两点作为其在此点上如此激昂慷慨的论据：其一，尽管纽约州宪法未在前言中列入人权法案，但于内文中列入有关支持各种特权及权利的条款，其实质与列入人权法案相同；其二，宪法全部沿用大不列颠之习惯法及成文法，许多未作明文规定的权利可同样得到保证。

笔者对第一点的答复是：由制宪会议提出的联邦宪法与本州

宪法一样，亦包括许多此类条款。

除涉及政府机构条款之外，可以发现以下条款：第一条第三项第七节——“弹劾案之判决以撤职及剥夺其担任或享受任何合众国荣誉职位、委任职位或有酬金利益职位之资格为限；但被定罪之人仍可作为依法起诉、审讯、判决及惩办之对象。”同条第九项第二节——“人身保护令特权除遇内乱或外患在公安上要求必须停止情况外不得停止之。”第三节——“不得通过公权褫夺令或追溯既往之法律。”第七节——“合众国不得授予贵族爵位；不经国会许可，在合众国政府领薪任职之人不得接受外国国王、君主或国家之赠与、薪金、官职或爵位。”第三条第二项第三节——“除弹劾案外，一切刑事犯罪之审判应由陪审团审理；审判应在罪行发生之州举行；但如案情并非发生于任何一州时，国会得以法律规定一处或一处以上之审判地点。”同条第三项——“对合众国所犯之叛国罪仅包括对其作战，或依附其敌人，给予其敌人以帮助及支援。非经证人二人对同一明显行为作证或在公开法庭上自行认罪，不得对任何人判定叛国罪。”同项第三节——“国会有宣告对叛国罪处刑之权；但对叛国罪犯之褫夺公权令除非在被褫夺公权犯生时，不得具有‘血统玷污’法律效力，亦不得没收其财产。”

可能存在一个问题，即以上是否与本州宪法所包含的内容具有同等重要性。确立人身保护令、禁止追溯既往内容的法律及授予贵族爵位等规定，与本州宪法所包含之一切规定相较，似为对自由与共和政体更为确实的保障，凡此本州宪法中均无相应条款。事后确立罪状，或换言之，以发生时并不违法的行为为根据加以惩办及任意拘禁公民的做法，历来是暴政所善用及最恐怖的手段。睿智之布莱克斯通有关滥行拘禁公民的提法值得在此重述："不经起诉、审判而剥夺一人生命或强行没收其财产乃是粗暴恶劣的行为，必须立即引起全国对暴政的警惕；但秘密拘禁、匆匆投人入狱，其痛苦不为人知或被人遗忘，事件不公开、不引人注目，故为专制政府更为危险的手段。"[①]为铲除此一严重弊端，布莱克斯通对人身保护法不惜到处推崇，并曾于一场合称之为："英国宪法之屏障。"[②]

禁止授予贵族爵位的重要性毋庸赘述。确实可以称之为共和政体的基石；只要摒弃此点，政府之属于人民即可无虞。

至于第二点——关于宪法沿袭全部习惯法与成文法问题，笔者的答复是：上述法律明文规定"立法机关得随时修改补充之"，故随时可为普通立法机关所废除，自无宪法的约束力。上述沿用习惯法与成文法声明的唯一用意为确认古法、解除革命可能对此造成的疑问，不能解释为权利宣言性质，或在我国宪法中有限制政府本身权力的用意。

有人曾多次正确指明：人权法案就其来源而论，乃君主与臣属间的规定，用以削减君权、扩大臣属特权，保留不拟交付君主行使的权利。英国贵族在武力逼迫下获得英王约翰同意的"大宪章"就是如此。大宪章嗣后为历届英王所确认亦然。为英王查理一世即位之初所承认的"权利请愿书"亦然。同样，1688 年上院与下院呈递奥兰治亲王的"权利宣言"，嗣后成为国会的一项立法，称为"人权法案"者亦然。故考之原意，凡此均不能应用于已公开宣称基于

① 参见布莱克斯通：《评论集》第 1 卷第 136 页。——普布利乌斯

② 同上书，第 4 卷第 438 页。——普布利乌斯

人民权力、由人民的直接代表与公仆执行的宪法之中甚为明显。就严格意义而论，人民不交出任何权利；既然人民保留全部权利，自然无须再宣布保留任何个别权利。“美国人民为谋今后使我国人民及后世永享自由生活起见，爰制定美利坚合众国宪法。”与若干州人权法案所列成篇累牍的文字相较，此语乃对民众权利更好的承认。各州人权宣言中此类文字作为一篇伦理学论文的内容较之列入一部政府宪法更为合宜。

但对各别权利详细列数的拟议中的宪法，较之对个人与私营事业均皆做出规定的宪法，其适用性自然要相差甚远。因此，如据此以反对制宪会议的宪法草案为合理，则用任何词句非难本州宪法均不为过分。但事实是：二者就其各自之目的而论，均已包括可以合理要求的一切。

笔者还可进一步断言：人权法案，从目前争论的意义与范围而论，列入拟议中的宪法，不仅无此必要，甚至可以造成危害。人权法案条款中包括若干未曾授予政府的权力限制；而正因如此，将为政府要求多于已授权力的借口。既然此事政府无权处理，则何必宣布不得如此处理？例如，既然并未授权政府如何限制出版自由，则何必声明不得限制之？笔者并非谓这类规定将形成处理权的授予；但它将为擅权者提供争夺此项权利的借口则甚为明显。彼等可能以似是而非的理由声称：宪法何能如此荒谬，竟然限制对未曾授予权力的专擅？而关于不得限制出版自由的规定明白暗示授权政府得以制定有关此事的适当法规。由于鼓吹人权法案者的盲目热情必将使持建设性权力论者得到许多把柄。此即为一例证。

关于出版自由问题，既已谈及，笔者不得不再作几句评述：首先，本州宪法无一字提及；其次，无论其他各州宪法如何提法，均无任何意义。宣称："出版自由应受保护，不得侵犯"有何意义？何谓出版自由？谁能作出任何定义使之不留任何规避的余地？笔者认为此种设想并不现实；从而使我认定：不论在任何宪法中对之作出如何完美的规定，其保障端在于公众舆论，在于人民以及政府所具有的总的精神。① 正如在另一处所已论及的：归根结蒂，吾人需在此处寻找一切权利的唯一牢固基础。

尚有一种观点拟在结束此点之前加以说明。在领教过一切议论之后，可谓实际上宪法本身在一切合理的意义上以及一切实际的目的上，即为一种人权法案。大不列颠的几个人权法案即组成其宪法；反之，各州的宪法亦为其各自的人权法案。拟议中的宪法草案，如获通过，亦即为联邦的人权法案。人权法案的目的之一是否为宣布并列举公民的政治特权与政府的行政结构？此项内容已以最充分精确的方式载入宪法草案；其中维护公共安全的内容尚为各州宪法所阙如。人权法案的另一目的是否为就若干豁免权及个人与私营企业的诉讼方式加以规范？此项内容亦在宪法草案中作出各类情况的关注。故以实质性内容而论，指责宪法草案无人

---

① 为证明宪法中有一种权力可使出版自由受到影响，有人说可以对出版物课以等于禁止其出版的过高税款。笔者不知以何逻辑可以认定：各州宪法列有出版自由条款者即构成州立法机关对出版物课税的宪法障碍。吾人当然不能妄称，任何程度的课税，无论如何低，都是对出版自由的限制。吾人均知大不列颠对报纸课税，而世界报纸享有的自由莫过于该国是举世皆知的。如得对报纸课税而不侵犯出版自由，则课税的多寡需视立法机关的持重与公众舆论的影响，其理甚明。因此，归根结蒂，出版自由的一般宣言并不能较不作宣言提供更多保障。在包含此类宣言的州宪法下可以通过课税对之加以侵犯与在拟议中无此内容的宪法下无异。规定出版自由不得加以限制，则正如规定政府必须维护自由、课税不得过高等等，其意义相似。——普布利乌斯

权法案内容实在荒谬。或可谓宪法草案不够深入,而欲说明此点亦非易事;但谓无人权法案内容的说法实在甚为不当。在建立政体的大法的任何部分中既可发现人权法案的内容,则公民权利的次序如何列举自然无关宏旨。因此可谓有关议论纯系限于措词和形式上的不同意见,完全与事物的本质无关。

另有一种意见,曾经不断重复提出,显系有所仗恃者,似属下列性质:"(反对者说)草案建议授予联邦政府的权力过大,因政府所在地必然距许多州甚远,难以使选民了解代议机构的所作所为。"此种论点不过证明不应建立任何联邦政府而已。似乎一致同意:应授予联邦的权力不能交与不在严密控制之下的机构。但亦有充分理由说明这一意见的论据并不充分。此类关于距离远近的论点均有一定幻想成分。蒙哥马利县人民从何处了解其派往州立法机关代表的所作所为从而加以判断?彼等无法亲自进行观察。只能当时在场的公民始能做到亲自观察。因此彼等必须依靠彼等信任的有识之士;而彼等的消息又从何得来?自然,可以来自公共措施的倾向性,来自出版物,来自与代表的通信往还,来自居住于开会地点的其他人士等。凡此不限于蒙哥马利县一处,凡距政府所在地一定距离以外的各县均然。

同样,人民亦可以同样方式了解其联邦政府代表的所作所为。而且,由于距离给予及时通信了解的障碍可以由州政府的监视工作加以平衡而有余。各州的行政与立法机构均可监视联邦政府各部之雇员;彼等有权设立正规而有效的情报系统,绝不会无法了解其派往联邦各种会议的代表的所作所为,并及时通报与本州人民。即便仅从权力竞争的角度出发,亦可信赖彼等定能将他方损害本州利益的情况传达与本州选民。故可有充分把握断言人民通过此种渠道得以更好了解其派往联邦政府代表的行为，决非彼等目前了解州代表的任何办法所能比拟。

尚需记住居住点靠近联邦政府所在地的公民与居住较远的公民对影响人民自由繁荣的一切问题同等关注。彼等在必要时亦将呼吁并指出任何进行阴谋活动的人物。新闻报纸乃联络联邦各地居民传递消息的有效工具。

在反对宪法草案的许多离奇意见中，最怪诞不经的意见是宪法未曾包含合众国应还债务的有关规定。指责其暗中废除债务，图谋掩护窃盗公款人犯。报纸曾经对此大肆叫嚣；而实际上此项攻击毫无根据乃是十分明显的事，如非出于极度无知则系出于公然欺骗。除在他处已经论及外，笔者仅指出一点：“国家不因政府形式之改变而失掉任何权利，亦不因之而解除其任何义务。”[①]这是明显的常识，也是公认的政法原则。

目前我所能想到有任何意义的最后一条意见涉及政府开支的条款。如果通过拟议中的政府结构确将增加相当大的一笔开支，亦不能形成反对宪法草案的有力根据。

美国绝大多数公民有理由相信联邦为其政治幸福的基础。除少数例外，各党有识之士俱都同意公民的幸福在目前制度下难以保存，非有急剧变动不可；必须授予全国性政府以新的范围广泛的权利，而为此则需要改组联邦政府（单一的机构不堪委以如此广泛的权威）。如果同意以上诸点，则开支问题必须放弃；因建立此一

① 参见鲁兹福特：《法理概要》第2卷第11篇第10章第14节、15节。再参见格劳秀斯的著作第11篇第9章第8、9节。——普布利乌斯

体系的基础不能再加缩减。首先,立法机关的两院仅包括六十五人,此即为现在邦联制度国会组成可能包括的人数。的确其人数准备予以增加;但将与人口与国家资源的增长相应。很明显,数目再少则作为开始亦不稳妥,而在人口增长之后,如维持目前数目将不能恰当代表人民。

惟恐开支增加之论从何而来? 从一个来源看,系由于新政府机构的增加,现就此略作评述。

很明显,目前政府的主要行政部门与新政府所需设立的部门相同。现政府设国防部长一人、外交部长一人、内务部长一人,财政部由财政部长一人、助理与办事员若干人组成等等。凡此官职在任何政体下均属不可缺少,在新体制下亦如旧体制已敷需要。至于派往外国的大使、其他使节与代理人,宪法草案除使其在任所的地位更受尊重、其工作更为有效之外与原来无异。至于政府雇用的税务人员,无疑将使联邦政府雇员数目有相当数量的增加;但并不因此即使财政开支有所增加。在多数情况下,无非将州政府官员变为联邦政府官员而已。例如对一切进口税的征课,将全由联邦政府人员执行。各州无须设置此项工作人员。从财政开支看来,由各州任命或由合众国任命海关官员,其支薪有何差别?

那么,另外还有何条款造成如吾人所听到的浩大开支? 笔者想到的一项涉及合众国法官的薪俸问题。笔者不提总统,因现在有国会主席,其薪俸开支较合众国总统的开支不会相差很大。法官的薪俸明显为一额外开支,其费用多少,端在于或将采用的具体方案。但任何合理方案均不致使此项开支金额成为关系重大的问题。

现在可以探讨如何抵消建立拟议中政府的额外开支。首先可以设想:使议会常年集会之大量事务将由总统处置。根据与参议院协调的一般原则,并由参议院最后批准的条件下,甚至对外谈判亦将自然转交总统处理。因此,参议院和众议院显然无须全年集会;可以设想,对后者三个月左右,前者四个月或者半年已经足够。参议院之额外会期系因其可能处理条约和任命等额外事务。由此可以推论,除非众议院议员人数较今大量增加,则由现今常年集会改为将来议会之临时集会,将会节省相当的开支。

但是,从经济观念看来,还有另一极为重要的情况。迄今为止,合众国事务除占用议会时间外,还占用各州立法会议之时间。议会提出要求,各州立法会议即须供给。因此,各州立法会议曾有时大量拖长会期,而并非仅仅处置本州地方事务所必需。各州立法会议常把过半之会期用于涉及合众国之事务。然而,各州立法议会之议员多达二千有余,如此众多之人按照新体制立即将由六十五人代行其事,即在将来亦不会超过原来人数之五分之一或四分之一。根据拟议中之政府组成,议会本身处置一切合众国事务,不受各州立法机关之干预,各州立法机关今后仅须照管各该州本身之事务,因而无需如迄今长期集会之可比。各州立法机关集会时间之长短,乃系明显之改进,其本身亦为节省之措施,可以抵消采取新体制可能引起的任何额外开支。

以上探讨说明:批准宪草造成的额外开支,远不及可以想象之多;并可以由相当节省所抵消;虽然节约与额外开支究竟何者为多尚难预计,但可以肯定的则是:再事节支之政府必难维护联邦之宗旨。

普布利乌斯

原载麦克莱恩版

第八十五篇

（汉密尔顿）

致纽约州人民：

按照本文集之第一篇所宣布的主题分类，尚有两点未曾论及："拟议中的政府与你们本州宪法的一致性"，以及"宪法通过以后将对共和政体、自由、财产提供的更大保证"。但以上问题在草拟前文过程中已作过充分论述，现在除重复而外不甚可能再加补充。从本文的开展与用过的时间考虑，实不宜再致力于此。

宪法草案与本州政府组织法的相似，不仅说明反对派所谓的许多缺点，而恰好说明前者的完善，实为值得称道之处。在所谓的缺点中列有：总统得以连选连任，未设行政会议机构，未列入正式的人权法案，未列入尊重出版自由的条款。以上各点以及已在前文涉及的其他各点，均可使本州现行宪法与拟议中的联邦宪法同样受到责难。对后者大肆攻击而轻易对前者加以宽恕的人，实在难以掩饰其本身的缺乏一贯性。吾辈之中极力反对宪法草案者，一方面宣称其本人坚定拥护其所居住州的政府，一方面就本州宪法同样具有、或更易受到攻击的问题大发雷霆，诋毁宪法草案，其缺乏严肃态度与偏激情绪昭然若揭。

采纳拟议中的宪法草案,当为共和政体、自由、财产提供更大保证,主要体现在:联邦的保持将能对地方派别和叛乱行为、个别州内权势人物的野心加以节制,以免其买通各州领导人物与亲信人等以猎取声誉,扩大影响,成为迫害人民的专制者;当可减少外国因邦联解散借机进行阴谋活动的机会;当可防止各州穷兵黩武,从而在邦联解体情况下酿成州际间的战争;当可明文保证各州的共和政体;将绝对、普遍地废除贵族爵位;当可防止各州政府重复曾经使财产、债务的结构基础发生动摇的做法,致失信于各阶层公民,造成几乎遍于全民的道德沦丧状态。

请我公民同胞鉴查,至此笔者已完成自许的任务,效果成就如何将视诸君的行动而定。笔者相信,至少诸君应能承认笔者已实践本人诺言:以原来提出的精神致力于本文件的写作。笔者力图诉之于诸君的判断,避免用刻薄语言伤害各党派的政治论争人士,虽然宪法反对派的言行颇宜以刻薄语言回敬。彼等对宪法支持者任意横加阴谋破坏人民自由罪名,其蛮横、恶毒不能不引起身受诽谤人士的愤懑;向富有者、高贵者、显赫者鼓噪不休的责难,已引起一切有识之士的厌烦;以各种方式掩盖事实真相、加以肆意歪曲等做法已为一切诚实的公民所不齿。而由于此类情况致使笔者采用某些违背本意的激烈语言非无可能,肯定笔者曾不时感觉到确有感情上的冲动与节制的斗争;前者时或有居于上锋的情况。笔者唯一可为本人开脱的是:此种情况尚非经常出现,所用的激烈语言为数不多。

现在我辈不妨自问:在前文铺述过程中,是否已充分驳倒对宪法草案的诽谤?是否已阐明宪法草案为一值得大家拥护的文本,乃维护公共安全与社会繁荣所必需？人人均需根据本人的良知与理解作出回答，并根据本人真实、清醒的判断行事，此乃每人责无旁贷的义务。凡我公民均被召唤，不，均受社会义务的约束，以严肃与诚实态度履行之。凡党派动机、特殊利害、自尊心、感情或偏见均不应指使其采取愧对本人、国家、后代的不恰当行动。应警惕依附于党派的顽固性；考虑到有待其作出决定的并非关系社会的某人具体利害，而是有关国家存亡的大计；牢记待其同意或否定的宪法草案业已获得大部美国人的批准。

笔者不拟佯做信心十足认为诸君定可采纳这一新的体制，或者无从察觉反对此一新体制的论点有任何说服力。我倾向于相信此一新体制为我国政治情况、习惯、舆论所能接受的最佳方案，胜于革命以来的任何方案。

赞成宪法草案方面承认草案并非完美无缺使反对派大为雀跃。此辈扬言："何以采纳不完善的方案？为何不在事前修订以至于完善，以免一旦通过，无从挽回？"此论不过似是而非。首先笔者可以提到赞成宪法草案者承认草案并非完善已被过分夸大为似乎相当于承认草案大有缺陷，如不切实改订则群众的权利与利益将得不到保证。据笔者所知，此种说法已完全歪曲原意。赞成者每人均可公开认定拟议中的体制虽非在一切方面均尽完善，但就总体而论仍是优秀的方案；是我国目前舆论与情况下所能容许的最佳方案；并且包含了通情达理的人民所希望得到的一切保证。

其次，笔者以为继续延长目前国事危殆的状态，使联邦陷入不断试验体制以求完美无缺，乃极其不慎之举。从来笔者不曾期待由原不完美之人制出完美之物。一切经过集体讨论制定的方案均为各种意见的混合体，必然混杂每个个人的良知和智慧，错误和偏见。将十三个不同的州以友好、联合的共同纽带联结一起的契约，必然是许多不同利益与倾向互相让步的结果。此种原料安能制出完美无缺的成品？

本城市最近出版了一本异常出色的小册子[①]，其中表明召集新的制宪会议绝不可能有如前一制宪会议召集时的情况那么有利于产生良好结果。其所提理由亦均难以驳倒。笔者不拟重复该文用过的论点，因估计此文已广泛发行，值得每一爱国人士仔细阅读。但有一点有关修改宪法问题尚未向公众讲明。在未就此一方面探讨以前，笔者不能结束此文。

笔者认为对宪法进行事后修改补充较事前修订远为容易。目前草案一经修改即需重新通过，每州均需作出新的决定。在整个联邦中确立又需十三州的同意。而如宪法草案照原样为各州批准，宪法条文的变更在任何时候均可由九州批准生效。其比例为十三比九[②]，说明事后批准手续较简，而整个体制的批准手续较繁。

不仅如此。为合众国制定的任何宪法总要包括许多细节，在细节之中容纳十三州之不同利益与想法。受委为合众国开创

① 题为：《致纽约州人民的公开信》。——普布利乌斯

② 应亦可谓十州，因虽由各州的三分之二提议，需各州的四分之三批准。——普布利乌斯

制度的任何个人组成的团体中，自然可以期待在不同点上有非常不同的组合。在一个问题上形成多数，在第二个问题上可能成为少数，而在第三点上可能出现完全不同的组合。因此有必要将组成文件整体的各项细节进行斟酌与安排以满足参加契约的各方；而为了谋求集体的最后批准，还会遇到繁复的困难，做出繁复的牺牲，其繁复程度定会与细节项目的多寡，成员的多寡成正比。

而宪法修正案则一经提出即形成一项新的议案，可作为单独议案提出，因而亦无须与任何其他问题联系，讨价还价。在必要人数的共同意志下即可定案。因此，一经九个州，或应说十个州，要求修正某一具体条款，此修正案必定成立。通过宪法修正案手续的简易与开始时通过宪法全文在手续方面无法相比。

认为事后不大可能修正宪法的人曾经提出，派往联邦政府的行政官员必将不愿让出其已经获得的权势。就笔者而言，本人坚信，任何经过慎重考虑、有实用意义的宪法修正案应系应用于政府组织方面，而非政府的权力方面；仅因此故，笔者认为前一看法并无分量可言。笔者亦认为，从另一原因看，这一看法的分量亦是不大的。联邦领导人，除其一般品格与公务精神方面的考虑而外，仅从主管十三州事务的复杂性出发，亦应经常感到容纳选民合理期望的必要性。再进一步考虑更能证明前一看法的肯定不足取：联邦领导人在九个州同意的情况下，对此并无选择余地。按照宪法草案第五条，国会有义务“因各州三分之二〔目前为九州〕之州议会之请求召集会议提议修正案。……或经四分之三之州议会，或经四分之三的各州国民大会之批准，即作为本宪法之实际部分而发生效力。”

本条的措词是带强制性的。国会"应召集会议"。在此一问题上国会无灵活机动之权。因此,一切所谓不愿变动的论点均成泡影。不论设想在涉及地方利益修正案中联合三分之二或四分之三州议会如何困难,在仅涉及人员的普遍自由与安全的问题上,实无遇到此种困难的余地。吾人可以信任州议会反对联邦政府对州权侵犯的警惕,并为之设置障碍。

如果以上论点竟属不实,则笔者本人必为此论点所惑,因据笔者所见,此为政治真理为数学演算所能证明的极少例证之一。与笔者所见略同者,不论如何热心于宪法的修正,必能同意先行予以通过实为达到其目标的捷径。

热心于在宪法通过之前先行修正者必因一同样可靠与明智的作家之以下言词而有所收敛:"(他说)在一般法律方面欲平衡一大国或社会,无论其为君主或共和政体,乃极为艰巨的工作,任何人间才子,尽管博学多能,亦不能仅靠理性与沉思可以期冀完成。在此项工作中必须集中众人的判断;以经验为先导;靠时间以完善之,在其初次试验中不能避免发生的错误,须由实践中感到不便时加以改正"[①]。以上明确论点应为真诚拥戴联邦人士的明鉴,警惕不要在一味追求不甚可能一旦达到的目标,而招致无政府主义,形成内战、造成各州间永久分裂状态,乃至使一时得势的煽动家得以建立军事独裁。完美之目标只能积以时日、积累经验始能达到。笔者可能有缺乏政治坚定性,但实不能像一些以为延续目前状态所具有的危险性只是幻想的人,竟能处之泰然。依笔者看来,一个

① 参见《休谟论文集》第1卷第128页:"艺术与科学之兴起。"——普布利乌斯

国家无一全国性政府实为危险可怖的状况。值此宁静和平时刻，经全民自愿批准制定宪法乃极为壮丽的事业，笔者以焦虑不安的心情期待其完成。如果放弃目前在如此艰巨的事业上所已取得的进展：在十三州中已有七州通过，取得了如此可观进展之后，使之功亏一篑，又复重新开始，实在不符合审慎行事的任何规律。使笔者更为不安的是，重新开始的后果，因为据悉本州与他州中的某些权势人物对建立一切可能形式的全国性政府一概采取反对态度。

普布利乌斯

附　　录

附录一　召开联邦制宪会议国会决议

1787 年 2 月 21 日

鉴于邦联和永久联盟条款载有经合众国国会及各州州议会同意进行修订之规定；又鉴于经验表明现存之邦联制度确有缺陷，若干州，特别是纽约州，为了加以补救，指令其出席国会之代表建议，为在下述决议中表明之目的召开一次会议，而召开此次会议似为在合众国中建立一坚强之全国政府之最可行办法。

现决议：国会认为宜于今年 5 月之第二个星期一在费城召开由各州指定代表参加之明确以修改邦联条款为唯一宗旨之会议，并由此会议向国会及各州州议会提出关于邦联条款之修订意见，经国会同意并为各州批准后，俾使联邦宪法适于国家之治理与联邦之赓续[①]。

① 载《宪法文件史》第 4 卷第 78 页；乌克斯·法兰德：《联邦会议记录》第 3 卷第 13 页。

附录二　邦联条款

新罕布什尔、马萨诸塞湾、罗得岛及普罗维登斯种植地、康涅狄格、纽约、新泽西、宾夕法尼亚、特拉华、马里兰、弗吉尼亚、北卡罗来纳、南卡罗来纳和佐治亚诸州间之邦联及永久联盟条款。

第一条　邦联之名称定为"美利坚合众国。"

第二条　凡未经本邦盟召集之国会明确授予合众国者外，各州保留其主权、自由与独立及所有权能、领域与权利。

第三条　上述各州为了组织共同防御、保卫其自由，并为共谋福利，各自加入互相友好之巩固联盟，承担互相协助以抵抗由于宗教、主权、贸易，或任何借口对上述各州或其中任何一州所施加之压力或攻击。

第四条　为了更好建立并维系联盟各州人民间之相互友谊与交往，除乞丐、流氓与逃犯外，各州自由居民有权享受诸州自由公民之一切特权与豁免权，每州人民并可自由进出任何他州，并将与该州居民一样，在该州内享受一切贸易与商业特权，被课以同样税款、受到同样限制，唯该项限制不得阻止迁入该州之财产转移至财产所有者居住之任何他州；且任何州不得对合众国财产或任一州财产课税或加以限制。

如在任何州内之任何犯有或被控犯有叛国罪、重罪或其他严重过失之人在逃，而被合众国任何一州所发现，则在其逃离之州之州长或行政权力机构之要求下，应将其解至对其犯罪享有裁判权之州处理。

各州对他州之档案、立法与法院及兼管司法之行政长官之司法程序应给予充分之信任与尊重。

第五条　为了更便于管理合众国普遍关切之事宜，各州以州议会决定之方式逐年委任代表，于每年 11 月第一个星期一在国会集会，各州保留权力在年内任何时候召回全部代表或任何代表，委派他人更代至年终为止。

各州派至国会之代表不得少于二人，亦不得超过七人；任何人在六年之中担任代表不得超过三年，任何人在担任代表期间均不得在合众国政府担任官职，从而使其本人或由他人代为领取薪金、费用或任何报酬。

各州在参加各州会议时均有其本身之代表，而各代表同时亦为州际委员会之成员。

在国会开会决定合众国之间题时，各州均有一票投票权。

代表在国会中之言论与辩论自由不受干涉，亦不得在任何法庭或国会外任何地方对之进行诘难，国会议员除因叛国罪、重罪或破坏治安罪外，在其来往及参加会议时，其人身不受逮捕与监禁。

第六条　未经合众国国会之许可，任何州不得派出或接受任何使节，或与任何国王、君主或国家举行任何会议、订立任何协定、同盟或条约；在合众国或各州领薪或受委担任职务之任何个人均不得接受任何国王、君主或国家之任何赠与、报酬、职务或爵衔；合众国国会或各州均不得授予任何贵族爵衔。

未经合众国国会之同意并准确规定其宗旨及期限，任何两州或两州以上之间均不得彼此订立任何条约、或进行任何联合或结盟活动。

任何州均不得征收进口税或关税，从而可能妨碍合众国国会根据其已向法兰西及西班牙王朝提出订立之任何条约，与任何国王、君主或国家所订条约之规定。

除合众国国会认定为保卫各州及其贸易需要之一定数目之舰只外，任何州于和平时期不得拥有战舰；除合众国国会认定为保卫各州需要之要塞警卫部队外，任何州于和平时期亦不得拥有任何部队；但所有各州应经常维持一支严加管理、遵守纪律、武器装备充足之民兵，且购置并于公用武库中经常备用一定数量之野炮与帐具、适当数量之武器、弹药与营房器材。

除非实际遭受敌人入侵，或得到某个印第安部族决议即将入侵之确定消息，且情况紧急不容延缓以俟征得合众国国会同意之外，未得合众国国会之许可，任何州不得进行任何战争；除非在合众国国会宣战之后，任何州不得将任何舰只与战舰编入现役或颁发拘捕或报复性拘捕敌舰令；在宣战后，是项拘捕令亦只能针对交战国与交战国属民，并按照合众国国会制定之规章；唯如该州受到海盗围攻时，可以装备战舰，至危险解除时，或至合众国国会另行决定时为止。

第七条　任何州为共同防御目的组建陆军时，一切上校级及其以下各级军官均由组建部队各州州议会委任，或照该州规定方式委任；一切缺额概由最初委任之州填补。

第八条　一切战费及为共同防御或普遍福利目的引致之一切开支，经合众国国会批准，应由公共财库中支付。此公共财库之资金由各州按照各州境内之一切土地（而不论已授予任何人或为任何人作过丈量）之价值比例摊派。此项土地及地上之建筑、设施应根据合众国国会随时指定之方式进行估价。

各州州议会应于合众国国会决定之时限内指令赋课税款以交纳上述摊派份额。

第九条　合众国国会拥有唯一无二之权利及职权决定媾和与战争（第六条所述情况除外）——派遣与接受大使——缔约与结盟（但不得签订商业条约以限制各州对外国人课以与本州人民同样进口税及关税，或禁止任何种类货物或商品进出口之立法权），——确立法则以决定：在各种情况下，陆上或海上之何种捕获物为合法，为合众国服役之陆军或海军之战利品以何种方式分配或上交——在和平时期颁发船只拘捕令及报复性拘捕令——组成审判公海上所犯海盗罪与重罪之法庭，并建立受理与裁判有关捕获品全部案件之最后上诉，唯国会成员不得被委任为上述任何法庭之法官。

合众国国会亦为处理二州或二州以上之间有关边界、辖区或因任何其他原由引起之现存或今后可能发生之争议之最后上诉机关；此项权力应以下列方式实施；——凡一州之立法或行政机关或合法代理人就其与另一州发生争议，向国会提出申诉，陈明争议问题要求予以审理，国会应即下令通知争议中之另一州之立法或行政机关有关事由，通知各方合法代理人于指定日期到场，遂后令其协商一致委派审理员或法官组成法庭以听取意见，并裁定有关争议；如果双方不能取得一致意见，则国会应从合众国各州各提名三人列出名单，争议各方交替从名单中删除一人，由申诉一方开始，一直到名单人数减至十三人为止；从此十三人名单中，按照国会要求，于国会当面用抽签办法，抽出不少于七人、不多于九人之姓名，所抽中之人或其中之任何五人，即行担任审理员或法官以听取并最后裁定有关争议，裁定由听取争议之法官多数同意而成立；如果任何一方于指定日期不到场，且未申明国会认为充足之理由，或虽到场但拒绝前述删除手续，则国会仍应从各州提名三人，国会秘书代表不到或拒绝表态之一方进行删除；如此委任之法庭所作判断与判决即为最后之裁决而不能变更；如任何一方拒绝服从此类法庭之权威，或拒绝出庭申诉其要求或原由，法庭仍得径行宣布判决或判断，此一裁判同样即为最后裁决而不能变更，在两种情况下，其判断或判决以及其他处置均应呈交国会，存入国会法案档内，以代有关争议各方保存：唯每一审理员在出庭审判之前应在审理此案之州之高等法院或最高法院一名法官主持下进行宣誓："本人尽自己之最大明辨能力，不徇私情，不望报酬，充分认真听取并判明有关争议"，且不得剥夺任何州之领土归合众国所有。

一切关于私人土地所有权之争议，该土地由二州或二州以上分别颁发与不同之个人，而各州对该土地的管辖权与颁发土地证之各州经过核实，该土地证或每一土地证系在管辖权解决之前颁发，经有关一方向合众国国会申诉，则其解决应尽量采取与上述解决各州间领土管辖权争议相同之办法。

合众国国会且亦应有唯一无二之权利与职权规定以本身名义

或以各州名义铸造之硬币之合金成分与价值——规定合众国全境之度量衡制——处理与非各州成员之印第安人之贸易与一切事务，唯不得损害或违犯各州在其州界之内之立法权——建立及处理合众国全境中各州间之邮务，并提取邮件来往之邮资以充邮政经费开支——除团级以下军官外，委任合众国陆军之一切军官、委任海军一切军官、授予合众国现役军官军衔——制定管理陆、海军之条例并指挥其作战行动。

合众国国会有权在国会休会时任命常设委员会，命名为“州际委员会”，由每州一名代表组成；有权任命其他必要之委员会与文官，在国会指导下总管合众国事务；并任命国会本身一成员为总统，唯任何人不得在任何三年任期中担任总统职务超过一年以上——确定合众国所需开支，并拨款用以支付是项公共开支费用——以合众国名义借贷或发行纸币，每半年向各州报告借贷或发行货币之账目一次——建设并装备一支海军——协商决定陆军部队人数，按照各州白人居民人数比例向各州征调摊派之兵员；此项征调具有法律效力，各州州议会应即委任团级以下军官、募集兵员、发给军人应具备之服装、武器及装备，其费用概由合众国开支，依上述装备之官兵应在合众国国会规定之时限以内，开赴国会指定之地点；但如合众国国会根据情况决定任何一州不募兵员，或仅募少于其应摊数量之兵员，而另一州应募多于其应摊数量之兵员，则此额外兵员亦应如额内兵员同样募集，派给军官，发给军服、武器、装备，除非该州州议会认为此额外兵员从本州安全考虑不能调出，在此情况下该州应尽其所能募集额外兵员，并配备以军官、军服、武器、装备；如此装备之官兵即应在合众国国会规定之时限内开赴国会指定之地点。

除非有九个州同意，合众国国会不得参战、在和平时期不得颁发船只拘捕令或报复性拘捕令、不得缔约结盟、不得铸币并规定其价值、不得确定为合众国之防御与福利所需之款项与费用、或其中任何一项款项与费用、不得以合众国名义发行纸币或公债、不得拨款、不得决定建筑或购买战舰、不得决定征召陆、海军部队之兵员、不得任命陆、海军总司令；除非合众国国会多数投票表决，不得决定逐日休会以外之其他任何问题。

合众国国会有权休会至一年之任何时间、移至合众国境内任何地方复会，但休会期间不得超过六个月，每月应公布会议日志，但国会认为应予保密之有关条约，盟约或军事行动部分不在此限。经任何代表提出要求，每州代表对任何问题所投赞成与反对票应在日志中记录；任一州之代表均可要求发给一份上述日志副本，只上述在日志中除外部分不在此限，以便各州州议会查看。

第十条　州际委员会或任何九州均可在国会休会期间执行合众国国会经九个州同意随时认为适于授予之国会职权；唯不得授权该委员会执行邦联条款中要求合众国国会中须有九个州同意始能行使之权力。

第十一条　加拿大如参加此邦联，并参与合众国行动，应予接受加入并享有此联盟之一切权益；但除非有九个州同意，不得接受其他殖民地加入此邦联。

第十二条　凡在合众国各州集会组成此邦联之前由国会或以国会名义发行之一切信贷、借款与举债，均视为合众国之债务，其清偿由合众国担承，谨此以合众国与公众名义庄严作出保证。

第十三条　各州在邦联提交之一切问题上将遵从合众国国会之决定。邦联条款将为各州严格遵守，联盟将永久存在；今后非经合众国国会同意，并经各州州议会随后批准，任何时候不得对条款进行任何修改。

我等幸邀上帝恩宠，为各自所代表之州议会所同意并授权，批准上述邦联及永久联盟条款。上帝鉴查：我等以下签名代表，根据所授之权，代表各自选民并以其名义，谨此声明全面批准、肯定邦联及永久联盟各条规定，以及其中包括之全部与单项内容；我等并以各自选民信用庄严信誓并担保彼等在一切邦联提交问题上将遵守合众国国会之决定。本条款将为我等所代表之州所严格遵守，此一联盟将永世长存。

附录三　关于将宪法提交国会的决议

制宪会议于1787年9月17日，星期一

出席：新罕布什尔州、马萨诸塞州、康涅狄格州、纽约州汉密尔顿先生、新泽西州、宾夕法尼亚州、特拉华州、马里兰州、弗吉尼亚州、北卡罗来纳州、南卡罗来纳州及佐治亚州。

决议：将〔下列〕宪法提交合众国国会，本制宪会议建议在国会审议之后提交根据各州州议会建议下由各州人民选举之代表大会同意与批准；各州代表大会同意并批准后应即分别通知合众国国会。

决议：制宪会议建议一俟九个州之代表大会批准本宪法，合众国国会应即确定批准宪法各州委任选举人之日期，及选举人集会投票选举总统及日期，及本宪法所规定之程序开始之时间与地点；在公布之后，即行委托选举人，选举参议员与众议员；选举人应在规定选举总统之日期集会，并按照宪法要求将其投票结果验证、签署、封讫，送交合众国国会秘书；参议员、众议员应在规定之时间与地点集会；参议员应推举专为接受、起封与计算总统票数之议长；在总统选出以后，国会应会同总统立即将本宪法付诸实施。

根据制宪会议全体一致下达之命令

议长　乔治·华盛顿

秘书　威廉·杰克逊[1]

---

① 马克斯·法兰德：《联邦制宪会议记录》第2卷第665—666页。

附录四　华盛顿致国会函

制宪会议于 1787 年 9 月 17 日

阁下：

兹有幸将我等认为最为可行之宪法文本送请合众国国会考虑。

我国同胞长期以来即已认识并希望宣战、媾和与缔约权、征课赋税与调节商务权以及相应之行政与司法权力，应全部、充分委之于联盟之共同政府；但显然将如此广泛权力委诸一个团体实亦不妥——由此产生建立另一组织之必要。

在合众国联邦政府之中，使各州保留其独立主权之一切权利，又要保证全国之利益与安全，明显不切实际——个体之参加集体必须放弃一部分自由以保存其余。其牺牲之大小既应视情势与环境而定，亦应由其所要达目的而定。精确划分必须放弃之权利与必须保留之权利从来并非易事；而在目前情况下，由于各州情势、辖区大小、习惯与个别利益之差异，困难更行增大。

我等探讨此事，常以一切真正美国人之最大利益为念，即如何巩固吾侪之联盟，盖此实关系我国之繁荣、幸福、安全、甚至我民族之生存。由于认真铭记此一重要考虑，才使参加制宪会议之各州在次要问题上未如前所预料之坚持己见；我等现在呈送之宪法遂系友好与互相尊重忍让精神之结果，而此种精神实为我国独特之政治形势所不可或缺者。

或许不能期望各州对本宪法均能全部完整予以同意；但各州无疑将会考虑到，如仅以其一州利益为准，结果可能对他州甚为不利而难以接受；我等希冀并相信否定意见我等所预期之稀少；本宪法如能促进为吾人所如此珍惜之国家之永久福利并保障其自由与幸福。实为我等最热烈之希望。

顺致敬意！

阁下之最忠顺仆辈

主席　乔治·华盛顿

根据制宪会议一致下达之指令

致国会主席阁下[①]

① 马克斯·法兰德：《联邦制宪会议记录》第2卷，第666页。

附录五　合众国宪法

1787 年 9 月 17 日制宪会议通过

美国人民，为建设更完美之合众国，以树立正义，奠定国内治安，筹设公共国防、增进全民之福利，并谋今后使我国人民及后世永享自由生活起见，特制定美利坚合众国宪法。

第一条

第一项　本宪法所授予之立法权，均属于由参议院与众议院组成之合众国国会。

第二项　众议院以各州人民每两年所选举之议员组成，各州选举人应具该州议会人数最多之一院之选举人所需具之资格。

年龄未满二十五岁，为合众国公民未满七年，及当选时非其选出州之居民者，不得为众议院议员。

众议院议员人数及直接税税额应按合众国所辖各州人口之多寡，分配于各州，此项人口数目包括所有自由人，包括在服役期之人，但未被课税之印第安人在外。人口之统计应于合众国国会第一次会议后三年之内并于此后每十年，依照法律规定之方式进行之。议员人数以不超过每三万人选出一人为限，但每州至少应有一议员；在实行前项人口统计前，新罕布什尔州得选举三人，马萨诸塞州八人，罗得岛州及普罗维登斯种植园地一人，康涅狄格州五人，纽约州六人，新泽西州四人，宾夕法尼亚州八人，特拉华州一人，马里兰州六人，弗吉尼亚州十人，北卡罗来纳州五人，南卡罗来纳州五人，佐治亚州三人。

任何一州所选议员中遇有缺额时，该州之行政首脑应颁布选举令以补足该项缺额。

众议院应选定该院议长及其他工作人员，并有弹劾之全权。

第三项 合众国参议院议员由各州州议会选举，每州选举参议员二人，任期六年，参议员各有一票表决权。

参议员于第一次选举揭晓集合后应即尽量平均分为三组，第一组参议员任期应于第二年年末终了，第二组参议员任期于第四年年末终了，第三组参议员任期于第六年年末终了，俾参议员总数三分之一得于每两年改选一次；在任何一州议会休会期间，如因参议员辞职或其他缘由致产生缺额时，该州行政长官得于州议会召开下次会议补选前，任命临时参议员。

年龄未满三十岁，为合众国公民未满九年，及当选时非其选出之州之公民者，不得为参议员。

合众国副总统为参议院之议长，但除在赞成与反对票数相等时，无表决权。

参议院应选举本院其他工作人员，遇副总统缺席或当其执行合众国总统职权时，并应选举临时议长。

参议院有审判一切弹劾案之全权。因审判弹劾案而开会时，参议员应进行宣誓或作代誓之宣言。在合众国总统受审时，以最高法院院长任主席。任何人非经出席参议员三分之二同意不受定罪处分。

弹劾案之判决以撤职及剥夺其担任或享受任何合众国荣誉职位、委任职位或有酬金利益职位之资格为限；但被定罪之人仍可作为依法起诉、审讯、判决及惩办之对象。

第四项　举行参议员及众议员选举之时间、地点与手续，由各州州议会予以规定；但国会除选举参议员之地点外得随时以法律制定或修改以上规定。

国会至少每年召开一次，除以法律另定日期之情况外，应于十二月第一星期之星期一举行。

第五项　各院自行审查本院议员之选举、选举结果及本院议员之资格；各院议员出席过半数即组成进行工作之法定人数；不足法定人数时得延期开会，并得按照该院规定办法与规定罚则强迫缺席议员出席会议。

各院得制定其议事规则，惩罚本院议员之违章行为，并得在三分之二人数同意下开除议员。

各院应记录本院之议事录，并除该院认为需保密之部分外随时公布之；各院议员对任何问题所投之赞成与反对票，应依出席议员五分之一请求在议事录上进行登记。

各院在国会开会期间未经另一院同意不得休会三日以上，亦不得将两院开会地点移往他处。

第六项　参议员与众议员应由法律规定其应得之服务报酬，并由合众国国库中拨付。两院议员，除犯有叛逆罪、重罪、扰乱治安罪外，在参加各该院会议期间及往返各该院途中均不受逮捕；亦不得因其在各该院发表之讲话及辩论言词而在议会外遭到质问。

参议员与众议员于其当选任期内均不得出任合众国政府当时设置之任何文官官职，或当时增加薪俸之文官官职；在合众国政府任职之人，在其继续任职期间，不得出任国会任何一院之议员。

第七项　征税法案应由众议院提出；但参议院可以其他法案对征税法案提出修正案或附加赞同修正案。

凡通过众议院及参议院之法案，应在其成为法律之前，呈交合众国总统；总统如果批准，即行签署；如不批准，应附异议退交提出该项法案之议院，该院应将总统异议详载该院议事录，并进行复议。如经复议后，得到该院三分之二人数同意通过，即应连同前项异议书提交另一院审查，该院亦应加以复议，如经该院三分之二人数同意，该项法案即成为法律。但在这种情况下，两院之表决应以表示赞成与反对之方式表决，赞成或反对之议员姓名应登记于各该院之议事录。如法案于呈交总统后十日内（星期日除外）未经其退还，即视同已经其签署，该项法案即成为法律，唯国会如以休会使其未得退还者不在此例，在此情况下该项法案不得成为法律。

凡须参议院及众议院同意之命令、决议或表决（有关休会问题者除外）应呈交合众国总统；并经其批准始能生效。如总统不批准以上之命令、决议或表决，应一如关于法案之规则与限制，由参议院及众议院三分之二再行通过。

第八项　国会拥有以下权力：

赋课并征收直接税、间接税、输入税与国产税；偿付国债，并供应合众国之共同防务与一般福利经费；唯各种税收、输入税与国产税应全国划一；

以合众国之信用借贷款项；

规定合众国与外国，各州间及与印第安种族间之贸易；

制定全国一律之归化条例及破产法；

铸造货币，规定国币及外币之价格，并规定度量衡之标准；

制定关于伪造合众国证券及通货之惩治办法；

设立邮局并开辟邮路；

为促进科学与应用技艺之发展，给予作家及发明家保证其作品及发明在限定期间内之专利权；

设置低于最高法院之法庭；

明确划定并惩治在公海中所犯之海盗罪行与重罪行以及违反国际公法之罪行；

宣战，颁发捕押及报复性扣押外国船只之许可证，制定陆地、海上俘获办法；

征集陆军并供应给养，但此项拨款之期限不得超过两年；

供应海军给养；

制定统辖陆、海军之条例；

规定征调民兵执行联邦法律、平息叛乱、抵御侵略办法；

规定组织、武装与训练民兵办法，可能征调为合众国服务部分民团之管理办法；但军官之任命及按照国会规定之军律训练民兵之权由各州保留之；

对于由个别州割让与合众国，经国会接受，充合众国政府所在地之区域（其面积不超过十平方英里），国会得行使任何事项之独占立法权，对于经州议会许可购取之一切地域，国会得行使同样权力，以修筑要塞、军火库、兵工厂、造船厂及其他必要建筑；及制定执行以上各项权力及依本宪法授予合众国政府或政府任何机关或官员之一切权力时所必需与适当之法律。

第九项　现有任何一州批准入境之人移居或入境时，在一千八百零八年以前，国会不得禁止，但入境每人得课以不超过十元之税金。

人身保护令特权除遇内乱或外患在公安上要求必须停止情况外不得停止之。

不得通过公权褫夺令或追溯既往之法律。

除与本宪法前文规定之人口普查与统计数成比例之人头税与直接税外，不得赋课人头税与其他直接税。

由各州输出之货物不得课税。任何贸易条例或税则不得特惠于一州商港优于其他州商港，开往或来自一州之船舶不得强其在另一州入港、出港或纳税。

除依法律规定之拨款外不得从国库中拨款；一切公款之收支报告及账目应随时公布。

合众国不得授予贵族爵位；不经国会许可，在合众国政府中领薪任职之人不得接受外国国王、君主或国家之赠与、薪金、官职或爵位。

第十项　任何州均不得缔结条约、结盟或加入联盟；不得颁发捕押及报复性扣押外国船只之许可证；不得铸造货币；不得发行纸币；不得使用金银币以外之物偿还债务；不得通过公权褫夺令、追溯既往之法律或损害契约义务之法律；不得授予贵族爵位。

未经国会同意，无论何州均不得对进口或出口课税，在执行其检查法规上绝对必要课税者不在此限。任何州所课进口或出口税之净收入应充合众国国库使用，所有有关法律均由国会修订与管制。未经国会同意，任何州均不得征收船舶吨位税，不得在和平时期建立军队或建造战舰，不得与他州或外国缔结协约或盟约，除在实际受到侵略或在刻不容缓之危机情况下之外，不得进行战争。

第二条

第一项　行政权属于美利坚合众国总统。总统任期为四年，副总统任期亦为四年。总统与副总统之选举办法如下：

各州应依照各该州州议会规定选派选举人若干人，其人数应与各该州所当选之国会参议员与众议员人数相等；但参议员或众议员，或在合众国政府中任职或领薪之人不得任命为选举人。

选举人应在本州集合，投票选举二人，其中至少应有一人为与选举人不同州之居民。选举人应就被选人及每人所得票数开列清单，予以签署证明，封印后送至合众国政府所在地，径呈参议院议长。参议院议长应于参议员与众议员面前开启所有证书，然后计算票数。获得选票最多者如选票超过选举人总数一半即当选为总统。如有一人以上获得过半数选票并且票数相等，众议院应即投票选举其中之一人为总统。如无人获得过半数选票，则该院应以同样方法从名单上票数最多之五名中选举一人为总统。但选举总统时应以州为单位投票，每州代表投一票；为此目的集会之法定人数须由全国三分之二州之代表或代表之一形成，并以取得全国过半数州之票数为当选。在以上各种情况下选出总统后，获得选举人所投票数最多者即当选为副总统；但如遇两人以上获得相等票数，参议院应投票选举其中一人为副总统。

国会可决定选派选举人之时间及选举人投票之日期，该日期应在全国划一。

除生为合众国公民或在通过本宪法时为合众国公民者外不得当选为总统。

年龄未满三十五岁及居住于合众国境内未满十四年者亦不得当选为总统。

如遇总统被免职、亡故、辞职或因故不能执行总统职务时，该项职务由副总统执行，而国会得以法律规定在总统与副总统均被免职、亡故、辞职或因故不能执行职务时，宣布某一官员代行总统职权，该官员即为代总统，直至不能执行职务之原故已不存在或另一总统选出时为止。

总统于任期内应领受劳务酬金，该项酬金于任期内不得增加或减少。总统于任期内并不得收受合众国或无论何州付与之其他薪给。

总统于就职前，应作下列宣誓或代誓宣告：

“我谨庄严宣誓（或宣告）我将忠诚执行合众国总统职务，并将竭尽所能坚守、维护并保卫合众国之宪法。”

第二项　总统为合众国陆、海军总司令；并统辖为合众国服役而征调之各州民兵；总统得指令行政各部首长就其职务有关事项提出书面意见，总统并有权对触犯合众国之犯罪颁布减缓与赦免令，唯弹劾案不在此列。

总统根据或征得参议院之意见并取得其同意有权缔结条约，唯需有该院出席议员三分之二之赞同；总统得提名并根据或征得参议院之意见并取得其同意任命大使、其他使节、领事、最高法院法官及本宪法未就其任命程序作有其他规定以及今后将以法律规定设置之合众国一切其他官员。但国会如认为适当，得以法律形式将下级官员之任命权授予总统单独行使，或授予各级法院或各部部长行使。

总统在参议院休会期间有权补充人员之缺额，此类委任之期限应于参议院下次会议结束时终止。

第三项　总统应随时向国会提出国情咨文，并将其认为必要而妥善之措施提请国会审议；总统于非常情况下得召开国会两院或一院之会议，值两院对休会时间意见不一时，总统得指令两院休会至其认为适当时期为止；总统将接见大使及其他使节；监督法律之忠实施行；委任合众国之一切官员。

第四项　总统、副总统及合众国之一切文官因叛逆罪、贿赂罪或其他重大罪行及行为不检罪行而遭弹劾并被判定有罪时应予撤职。

第三条

第一项　合众国之司法权属于最高法院及国会随时规定设置之下级法院。最高法院与下级法院之法官如无行为不当得继续任职，并于规定期间领受酬金，该项酬金于继续任期之内不得减少。

第二项　司法权之范围应涉及触犯本宪法与合众国各种法律包括成文法与衡平法之一切案件，涉及合众国已经缔结或将来缔结之条约之一切案件；涉及大使、其他使节及领事之一切案件；涉及海事司法与海运司法之一切案件；以合众国为诉讼一方之案件；州与州间之诉讼案件；一州与他州公民间之诉讼案件；各州公民间之诉讼案件；同州公民持有不同州之土地让与证之争讼；一州或其公民与外国或外国公民或属民间之诉讼案件。

涉及大使、其他使节及领事以及以一州为诉讼一方之案件，其初审权属于最高法院。前述所有其他案件，最高法院在法律上与事实上均有上诉司法权，唯应受国会所确定之例外与规章之限制。

除弹劾案外，一切刑事犯罪之审判应由陪审团审理；审判应在罪行发生之州举行；但如案情并非发生于任何一州时，国会得以法律规定一处或一处以上之审判地点。

第三项　对合众国所犯之叛国罪仅包括对其作战，或依附其敌人，给予其敌人以帮助及支援。非经证人二人对同一明显行为作证或在公开法庭上自行认罪，不得对任何人判定叛国罪。

国会有宣告对叛国罪处刑之权，但对叛国罪犯之褫夺公权令除非在被褫夺公权犯生时，不得具有“血统玷污”[①]法律效力，亦不得没收其财产。

第四条

第一项　各州对于他州之法令，档案与司法程序应寄于完全之信任。国会得以法律规定各州法令、档案与司法程序之验定方法及其效力。

第二项　每州公民均得享受各州公民享有之一切特权与豁

---

① 血统玷污(corruption of blood)英律：禁止罪犯享有继承、保留、传授财产、称号等的法律效力。——译者

免权。

在任何州被控犯有叛国、重罪或其他刑事罪行之人在逃并于他州寻获时，应根据所逃离之州行政当局之要求予以交出，以便押送至享有该罪案司法权之州。

凡依一州法律服兵役或劳役之人逃往他州不得依后者之任何法律或规章而解除其兵役或劳役，而应根据其所服役未满之州之要求予以交出。

第三项　国会得准许新州加入本联邦，但未经有关州州议会及国会之许可不得在他州之辖区内建立新州，亦不得合并两州或两州以上或各州之部分以建立新州。

国会有权处理、制定有关合众国所属土地或其他财产之必要法则与规章；本宪法一切内容不得作损害合众国或任何州之权利要求之解释。

第四项　合众国应保证联邦各州之共和政体，保护各州免遭侵略，并因各州州议会或行政方面（当州议会不能召集时）之请求以平定内乱。

第五条

国会遇两院各三分之二人数认为必要时得提出本宪法之修正案，或因各州三分之二之州议会之请求召集会议提出修正案。在任一情况下，该修正案根据国会建议经以下批准方法之一，或经各州四分之三之州议会，或经各州四分之三之国民大会之批准，即作为本宪法之实际部分而发生效力；唯在 1808 年前所制定之修正案不得在任何方面影响本宪法第一条第九项第一与第四节；且无论何州，未经其同意，不得剥夺其在参议院之平等参政权。

第六条

本宪法施行前所欠之债务与所立之约束在本宪法施行后对合众国仍属有效，一如邦联时代。

本宪法，依照本宪法制定之合众国法律及经合众国授权已经缔结或将来缔结之条约均为本国之最高法；且不论任何州宪法或法律内容对之有何牴触，各州法官均受其约束。

前述之参议员与众议员、各州议会议员及合众国与各州一切行政、司法官员均应宣誓或宣告拥护本宪法；但不得以任何宗教誓言做为担任合众国官职或公职之条件。

第七条

本宪法经九个州之全州大会批准即行成立，并在批准本宪法之各州生效。

本宪法于我主基督纪元 1787 年、即美利坚合众国独立之第十二年，9 月 17 日，经制宪会议出席诸州一致同意所制定。现签名于后以兹证明：

乔治·华盛顿　总统、弗吉尼亚代表

新罕布什尔……{约翰·兰登
尼古拉斯　吉尔曼

马萨诸塞………{纳撒内尔·戈勒姆
鲁甫斯·金

康涅狄格………威廉・塞缪尔・约翰逊
罗杰・谢尔曼

纽约……………亚历山大・汉密尔顿

新泽西…………威廉・利文斯通
戴维・布雷尔利
威廉・帕特森
乔纳森・戴顿

宾夕法尼亚……本杰明・富兰克林
托马斯・米夫林
罗伯特・莫利斯
乔治・克莱默
托马斯・菲茨西蒙斯
贾雷德・英格索尔
詹姆斯・威尔逊
古沃纳　莫利斯

特拉华…………乔治・里德
小冈宁・贝德福德
约翰・迪金森
里查德・巴西特
雅各布・布鲁姆

马里兰…………詹姆斯・麦克亨利
圣托马斯的丹尼尔・詹尼弗
丹尼尔・卡罗尔

弗吉尼亚………{约翰·布莱尔
小詹姆斯·麦迪逊

北卡罗来纳……{威廉·布朗特
里查德·多布斯·斯佩特
休·威廉森

南卡罗来纳……{约翰·拉特利奇
查尔斯·科茨沃思·平克尼
查尔斯·平克尼
皮尔斯·巴特勒

佐治亚…………{威廉·费尤
亚伯拉罕·鲍德温

此证　　　　　　　　秘书　威廉·杰克逊

宪法修正案

最初修正案十条于国会第一次会议提出，于 1791 年 12 月 15 日批准。第十一条修正案乃第三届国会第一次会议所提出，于 1798 年 1 月 8 日经合众国总统致国会咨文中宣布业已批准。第十二条修正案由汉密尔顿[①]动议，于第八届国会第一次会议提出，于 1804 年通过。

① 参见《历史记录》第 7 卷第 566 页。

第一条

国会不得制定下列法律：建立宗教或禁止宗教自由；削减人民言论或出版自由；削减人民和平集会及向政府请愿申冤之权力。

第二条

纪律严明之民兵乃保障自由州安全之所需，人民保有及佩带武器之权不得侵犯。

第三条

在和平时期，未经户主之许可不得驻扎军人于民房；在战争时期除非依照法律规定之方式亦不准许。

第四条

人民之人身、住房、文件与财产，不受无理搜查与剥夺之权利不得侵犯，且除非依据宣誓或代誓宣告证明之一定理由，并开列所须搜查之地点与所须扣押之个人与物品者外，不得颁发拘捕扣押状。

第五条

非经大陪审团提出公诉或告发，不得使任何人接受死罪或有辱声名之罪行之控告，唯在陆、海军中或在战时或国家危难时刻服现役之民兵中发生的案件，不在此限；不得使任何人因同一罪行处于两次生命或身体之危境；不得在刑事案件中强迫犯人作不利于本人之证词;未经相应法律程序,不得剥夺任何人之生命、自由或财产;非有恰当补偿,私人财产不得充公。

第六条

在一切刑事诉讼中被告有权在发生罪案之州或在经法律业经确定发生罪案之区域中由公正陪审团予以迅速及公开之审判,并被告知受控告之案情性质与原因;与原告证人对质;将取得有利于他的证人列为必要程序,并取得辩护律师之协助。

第七条

在习惯法诉讼中,价值超过二十元之争议,陪审制审判权应予保持;案情事实经陪审团审定后,合众国任何法庭除依照习惯法法则外不得以其他方式复审。

第八条

不得索取过多之保释金,不得课以过重之罚款,或处以残酷与非寻常之刑罚。

第九条

本宪法列举之若干权利不得解释为对人民固有之其他权利之排斥或轻忽之意。

第十条

本宪法所未授予合众国或未禁止各州行使之权力,均由各州或由人民保留之。

第十一条

合众国司法权不得解释为可以扩展到受理非本州公民或任何外国公民或属民对合众国任何一州根据成文法或衡平法上之起诉或检举。

第十二条

选举人应在本州集合，投票选举总统与副总统，其中至少应有一人为与选举人不同州之居民；选举人应于选票上写明被选为总统之人名，并于另一选票上写明被选为副总统之人名；并分别就被选为总统及副总统之一切人以及每人所得票数开列清单，予以签署证明，封印后送至合众国政府所在地，径呈参议院议长。参议院议长应于参议院与众议院当面开启全部证书，然后计算票数；获得总统票数最多者，如选票超过选举人总数一半，即当选为总统；如无人获得过半数选票，众议院应从被选为总统之人名单上得票最多者（不超过三人）中，立即投票选出总统。但选举总统时以州为单位计票，每州代表团仅投一票；为此目的集会之法定人数须有全国三分之二州之一名代表或数名代表始能形成，并须取得全国过半数州之票数始能当选。在众议院拥有选举总统之权而于次年 3 月 4 日尚未选出总统时，则副总统应如宪法规定总统亡故或其他宪法规定之原因不能执行职务情况下代行总统职务。

得副总统选票最多者，如选票超过选举人总数一半，即当选为副总统；如无人获得过半数选票，则参议院应从名单上票数最多之二名中选出副总统;为此目的集会之法定人数由参议员总数三分之二形成,并须有全体参议员之过半数选票始为当选。

宪法规定无当选为总统资格之人亦不得当选为合众国之副总统。

下一条修正案于 1865 年 12 月 2 日由亚拉巴马州批准,因之构成所需批准州数,并于 1865 年 12 月 18 日由国务卿证明作为合众国宪法之一部分生效。

第十三条

第一项　合众国境内或属合众国管辖地方之内,不准有奴隶制或强迫劳役存在,唯用以对合法制罪之罪犯作为惩罚者不在此限。

第二项　国会有权制定实施本条之相应立法。

下一条修正案于 1868 年 7 月 28 日由国务卿证明作为合众国宪法之一部分生效。

第十四条

第一项　凡出生或归化于合众国并受合众国司法管辖之人,即为合众国及其所居住州之公民。无论何州均不得制定或实施任何法律以损害合众国公民之特权或豁免权;无论何州亦不得不经适当法律程序而剥夺任何人之生命、自由或财产;亦不得不给予在其司法管辖下之任何人以同等之法律保护。

第二项　各州之众议员人数，应按其人口分配之，除不纳税之印第安人以外，应计各州之人口总数。但如各州之男性居民，年满二十一岁且为合众国公民，而其选举合众国总统与副总统之选举人、国会议员、该州之行政与司法官员、或该州州议会议员之权利被剥夺，或除因犯叛国或其他罪行之外而以任何形式受到限制时，则该州代表人数应按前项男性公民人数所占该州年龄达二十一岁之男性公民总数之比例核减之。

第三项　凡作为国会议员、合众国官员、州议会议员或各州行政或司法官员曾已宣誓拥护合众国宪法，而又复参与反对合众国之暴乱或谋叛，或给予其敌人以帮助或支援者，不得担任国会之参议员或众议员、或总统与副总统选举人、或在合众国政府、或任何一州政府中担任文武官职。但国会有权以每院三分之二之票数表决取消此种限制。

第四项　凡经法律授权筹集之公债，包括为支付有功于平定暴乱或叛变者之养老金与奖励金所负之国债，其效力不得否认。但合众国或任何一州皆不承担或偿付为资助对合众国进行暴乱或谋叛所负之债务或义务，或承担或偿付丧失或解放奴隶所蒙受损失之要求；一切此类债务、义务与要求均应视为非法与无效。

第五项　国会有权制定实施本条规定之相应立法。

下一条修正案于1869年2月27日由第四十届国会向各州州议会提出，并于1870年3月30日国务卿文告中宣布已为三十七州中之二十九州州议会批准。

第十五条

第一项　合众国或其任何一州，不得因种族、肤色或前此曾为奴隶之关系，拒绝或限制合众国公民之投票权。

第二项　国会有权制定实施本条之相应立法。

第十六条

国会有权对任何来源之收入赋课并征收所得税，所得税收入不在各州之间分配，亦不必照顾任何人口普查或点查。

第十七条

第一项　合众国参议院以每州人民选出之二名任期六年之参议员组成；每名参议员各有一票表决权。各州选举人应具有州议会中人数较多之一院之选举人所需具备之条件。

第二项　任何一州在参议院之代表出现缺额时，该州之行政当局得颁布选举令以补充该项缺额；唯任何州之州议会须授权行政部门作出临时任命，以俟人民按照州议会规定以选举方式补充缺额。

第三项　本修正案不得解释为影响到本条作为合众国宪法一部分生效前所选出之参议员之选举或任期。

第十八条

第一项　自本条批准一年后[①]，在合众国以其管辖之一切领

① 1919年1月16日

土内禁止酒类之制造、销售或运输，及其为饮用目的之进出口。

第二项　国会与各州均有权制定实施本条之相应立法。

第三项　本条除非在国会提交各州之日起七年内经各州州议会按照宪法规定批准作为宪法修正案，否则无效。

第十九条

第一项　合众国或各州不得因性别而拒绝或限制合众国公民之投票权。

第二项　国会有权制定实施本条之相应立法。

第二十条

第一项　总统与副总统之任期，应于原定任期届满之年 1 月 20 日午时终止，参议员与众议员之任期于原定任期届满之年 1 月 3 日午时终止；其继任者之任期即于是时开始。

第二项　国会每年至少集会一次，除国会以法律形式另订日期外，应于 1 月 3 日午时开始。

第三项　如当选总统在规定接任日期以前亡故，当选之副总统即成为总统。如规定之总统接任日期已届而总统尚未选出，或当选总统未能合格就任，则当选之副总统即代行总统职权，至总统合格就任时止；在当选总统与副总统均未合格就任之情况下，国会得以法律形式宣布代理总统之人选或遴选代理总统之方式，该人选即可据以代行职务，至总统或副总统合格就任时止。

第四项　众议院行使遴选总统权力时，以及参议院行使遴选副总统权力时，如候选人中有人亡故，国会得以法律形式规定此种情况之处置办法。

第五项　第一与第二两项应于本条修正案批准之后之 10 月 15 日起生效。

第六项　本条除经四分之三州之议会在提交之日起七年内批准作为宪法之修正案,否则无效。

第二十一条

第一项　合众国宪法第十八条修正案即行废止。

第二项　为在合众国各州、各领土或属地内交付或使用而进行之违法运输或进口酒类饮料均予禁止。

第三项　本条除非按照宪法规定,于国会提交各州之日起七年内,经各州代表大会作为宪法修正案批准,否则无效。

图书在版编目(CIP)数据

联邦党人文集/(美)汉密尔顿,(美)杰伊,(美)麦迪逊著;程逢如,在汉,舒逊译.—北京:商务印书馆,2020
ISBN 978-7-100-18951-4

Ⅰ.①联… Ⅱ.①汉… ②杰… ③麦… ④程… ⑤在… ⑥舒… Ⅲ.①宪法—美国—文集 Ⅳ.①D971.21-53

中国版本图书馆CIP数据核字(2020)第157860号

联邦党人文集

亚历山大·汉密尔顿
〔美〕 约翰·杰伊 著
詹姆斯·麦迪逊
程逢如 在汉 舒逊 译

商 务 印 书 馆 出 版
(北京王府井大街36号 邮政编码100710)
商 务 印 书 馆 发 行
北京中科印刷有限公司印刷
ISBN 978-7-100-18951-4

2020年11月第1版 开本880×1230 1/32
2020年11月北京第1次印刷 印张18

定价:78.00元